Diários de Jack Kerouac
1947–1954

OBRAS DE JACK KEROUAC

A LENDA DE DULUOZ
Visions of Gerard
Doctor Sax
Maggie Cassidy
Vanity of Duluoz
*On the Road (Pé na estrada)**
Visions of Cody
The subterraneans (Os subterrâneos)
Tristessa (Tristeza)
Lonesome Traveller (Viajante solitário)
Desolation Angels
The Dharma Bums (Os vagabundos iluminados)
Book of Dreams (O livro dos sonhos)
Big Sur
Satori in Paris

POESIA
Mexico City Blues
Scattered Poems
Pomes All Sizes

Heaven and Other Poems
Book of Blues
Book of Haikus

Outras Obras
The Town and the City
The Scripture of Golden Eternity
Some of the Dharma
Old Angel Midnight
Good Blonde & Others
Pull My Daisy
Trip trap
Pic
The Portable Jack Kerouac
Selected Letters: 1940-1056
Selected Letters: 1957-1969
Atop an Underwood
Door Wide Open
Orpheus Emerged

---

* Entre parênteses estão os títulos das obras de Kerouac editadas no Brasil pela L&PM Editores.

Edição e introdução de
Douglas Brinkley

Tradução de Edmundo Barreiros

Título original: *Windblown World – The Journals of Jack Kerouac, 1947-1954*.

capa: Marco Cena sobre foto de de Allen Ginsberg/Corbis/Stock Photos
revisão: Renato Deitos, Jó Saldanha e Bianca Pasqualini

ISBN 85.254.1484-0

K39b	Brinkley, Douglas Diários de Jack Kerouac: 1947-1954 / Douglas Brinkley; tradução de Edmundo Barreiros. -- Porto Alegre: L&PM, 2006. 360 p. ; 23 cm. 1.Literatura norte-americana-Kerouac, Jack-Diários. 2.Kerouac, Jack, 1922-1969-Biografias. I.Título. CDU 821.111(73)-94 929 Kerouac Biografias de Jack Kerouac

Catalogação elaborada por Izabel A. Merlo, CRB 10/329

© Espólio de Stella Kerouac, John Sampas, Agente literário, 2004
© da introdução e das notas, Douglas Brinkley, 2004
© da tradução, L&PM Editores, 2005

Todos os direitos desta edição reservados a L&PM Editores
PORTO ALEGRE: Rua Comendador Coruja 314, loja 9 - 90220-180
Floresta - RS / Fone: 51.3225.5777
PEDIDOS & DEPTO. COMERCIAL: vendas@lpm.com.br
FALE CONOSCO: info@lpm.com.br
www.lpm.com.br

Impresso no Brasil
Verão de 2006

Para John Sampas, David Amram e Jim Irsay, que inspiraram uma nova geração a descobrir os trabalhos de um mestre americano.

Ventos poderosos que partem os galhos de novembro! – e o sol brilhante e calmo, intocado pelas fúrias da terra, que abandona a terra à escuridão e ao desamparo selvagem, e à noite, enquanto homens tremem em seus casacos e correm para casa. E então as luzes dos lares se acendem naquelas profundezas desoladas. Mas há as estrelas!, que brilham no alto de um firmamento espiritual. Vamos caminhar ao vento, absortos e satisfeitos em pensamentos maldosos, em busca de uma repentina e sorridente inteligência da humanidade abaixo dessas belezas abismais. Agora a fúria turbulenta da meia-noite, o ranger de nossas portas e janelas, agora o inverno, agora a compreensão da terra e de nossa presença nela: esse teatro de enigmas e duplos sentidos e pesares e alegrias solenes, essas coisas humanas na vastidão elemental do mundo açoitado pelo vento.

Jack Kerouac, 12 de novembro de 1947

Sumário

Introdução / 9
Lista de personagens / 25
Agradecimentos / 35

Parte I – THE TOWN AND THE CITY / 37

Os diários de trabalho de *The Town and the City* / 39
Bem, estamos na Floresta das Ardenas / 145
Salmos / 163

Parte II – ON THE ROAD / 185

Diários de 1949 / 187
Chuva e rios / 273
Índice / 351

Introdução

Por onde quer que o romancista Jack Kerouac perambulasse em sua vida peripatética, ele costumava levar um caderno espiralado ou um bloco de guarda-freios para o caso de querer anotar um pensamento espontâneo ou compor um haicai. Não era uma característica incomum para um escritor sério. Na verdade, os repórteres de antigamente nunca saíam de casa sem cigarros e um caderno, e Kerouac não era diferente. Então Allen Ginsberg sabia exatamente o que estava fazendo quando, em 1953, tirou a foto elegíaca que enfeita a capa deste livro. O belo Kerouac em uma escada de incêndios do East Village, olhando por sobre um mar de edifícios de Nova York, remoendo seus pensamentos como Montgomery Clift, sob o céu repleto de prédios residenciais ao anoitecer. Com um livro de normas do trabalho de guarda-freios (*Railroad Brakemen Rules Handbook*) saindo do bolso de sua jaqueta, essa foto representa o Kerouac icônico; como se ele oferecesse a Ginsberg sua melhor pose estilo Jack London, para a posteridade considerar.

Mas ao contrário dessa fotografia, não há nada posado nesses diários, aqui publicados pela primeira vez. O texto impresso deste volume foi extraído de material escrito por Kerouac em dez cadernos entre junho de 1947 e fevereiro de 1954. Apesar de esses diários serem apresentados aqui como uma entidade única, a edição exigiu pequenas ligações entre um caderno e o seguinte. Os rabiscos, os exageros sem sentido e as anotações irrelevantes de Kerouac não foram incluídos. Mas procurei me manter o mais próximo possível dos diários originais, corrigindo a pontuação e a ortografia apenas quando necessário para dar clareza. Também incluí algumas notas, da maneira mais discreta possível, para contextualizar quando necessário.

Lido como um todo, *Diários de Jack Kerouac: 1947-1954* traz provas definitivas do profundo desejo de Kerouac de tornar-se um grande e duradouro romancista americano. Repletas de inocência juvenil e da luta para amadurecer e para fazer sentido em um mundo de pecados, estas páginas revelam um artista sincero tentando descobrir sua própria voz. Poderia ser chamado de "A educação de Jack Kerouac". Na verdade, Kerouac costumava dizer que "sempre considerei escrever o meu dever na terra". Estes diários são um testamento a essa convicção sincera.

Nos últimos 35 anos, desde a morte de Kerouac em Saint Petersburg, na Flórida, aos 47 anos de idade, mais de uma dúzia de livros que detalhavam sua heróica carreira literária foram publicados. Sem dúvida os dois volumes de suas cartas escolhidas – editados por Ann Charters – deram aos leitores a mais esclarecedora e nova compreensão do que motivava esse vagabundo errante de Massachussetts a dedicar toda a sua vida ao ofício que escolheu. Estes diários nos levam ainda mais fundo no mundo real de Jack Kerouac, o atirador de palavras espontâneo, destinado a tornar-se o mais requintado inventor de mitos dos Estados Unidos do pós-guerra, criando sua *Lenda de Duluoz* ao produzir histórias românticas sobre suas aventuras mundanas. "Prometo que nunca vou desistir, e que morrerei gritando e rindo", escreveu Kerouac em uma anotação de 1949 incluída nesse livro. "E que, até lá, vou correr por este mundo que eu insisto ser sagrado e puxar todos pela lapela para fazê-los confessar para mim e para todos."

Os registros incluídos neste volume constituem o jorro confessional durante o período de sua vida (1947-1954) em que ele escreveu seus dois primeiros romances publicados: *The Town and the City* e *On the Road*. No romance autobiográfico *Vanity of Duluoz: An adventurous education* (1968), Kerouac chamou o período coberto neste livro de a época de seu "estilo idealista vago e nebuloso da Nova Inglaterra". Nascido em 12 de março de 1922, o mais jovem dos três filhos de uma família franco-canadense que se estabelecera em Lowell, Massachusetts, aos dez anos de idade Jack Kerouac já almejava tornar-se um escritor. Seu pai tinha uma gráfica e publicava um jornal local chamado *The Spotlight*. O jovem Jack aprendeu sobre diagramação bem cedo em uma atmosfera que ficava intoxicante por causa do cheiro da tinta de impressão. Logo ele começou a escrever e a produzir seu próprio jornal esportivo, impresso manualmente, que ele mostrava aos amigos e conhecidos de Lowell. Ele freqüentou escolas pública e católica e ganhou uma bolsa esportiva na Columbia University – que, além disso, garantia um ano de escola preparatória na Horace Mann School (na cidade de Nova York). Em Nova York, juntou-se com os outros colegas que se tornariam ícones literários: Allen Ginsberg e William S. Burroughs. Uma perna quebrada abortou a carreira de Kerouac no futebol universitário, e ele deixou Columbia no primeiro ano e acabou entrando para a marinha mercante e depois para a Marinha dos Estados Unidos (de onde foi dispensado). Assim começou o período inquieto de viagens que iria caracterizar tanto seu legado quanto sua vida.

Com intensidade feroz, Kerouac começou a manter diários em 1936, quando ainda era um garoto de quatorze anos em Lowell. Seu hábito obsessivo continuou pelo resto da vida. Passagens longas e detalhadas, normalmente produzidas todos os dias, são ornamentadas por poemas, desenhos, rabiscos, charadas, salmos e orações. "Recorro a esses diários para manter o controle de falhas, digressões e atmosferas", anotou Kerouac quando começava a escrever *On the Road*. O *modus operandi* de Kerouac nesses diários manuscritos é de liberdade e simplicidade voluntárias, para alcançar a santidade pela solidão e pela pobreza, com simpatia por toda criatura sensível. Desde cedo, Kerouac não queria coisa alguma com a competição pelo sucesso monetário do pós-guerra: "Participar da vida está aquém de minha dignidade". Para Kerouac, o "som mais retumbante de toda a humanidade" era a frase de Jesus: "Meu reino não é deste mundo".

A devoção de toda a vida de Kerouac ao catolicismo místico aparece com muita força nestas páginas. Seus cadernos espiralados são enfeitados com crucifixos, e raras passagens aparecem sem invocar glória a Deus. "Atinja-me", implora Kerouac a Deus em uma passagem, "e eu vou soar como um sino." Kerouac é sempre um religioso em uma busca impulsionada pelo que o estudioso John Lardas chama em *The Bop Apocalypse* (2001) de "sua queda pelo misticismo imanente". Se *Some of the Dharma* (1997, escrito originalmente entre 1951 e 1956) documenta a aceitação que desenvolveu pelo budismo, estes diários testemunham a aceitação, durante toda a sua vida, de Jesus como um príncipe-filósofo: "Os ensinamentos de Cristo foram uma direção, um enfrentamento violento, uma confrontação e uma confusão do terrível enigma da vida humana. Que coisa miraculosa! Que pensamentos Jesus não devia ter antes de 'abrir a boca' no Monte e fazer seu sermão. Que sombrios e extensos pensamentos silenciosos".

Numa época em que Norman Mailer brincava de sociólogo ao estudar brancos que agiam como negros, Kerouac ambicionava descrever seu amigo fascinante Neal Cassady como o equivalente moderno das lendas do velho Oeste Jim Bridger, Pecos Bill e Jesse James. Como o menino de Lowell que ele nunca deixou completamente de ser, Kerouac via os jogadores de futebol americano e os cowboys das grandes vastidões como modelos do verdadeiro Estados Unidos da América; estes diários estão cheios de referências a "heróis folclóricos" e logios aos personagens errantes e honestos de Zane Grey, *O vigarista* de Herman Melville, e os feitos de Babe Ruth nos campos de beisebol e nos bares. Na verdade, Kerouac levou o vigarista Neal Cassady ao panteão mítico norte-americano como "aquele louco Ahab no timão", levando outros a se unirem em sua viagem pela retalhada Terra Prometida de Walt Whitman.

O que também fica muito claro ao ler os diários de Kerouac é seu grande amor pelos "Estados Unidos essenciais e eternos". Assim como o poeta William Carlos Williams, Kerouac é obcecado por explicar seu "americanismo". Sejam os Brooklyn Dodgers, os fogos de artifício em Denver, a rodovia pedagiada de Nova Jersey ou os pântanos da Louisiana, os diários de Kerouac são permeados por imagens poéticas da vida americana pós-Segunda Guerra Mundial. Nenhum escritor sério jamais louvou os nomes das cidades americanas com a exuberância quase infantil de Kerouac. Como Chuck Berry, ele tentava dizer rapidamente o maior número possível de nomes de lugares americanos. Uma frase kerouaquiana clássica de seus diários é "Ele está na quente K.C., quer descer para Tulsa e Fort Worth, ou até Denver, Pueblo, Albuquerque... qualquer lugar menos aqui, na noite quente do Missouri". Ele tentou encontrar a essência da meia-noite em todas as comunidades americanas, grandes e pequenas. "Eau Claire pertence a um tipo de cidade americana de que sempre gostei: fica às margens de um rio e é escura, e as estrelas brilham muito, e há algo exagerado em relação à noite", escreve em 1949 durante uma viagem pelo Wisconsin. "Essas cidades são Lowell, Oregon City, Holyoke (Massachussetts), Asheville (Carolina do Norte), Gardiner (Maine), St. Cloud, Steubenville (Ohio), Lexington (Montana), Klamath Falls (Oregon), e por aí vai... e Frisco, é claro."

Os diários são divididos em duas partes distintas. A primeira, centrada em torno de sua luta para conseguir escrever e publicar seu primeiro romance, *The Town and the City*. Essas partes dos diários de trabalho – *"worklogs"*, como os chamava despretensiosamente – foram compostas em Ozone Park, uma vizinhança operária indefinível na parte pobre do Queens, em Nova York. Um lugar sem qualquer pretensão de ser uma meca literária nos moldes do Greenwich Village ou do Harlem ou de Brooklyn Heights. Mas foi aqui, entre 1947 e 1949, que Jack Kerouac, o pai da geração *beat*, escreveu seu primeiro romance publicado, *The Town and the City*, lançando-se em uma carreira que ampliaria os limites da prosa americana.

Kerouac foi levado a escrever *The Town and the City* pela dor que experimentou com a morte de seu pai, Leo, de câncer no estômago, no início de 1946. Por meses, ele ficou acordado no apartamento do segundo andar, acima da farmácia na esquina da 33rd Avenue com o Cross Bay Boulevard, ouvindo seu pai tossir em uma dor horrenda. A cada duas semanas, um médico vinha, e o filho via os fluidos do estômago de seu pai serem drenados em um balde. Jack e Leo estavam sozinhos no apartamento quando o fim chegou, uma cena recriada com muita dor em *The Town and the City:* "'Seu pobre velho, seu pobre velho', gritou de joelhos diante do pai. 'Meu pai!', gritou com uma voz alta que soava como loucura solitária na casa vazia... Peter saiu, foi numa loja de doces e telefonou para a mãe na fábrica de sapatos... e então voltou para casa e ficou sentado olhando para o pai pela última vez." Leo sempre quis que seu filho arranjasse um emprego, e foi o que o Jack Kerouac de 24 anos fez: ficou em casa e começou a escrever *The Town and the City*, publicado pela Harcourt, Brace em 1950 sob o nome de "John Kerouac".

Em sua obra-prima posterior, *On the Road*, Kerouac resumiu os anos após a morte de seu pai em uma única frase: "Fiquei em casa o tempo inteiro, terminei meu livro e comecei a ir para a escola com uma bolsa de ex-militar". Seu amigo Allen Ginsberg ficou tão impressionado pela luta obstinada de Kerouac para escrever o Grande Romance Americano na mesa da cozinha de sua mãe no Queens, que o apelidou de "O Mago de Ozone Park". Sob o encantamento lírico de Thomas Wolfe, cujos romances majestosos *Of Time and the River* e *Look Homeward, Angel*, romantizavam a desolação da vastidão selvagem que eram os Estados Unidos, Kerouac tomou a decisão de se tornar um narrador nativo igualmente grande. Kerouac admirava muitas facetas da escrita de Wolfe: a prosa robusta; o apego ao impulso autobiográfico para criar ficção a partir de seu próprio mito pessoal; a habilidade de conjurar a tristeza em momentos nostálgicos, encontrar o espiritual no desespero e celebrar a santidade inerente à terra norte-americana; e o tom romântico e otimista que manteve durante boa parte da vida adulta. Segundo Kerouac, os romances de Wolfe o engolfaram em "uma torrente de céu e inferno americanos... (que) abriram meus olhos para os Estados Unidos como um assunto".

No final, como afirma Regina Weinreich em *The Spontaneous Poetics of Jack Kerouac*, o acólito de Wolfe não apenas imitou seu ídolo em *The Town and the City*. De certa forma, ele o superou. Na verdade, a principal frase promocional que a Harcourt, Brace usou para vender o primeiro romance de Kerouac veio de um respeitado professor de literatura da Columbia University, Mark Van Doren, que o considerou "mais inteligente que Wolfe". Essa aparentemente grande recepção, entretanto, também apontava para o que iria ficar comprovado como o calcanhar de Aquiles de *The Town and the City*: praticamente todos os críticos observariam que o talento de Kerouac não era original e que tinha uma grande dívida literária com Wolfe. O grande esforço de *The Town and the City* – 1.200 páginas manuscritas e quase 300 mil palavras – levou Kerouac, em uma anotação neste volume, a considerar o livro "um verdadeiro Niágara de romance". Ele trouxe, em particular, comparações críticas com *Look Homeward, Angel*, de Wolfe, que se passa em uma pensão fictícia em Asheville, Carolina do Norte, administrada pela mãe de Eugene Grant, o protagonista. Os críticos não deixaram de perceber que os primeiros capítulos do romance de Kerouac são ambientados em uma casa similar em Lowell, Massachussetts, grande o suficiente para abrigar nove filhos sempre em crescimento. O modelo para a casa fictícia em Lowell foi a família Sampas e seus dez filhos, entre eles seu amigo mais íntimo, Sebastian Sampas.

Em *The Town and the City*, Kerouac documentou a desintegração de uma grande família de classe média – os Martins de Galloway – conforme seus membros se espalhavam pela cidade de Nova York e enfrentavam problemas diferentes. Os filhos dos Martin acabam se reunindo depois da Segunda Guerra Mundial, quando retornam para o funeral de seu pai na sua cidade natal em New Hampshire. A saga oferece uma das narrativas filiais mais tocantes já escritas – a do jovem Peter Martin e seu pai – e os esforços para encontrarem a si mesmos e também um ao outro. Kerouac também criou outros personagens memoráveis: a matriarca rabugenta do clã; Joe Martin, seu andarilho intrépido; Francis Martin, o intelectual autodidata que finge insanidade para sair da Marinha; Alex Panos, um poeta romântico; Kenny Wood, uma alma perdida; Liz Martin, a esposa amargurada; Leon Levinsky, um *hipster* do Greenwich Village, e muitos outros. Cinco dos rapazes das família Martin na verdade representam aspectos do próprio Kerouac, um aspecto que se reflete nos diários pelas constantes preocupações de Kerouac com sua personalidade esquizofrênica.

Todo o período durante o qual Kerouac escreveu *The Town and the City* está abarcado nestes diários detalhados, que falam de seus esforços torturantes para melhorar a trama e os personagens do romance. Kerouac está aparentemente mais interessado na sua contagem diária de palavras do que na concisão de sua prosa. "Acabei de tomar uma dessas grandes e cruéis decisões da vida de uma pessoa – não apresentar meu manuscrito de *T&C* para qualquer editora até estar terminado, com todas as suas 300.000 palavras", registrou Kerouac em 16 de junho de 1947. "Isso significa sete meses de melancolia e trabalho, apesar de a dúvida não ser mais meu demônio, agora só a tristeza."

Durante esses meses, Kerouac, assombrado por imagens cristãs, usou seus diários como um confessionário onde podia catalogar seus sentimentos mais íntimos, permitia-se reflexões filosóficas e rezava a Deus por ajuda através de um diálogo interior consigo mesmo. Os cadernos eram, explicou, seu "registro de estados de ânimo". O diário deixa claro que Kerouac queria dar a *The Town and the City* uma forma religiosa. Ao seu diário ele admitiu que esperava encontrar inspiração nos ensaios morais de Leon Tolstói, mas, em vez disso, achou o conde russo espiritual demais, convencido demais em suas evocações altivas do "bem e do mal". Por isso, Kerouac voltou-se para outra inspiração russa, Fiodor Dostoiévski, cujo romance *Os irmãos Karamazov* foi chamado de uma obra de ficção perfeita. "Concluí que a sabedoria de Dostoiévski é a mais alta sabedoria do mundo, porque não é apenas a sabedoria de Cristo, mas um Cristo Karamazov de alegria e luxúria", concluiu Kerouac. "Diferentemente do pobre Tolstói, Dostoiévski jamais teve de refugiar-se na moralidade."

Considerando esse ponto de vista, não é surpresa ver a freqüência com que Jesus estava na mente de Kerouac quando ele escrevia *The Town and the City*. Na verdade, ele tinha sempre um *Novo Testamento* ao seu lado e rezava a Cristo antes de cada sessão de trabalho, e se há pouco humor nesses diários de trabalho de *The Town and the City,* há uma abundância de teologismos místicos cristãos. "Afinal, se Jesus estivesse sentado aqui à minha escrivaninha esta noite, olhando pela janela para todas essas pessoas rindo e alegres porque as grandes férias de verão estão começando, talvez ele sorrisse e agradecesse ao seu Pai. Não sei", escreveu Kerouac em 26 de junho de 1948. "As pessoas precisam 'viver' e, ainda assim, sei que Jesus tem a única resposta. Se um dia eu reconciliar o verdadeiro cristianismo com a vida americana, vou fazer isso lembrando de Leo, meu pai, um homem que conhecia essas duas coisas."

Alcançando ou não esse objetivo, *The Town and the City* foi publicado em 2 de março de 1950, provocando opiniões em sua maioria positivas. Charles Poore, no *New York Times*, anunciou Jack Kerouac como "um jovem romancista brilhante e promissor", com um "magnífico ruído do esplendor e da sordidez desordenados da existência". A revista *Newsweek* chegou a declarar Kerouac "o melhor e mais promissor dos jovens romancistas cujos trabalhos de estréia surgiram recentemente". Como observa o estudioso Matt Theado em *Understanding Jack Kerouac* (2000), o jogo de palavras de Kerouac no romance – por exemplo, "um céu rico em estrelas, com o frescor e a calma de agosto"– pressagia seus futuros experimentos com a prosa espontânea encontrados de forma mais maravilhosa em *Visions of Cody* (1972).

Mas havia algumas críticas em meio aos elogios. O *Saturday Review* definiu *The Town and the City* como "radicalmente deficiente em estrutura e estilo", enquanto a *The New Yorker* rejeitava a narrativa como "enfadonha, trôpega... cansativa". A maior decepção de Kerouac foi a resenha negativa no jornal de sua cidade natal, o *Lowell Sun*, que fazia objeções a suas descrições de "bichas do Greenwich Village" e "mulheres fáceis".

O reconhecimento em casa, porém, veio quando o colunista e editor do *Sun* Charles Sampas – irmão de Sebastian – chamou *The Town and the City* de "O Grande Romance de Lowell", e o jornal comprou os direitos para publicá-lo em capítulos, com numerosos trechos impressos junto de fotografias que ilustravam as pessoas e os lugares evocados no romance. *The Town and the City* também foi bem-recebido na Grã-Bretanha, apesar de mais como um trabalho promissor do que como uma obra duradoura de literatura madura. Quando foi lançado em junho de 1951 pela hoje extinta Eyre and Spottiswoode, os críticos britânicos em geral aplaudiram o vigor de Kerouac, mas censuraram seu desprezo pela edição de texto. Muitas das resenhas inglesas sugeriam que se o extremamente ambicioso Kerouac conseguisse parar de buscar a quimera do "Grande Romance Americano" e, em vez disso, encontrasse sua própria voz, teria chances de tornar-se o F. Scott Fitzgerald de sua geração. O que eles admiravam no jovem Kerouac era o âmbito visionário, sua exuberância, sua noção genuinamente sentimental da vida da família de classe média americana expressa em um estilo retórico à la Wolfe que o *Times Litterary Supplement* classificou de "cheia de vigor genuíno". O *Sunday Mercury* fez coro em aprovação, dizendo que a tese geral de *The Town and the City* era que "a família é mais forte que os males da moderna civilização".

Kerouac ficou bem satisfeito com a elegante edição inglesa de *The Town and the City*, ainda mais que ela também recebeu resenhas elogiosas em jornais de Liverpool, Newcastle, Nottingham, Belfast, Dublin e Cardiff, assim como nos diários londrinos. "Não expressei minha satisfação e gratidão por meu livro ter sido finalmente publicado na Inglaterra", escreveu Kerouac ao seu editor em Londres, um sr. Frank Morley, em 27 de julho de 1951. "Apesar de distantes, os elogios soaram, através do oceano, como trombetas." Na mesma carta, Kerouac também disse a Morley que seu editor na Harcourt, Brace tinha recusado seu novo romance, *On the Road*, que ele tinha contratado um agente novo e que, a partir de então, seria seu "próprio editor". Kerouac, então, entusiasmava-se sobre cruzar em breve o Atlântico, só para experimentar "uma noite de verão inglesa", e com a idéia de começar um terceiro romance, este sobre jazz e *bebop*, com seu amigo inglês Seymour Wyse como modelo para o personagem principal, um "andarilho de chapéu de abas largas e caídas do século 19 que circulava pela França entre os impressionistas". Em essência, Kerouac estava dizendo a Morley que na época em que *The Town and the City* foi publicado na Grã-Bretanha, seu autor havia guinado na direção do desenvolvimento daquela voz original que os críticos de Londres clamavam para que ele buscasse, em uma obra que estava em andamento, chamada *On the Road*. Thomas Wolfe não seria mais o norte de Kerouac. Em vez disso, ele iria procurar se harmonizar com o lamento dos metais dos jazzistas americanos da noite, com a fala rápida dos vagabundos de estrada, com a linguagem dos poetas existencialistas e com as orações dos pastores solitários que iam de Lowell a Laredo em busca de uma nova fé. Na verdade, mesmo o último terço de *The Town and the City* pode ser visto como o início do gênero *road* de Kerouac que lhe renderia legiões de admiradores devotados ao redor do mundo. Mas apesar de todo o ardor com o qual ele abraçou as exortações dos críticos para ser mais criativo, ele rejeitou de forma explícita os conselhos para cortar alguns adjetivos e frear seus arroubos – as mesmas características que viriam a marcar os trinta livros de prosa e poesia de Kerouac.

Como esses diários esclarecem, essa foi a primeira e única tentativa de Kerouac de escrever um romance tradicional. John Kerouac iria, é claro, tornar-se em pouco tempo o reverenciado Jack Kerouac, cujo romance de 1957, *On the Road*, inspirou toda uma geração *beat* a procurar a santidade no mundano, Deus dentro de si mesmo e a beleza em cada caco de garrafa quebrada na rua. Os fãs de hoje fazem peregrinações freqüentes ao bairro ainda operário de Ozone Park, apenas para ler a pequena placa oval chumbada em um prédio residencial de tijolos de onde Kerouac partiu para suas muitas jornadas através dos Estados Unidos, meio século atrás.

O que nos leva à segunda parte deste livro: os diários de viagem de *On the Road*. Apesar de Kerouac ter escrito *On the Road* em Ozone Park – e depois em Richmond Hills, no Queens, e no número 454 da West 20th Street em Manhattan –, seu material veio de suas várias viagens pelo país, com uma mochila nas costas e um caderno confiável à mão. Agora, neste volume, podemos ler o que o próprio Kerouac escreveu enquanto atravessava o rio Mississippi na Louisiana, escalava o Divisor de Águas Continental de ônibus em Montana e quando ficou preso numa tempestade de neve nas vastidões selvagens de Dakota do Norte. Sentimos a umidade de Biloxi, o vazio do leste do Texas e a desorientação de Los Angeles. No lugar de pseudônimos fictícios para seus amigos, encontramos os verdadeiros Allen Ginsberg, Neal Cassady, William Burroughs e Lucien Carr, todos em plena glória de sua geração *beat*. Esse é o Jack Kerouac acústico, descobrindo os Estados Unidos pela primeira vez "pelo buraco de fechadura do meu olho".

Talvez as tentativas conscientes de Kerouac de construir mitos seja o que mais surpreenda o leitor desses diários. Enquanto reunia material para *On the Road* em 1949, por exemplo, indo de um lado ao outro dos Estados Unidos em busca de emoções, alegria e Deus, ele parou na cidade de Miles City, no leste de Montana, e circulou na neve de fevereiro, os termômetros marcando -30°C. Logo Kerouac teve uma de suas muitas epifanias. "Na vitrine de uma farmácia vi um livro à venda – tão bonito!", escreveu em seu diário. "*Yellowstone Red*, a história de um homem nos primeiros dias do vale, com suas atribulações e triunfos. Não é melhor ler isso em Miles City do que *A Ilíada*? O seu próprio épico?" Kerouac estava tentando criar sua própria história de Yellowstone Red, só que em um contexto moderno, no qual músicos de jazz existencialistas e motoristas errantes das estradas seriam louvados como os novos santos vagabundos.

Os protagonistas de *On the Road*, Dean Moriarty e Sal Paradise, deveriam ser os equivalentes de Butch Cassidy e Sundance Kid na era do automóvel. "Além da estrada brilhante havia a escuridão, e além da escuridão, o Oeste", escreveu Kerouac em 1951. "Eu precisava partir." No circo boêmio que era a cultura *beat*, povoado por putas, vigaristas, *hipsters*, trompetistas, vagabundos e charlatães, Kerouac se via como o F. Scott Fitzgerald da era pós-jazz, cujas histórias frenéticas levariam suas proezas nada ortodoxas até o grande público da era Eisenhower. Mas girar em torno de personagens transviados era um negócio perigoso nos dias da filistina caça às bruxas de Joe McCarthy: em 1954, por exemplo, Salinas, a cidade natal de John Steinbeck, na Califórnia, lançou uma campanha para tirar das bibliotecas públicas *Outline of History*, de H. G. Wells, e *Human Knowledge*, de Bertrand Russell. Em San Antonio, onde Davy Crockett e vários outros patriotas deram suas vidas pela liberdade no Álamo, uma campanha foi feita para colocar etiquetas de SUBVERSIVO em mais de quinhentos livros de 118 autores, entre eles nomes como Thomas Mann e Geoffrey Chaucer, enquanto o Texas aprovou uma lei que exigia que os autores de livros didáticos não apenas declarassem se eram ou não comunistas, mas também fizessem o mesmo com todos os autores que citavam.

Nessa atmosfera bizarra de pavor vermelho, Kerouac era ou muito ingênuo ou muito corajoso por afirmar em *On the Road* que o ladrão de carros e vigarista Dean Moriarty era "um novo tipo de santo americano", um marginal com uma "explosão selvagem de alegria americana". Em uma época em que ensinamentos zen-budistas eram considerados propaganda comunista, a luta de Kerouac para tornar vigaristas e desordeiros em heróis estava fadada a surpreender os críticos e preocupar o FBI.

Mas como os diários ilustram, foi o talento peculiar de Kerouac que encontrou um denominador comum entre os heróis da cultura popular americana e os santos católicos, mestres zen-budistas e homens santos do Levante. Neal Cassady era uma mistura do cowboy da TV Hopalong Cassidy com San Francisco; a fusão de John Appleseed com Buda deu em Gary Snider (ficcionalizado como Japhy Rider em *Os vagabundos iluminados*). Filtrado pela imaginação fértil e a visão populista de Kerouac da história cultural norte-americana, até Burroughs virava um velho "pastor do Kansas com fogo e mistérios fenomenais e exóticos". Seus personagens eram um desfile de foras-da-lei, anjos desolados, idiotas sagrados e profetas subterrâneos, todos eles, sem sombra de dúvida, americanos. Foi por meio desses personagens que Kerouac abordou em *On the Road* uma das questões centrais da literatura ocidental no pós-guerra: "Onde vais, América, em teu carro reluzente na noite?"*

---

* *Whither goest thou, America, in thy shiny car in the night?*

O jargão bíblico não era acidental. Apesar de em sua obra ficcional Kerouac apenas aludir fixação pela morte de Cristo, esses diários são um caso completamente diferente. As páginas originais eram enfeitadas com imagens religiosas e pululavam de apelos a Deus para perdoar seus teimosos pecados carnais. Da infância até a morte, Kerouac escreveu cartas a Deus, orações a Jesus, poemas a São Paulo e salmos por sua própria salvação. Na verdade, descobriu seu próprio significado para o termo *beat* durante uma tarde chuvosa enquanto rezava diante de uma estátua da Virgem Maria na Catedral de Santa Joana D'Arc, o que disparou uma visão lacrimosa. Como descreveu Kerouac, "eu ouvi o silêncio sagrado na igreja (era o único ali, eram 5h da tarde, os cães latiam lá fora, crianças gritavam, as folhas de outono e as velas tremeluziam sozinhas só para mim), a visão da palavra *beat* com o significado de 'beatífico'".

O mito mais persistente sobre Kerouac é algo que estes diários parcialmente desmentem: que ele escreveu *On the Road* em abril de 1951 em um frenesi de três semanas movido a café. Segundo a lenda, um dia, Kerouac, inspirado por suas cortantes viagens com Cassady nos três anos anteriores, enfiou uma bobina de delicado papel de arroz japonês na máquina de escrever em seu quarto no Chelsea, na West 20th Street – para não distrair sua concentração ao trocar a folha –, sintonizou em uma rádio de jazz do Harlem que ficava no ar a noite inteira e produziu uma obra-prima moderna. Os arquivos de Kerouac, agora guardados na Biblioteca Pública de Nova York, contam uma história diferente da lenda de que ele escreveu *On the Road* inteiro entre os dias 2 e 22 de abril, uma média de seis mil palavras por dia, chegando a doze mil no primeiro dia e quinze mil no último. O autor de 35 anos disse que "soltava" suas palavras santificadas como Lester Young fazia com seu saxofone da meia-noite naquelas noites, escrevendo rápido porque "a estrada é rápida". Revisões eram coisa para quadrados, pessoas culturalmente constipadas, com medo de penetrar nos ritmos naturais de suas próprias mentes. Quando *On the Road* ficou pronto, Kerouac teria colado as folhas de quatro metros com fita adesiva e levado o rolo de dezenas de metros para Bob Giroux, editor da Harcourt, Brace, que, em vez de se empolgar, berrou com o autor: "Como a gráfica pode trabalhar a partir de um original desses?". Ofendido, Kerouac saiu do escritório, apesar de, mais tarde, ele ter afirmado que Giroux comparou a obra a Dostoiévski e chamou Kerouac de um profeta literário à frente de seu tempo.

Essa história sobre *On the Road* ser o produto de uma explosão febril de inspiração divina é exagerada. É evidente, mesmo a partir de uma olhada em diagonal no que ele chamava de seus "cadernos rabiscados secretos", que o manuscrito datilografado por Kerouac no Chelsea em abril de 1951 foi o resultado de um processo exaustivo de esboços, criação de personagens e rascunhos de capítulos e preparação minuciosa. Ele não apenas tinha um resumo coerente e detalhado de uma página para a maioria dos capítulos, mas partes dos diálogos também foram escritas antes de abril. As notas nos diários foram incorporadas livremente ao manuscrito na famosa maratona de datilografia, durante a qual ele também usou uma lista de frases-chave que tinha guardado para serem trabalhadas no texto e que denotavam idéias que Kerouac parafrasearia de T. S. Eliot, Mark Twain, Thomas Wolfe, William Saroyan, John Donne, Thomas de Quincey e muitos outros escritores.

O fator mais consistente ao longo dos vários rascunhos do romance era a descrição de Cassady como uma espécie de protagonista estilo Velho Oeste da saga. O Cassady real era um maravilhoso personagem legendário – algo reconfirmado continuamente, surgisse ele como o herói secreto de "Howl" ou como o maluco poderoso, o violador dos limites de velocidade, o motorista maníaco do ônibus fluorescente chamado "Further", com o qual o romancista Ken Kesey deixou intranqüilos os Estados Unidos em 1964 – e Kerouac descreveu-o de modo verdadeiro, mesmo que com um toque hollywoodiano de atores de estilo meio *beat*, como Humphrey Bogart e Montgomery Clift.

Os diários também mostram como Kerouac amava cidades do oeste como Butte, Truckee, Medora, Fargo, Spokane, Denver e Salt Lake City, que, ele sentia, não tinham recebido o que mereciam na literatura americana. Ele escreve com verve romântica sobre a artemísia do Texas, os mosquitos do Arizona e a neve de Dakota do Norte. Apaixonado pela ficção *pulp* de Zane Grey, Kerouac louva o Divisor de Águas Continental como o vórtex espiritual onde "são decididos as chuvas e os rios". É como se todas as perambulações de Kerouac pelo Oeste tivessem como trilha sonora uma fita de Gene Autry, com o vento das Grandes Planícies sempre uivando às suas costas.

O que essas notas de trabalho para *On the Road* deixam claro é que Kerouac, longe de apegar-se apenas à noção romântica da explosão espontânea da prosa, já tinha rascunhado partes de *On the Road* entre 1948 e 1950 e datilografou-as no papel de arroz japonês. Kerouac negava o cuidado que tomava principalmente porque ia contra a lenda que estava criando em torno de si mesmo como um gênio da "métrica *bop*". Kerouac exagerava seu ato de criação literária, que foi mesmo intensa naquelas semanas de alta-octanagem, para provar que era tão espontâneo com as palavras quanto o pianista cego George Shearing, o trompetista Chet Baker e o guitarrista Slim Gaillard eram com o jazz. Apenas seis semanas após terminar *On the Road*, Kerouac escreveu a Cassady que seu próximo romance seria *Hold Your Horn High*, a história romanceada definitiva de um músico de jazz.

A produção prolífica de Kerouac, como estes diários comprovam, foi o resultado tanto de muitos esboços e rascunhos e autodisciplina criativa, quanto da crença na noção da prosa espontânea. Isso se manifestou mais tarde na meticulosidade com que Kerouac mantinha seus diários e diários de trabalho. "Hemingway não tem nada a mais que eu em se tratando de cuidado com o ofício", ele escreveu a um editor. "Nem qualquer outro poeta." Seus copiosos volumes de diários estão cheios não apenas de observações habituais, mas rascunhos de capítulos, variações de inícios, divagações atmosféricas e perfis aleatórios de personagens também. "É verdade, você devia ver. Sou um gênio da organização", escreveu uma vez Kerouac ao amigo romancista John Clellon Holmes. "Eu devia ter sido um burocrata."

Claro, essas revelações sobre o trabalho disciplinado de Kerouac não são totalmente novas. Ao longo das décadas de 1950 e 1960, Malcolm Cowley, da editora Viking Press, que tinha trabalhado como editor em *On the Road*, disse que Kerouac tinha escrito versões de sua obra-prima antes de abril de 1951 e reescrito grandes partes antes de sua publicação, em 1957. Parte da confusão originou-se da peculiaridade de, ao longo dos anos, Kerouac ter mostrado a editores dois manuscritos diferentes intitulados *On the Road*. O segundo era um retrato experimental de Cassady em "prosa espontânea" que Kerouac escreveu em 1951-52 e chamou "Visions of Neal"; foi publicado em 1972 como *Visions of Cody*. Ainda assim, "*On the Road* era boa prosa", recordou Cowley. "Eu não estava preocupado com a prosa. Estava preocupado com a estrutura do livro. Para mim, parecia que no rascunho original a história ficava indo de um lado para outro através dos Estados Unidos como um pêndulo." Cowley insistiu que Kerouac consolidasse os episódios, encurtasse capítulos, rescrevesse passagens e cortasse partes que não levavam a lugar algum. "Bem, Jack fez algo que ele jamais admitiria mais tarde", sustenta Cowley. "Ele fez muita revisão, e foi uma revisão muito boa. Ah, ele nunca, nunca admitiria isso, porque ele sentia que aquilo devia sair como pasta de dentes do tubo e não ser alterado, e que toda palavra que tinha passado por sua máquina de escrever era sagrada. Mas, ao contrário, ele revisava, e revisava bem."

E assim fez Cowley. Preocupado que Kerouac inserisse outra vez passagens cortadas em *On the Road*, o editor nunca mandou as provas para ele, apenas uma caixa com os livros prontos. Pior que isso, Cowley tinha tirado partes do romance intrincado sem sequer informar o autor, que reclamou com amargura para Allen Ginsberg, Peter Orlovsky e Alan Ansen em 21 de julho de 1957. "Ele arrancou muito de *On the Road*... sem minha permissão, nem mesmo me mandou as provas! Que vergonha! Que vergonha para os negócios americanos." O ego de Kerouac ficou ainda mais arranhado quando Cowley leu alguns de seus outros manuscritos – *Doctor Sax*, *Tristessa* e *Desolation Angels* – e rejeitou-os todos, reclamando que Kerouac se "arruinara completamente" enquanto um "autor publicável" ao abraçar uma escrita "automática ou prejudicial a si mesma". Cowley acreditava que o primeiro livro de Kerouac, *The Town and the City*, era melhor que qualquer outra coisa do seu novo e farto material sobre jazz e com influência budista.

Poucas semanas depois que Gilbert Millstein publicou uma resenha empolgada de *On the Road* no *New York Times*, em 5 de setembro de 1957, o trabalho audacioso de Kerouac chegou às listas de mais vendidos, onde ficou por várias semanas, junto com *Atlas Shrugged*, de Ayn Rand, e *Peyton Place*, de Grace Metalious. Praticamente da noite para o dia, Kerouac tornou-se o "avatar" da geração *beat*. Ele foi ao programa de TV de John Wingate, *Nightbeat*, para contar a milhões de espectadores que estava "esperando que Deus mostrasse a sua cara". Mulheres inteligentes, entediadas com a domesticidade de *Ozzie and Harriet*, desfaleciam por esse novo James Dean com cérebro, enquanto leões literários como Nelson Algren, Norman Mailer e Charles Olson diziam que Kerouac era um grande escritor americano. Marlon Brando encomendou a ele uma peça em três atos para que o ator, que já tinha um Oscar, pudesse interpretar Dean Moriarty. O PEN Club – a Associação Internacional de Poetas, Dramaturgos, Editores, Ensaístas e Romancistas – convidou-o a se associar, mas ele recusou. A boate The Village Vanguard fez com que lesse poesia jazz, e Steve Allen providenciava o acompanhamento ao piano enquanto Kerouac lia passagens de *Visions of Cody* no seu popular programa de TV.

"Jack estava no topo do mundo", recorda o amigo e músico David Amram. "Todo mundo queria conhecê-lo, andar com ele." O artista russo Marc Chagall queria pintar o primeiro retrato *beat* com anjos flutuando em torno de sua cabeça. O fotógrafo Robert Frank pediu a ele que escrevesse a apresentação para seu livro de fotos elegíacas, *The Americans*. Jacqueline Kennedy, esposa do futuro presidente, disse que tinha lido *On the Road* e adorado. Em vez de revistas pequenas, Kerouac, agora, recebia encomendas de artigos da *Playboy*, *Esquire*, *Escapade*, *Holiday*, *The New York* e *Sun* para explicar a geração *beat*. Em uma carta a Cassady, Kerouac relatou que "tudo tinha explodido".

E lá estava o belo Jack Kerouac com seus penetrantes olhos azuis e uma constituição física de jogador de futebol americano, vítima do mito que ele próprio criara, e sem saber ao certo como agir sob o brilho intenso dos refletores. Nunca antes um ícone literário americano parecera tão confuso e pouco preparado para a fama, e certamente ninguém poderia ter imaginado ao ler *On the Road* que o tímido escritor *beat* tinha medo de carros. "(Eu) não sei dirigir", admitiu, "só bater à máquina."

E, devemos acrescentar agora, escrever furiosamente em seus cadernos. Sua prolixidade nesse aspecto era verdadeiramente hercúlea. O leitor deve entender que *Diários de Jack Kerouac: 1947-1954* reúne apenas *parte* das prolíficas anotações de Kerouac em seus diários e diários de trabalho no período entre 1947 e 1954. Um caderno inteiro intitulado "Road Workbook 'Libreta America'", por exemplo, não está incluído. Esse diário contém esboços de personagens, rascunhos detalhados e passagens de ficção – dos quais uma seleção foi incluída aqui, no final do diário *Chuvas e rios*. Há três capítulos curtos inéditos de um primeiro rascunho abandonado de *On the Road* (entre eles várias passagens tangenciais que incluem os pensamentos de Kerouac sobre sua literatura, esboços e outras idéias para projetos e poemas); um longo trecho de prosa espontânea no qual ele tenta dar vida aos seus personagens de *On the Road*; e dois capítulos de um romance não publicado chamado *Gone On the Road*. Também cortei a maior parte de outro diário que Kerouac chamou de "Private Philologies, Riddles and a Ten-Day Writing Log"* (grande parte apenas palavras soltas e *nonsense*). Incluí alguns fragmentos dele em ordem cronológica dentro dos "Diários de 1949".

Pelo fato de Kerouac ter se tornado um produto de consumo, não é difícil vislumbrar que algum dia todos os seus diários sejam publicados em uma série de volumes com notas perfeitas. Esse não foi, entretanto, o objetivo desta. Em vez disso, este volume apresenta as passagens mais fortes e importantes; um pouco de seus pensamentos realmente soltos e textos ruins foram deixados de fora. Como editor, tomei a liberdade de fazer edições internas. Mas mantive a intensidade do texto original de Kerouac o máximo que minha habilidade permitiu. E se, tecnicamente, *Diários de Jack Kerouac: 1947-1954* lida com a criação de dois romances de Kerouac, também prepara o caminho para outras obras, como *Visions of Cody*, *Doctor Sax* e *Book of Dreams*.

Deixando de lado as páginas não publicadas, o que as duas partes deste volume têm em comum é uma melancolia incubada que penetra todas as páginas. Às vezes Kerouac é quase suicida, incapaz de aceitar as realidades cruéis da existência. Ele busca um guia espiritual em Deus, implora por graça e perdão enquanto ora por intervenção divina. Ele sempre vê tristeza ao seu redor, preocupado com todas as pessoas solitárias de olhos sombrios à procura de salvação. "Tenho de manter contato com todas as coisas que cruzam meu caminho e confiar em todas as coisas que não cruzam meu caminho e me esforçar mais grandiosamente para alcançar visões cada vez mais profundas do outro mundo e pregar (se eu puder) em meu trabalho e amar e tentar conter minhas vaidades solitárias para me conectar mais e mais com todas as coisas (e tipos de pessoas) e acreditar que minha consciência da vida e da eternidade não é um erro, ou fruto de solidão ou uma tolice – mas um amor quente e

---

* Filologias, Charadas e Cronograma de dez dias de escrita particular.

querido por nossos apuros que pela graça do Deus Misterioso serão resolvidos e explicados para todos nós no final, e talvez só então", registrou sem fôlego em uma frase longa no diário de agosto de 1949. "De outra forma, não posso viver."

Douglas Brinkley
New Orleans
20 de março de 2004

Lista de pessoas citadas

Esta lista fornece uma referência rápida para informação biográfica sobre as principais pessoas que aparecem nestes diários. Entretanto, não é um catálogo completo dos nomes mencionados no texto. Para os que são desconhecidos, além do que Kerouac fala sobre eles, temos de nos contentar com seu contexto.

Walter Adams: Amigo de Kerouac dos dias de Columbia que vivia no Union Theological Seminary, em Manhattan. Adams fez muitas das primeiras festas *beat*, nas quais Kerouac forjou amizades com outros da cena boêmia.

Ann: Uma enfermeira vizinha de Caroline, irmã de Kerouac, e seu marido, na Carolina do Norte. Kerouac teve um envolvimento romântico com ela.

George "G. J." Apostolos: Durão e agressivo, Apostolos estava entre os amigos de infância mais próximos de Kerouac em Lowell. Uma vez Kerouac o descreveu como "o filho-da-puta mais presunçoso que já viveu". Depois do segundo grau, ele se alistou no Civilian Conservation Corps e ajudou a construir o Estes Park (hoje chamado de Parque Nacional das Montanhas Rochosas), no Colorado, e o Pentágono, em Washington, D.C.

A. J. Ayer: Filósofo britânico que às vezes andava com o grupo de Nova York de Kerouac. Seu *Language, Truth and Logic* (1936) foi um livro muito discutido em sua época.

Jinny Baker: Namorada de dezesseis anos de Kerouac, no verão de 1948. Uma vez Kerouac colou a foto de uma modelo em um de seus diários e escreveu em cima dela: "Igualzinha à Jinny".

Herb Benjamin: Parte do grupo de Nova York de Kerouac que costumava abastecer Kerouac e os amigos com maconha.

Caroline "Nin" Kerouac Blake: A irmã três anos mais velha de Kerouac. Morava na Carolina do Norte com o segundo marido, Paul – como Jack, ex-jogador de futebol americano universitário –, quando estes diários foram escritos. Eles foram morar em Denver com Jack, por um breve período, no verão de 1947, e, novamente, logo após o nascimento de Paul Jr., em junho de 1948.

Justin Bierly: Aluno da Columbia e amigo de Neal Cassady e Hal Chase. Trabalhou como advogado e professor em Denver. Inspirou o personagem Denver D. Doll em *On the Road*.

Beverly Burford: Kerouac a conheceu por intermédio de Ed White e eles tiveram um breve relacionamento romântico em Denver na primavera/verão de 1950. Ela e o irmão Bob – que mais tarde editou pequenas revistas literárias – ficaram amigos de Kerouac por toda a vida. Inspirou a personagem Babe Rawlins em *On the Road*.

Joan Vollmer Adams Burroughs: Kerouac a conheceu em 1943 quando dividiu um apartamento perto de Columbia com a sua futura esposa, Edie Parker. Ela se tornou a legítima esposa de William S. Burroughs, de quem teve dois filhos – Willie e Julie. Burroughs matou Joan acidentalmente durante uma brincadeira de Guilherme Tell no México, em setembro de 1951. Inspirou a personagem Jane, em *On the Road*, e Mary Denison, em *The Town and the City*.

William S. "Bill" Burroughs: Nascido no Missouri, viajado e aluno de Harvard, o alto, magro e reticente Burroughs buscava amigos nos círculos de crime e drogas. Ele se mudou para Nova York em 1944 e logo ficou amigo de Kerouac, Huncke e Ginsberg. Apesar de não ter começado a escrever antes dos 35 anos de idade, tornou-se um romancista prodigioso, autor dos clássicos beat *Junky* (1953) e *O almoço nu* (1959). Inspirou o personagem Will Denison de *The Town and the City* e Old Bull Lee de *On the Road*.

Bill Cannastra: Esse nova-iorquino barulhento formado em Direito em Harvard organizou em seu *loft* festas infames que varavam a madrugada ao longo da segunda metade dos anos 1940. Foi amigo de Kerouac até ser decapitado em 1950 ao botar a cabeça para fora de um trem do metrô de Nova York.

Mary Carney: Filha de um ferroviário, tornou-se a paixão de Kerouac no segundo grau em Lowell. Mais tarde, Kerouac baseou nela o personagem título de *Maggie Cassidy* (1959). Quatro das cartas muito apaixonadas dos dois estão guardadas na Coleção Berg na Biblioteca Pública de Nova York.

Lucien Carr: Primeiro conheceu Allen Ginsberg quando os dois moraram no sétimo andar do Union Theological Seminary (usado como alojamento da Columbia University durante a Segunda Guerra Mundial). Veio de St. Louis – de onde conhecia William Burroughs – para Columbia, onde conheceu Kerouac em 1943 e o apresentou a Allen Ginsberg em 1944. Naquele verão, ele matou esfaqueado David Kammerer e passou dois anos preso; depois do crime, Kerouac foi preso, acusado de cumplicidade. Trabalhou na agência United Press International no período em que estes diários foram escritos. Diz-se que ele teria levado papel de telex do seu escritório para Kerouac, no qual Kerouac costumava datilografar. Inspirou o personagem Kenny Wood, em *The Town and the City*, e Damion, em *On the Road*. Freqüentemente chamado de Lou nos diários de Kerouac.

Carolyn Cassady: Carolyn Robinson, uma loira platinada deslumbrante, conheceu Neal Cassady em Denver na primavera de 1947. Enquanto ele ainda era casado com LuAnne Henderson, Neal e Carolyn iniciaram um caso, e acabaram se casando em abril de 1948. Inspirou a personagem Camille em *On the Road*.

LuAnne Cassady: Loira de dezesseis anos, LuAnne Henderson casou-se com Neal Cassady, de vinte anos, em 1946, e os dois foram para Nova York se encontrar com Hal Chase. Ela voltou para Denver dois meses depois, e o casamento deles terminou rapidamente, mas eles mantiveram um relacionamento ocasional nos anos seguintes. Inspirou a personagem Marylou em *On the Road*.

Neal Cassady: Nativo de Denver, dizem que Cassady roubou quinhentos carros antes de seu vigésimo primeiro aniversário e passou grande parte de sua adolescência no reformatório. No fim de 1946, aos vinte anos, deixou Denver e foi para Nova York com sua nova mulher, a garota de dezesseis anos LuAnne Henderson. Assim que chegaram em Nova York, ele foi apresentado a Kerouac e Ginsberg por meio do amigo em comum Hal Chase. Cassady e Kerouac – com outros – logo começaram a fazer suas viagens através do país que seriam a base de *On the Road*. Conheceu e casou-se com Carolyn Robinson em abril de 1948. Mais tarde viajou com Ken Kesey, nos anos 1960. Inspirou o personagem Dean Moriarty em *On the Road*.

Hal Chase: Natural de Denver, Chase era estudante de Antropologia na Columbia e conheceu Kerouac em 1946. Neal Cassady foi visitar Chase em 1946 e ele apresentou Cassady a Kerouac. Nestes diários, ele está freqüentemente acompanhado de sua namorada – mais tarde esposa – Ginger. Inspirou o personagem Chad King em *On the Road*.

Henri Cru: Criado em Paris, Cru era amigo de Kerouac na Horace Mann. Como Kerouac, tinha trabalhado na marinha mercante e juntou-se a Kerouac na Columbia. Em 1947, quando Cru morava perto de San Francisco, tentou vender o argumento de um filme que ele e Kerouac tinham preparado. Cru apresentou Kerouac a Edie Parker. Inspirou o personagem Remi Boncoeur em *On the Road*.

David Diamond: Compositor e amigo de Kerouac em Nova York, início de 1948.

Russell Durgin: Estudante de Teologia da Columbia cujo apartamento sublocado no Harlem serviu como biblioteca de empréstimos e local de muitas das primeiras reuniões dos amigos de Nova York de Kerouac.

Louis Eno: Esse amigo de infância de Kerouac cresceu na mesma vizinhança de Centralville, em Lowell, e também era de origem franco-canadense. Seu pai era juiz e freqüentemente emprestava o carro para os passeios de Jack e Louis.

Ray Everitt: Jovem agente literária da MCA que andava nos mesmos círculos que Kerouac em Nova York. Mais tarde trabalharia como agente de Kerouac e John Clellon Holmes.

Jack Fitzgerald: Amigo e companheiro de copo de Kerouac na Horace Mann, Columbia, e depois. Também era um entusiasta de jazz e literatura. Às vezes era chamado de "Fitz". Casou-se com Jeanne e tiveram um filho, Mike.

Mike Fournier: Esse amigo de infância de Kerouac cresceu na mesma vizinhança de Lowell e fazia parte da turma de garotos com quem Kerouac praticava esportes. Kerouac baseou muito do personagem de Joe Martin, de *The Town and the City*, em Fournier.

Bea Franco: Uma trabalhadora imigrante mexicana com quem Kerouac teve um caso durante sua primeira viagem à Califórnia, em 1947. Seu curto romance foi descrito na Parte I de *On the Road*, com Bea como Terry.

Allen Ginsberg: Criado em Paterson, Nova Jersey, Ginsberg foi para Columbia em 1943 como um jovem mentalmente instável. Lá conheceu Kerouac, que se tornaria um amigo de toda a vida. Um poeta ativo em Columbia e nas décadas seguintes, escreveu mais tarde poemas *beats* seminais como "O Uivo" e "Kadish". Recebeu o National Book Award por sua coletânea *The Fall of America* (1974).

Inspirou o personagem Leon Lavinsky, de *The Town and the City*, e Carlo Marx, de *On the Road*.

Robert "Bob" Giroux: Diplomado de Columbia em 1936, era amigo de Mark Van Doren. Depois de ler o rascunho de Kerouac de *The Town and the City*, Van Doren o recomendou a Giroux, um editor na Harcourt, Brace. Giroux assinou um contrato com Kerouac e trabalhou muito com ele na edição do romance, chegando a visitá-lo enquanto ele vivia em Denver, no verão de 1949. Veio a tornar-se um renomado editor. Kerouac dedicou *The Town and the City* a Giroux.

Beverly Anne Gordon: Uma garota de dezoito anos por quem Kerouac teve um interesse romântico na primavera de 1948.

Barbara Hale: Namorada de Lucien Carr. Uma louca e aventureira graduada em Vassar, com cabelos pretos compridos e que sempre usava grossos óculos de professora. Trabalhou como pesquisadora para a *Time* no final dos anos 1940 e início dos 1950. Seu pai era promotor-assistente de Nova York, onde trabalhou com Thomas Dewey. Uma tia deu a ela um Ford Modelo A, no qual ela, Carr e Kerouac costumavam passear pela cidade.

Diana Hansen: Uma jornalista de moda que Cassady namorou e com quem viveu a partir do início de 1949. Quando ela ficou grávida de um filho de Cassady, em fevereiro de 1950, ele logo divorciou-se de Carolyn, no México, e casou-se com Hansen em Nova York em julho. Assim que se casaram, Cassady partiu para a Califórnia e voltou para Carolyn. Kerouac a chama de "Dianne" ou de "Diane" nos diários. Inspirou a personagem Inez, de *On the Road*.

Alan Harrington: Um *habitué* da turma de Kerouac em Nova York. Mais tarde escreveu *The Immortalist* (1969), entre outras obras de ficção e não-ficção. Inspirou o personagem Hal Hingham, de *On the Road*.

Joan Haverty: Viveu com Bill Cannastra até sua morte em 1950; alta e de cabelos escuros, casou-se com Kerouac naquele outono. Seu casamento curto e complicado terminou em junho de 1951. Joan tinha engravidado e Kerouac acreditava que o pai não era ele, mas um de seus colegas de trabalho no restaurante. Inspirou a personagem Laura, de *On the Road*.

Al Hinkle: Amigo de Neal Cassady, de Denver, que conheceu Kerouac em Columbia. Ele e a mulher, Helen, às vezes se juntavam a Kerouac em viagens pela estrada. Al inspirou o personagem Ed Dunkel, de *On the Road*, e Helen, Galatea Dunkel.

John Clellon Holmes: Como Kerouac, Holmes foi de Massachussetts para Nova York. Aluno da Columbia, Holmes conheceu Kerouac em agosto de 1948. Depois que os dois deixaram a Columbia, Holmes teve aulas de literatura americana com Kerouac na New School, em 1949. Ele publicou o romance *Go*, em 1952; em sua obra, baseou-se em Kerouac para criar o personagem Gene Pasternak. Holmes escreveu o famoso ensaio "Esta é a geração *beat*" para a *The New York Times Magazine* de 16 de novembro de 1952. Sua esposa, durante o período coberto por estes diários, era Marian. Hilmes inspirou o personagem Tom Saybrook em *On the Road*. Freqüentemente chamado de "Johnny" nos diários de Kerouac.

Herbert "Hunkey" Huncke: Ladrão barato, vagabundo, vigarista cativante e viciado em drogas, Huncke era amigo de William Burroughs desde 1944 e conheceu Kerouac assim que este entrou na Columbia. Sua baixa estatura e a conduta honesta e violenta tornaram-no um membro respeitado do círculo *beat* de Nova York. Escritor ocasional, Huncke mais tarde assinou uma coletânea de contos chamada *The Evening Sun Turned Crimson* (1980) e uma autobiografia, *Guilty of Everything* (1990). Inspirou o personagem Junky, de *The Town and the City*, e Elmo Hassel, de *On the Road*.

Frank Jeffries: Outro amigo de Denver, Jeffries acompanhou Kerouac e Neal Cassady em uma viagem de Denver ao México na primavera de 1950. Kerouac baseou a Parte IV de *On the Road* nessa viagem, na qual Jeffries inspirou o personagem Sam Shepard (não deve ser confundido com o ator/dramaturgo).

David Kammerer: Membro do primeiro círculo *beat* no Greenwich Village, Kammerer apresentou William Burroughs a Kerouac em fevereiro de 1944. Kammerer estava apaixonado por Lucien Carr, e no dia 13 de agosto de 1944 seus avanços sexuais ofenderam Carr, que o matou com uma faca de escoteiro e jogou seu corpo no rio Hudson. Carr foi preso por homicídio e passou dois anos na prisão. Kerouac foi preso após o crime como cúmplice. O incidente é descrito em *The Town and the City*, com Kammerer como Waldo Meister.

Alfred Kazin: Crítico respeitável e instrutor célebre da New York School for Social Research no fim dos anos 1940 e 1950. Em 1948, Kerouac fez um curso de literatura com Kazin, para o qual escreveu o ensaio "Whitman: um profeta da revolução sexual".

Gabrielle Levesque Kerouac: A mãe de Jack, com quem ele morava em Ozone Park, Nova York, quando escreveu *The Town and the City*. Durante esse período, Jack viveu à custa do salário dela de operária de uma fábrica de sapatos.

Inspirou a personagem Marge Martin, em *The Town and the City*, e a tia de Sal Paradise, em *On the Road*. Costuma ser "Mémère", nos diários.

Leo Kerouac: O pai de Jack nasceu em Quebec em uma família franco-canadense. Trabalhou em moinhos na infância e mais tarde foi corretor de seguros, gráfico e administrador do Pawtucket Social Club, em Lowell, durante a infância de Jack. Morreu de câncer no estômago em 1946, em Ozone Park, Nova York, pouco antes do início destes diários. Inspirou o personagem George Martin, em *The Town and the City*.

Elbert Lenrow: Um dos professores de Kerouac na New School; Kerouac fez seu curso de "O romance do século 20 nos Estados Unidos" no outono de 1948. Em janeiro de 1994, Lenrow escreveu um texto curto de memórias chamado "O jovem Jack Kerouac" para a *Narrative*, no qual relatou sua experiência com o aluno Kerouac.

Tom Livornese: Aluno da Columbia, pianista, fã de jazz e amigo de Kerouac. Explorou a cena musical nova-iorquina com Jack ao longo de 1947 e depois. Freqüentemente estava acompanhado da irmã mais nova, Maria.

Tony Monacchio: Amigo e colega de trabalho de Lucien Carr na UPI. *Habitué* no círculo social de Kerouac na primavera e verão de 1948; sempre dava as festas nas quais os primeiros *beat*s se conheceram, beberam e conversaram.

Adele Morales: Uma artista de Nova York com quem Kerouac teve um envolvimento amoroso em 1949 e 1950. Ela acabaria se casando com Norman Mailer em 1954 e alcançou notoriedade e infâmia em 1960, quando ele a esfaqueou em uma festa em Manhattan. Em 1997, publicou suas memórias, *The Last Party: Scenes from My Life with Norm*.

Frank Morley: Inglês que trabalhou como editor na editora britânica Eyre and Spottiswoode. Foi responsável pela publicação de *The Town and the City* na Grã-Bretanha.

Connie Murphy: Jovem irlandês brilhante, Murphy era membro de um pequeno grupo de rapazes intelectuais de Lowell às vezes chamado de The Young Prometheans. O grupo incluía Kerouac, Ian e John McDonald e Sebastian Sampas. Discutiam literatura, filosofia, política e ciência. Murphy tornou-se médico.

Jim O'Dea: Colega de infância de Lowell, O'Dea participava dos jogos de beisebol que Kerouac organizava e tornou-se o promotor público local.

Edie Parker: Primeira mulher de Kerouac. Eles se casaram em agosto de 1944 em circunstâncias estranhas: Kerouac tinha sido preso como testemunha material quando Lucien Carr matou David Kammerer a facadas. Leo Kerouac recusou-se a pagar uma fiança de quinhentos doláres, então Jack prometeu casar-se com Edie, sua namorada, se ela a pagasse – o que fez. Ele viveu com ela em Grosse Pointe, Michigan, até se separarem naquele outono. O casamento foi anulado em 1946, por Edie. Inspirou a personagem Judie Smith, de *The Town and the City*.

Duncan Purcell: Conhecido por Kerouac por intermédio de Jack Fitzgerald.

Rhoda: Uma garota que Kerouac, Cassady e Al Hinkle apanharam em sua lendária viagem de automóvel de Nova York a New Orleans em janeiro de 1949.

Vicki Russell: Conhecida traficante de drogas de Nova York que usava o apartamento de Allen Ginsberg para esconder sua maconha e seu *speed*. Após uma de suas prisões, o *Daily News New York* descreveu-a como "uma ruiva maconheira de um metro e oitenta". Herbert Huncke publicou uma reportagem sobre suas façanhas intitulada "A ruiva de Detroit: 1943-1967".

Roland "Salvey" Salvas: Um magrelo nervoso, amigo de infância em Lowell.

Sebastian Sampas: Melhor amigo de Kerouac durante o segundo grau. Poeta e membro dos The Young Prometheans que estudou teatro no Emerson College. Ele e Kerouac costumavam viajar para Boston juntos. Mantiveram correspondência até sua morte em Azio, em 1944, quando servia o Exército Americano como médico.

Meyer Shapiro: Professor de História da Arte na Columbia, de 1936 a 1973. Também fazia conferências na New School for Social Research – onde Kerouac assistia às suas palestras –, de 1936 a 1952.

Louis Simpson: Aluno da Columbia e poeta que escreveria mais de uma dúzia de livros de poesia.

Ed Stringham: Escrevia para a *New Yorker* nos anos 1940. Amigo de Kerouac que o apresentou aos círculos intelectuais de Nova York.

Allan Temko: Colega de turma de Kerouac na Horace Mann, Temko tornou-se crítico de arquitetura e foi amigo de Kerouac em Nova York, Denver e San Francisco. Inspirou o personagem Roland Major em *On the Road*.

Ed Uhl: Esse rancheiro do Colorado fez amizade com o adolescente Neal Cassady quando ele teve de trabalhar em seu rancho em Sterling, Colorado, como condição para ficar em liberdade. Kerouac e Cassady pararam rapidamente na propriedade de Uhl no caminho de San Francisco para Nova York em agosto de 1949. Esse evento foi vividamente recriado em *On the Road*, no qual Uhl inspirou o personagem Ed Wall.

Mark Van Doren: Professor da Columbia e mentor de Kerouac e Allen Ginsberg. Ajudou para que *The Town and the City* fosse publicado.

Gore Vidal: Voltou de Antigua para Nova York em 1949, onde teve uma boa recepção da crítica ao seu romance *The City and the Pillar* (1948). Vidal andava pelos mesmos círculos sociais de Nova York (que normalmente se encontravam no San Remo e em outros bares do Greenwich Village) que Kerouac. Escreveu dúzias de livros de ficção e não-ficção.

Ed White: Depois de dispensado da Marinha, White foi colega de quarto de Hal Chase em Columbia. Ao sugerir a Kerouac que ele "rascunhava" em vez de escrever de maneira tradicional, ele teria inspirado a guinada de Kerouac na direção da prosa espontânea. Depois de formar-se, White mudou-se para Denver, onde se tornou arquiteto. Às vezes acompanhado de seu pai, Frank. Inspirou o personagem Tim Grey, de *On the Road*.

Don Wolf: Enquanto era colega de classe de Kerouac na Horace Mann, Wolf ajudou-o com sua coluna sobre música no *Horace Mann Record*. Wolf tornou-se um compositor popular que colaborou com Bobby Darin.

Alan Wood-Thomas: Artista e arquiteto, mudou-se para Nova York depois de abandonar Princeton; figura menor no círculo de Kerouac.

Seymour Wyse: Colega de classe de Kerouac na Horace Mann. Fã de jazz de primeira linha, acompanhava Kerouac a clubes famosos do Harlem como o Savoy, o Minton's e o Teatro Apollo. Juntos, os dois desenvolveram um "ouvido bop". Apelidado de "Nutso".

Sarah Yokley: Saiu com Kerouac no início de 1950. Kerouac a conheceu através de Lucien Carr, com quem trabalhou como editora na UPI. Tinha saído, antes, com Carr. Às vezes, "Sara."

Agradecimentos

O primeiro agradecimento deve ser para John Sampas, por permitir que os diários de Jack Kerouac fossem publicados. Por mais de uma década, ele vem cuidando do espólio de Kerouac com muita firmeza e iniciativa. Em agosto de 2001, Sampas transferiu os manuscritos que constituem *Diários de Kerouac: 1947-1954* para a Coleção Berg da Biblioteca Pública de Nova York. Em junho de 2004, a coleção de Kerouac da biblioteca tinha mais de 1.050 manuscritos e textos datilografados, 130 cadernos e 52 diários datados de 1934 a 1960. Há, também, 55 diários adicionais datados de 1956 a 1969. Em relação à correspondência, a biblioteca tem quase duas mil cartas relacionadas com Kerouac.

Na Viking Press, meu editor, Paul Slovak, foi indispensável. Por sua empresa publicar tantos títulos de Kerouac, Slovak tornou-se um dos maiores estudiosos da literatura da geração *beat*. Ele sabe mais sobre Kerouac e companhia que qualquer outra pessoa que eu conheça. E sou especialmente grato por sua inteligência conciliatória e sabedoria editorial. Ele sabiamente se assegurou de que *Diários de Jack Kerouac: 1947-1954* não ficasse demasiado longo. Meu advogado de Boston, George Tobia, que representa o espólio de Kerouac, é responsável por fechar o acordo que me permitiu editar estes diários. Ele é um amigo querido e um advogado de primeira.

Devo uma saudação especial aos biógrafos de Kerouac cujos trabalhos me ajudaram a compreender a vida dele quando eu estava editando *Mundo açoitado pelo vento*: Gerald Nicosia (*Memory Babe: A Critical Biography of Jack Kerouac*), Ann Charters (*Kerouac*), Barry Gifford e Lawrence Lee (*Jack's Book*), Denis McNally (*Desolate Angel*) e Regina Weinreich (*Kerouac's Spontaneous Poetics*).

Mais do que qualquer outro escritor americano que conheço, Kerouac tem seguidores muito devotados. Alguns desses admiradores me ajudaram a apreciar mais o trabalho de Kerouac. Entre eles estão David Amram, Ann Douglas, George Condo, Ed Adler, Robert Rauschenberg, Chris Felver, Johnny Depp, James Graveholz, Bob Rosenthal, Carolyn Cassady, Ramblin' Jack Elliott, Anne Waldman, Kevin Willey, Joyce Johnson, Odeta, Mary Montes, Sterling Lord e Dave Moore. Patrick Fenton compartilhou gentilmente seu grande conhecimento da vida de Kerouac no Queens. Jeffrey Frank, da *The New Yorker,* e Cullen Murphy, da *Atlantic Monthly,* merecem agradecimentos especiais por publicarem trechos dos diários enquanto eu os editava. Partes de minha introdução foram tiradas de meu ensaio "A viagem americana de Jack Kerouac", publicado pela primeira vez em *The Rolling Stone Book of the Beats,* cujos créditos mereciam ser de Jann Wenner e do editor Holly George-Warren. Agradecimentos especiais a nossos amigos da livraria Garden District: Carolyn Mykulencak, Britton Trice, Ted O'Brien e Deb Wehmeier.

Por último, no Centro Eisenhower para Estudos Americanos, Andrew Travers – que cuida de nosso projeto Kerouac – me ajudou a aparar este volume. Juntos, viajamos pelos cadernos, tentando decifrar a letra às vezes ilegível de Kerouac. Minha dívida com ele é enorme. Da mesma forma, Lisa Weisdorffer me ajudou a preparar o manuscrito para a publicação, trabalhando em algumas tardes de domingo quando nosso prazo estava para se esgotar.

Minha bela mulher, Anne, e nossa filha, Benton, continuam a ser as luzes da minha vida.

PARTE I
The Town and the City

Os diários de trabalho de
The Town and the City

June 16 – '47 –

Just made one of those great grim decisions of one's life — not to present my manuscript of "T+C" to any publisher until I've completed it, all 380,000-odd words of it. This means seven months of ascetic gloom and labor — although doubt is no longer my devil, just sadness now. I think I will get this immense work done much sooner this way, to face up to it and finish it. Past two years has been work done in a preliminary mood, a mood of beginning and not completing. To complete anything is a horror, an insult to life, but the work of life needs to get done, and art is work — what work!! I've read my manuscript for the first time and I find it a veritable Niagara of a novel. This pleases me and moves me, but it's sorrowful to know that this is not the age for such art. This is an excluding age in art — the leaver-outer Fitzgeralds prevail in the public imagination over the putter-inner Wolfes. But so what. All I want from this book is a living, enough

Estes registros meticulosos do progresso de Kerouac em seu primeiro romance, *The Town and the City**, enchiam mais de dois diários, indo de junho de 1947 a setembro de 1948, quando Kerouac terminou o manuscrito. Eles começam com o "registro de estados de ânimo" de verão de Kerouac. Em novembro de 1947, ele inicia seu "diário de inverno", que registra seu progresso em *The Town and the City*. Com exceção de uma pequena parte escrita na Carolina do Norte, foi todo escrito em Nova York enquanto Kerouac morava com a mãe no pequeno apartamento em cima de uma farmácia no número 94-10 do Cross Bay Boulevard, no indefinível Ozone Park, no Queens. Leo Kerouac morreu no mesmo apartamento em 1946. Eram dois quartos pequenos, uma cozinha, onde Kerouac escrevia todas as noites, e uma sala de estar com um piano.

O primeiro diário mede cerca de 19x21cm. No alto da capa está escrito "1947-1948", com "NOTAS" em letras redondas embaixo e, abaixo disso, "DIÁRIOS". No canto inferior direito, está escrito:

John Kerouac
1947 N.Y.
Junho-Dezembro

O segundo caderno do qual esses diários de trabalho foram extraídos, como o anterior, mede cerca de 19x21cm. Na capa, "NOTAS ADICIONAIS" está escrito em letras de fôrma, e abaixo está escrito: "Bem, estamos na Floresta das Ardenas". No canto inferior direito está escrito o seguinte:

J. Kerouac
1947-48
N.Y.C.

---

* Em português, algo como "A cidade e a metrópole". (N. do E.)

16 DE JUNHO/47

 Acabei de tomar uma dessas grandes e cruéis decisões da vida de uma pessoa – não apresentar meu manuscrito de *T&C** para qualquer editora até estar terminado, com todas as suas 300.000 palavras. Isso significa sete meses de trabalho ascético e melancólico – apesar de a dúvida não ser mais meu demônio, agora, só a tristeza. Acho que, assim, vou finalizar esse trabalho enorme mais cedo, se encará-lo e *terminá-lo*. Os dois últimos anos foram de trabalho feito em um estado de ânimo preliminar, um estado de ânimo de iniciar e não completar. Completar qualquer coisa é um horror, um insulto à vida, mas o *trabalho* da vida precisa ser feito, e arte é trabalho – que trabalho!! Li meu original pela primeira vez e acho que é um verdadeiro Niágara de romance. Isso me agrada e me motiva, mas é pesaroso saber que esta não é a era para essa arte. Esta é uma época *excludente* na arte – o [F. Scott] Fitzgerald que se afasta e fica de fora predomina sobre o [Thomas] Wolfe que, na imaginação do público, penetra fundo no interior das coisas. Mas e daí? Tudo o que eu quero desse livro é um meio de vida, dinheiro suficiente para viver, comprar uma fazenda e um pedaço de terra, trabalhar nela, escrever um pouco mais, viajar um pouco mais, e por aí vai. Mas chega disso. Os próximos (DEZES)sete meses são tristes de se vislumbrar – mas há tanta alegria nessas coisas, há mais alegria que em me divertir por aí, como fiz desde o início de maio, quando terminei uma parte de 100.000 palavras (Registro de Estados de Ânimo). Eu também podia aprender agora o que é ver as coisas *como elas são* – e a verdade é que ninguém se importa com o que alcançarei com esses escritos. Então eu preciso alcançar do jeito mais assustador e eficiente que existe, sozinho, espontâneo, novamente cuidadoso, sempre. O futuro tem uma mulher gloriosa para mim, e meus próprios filhos, tenho certeza disso – devo chegar a eles e conhecê-los como um homem com coisas realizadas. Não quero ser um daqueles pais frustrados. Por trás de mim deve haver algum feito estupendo – esse é o caminho para se casar, o caminho para se preparar para feitos e obras maiores. Então...

---

* Abreviação de *The Town and the City* (1950), primeiro romance de Kerouac, cuja produção é o tema de grande parte deste diário. Ele trabalhou no romance durante a maioria das noites, até o amanhecer, na mesa da cozinha do apartamento que dividia com a mãe.

REGISTRO DE ESTADOS DE ÂNIMO, 16-26 DE JUNHO DE 1947

15 DE JUNHO (DOMINGO) – Acho quase impossível seguir adiante: minha mente parece vazia e sem interesse nessas ficções. Desisto depois de **500 palavras** de uma natureza preliminar.

SEGUNDA-FEIRA 16 – Sentindo-me quase sem esperança – sentindo que posso, afinal, não ser capaz de completar coisa alguma. Mas escrevo **2.000 palavras** adequadas ao capítulo, e as coisas começam a se abrir, a desmoronar & a fervilhar.

TERÇA-FEIRA 17 – Aversão! Sempre aversão! Odiamos trabalho original, nós seres humanos. Escrevi **1.800 palavras** apropriadas. Estou de volta a essas regiões de incerta, sombria e desajeitada criação, mas é meu único mundo, e vou fazer o melhor que puder. O que pode ser melhor meio de comunicação de pensamentos sinceros aprimorados que um romance – pensamentos sinceros, como se saídos de um mais cru, em *motivos* sinceros – *e o impulso intuitivo do grande tema – pensamentos fluindo*. Costumo achar que um caderno é melhor – mas não, um romance, a verdadeira história de sinceridade e sentido da vida, é o melhor. ("Será melhor para ti" – Maomé)

QUARTA-FEIRA 18 – Uma grande lassidão e melancolia física. Comi uma grande refeição à 1h da tarde e andei três quilômetros* e escrevi um pouco – **1.800 palavras**. Há algo errado – fico dizendo, "Por que eu *preciso* escrever isto?" Seria muito melhor se eu estivesse perguntando a mim mesmo, "Por que eu *quero* escrever isto?". Este é o grande escritor, o *inconsciente*. Um dia vou aprender, um dia vou aprender. Mas tenho de fazer isso agora – qual a *melhor* forma de fazer isso, esse é o problema. Um trabalho monstruoso, mas tudo bem se eu apenas puder acreditar em seu progresso *certo e real*. Queria poder escrever do ponto de vista de um herói em vez de dar a todos na história seu valor merecido – isso me deixa confuso, às vezes enojado. Afinal de contas, sou humano, tenho minhas crenças. Ponho coisas sem sentido nas bocas dos personagens dos quais não gosto, e isso é entediante, desencorajador, nojento. Por que Deus não aparece para me dizer que estou no caminho certo? Que absurdo!

---

* Famoso por fazer longas caminhadas contemplativas, Kerouac podia pegar a rua movimentada em que vivia – o Cross Bay Boulevard – e segui-la para o Sul, passando por Jamaica Bay e entrando em Rockway para admirar o oceano Atlântico. Ou podia flanar para o norte na direção de Jamaica, uma vizinhança animada e berço da cultura afro-americana nos anos 40 e 50. Ele também freqüentemente se dirigia a quinze quilômetros a oeste até Lynbrook, onde morava seu amigo Tom Livornese.

QUINTA-FEIRA 19 – Li os ensaios morais de Tolstói e me contorci e lutei com a conclusão de que a moralidade, o conceito moral, é uma forma de melancolia. Não para mim, não para mim! O comportamento moral, sim, mas sem qualquer conceito. Há uma senilidade lúgubre na moralidade que é destituída de vida real. Vamos apenas dizer – a essência das coisas é boa, sua *forma* também é boa até que ela é exaurida, e assim, então, sendo má, inútil, gasta, a substância se vai e deixa ali a forma vazia. Tudo muito geral. Concluí que a sabedoria de Dostoiévski é a mais alta sabedoria do mundo, porque não é apenas a sabedoria de Cristo, mas um Cristo Karamazov de alegria e luxúria.* Vamos ter uma moral que não exclua a vida simples – amar! Pobre Tolstói, angustiado por ter iniciado rico e libertino – mas quando um conde se retira para junto dos camponeses, isso é de alguma importância para o *mundo* (trocadilho intencional)**. Tolstói devia ser acanhado em relação à sua importância moral aos olhos do *mundo*. Mas Dostoiévski, Shakespeare – a moralidade deles cresce na terra, está ali escondida e se reproduzindo. Dostoiévski nunca *precisou* se retirar para a moralidade, ele sempre foi a moralidade, e tudo o mais também. (Pensamentos ocupados de hoje.) Escrevi **2.000 palavras**, caminhei à noite, vi um desastre de carro terrível, mas ninguém morreu.

SEXTA-FEIRA 20 – As coisas estão indo bem outra vez em minha alma. De volta à *humildade e decência* da vida de escritor. Um amigo de Galloway*** me visitou à tarde; mas escrevi outra vez à noite. A mim ocorre que uma das maiores e mais corajosas idéias que um escritor pode ter é que ele escreve sobre alguém apenas "para mostrar o personagem maluco que ele é". Essa idéia deve ser compreendida no sentido americano. Meu amigo de Galloway quer *conclusões específicas* da arte literária, eu concordo com ele, e acho que nada é mais específico sobre uma pessoa do que o tom e a substância de sua personalidade, sua existência, sua fúria, seu sentimento e sua aparência. Para mostrar o personagem maluco que é Francis, escrevi um esboço de outra pessoa de um jeito que você pode gostar ou não dessa outra pessoa, mas vê que Francis não gosta *mesmo* dela****. E qual é o propósito desses truques e

---

* A abordagem semi-autobiográfica de Fiodor Dostoiévski e sua preocupação com moralidade e filosofia cristãs influenciou muito Kerouac e é sempre avaliada nestes diários. O "Cristo Karamazov" é uma referência a uma parábola em *Os irmãos Karamazov* na qual Cristo volta para a Sevilha do século 16 e é preso por ter sobrecarregado a humanidade com sua liberdade. Kerouac às vezes se refere a ele como "Dusty".

** *No original:* "...when a count retires to the peasants, it's really of some account to the *world*".

*** Galloway, New Hampshire, é a Lowell de Massachussetts ficcional na qual Kerouac ambienta *The Town and the City*.

**** Francis Martin, o intelectual de *The Town and the City*, livremente inspirado em Sebastian Sampas.

artifícios? – qual é o sentido de Francis não gostar de outra pessoa? – especificamente, esse é o tipo de personagem que ele é, *é o que ele faz*. Isso levaria tempo demais para explicar – pelo menos, essa é minha disposição hoje, uma boa disposição, e comecei a escrever à 1h da manhã e trabalhei na versão final das 8.000 palavras desta semana.

SÁBADO 21 – Dia livre. Saí em Nova York.

DOMINGO 22 – Outro pensamento que ajuda um escritor enquanto trabalha – deixe-o escrever seu romance "do jeito que ele gostaria de ver um romance escrito". Isso ajuda muito a libertar você dos grilhões da dúvida de si mesmo e o tipo de falta de autoconfiança que leva a revisões demais, cálculos demais, preocupação com "o que os outros vão pensar". Olhe para seu próprio trabalho e diga: "Este é um romance segundo o meu coração!". Porque vai ser isso de qualquer jeito mesmo, e esse é o problema – é a preocupação que deve ser eliminada pelo bem da força individual. Apesar de todo esse conselho despreocupado, eu mesmo avancei devagar, hoje, mas não fui mal, trabalhando na versão final do capítulo. Estou um pouco enferrujado. Ah, e que grande palavrório eu poderia escrever esta manhã sobre meu temor de que não saiba escrever, de que seja ignorante e, pior de tudo, um idiota tentando fazer algo que não tenho a menor condição de fazer. Está na vontade, no coração! Pro inferno com essas dúvidas podres. Eu as desafio e cuspo nelas. *Merde!*

SEGUNDA-FEIRA 23 – Escrevi à tarde por várias horas, fui a N.Y. para resolver uns negócios sem importância e voltei à noite e escrevi um pouco mais. Um dia de sentimentos intensos, descritos em outro lugar, um dia de grandes pensamentos lacerantes que dão as costas e encaram, subitamente, realidades até então evitadas – e lá está você, encarando-as, como se estivesse olhando para o sol, piscando, reconhecendo a verdade. Bem, um jeito bem dramático de crescer, e de descrever isso. Os detalhes? – uma fração desses pensamentos no papel e eu teria suficiente material temático para escrever dez romances americanos épicos (talvez um par de romances siameses interligados). Se os homens comuns, os homens que acordam e mantém seu silêncio, fato que faz com que não sejam comuns – se, então, os homens em geral fossem escrever *todos* os seus pensamentos, ou uma fração deles, que universo de literatura teríamos! E eu luto com esses rabiscos e garranchos feitos a lápis.

TERÇA-FEIRA 24 – Trabalhei na versão final. O capítulo agora terá 10.000 plvrs.

QUARTA-FEIRA 25 – Escrevi. Estou lendo *O Novo Testamento*, na verdade, pela primeira vez.

QUINTA-FEIRA 26 – Continuo na versão final, trabalhando devagar. Fui a N.Y. para acertar os detalhes da viagem para o mar neste verão – preciso ganhar dinheiro.* Posso partir em roupa de pele de camelo com cinturão de couro e sobreviver de gafanhotos e mel silvestre? (provavelmente eu conseguiria, com prática, mas e minha mulher, meus filhos, minha mãe? Mas Jesus também iria ensinar a *eles* que tivessem olhos apenas para Deus). Afinal, se Jesus estivesse sentado aqui à minha escrivaninha esta noite, olhando pela janela para todas essas pessoas rindo e alegres porque as grandes férias de verão estão começando, talvez ele sorrisse, e agradecesse ao seu Pai. Não sei. As pessoas precisam "viver", e eu sei que Jesus tem a única resposta. Se um dia eu reconciliar o verdadeiro cristianismo com a vida americana, vou fazer isso lembrando de Leo [Kerouac], meu pai, um homem que conhecia essas duas coisas. Isso é só um primeiro passo no assunto. Preciso ver...

SEXTA-FEIRA 27 – Terminei o trabalho e o coloquei no manuscrito principal, onde é como um grão de areia em uma praia. E o que é essa praia? Só o tempo vai dizer – só sei que devia fazer isso, eu fiz. 8.000 palavras + 7.000 palavras no caderno → 15.000. Isso é tudo, agora – não há mais a dizer sobre o tema do meu trabalho, que criei eu mesmo, e cujo rosto não conheço. O que é, o que vai sair disso, eu repito, não sei. Vai estar lá – é a única coisa de que se pode ter certeza – vai estar lá, vai permanecer e ficar lá, e nada há a dizer. É a escuridão, mas é também luz – isso é vida e obra. Não ria, é isso o que é.

Um trabalho desse tipo é como um ser humano: o *que é*, *de onde* vem, *para onde* vai, e por que, e quando, e *quem* vai conhecê-lo? Um trabalho como esse é algo vivo, e cheio de mistérios, e ele permanece mesmo que você não saiba o *que é*.

Então eu me consolo, dizendo, não me pergunte o *que é* este livro, de onde veio, *por que* veio e com que objetivo, não aponte suas imperfeições, suas grosserias, suas cruezas – em vez disso, você também podia me dizer, olhando nos meus olhos: – "O *que é* você, *de onde* veio, *por que* e com que objetivo tosco e imperfeito?

Lembre-se –

As descobertas e verdades brilhantes, enlouquecedoras e hilariantes da juventude, aquelas que transformam os jovens em demônios visionários e os fazem ao mesmo tempo infelizes e mais felizes que nunca – as verdades mais tarde abandonadas com a condescendência da "maturidade" –, essas verdades voltam na verdadeira maturidade, a maturidade sendo nada menos

---

* Kerouac tinha feito planos de embarcar na Califórnia com Henri Cru como marinheiro mercante. Mas não chegaram a fazer a viagem.

que sinceridade disciplinada – essas verdades vão voltar para todos os homens verdadeiros, que farão delas não mais impetuosas "bandeiras da juventude", mas farão delas o que puderem – veja: – por exemplo – Se um menino acha que o *idealismo* é a maior virtude de um homem e carrega essa idéia como uma bandeira no mundo ganancioso autocentrado, se alguma vez um menino fizer isso, e mesmo *numerar* e der *nomes* ao idealismo, mas depois descobrir que também existe um mundo *prático* – ora essa!, ele vai descobrir mais tarde que o Jesus-alma idealista *é* a única alma!

A vida foi embora – saiu de qualquer coisa que tenha se construído artificialmente para fora a partir da própria essência substancial – vamos deixar isso claro –, uma cidade pequena é mais essencial, mais substancial, mais *viva* que uma grande cidade de Roma, a grande Roma desviou-se do objetivo original de uma aldeia, um lugar para as pessoas viverem, e tornou-se uma cidade, um lugar para as pessoas não morarem, um lugar para as pessoas se esconderem da vida, da terra, dos significados de família, alma e trabalho – vamos deixar isso claro – a vida foi embora dela – embora de qualquer coisa que tenha se perdido em hipocrisia, artificialidade, auto-engano e horror desproporcional, acima de tudo, em uma banalidade reluzente.

A terra sempre será a mesma – só as cidades e a história vão mudar, mesmo nações vão mudar, governos e governantes vão acabar, as coisas feitas pelas mãos do homem vão acabar, os prédios sempre vão cair – só a terra vai permanecer a mesma, sempre haverá homens na terra pela manhã, sempre haverá coisas feitas pela mão de Deus – e toda essa história de cidades e congressos agora vai embora, toda a história moderna é apenas uma Babilônia reluzente soltando fumaça ao sol, atrasando o dia em que os homens outra vez terão de voltar à terra, para a terra da vida e de Deus –

– Pergunte ao índio americano que mora na terra verde que cresceu nos telhados maias –

James Joyce disse – "A História é um pesadelo do qual ainda não acordei."* Mas ela está acordada, agora, isso é tão certo quanto a luz do sol.

Vivemos no mundo que vemos, mas só acreditamos no mundo que não vemos. Quem já acreditou no *mundo* e morreu com seu nome nos lábios? Quem já disse, no momento de morrer, "Acredito no futuro desta tolice, que a banalidade, esta irrelevância – vai viver para sempre!" Quem morreu sem pensar nas *primeiras* e *últimas* coisas, no alfa e ômega da vida na terra?

---

* Em *Ulisses* (1922), obra-prima de Joyce, Stephen Dedalus diz à sua turma: "A História é um pesadelo do qual estou tentando acordar". (*History is a nightmare from which I am trying to wake.*)

Viemos a esta terra e não sabemos o que devemos fazer, e em grande desordem e confusão, gritamos no fundo de nossas almas – "Deve ser verdade, pois eu mesmo sou verdade! Verdade! Mas tudo é falso e tolo à nossa volta, e nós mesmos somos os mais falsos e mais tolos, e, oh, o que devemos fazer? Que enorme desordem surge, e onde nós estamos nela? – Finalmente não sentimos que somos verdadeiros. Sentimos que somos completamente falsos. Mas em breve vou escrever um trabalho intitulado "Razões estranhas para o fim da pena capital e por que os homens não devem mais cometer suicídio", no qual vou mostrar que não importa o que tenha sido feito ao homem, ele não deve ser destruído ou destruir a si mesmo, porque em toda a desordem e ruína horripilante do mundo e da imaginação humana, ainda há vida e a possibilidade de redenção através do mero vislumbre da terra, através da admiração, o mais abjeto tipo de admiração se arrastando por uma rua, e nisso a coisa inteira pode ser redimida, e, FINALMENTE, *verdade!* Isso é tão execrável. Um assassino merece a chance de se arrepender – o suicida deve dar a si mesmo a oportunidade de maravilhar-se outra vez, de se *ver* outra vez. Está tudo aqui – porque aqui está o mais importante: se um morto pudesse voltar à terra para viver outra vez entre os homens, por *um dia* – o que quer que essa alma *visse* e *pensasse*, agora é para nós, os vivos, a única verdade, o sentimento mais central possível para um homem, o mais profundo. (E eu sempre me pergunto: – esse homem ressuscitado perderia algum tempo contemplando o bem e o mal deste mundo? Ou ele apenas banquetearia os olhos de sua alma em um olhar faminto para a vida, para a realidade da vida na terra, a coisa em si: criancinhas, homens, mulheres, aldeias, cidades, estações e mares! Um enigma! Um enigma!)

Maldito aquele que pensa e pensa mas nunca está feliz em seus pensamentos, que nunca pode dizer – "Aqui estou eu, *pensando*". Não é divertido, não é brincadeira, esse meu pensar eterno, que dura boas doze horas por dia. Por que eu faço isso? É uma forma de meditação, eu na verdade pareço um maluco o dia inteiro. E como minha mãe se acostumou a isso! Acho que se eu não ficasse em casa meditando, ela teria certeza de que as engrenagens do universo tinham parado de girar. E em que penso? Que pensamentos tenho? – Que pensamentos! Uma grande hoste, multidão e mundo de pensamentos, continuo arquitetando outros e trabalhando outra vez nos velhos, alguns dos antigos estão concluídos e só são pensados como conclusões, mundos inteiros de novos chegam arrebentando meus sentimentos, e isso nunca termina. Por que penso? É minha vida, bem aí. É por isso que preciso ficar sozinho e pensando seis dias da semana, porque é minha vida. O que esses pensamentos vão me dar? – Eles não são deste mundo. Eu mesmo não sei o *que* eles são.

SOBRE OS ENSINAMENTOS DE JESUS

Os ensinamentos de Cristo foram uma direção, um enfrentamento violento, uma confrontação e uma *confusão* do terrível enigma da vida humana. Que coisa miraculosa! Que pensamentos Jesus devia ter antes de "abrir a boca" no Monte e fazer seu sermão. Que sombrios e extensos pensamentos silenciosos!

Primeiro ele conheceu o enigma da vida, a causa de todos os pecados e sofrimentos. Ele era um homem, sabia o que os homens sentiam sobre a vontade de viver, e mesmo assim, condenados à morte; sobre querer ficar bem, mas ficar preso em muito trabalho e dor e adversidade para conseguir isso; sobre querer comer, mas ter de matar para comer; sobre querer posses, ainda que tendo de tirá-las de outros. E sabia como o ouro era o símbolo do sangue e suor dos homens com o qual um desocupado podia comprar homens mesmo enquanto eles trabalhavam duro. Sabia os significados mortais da doença, da privação, pobreza e morte na terra. Sabia tudo. Finalmente, em uma visão, ele viu a única maneira de desordenar tudo isso! "Meu reino não é neste mundo." Pense nisso uma vez mais, é o som mais retumbante de toda a era humana...

"Meu reino não é neste mundo."

Ouça a tremenda musicalidade, a música do pensamento, a música sombria dos pensamentos sombrios. De todos os enigmas, este é o único enigma, o alfa e ômega dos enigmas – eu chamo de enigma porque ele desordena os sentidos –

O enigma da vida propõe uma proposição moral nas almas dos homens, à qual eles reagem de maneiras diferentes e o tempo todo. Todos os homens conhecem essa proposição, mas a maioria ignora seu significado, um significado quase invisível, e vive vidas extremamente distraídas e "não se aborrece". Outros homens que conhecem o enigma da proposição, de justiça ou injustiça na situação enigmática da vida, *buscam conscientemente* "não se aborrecer" e imitam a maioria dos homens, por força. Finalmente, alguns homens sofrem por saberem isso tudo e quase morrem, em vida, até e se agüentarem bem seu sofrimento, e buscam forças para agüentar ainda mais.

Há centenas de maneiras de dizer isso. *Os irmãos Karamazov* e *You Can't Go Home Again* dizem isso. Eu queria poder dizê-lo com tanta força e clareza. *Moby Dick* também diz isso, e [Walt] Whitman também às vezes diz. Outros também.

E a glória eterna das crianças é que elas não começaram a perceber que a força humana dos adultos depende principalmente do esquecimento.

RUMO SUL (1947)*

Depois de dez dias em uma parte diferente do mundo, entre pessoas diferentes, no próprio mundo, não na paisagem noturna da própria alma (e nesse caso a alma de *artista*), depois de só dez dias atrás de objetivos diferentes e por aí vai, como os sentimentos podem mudar com facilidade, na superfície, e fazer com que uma pessoa tome consciência da mutabilidade das *opiniões*. Quando disse, há dez dias, "Meu reino não é neste mundo!" – isso era apenas uma opinião, talvez, e não um sentimento: porque agora, outra vez, o mundo se abre como um lugar de coisas poderosas para me alimentar, as moralidades excludentes desaparecem em um fluxo de outubro de animação, fome, alegria e entusiasmo, e o desgosto consigo mesmo da introspeção solitária transforma-se no entusiasmo social gregário, tão necessário como combustível para ficar conhecido. Eu percebo uma forte dualidade – entre solidão, moralidade, humildade, severidade, cristianismo crítico – e charme, mente aberta, ousadia, bom humor, poder faustiano e desejo de experiência. Esses dois grupos de impulsos nunca vão parar de agir em mim. O que, pelo menos, fornece bom combustível para circular e ficar conhecido.

"Ficar conhecido" parece ser meu sentimento mais persistente – provavelmente o único sentimento básico mencionado em toda a retórica do caderno. Pois o que sou eu? – um "personagem" (no sentido americano). Eles me chamam de Kerouac, omitindo o primeiro nome, como se eu fosse uma espécie de *figura* no mundo, não um *cara*, uma *força*. Isso é o que eles fazem, sorrindo quando pensam em mim, mesmo quando passo invernos longos de solidão e luta para ficar implacável, silencioso, majestoso. O resultado é sempre... Kerouac. Aqui estou, dando trela ao que os conhecidos eventuais pensam de mim. O propósito de todo esse escrever não é claro, mas serve fortuitamente a necessidades desconhecidas no trabalho e na vida.

Pois o que sou é sempre o que menos importa, o que menos importa quanto mais eu conquisto, sem qualquer importância daqui a cem anos. Essa essência central da qual todos extraímos nosso sangue é a coisa, o lugar, o Pai, o tudo. Estou falando sério – e quando falo de qualquer coisa, ouço coros de vozes desconhecidas passadas, presentes e futuras pronunciando as palavras comigo. O eu e o tudo, o filho e o pai. Quando Cristo dirige todas as suas causas a Deus, *acima das cabeças dos homens*, um homem em outra história dirige todas as suas causas ao todo, *acima* das cabeças dos homens e da sua própria. A essência da religião é o que "mantém você longe do consultório do psiquiatra" – como se fosse esse o objetivo da religião (cristianismo crítico).

---

*Kerouac refere-se aqui a uma viagem de duas semanas que fez com sua mãe à Carolina do Norte para visitar sua irmã, Nin, e o marido dela, Paul, em fim de junho de 1947.

Jesus não alertou sobre o pecado de ignorar o louco, ao ponto mais exaltado de não reconhecer a loucura em lugar algum? Se o pequeno Judas o Obscuro se recusa a pisar nos vermes no caminho, ele precisa crescer e não julgar qualquer homem vivo que é um verme ou um louco: que ele não consegue acompanhar.

Tudo é irreconciliável. O Todo é inconciliável. Não posso matar um peixe, tampouco matar um homem, mas os homens comem peixes, e eu sou um homem. Trazer moralidade para essa vastidão que é a vida orgânica é fútil. E a futilidade é o sentido da vida, sua nobreza – a nobreza, algo de suprema importância e poder, maior que conquistas ocasionais.

Palavras, palavras, palavras – e para que servem as páginas em branco?

Eu sigo me perguntando se a "humanidade" nos tempos de Jesus era tão jovem e inexperiente nos modos de ganhar a vida terrena que seu único recurso era uma entrega para a imolação altruísta; e se a "humanidade" agora começou a aprender a fazer uma vida mais confortável para mais homens, o sonho americano, e, portanto, transforma o "sustento de um homem" no significado de sua vida, com a religião morta e o *progresso* a todo pano. Vamos meditar sobre essas coisas lá nos recessos da paisagem noturna da solidão em Ozone Park, onde se trabalha e os mais leves tremores terrenos são sentidos como grandes choques e revelações.

Estou ficando burro longe da minha abençoada "Rússia de Dostoiévski"? – as minhas charnecas, cada centímetro criação minha –, onde fica claro que é pior ter pensamentos demais que nenhum e que ser específico e solene é como pôr as mãos à obra.

Meus pensamentos solenes e específicos –

Um cachorrinho sarnento foi preso com corrente a uma cerca por uma família branca e pobre do Sul. Ele gane na noite, é mal alimentado e tratado com crueldade. Devo libertar esse cão? – ir lá sorrateiramente à noite e soltá-lo? Ele vai latir para mim, vai me morder e me desprezar no rigor da noite por me intrometer nos negócios de sua terra orgânica amoral. Não sou Deus: o que devo fazer neste mundo de sofrimentos? Sofrer. Mas será isso suficiente para satisfazer o grande sentimento moral que tenho? Por que eu preciso ter um sentimento moral tão forte? Não sou Deus. Se me oferecessem o poder do milagre, poderia eu aliviar o grande sofrimento orgânico, sem perturbar algum obscuro objetivo de Deus nisso tudo? Por que eu posso carregar meus próprios problemas e dor por acreditar em minha fortaleza, e preciso acreditar, mas não posso dar essa fortaleza a outras criaturas-irmãs? Se o cachorrinho sarnento sofre e eu tento ajudá-lo, ele não teria o direito de me desprezar por eu achar que ele não pode agüentar o próprio fardo? Há uma lei orgânica invisível pela qual o "Progresso" é completamente cego – mas abençoado seja. *As mulheres amam os homens porque são cegos, Deus ama a vida porque ela é cega – e as mulheres e Deus são amor e ódio combinados*, a mulher vai acabar dando alento a você (minha mãe dava alento e confortava meu pai moribundo) com a mesma certeza que Deus dá alento a toda a vida no final, mesmo na morte por último...

Pegamos um peixe, uma perca, nós o chamamos de George, o fisgamos com um anzol medieval e o prendemos dentro d'água, com um anzol atravessado na boca burra, para que continue vivo e para "mantê-lo fresco". Finalmente vamos para casa, trancamos George em um compartimento escuro para sufocar e morrer, sozinho, enquanto andamos de carro e sentimos o ar fresco da Carolina. Ah, Jesus! – seus pescadores prendem milhões em suas redes! Peixes burros que se debatem e morrem, as guelras ressecando neste mundo. Ah, Deus! – isso é tudo o que somos, acontece com todos nós. O que devemos fazer, para onde devemos ir e quando vamos morrer desse jeito? O que há para ser dito, aqui, que não foi dito – estamos condenados ao sofrimento e à morte mais sombria. Foi feito para nos ser *difícil, difícil!* Somos peixes se debatendo na rede, lutando um com o outro pelas partes com água onde ainda é possível respirar. (Portanto, o fazendeiro arrendatário em seu umbral cinzento raquítico ao sol do meio-dia, pobre, humilhado, enganado, moribundo – e, portanto, o grande homem do tabaco de Wilson com um grande iate de 42 pés na água, sua caixa de *scotch*, seu rádio, suas calças brancas limpas.) Jesus – sua única resposta para todas as coisas vivas! E você fez com que fosse *difícil, difícil*, tanto quanto Nosso Pai a fez difícil. –

Então o humilde homem de pobreza e silêncio, e a cidade grande de gente falante em coquetéis. O que devemos fazer em relação a isso?

Abençoá-los todos – é tudo obra de Deus.

KINSTON, CAROLINA DO NORTE*
Julho, 1947

De agora em diante –
   – menos anotações sobre o escrever –
 – e sobre mim –
   – e escrever mais.

De agora em diante, chega de dúvidas gritadas, chega de raízes de árvore, é hora da folhagem. Isso é um amadurecimento. *Um homem deve manter suas dúvidas para si próprio e comprovar, em vez disso, seus trabalhos.*

---

* Essa cidadezinha fica no centro da Carolina do Norte, a sudeste de Raleigh. Fundada na metade do século 18, tem uma história rica que remonta à Guerra da Independência.

"O 'GOSTO' AMERICANO"

Nenhum ser humano no mundo de língua inglesa pronuncia a palavra *taste* (gosto) do mesmo jeito que um certo tipo de americano a pronuncia. É incrível de escutar. Soa algo como "tayest", soa maravilhoso, e é intenso demais para ser verdade. É pronunciada por um americano que já esteve no "exterior" e que foi para Harvard ou Columbia, e que pode ser rico, mas não necessariamente. Vamos olhar para ele, para essa criatura rara e estranha, vamos ouvi-lo dizer, *"But my dear Tom, where is your sense of tayest! Really!"** Só Deus sabe de onde ele tirou a idéia de que viver é uma questão de "gosto". De livros escritos na Europa por esnobes fenomenais e continentais, de alguma estranha e obscura noção de que toda a selvageria e brutalidade e a vasta intensidade da vida americana pode ser suprimida, de um golpe, pela palavra "gosto" – é difícil dizer. Mas Thomas Wolfe já tinha observado o aspecto satírico desse fenômeno, e eu deixo para qualquer psicólogo amador decidir o resto. Não é importante.

"SOBRE UMA VIDA PROFUNDA"

JULHO 1947

O tipo de vida mais freqüentemente observado em obituários de proporções respeitáveis, e na verdade nos esboços de obituários da maioria das vidas deste mundo, o tipo de vida que pode realmente ser resumida em dois ou três parágrafos – sem dúvida essas vidas devem ter sido usadas como moedinhas pelos falecidos. Quando você lê esses obituários, quase sempre pensa: "Bem, pelo menos deles brotou uma nova geração que pode viver a vida com um pouco mais de intensidade". Mas você sabe que os filhos dessas pessoas vão viver vidas sem graça do mesmo jeito, que, quando eles morrerem, serão resumidas em dois parágrafos. Alguns títulos sem importância, alguma boa ação social, uma medalha, algum dinheiro e propriedades, um diploma de alguma coisa – é isso o que eles deixam para a reflexão de seus filhos, se é que seus filhos são capazes de qualquer reflexão sobre alguma coisa no calor desses dias de consumo cego. A vida de meu pai foi tão rica e tão profunda que ainda passo meus dias absorto em seus detalhes, que poderiam encher um livro. Meu pai não morreu deixando uma vida em branco para ser preenchida, de forma alguma, por seus filhos. Ele a preencheu, da mesma maneira que quero preenchê-la do meu jeito, com sinceridade.

---

* Mas meu caro Tom, onde foi parar mesmo o seu bom gosto? (N. do. T.)

NOVEMBRO 1947
(DEPOIS DA VIAGEM À CALIFÓRNIA) *

Agora tenho de voltar para a "humildade e a decência da vida de escritor". E retomar os diários...

*   *   *

Há algo muito errado em ser prolixo, estou definitivamente convencido disso, e agora estou em posição para avaliá-lo. O quão prolixo eu sôo! Mas olhe – eu já vi muita coisa. Essas são só maneiras de evocar e enunciar o vazio prolixo que sinto depois que me afasto da loucura controlada, a sensibilidade tumultuada da vida de escritor por tanto tempo. Não gosto da sensação de "saber tudo", saber o que quero, como conseguir, tudo claro, não um raio de luz como a realidade de Carlyle, mas claro e cristalino. Tenho de aprender a voltar para as sombras da verdade.

DIÁRIO DE PRODUÇÃO DE INVERNO 1947-1948

NOVEMBRO

SEGUNDA 3 – Terminei algumas notas em meus cadernos relativas à dificuldade de voltar a escrever por períodos extensos, e então, às 5 horas da tarde, quando escurecia lá fora, retomei o romance depois do longo descanso. Primeiro, entretanto, com muita animação, pensei em como seria uma grande idéia partir para o noroeste do Canadá com um parceiro bem legal (alguém como Hal Chase) e me juntar à corrida do ouro, lá. *Isso, também, são as sombras da verdade!* Enfim, enquanto houver um convidado intenso e sincero – e escrever um romance épico também é isso. Meia-noite – Dominado pela tristeza de não saber o *que* existe no mundo, e o que estou fazendo. Estou me sentindo totalmente indiferente ao bem e ao mal, também, à beleza ou qualquer outra coisa. Indiferente àquele conhecimento, também. Nada foi escrito.

---

* Essa viagem de carona pelo país – a primeira de Kerouac – levou-o de Ozone Park para ver seu amigo Henri Cru na Califórnia, onde acabou trabalhando como segurança em um acampamento de operários da construção civil em Marin City. Essa viagem é ficcionalizada na Parte I de *On the Road*.

WINTER 1947-'48

Hitch-hiking trip July - Oct. 1947

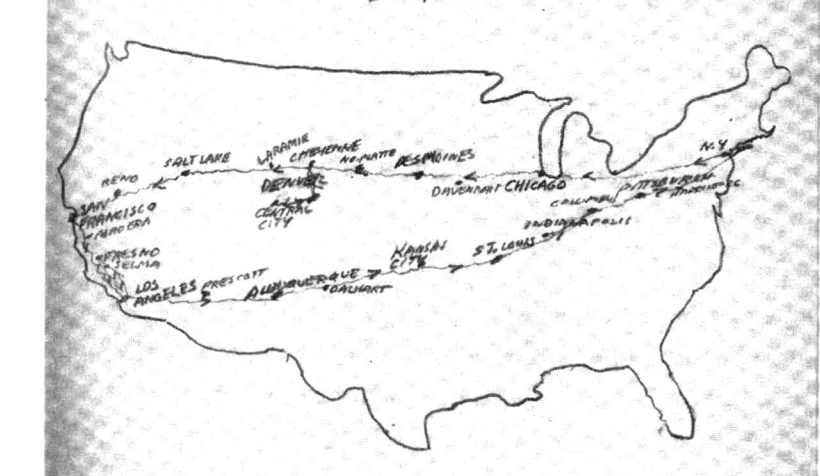

And all the great territories.....

NOVEMBER 1947
(After the California trip)

Now I have to get back to "the humility and decency of writing-life." And to the resumption of writing-logs...

* * *

There's something really wrong about being worldly, I'm convinced of that for once and for all, and I'm in a position right now to look into it. How worldly I do sound! But look — I've seen a lot of things. These are just ways of evoking and enunciating the worldly blankness I feel after being away from the controlled madness, the tumultuous sensitivity of writing-life for so long. I don't like the feeling of "knowing it all," knowing what I want, how to get it, all clear, and not "glaring in" like Carlyle's reality, but just clear and glistening. I've got to learn to walk back to the shadows of truth.

TERÇA-FEIRA 4 – Precisei sair e caminhar na chuva em Nova York e circular por aí enlouquecido com meus amigos. Quebramos discos de Mozart em nossas cabeças, eu e o demoníaco. Ficamos bêbados. Terminei de um jeito lindo, lembrando a beleza simples da vida, e voltei para casa.

QUARTA-FEIRA 5 – Escrevi longas notas. O dia inteiro me ocorreu que não há nada tão viril quanto a imagem de um homem escrevendo em grande e laboriosa escala e se sujeitando a todas as armadilhas do vasto trabalho mental. Será que esse é o meu objetivo insignificante? – masculinidade?

Pensei bastante, coisa tão importante para mim, mesmo, que não consegui escrever. Passando por uma revolução interior.

QUINTA-FEIRA 6 – Estou me libertando das velhas algemas, que descreverei depois. Acho que, finalmente, estou prestes a ficar livre. É mesmo maravilhoso. E é tudo tão silencioso, não consigo descrever. Esta noite comecei a escrever em um estilo mais livre. 1000 palavras apropriadas, em uma hora. Será que isso vai durar?

SEXTA-FEIRA 7 – **2.500 palavras** hoje em poucas horas. Talvez seja isso – liberdade. E domínio! – por tanto tempo negado em meus longos anos pesarosos de trabalho, trabalho cego poderoso. Agora estou muito emocionado para explicar o que é isso. Tem a ver com toda a minha natureza e, é claro, então em meu trabalho correspondente. Como eu posso louvar os céus por algo como isso, algo por que lutei tanto tempo: o domínio da minha arte em vez de ser escravo dela. **Mais 1.500** palavras à noite, assim. São cinco mil nas últimas 24 horas. Não que esteja mais fácil, é apenas mais eu mesmo.

Tecnicamente, a grande mudança é do sentimento épico-lírico pela vida para o moral-teatral, sem abandonar totalmente o lírico, isso penetra no texto. O resultado tem nele aquele poder *invisível*, o poder do teatro moral, tecnicamente, o poder da narrativa, com menos ênfase nas atmosferas descritivas, na obsessão descritiva (a obsessão de cantar com a mão direita e não deixar a esquerda saber bem o que está acontecendo.) Isso prova que ainda não consigo, e não vou, explicar essa ótima mudança.

SÁBADO 8 – Grande sábado americano. Tive uma ótima conversa com Ed White à noite. Eis um homem de alma boa e superior, de grandes feitos, e também modesto. Suas idéias são sempre simples e verdadeiras.

DOMINGO 9 DE NOV. – Li os jornais. A empolgante resenha de Sherwood Anderson feita por Lionel Trilling provocou pensamentos interessantes sobre o assunto de Francis Martin. (Agora que essa mudança aconteceu dentro de mim, esses diários prolixos parecem menos e menos necessários, ou mesmo dignos de mérito.) Sinto uma espécie de silêncio burro. **2.000 palavras** tarde da noite: e uma indisfarçável solidão.

SEGUNDA-FEIRA 10 DE NOV. – Outra vez preocupado com dinheiro – mas perder tempo em empregos insignificantes quando minha literatura está chegando ao clímax e ao domínio não é muito sensato. Vou gastar mais tempo e energia a partir de agora para tentar *vender* minhas histórias também. "Natal em Nova York"*, escrita na Califórnia, é muito vendável: quando eu enviá-la para os estúdios, vou tomar decisões importantes sobre ela, se publico em revista ou em livro, ou como ela é – uma história para o cinema –, e a levo em alguns lugares. Não seria mau viver modestamente de escrever? Colheitas de algodão, nunca mais!

Surgiu essa idéia, relativa à mudança em minha literatura, que agora parece tão importante: que não era falta de criação que me detinha antes, mas um excesso dela, o fluxo narrativo ficava tão espesso que não podia mais fluir. Mas hoje estou muito preocupado com meu trabalho. Primeiro, ele está bom *agora*? – e o mundo vai reconhecê-lo como tal. Afinal, o mundo não é tão burro; percebo isso ao ler alguns dos meus romances inacabados ou não-vendidos: eles simplesmente não são bons. Vou acabar chegando em uma simplicidade e uma beleza que não serão negadas – simplicidade, moralidade, e uma beleza, um lirismo real. Mas o *agora*, o *agora*. Está ficando sério. Como eu sei se estou alcançando o domínio? Sempre acreditei nisso, no passado, quando me permitia êxtases e desgostos de auto-engano. O pensamento agora tem de ser real. Basta, basta. Esta noite: **2.500 palavras**, apesar de ter desperdiçado tempo lendo meus velhos escritos. Agora posso fazer 4.000 por dia. De qualquer jeito, um passo à frente. São 9.500 palavras em 5 dias, ou talvez quatro dias, sem realmente me dedicar a isso como agora, quero dizer, na quantidade de tempo gasto. Há algo tão terrivelmente franco-canadense em relação às minhas grosserias aqui e no passado – e no presente? – trabalho: – algo infantil e sincero, ainda assim nada inteligente. Outra vez aquela palavra?

TERÇA-FEIRA 11 DE NOV. – Escrevi cartas à tarde. Todas confusas, todas confusas quando Olhos Escuros apareceu de novo. Depois vamos averiguar essas interrupções adoráveis. De qualquer jeito, não é uma grande tragédia. E nesse exato momento, outro período de falta de criatividade tenta cair sobre mim. É como uma doença, ou talvez como uma loucura. "E daí?" soa nas câmaras de minha cabeça, desafio tudo que vejo com esse pensamento desordeiro. *Agora, agora* vou pegar o enfado quando ele tentar me pegar, e

---

* O roteiro cinematográfico de Kerouac, *Christmas in New York*, foi inspirado no conto "The Gift of the Magi", de O'Henry.

vou torcer seu pescoço magro. O enfado é uma pessoa sem graça e magra, um vigarista vadiando, um marginal. Não, não, não há mais alegria sorridente na vida, não há mais um interesse sedutor nas coisas e nas pessoas, só um apache numa rua mal-iluminada à espera com uma faca, e entediado, e por isso mau. Quem devo matar esta noite, o que devo destruir? Uma empolgante onda de náusea física tenta comandar meu ser, só pela variedade – uma sensação física de afundar e se entregar ao desespero fundamental e a idéias de patifaria, violência e sarcasmo. Mentiras! Mentiras! – eu só sinto como meu eu verdadeiro, idiota preguiçoso e sonhador, sonhando com o caos. Mais mentiras! É nessa hora que mentir é uma alegria, o trabalho de uma vida. Mais e mais mentiras. Esta é a agradável lâmina muito afiada com a qual vou me perfurar se deixar as coisas correrem, o açoite maravilhoso para usar em mim e nos outros. E que porcaria e *nonsense*!

Esta noite vou escrever muito bem e amar muito bem e estrangular essa loucura. Estou sentindo na carne essas malditas mudanças de intenção, as mãos ensangüentadas, e vou jogá-las aos ventos, assim. Eu desafio o que quer que venha a mim em horas como essa para me olhar nos olhos, eu desafio pela propriedade de meu ser: – talvez pela variedade. Oh, sim, sei que nunca deveria ter sido um escritor, não é da minha natureza, mas vamos ver isso no final. **2.000 palavras** esta noite.

QUARTA-FEIRA 12 DE NOV. – Ventos poderosos que partem os galhos de novembro! – e o sol brilhante e calmo, intocado pelas fúrias da terra, que abandona a terra à escuridão e ao desamparo selvagem, e à noite, enquanto homens tremem em seus casacos e correm para casa. E então as luzes dos lares se acendem naquelas profundezas desoladas. Mas há as estrelas!, que brilham no alto de um firmamento espiritual. Nós vamos caminhar ao vento, absortos e satisfeitos em pensamentos maldosos, em busca de uma repentina e sorridente inteligência da humanidade abaixo dessas belezas abismais. Agora a fúria turbulenta da meia-noite, o ranger de nossas portas e janelas, agora o inverno, agora a compreensão da terra e de nossa presença nela: esse teatro de enigmas e duplos sentidos e pesares e alegrias solenes, essas coisas humanas na vastidão elemental do mundo açoitado pelo vento. **1.500 palavras** esta noite. Amanhã não trabalho, do contrário, com mais umas poucas palavras amanhã, teria alcançado minha nova meta de 15.000 palavras por semana. Em fevereiro, as últimas linhas de T&C estarão acabadas e reacabadas, e *datilografadas*, e prontas para o editor. Fiz muitas notas também esta noite. Vou controlar essas energias gratuitas!

QUINTA-FEIRA 13 DE NOV – Tomei um porre que durou até...

SEXTA-FEIRA 14 DE NOV.
 – e

SÁBADO 15 DE NOV.

DOMINGO 16 DE NOV. – Longas anotações, sábado à noite, em torno de 2.000 palavras. Hoje li e comi e me recuperei. Escrevi **4.000 palavras** esta noite, também maravilhosamente absorto. O que mais precisa ser dito? Falar é bobagem. Estou feliz.

SEGUNDA-FEIRA 17 DE NOV. – Sinto-me muito feliz hoje também, e você sabe, não estou mais tão preocupado quanto antes em ficar infeliz, apesar de, é claro, me preocupar um pouco. E essa não é a felicidade de alguém que escreve para revistas, que manda para o editor filosofiazinha alegre de vida para a abertura de um texto de capa em uma revista: esta é uma felicidade séria cheia de dúvidas e forças. Eu me pergunto se a felicidade é possível! É um estado da mente, mas eu odiaria ser um chato toda a minha vida, nem que fosse apenas por causa dos que amo e estão ao meu redor. A felicidade pode transformar-se em infelicidade só pela transformação em si. Como minha mão, que outra noite queimei com cigarro: o machucado está curando só porque a pele está mudando. E, de um jeito parecido, toda a mudança é um portal, um portal para a felicidade ou para a infelicidade, em pulsações, como a do coração. A mudança é um portal. Mas essas notas não são nem de perto tão entusiasmadas e, devo dizer, divertidamente brilhantes, como meus pensamentos correntes o dia inteiro & ontem. **1.500 palavras** esta noite, uma noite um tanto devagar.

TERÇA-FEIRA 18 DE NOV. – Às vezes meu esforço em escrever torna-se tão fluido e suave que muito é arrancado de mim de uma só vez, e isso machuca. Isso é muita perícia! Acompanhando esse sentimento está o medo de não ser *perfeito*, quando antes, bom é bom o suficiente, honesto é honesto o suficiente. Também há a relutância em manchar com imperfeições o papel branco limpo. Essa é a maldição da vaidade, eu sei. **2.500 palavras** esta noite. Estou caminhando bem – mais de 20.000 palavras desde 12 dias atrás, um ritmo equivalente a cinqüenta mil palavras por mês.

QUARTA-FEIRA 19 DE NOV. – Olhos Escuros veio à minha casa esta noite e dançamos a noite inteira, até de manhã. Sentamos no chão, no belo tapete que minha mãe fez para mim, e ficamos ouvindo o casamento real às seis da manhã. Minha mãe ficou encantada quando acordou e nos viu ali. Fiz alguns crepe suzettes para Olhos Escuros. Dançamos outra vez & cantamos.

QUINTA-FEIRA 20 DE NOV. – Agora tenho em casa *O adolescente*, de Dostoiévski, e *O vermelho e o negro*, de Stendhal. Meu impulso é escrever esta noite uma seqüência simples no meu romance: há tanto do "Criminoso Pálido" com a gente, e não há suficiente beleza simples. Só olhe para as pessoas do mundo que adoraram a Princesinha e seu casamento em Londres: – é para rir de uma adoração dessa? O mundo não é tão complexo e demoníaco como nós escritores tentamos fazê-lo, sério. Um casamento, uma noiva jovem – essas coisas são o centro da existência, *não* as relações demoníacas dos neuróticos e dos tolos. Ainda acho que esta noite Julien Sorel é um nada. Esta noite: – tristeza confusa – não escrevi.

SEXTA-FEIRA 21 DE NOV. – Aposto que uma chuveirada quente e gelada teria me estimulado a trabalhar ontem à noite. **2.500 palavras** hoje – e depois de pensar no livro como um todo, vejo que a sua substância principal ainda *não foi escrita*. Mas já há mais de 200.000 palavras, mais que isso, quase um quarto de milhão de palavras e nenhuma "substância principal"! Mas *não* estou desapontado, na verdade me sinto refrescado e mais ávido, e sei que na verdade posso fazer isso sem qualquer problema. O único problema é o tempo – o tempo urge, preciso logo do dinheiro de uma carreira. Agora é uma questão de tempo. O que estou fazendo com esse manuscrito enorme agora é carregar o fardo dos erros do passado, de uma escrita de principiante. Mas há tanta nobreza, força e beleza nele que não vou jogá-lo fora, por isso agora preciso carregá-lo comigo.

SÁBADO 22 DE NOV. – Fui para uma farra sem graça; na verdade, forçado a ir. Perdi o jogo de futebol americano e, em vez disso, me envolvi à tarde em discussões bobas com Burroughs e Ginsberg sobre psicanálise e sobre "horror". Eles ainda estão envolvidos com os mesmos assuntos de um, dois anos atrás. Todo mundo gosta de se repetir, ano após ano, inclusive eu.

SEGUNDA-FEIRA 24 DE NOV. – Dia cinzento e chuvoso, e cansado de pensar. Talvez porque Olhos Escuros esteja fora de alcance por um tempo. Estou um pouco triste, agora, mas isso não me incomoda, e posso escrever apesar disso. Mas foi um dia bem ruim, mesmo. Escrevi alguma coisa à noite, mas de um jeito confuso. Esse domínio recém-descoberto perdido momentaneamente: mas não estou preocupado e, além disso, "não é uma grande tragédia". Esse é um dos meus ditados favoritos. Pfui!

TERÇA-FEIRA 25 DE NOV. – Levei a história que escrevi para o cinema para uma nova agência, Bergh & Winner. *Fiorini*, jovem editor, pode ser o homem com o qual eu estava sonhando: sério, inteligente, muito solene. O que ele vai achar de T&C quando eu mostrá-lo a ele? Neste mundo rude, um editor simpático? – !! Escrevi **2.000 palavras** esta noite. Está difícil acertar, agora, mas não posso desejar que seja muito fácil, ou que fique estúpido. Sinto que um grande destino me espera, mas é minha sina trabalhar duro nisso. É desestimulante ler o grande Dostoiévski, mas de vez em quando eu percebo um vestígio de minhas próprias palavras imutáveis – ou palavra. Eu podia falar muito sobre isso, agora, mas não quero. Você fica mais taciturno depois de um tempo, ou enlouquece exasperando o seu coração... não? Sim.

QUARTA-FEIRA 26 DE NOV. – Fui outra vez à cidade para resolver vários assuntos. Vi novamente Burroughs e Ginsberg, dessa vez por acaso. Estávamos todos animados. Mencionei isso por alguma razão obscura. Sempre me surpreende ver-me agindo com dissimulação, como um personagem de Dostoiévski. Eu lembro de dizer a mim mesmo, "não conte a eles muito sobre sua alma. Eles estão esperando que você faça exatamente isso". O que, é claro, eles não estavam, ou teriam de ser completamente loucos, e provavelmente são, assim como eu. "Estávamos todos animados..." Mas mesmo assim há muita energia emocional peculiar sempre trabalhando entre nós e sabemos disso. A vida é uma coisa tremendamente dissimulada. Finalmente consegui algo de minha mãe depois de adulá-la. Disse a ela que me doía ouvi-la dizer que estava cansada de trabalhar, mesmo quando me exortava a continuar a escrever e escrever por ela, para não gastar tempo fazendo qualquer outra coisa. "É", disse pesarosa, "sei que machuca você, mas digo mesmo assim." E não havia qualquer maldade nessa confissão pesarosa. Escrevi **2.500 palavras** esta noite, provavelmente o melhor que já escrevi (discussão entre George Martin e seu filho sobre este deixar a faculdade). Mas é desestimulante não conseguir fazer nada decente depois de algumas poucas palavras e ter de esperar pela energia do dia seguinte. Gostaria de possuir a energia mental de dez grandes escritores! Ou podia inventar um jeito de conseguir "tirar o máximo de mim", como fez Goethe, sem desmoronar (como fez Goethe), ou sem um ascetismo excessivo que leva à confusão das impressões. Vamos ver. Estou sempre com pressa, por necessidade, também! Verdade.

QUINTA-FEIRA 27 DE NOV. (AÇÃO DE GRAÇAS) – Ótimo pato no jantar, um cineminha com minha mãe e a celebração com a leitura de Dostoiévski à noite – *O adolescente* – e também a *Vida de Goethe*, ele com seus "cataclismos psíquicos" e nem um pouco menor por causa disso. Minha mãe e eu ficamos um tempão conversando e fazendo fofoca. Hoje em dia estou aprendendo tanto com ela. Ela fala das russas gordas e felizes, as camponesas, e como a Rússia foi arrasada pelos Politburos Comunistas e o Sovietismo, e toda essa planejada frieza científica do sistema, a Rússia ainda pode ser salva se "*as mulheres puserem os homens de joelhos*". (!) – as mulheres, veja bem, não as "políticas" ou as "soldadas" da Rússia, mas as camponesas gordas e felizes. Uma observação profunda e estarrecedora. E o que Joan Adams Burroughs falou sobre isso? "Parece uma ameaça velada de castração." – isso especialmente relacionado com um comentário feito por minha mãe: "Homem que é homem respeita as mulheres". Que tal isso! Esta noite escrevi **2.000 palavras** (interrompido por visita).

SEXTA-FEIRA 28 DE NOV. – Foi hoje, não ontem, que escrevi aquelas 2.000 palavras, mas sem problema. Hoje foi um desses dias em que posso ver "as silhuetas das montanhas" – a própria forma e o contorno do meu romance, e essa é uma benção rara. Por isso, tive a sorte de chegar ao problema-chave do resto de meu romance, e é isso aí. Agora só falta trabalho. (Também uma solução fantástica!)

SÁBADO 29 DE NOV. – Dia livre, "compromissos" sociais – e muita agitação, circulando entre festas e bebedeiras em N.Y.

DOMINGO 30 DE NOV – A mesma coisa, as mesmas coisas idiotas.

SEGUNDA-FEIRA 1º DE DEZ. – Este é o mês crucial. Dele e de seu projeto de trabalho dependem o sucesso de todo o inverno – (como em uma campanha militar). Tenho de ficar umas semanas sem sair por aí enchendo a cara, apenas trabalho *inviolável*. Esta noite escrevi **1.000 palavras** ─────────
Cheio de pensamentos atormentados que surgem de um estômago embrulhado e em reviravoltas, literalmente – uma ressaca, claro, mesmo assim uma sensação da fatalidade terrível da vida. Sei o que são esses pensamentos, e por que machucam tanto – próximos da loucura, mas não sou psicótico, e nem um pouco afastado da realidade, talvez um pouco, mas isso [é], pelo menos normalmente. E os sonhos que tive durante um cochilo, o sorriso louco no rosto de um homem, e eu sincero e preocupado. Aquele sorriso louco – a insanidade e o prazer que vem com ela. Se eu apenas pudesse desenhar aquele sorriso que vi no sonho, e na outra noite. O homem que sorri desse jeito sabe muito e despreza tudo, mas não devia, não devia mesmo – e por que eu digo *isso*? – Fico apavorado com a visão da loucura. É uma visão horrorosa. Especialmente em um amigo. Se você tem um amigo, e ele for louco, sem dúvida louco, e ele odeia você, mas só com um desdém sorridente e indiferente e não com um ódio verdadeiro, e você mesmo não sabe como odiar de volta, não sabe como ele sorri, e chega a sonhar com esse sorriso – é o próprio Diabo se exibindo com todo o diabolismo complexo possível, é o Diabo no máximo de sua maldade. Um sorriso planejado insolente e insistente irrompendo de repente no rosto que sempre foi severo e triste, e às vezes charmoso – é suficiente

para me dar vontade de chorar, como se estivesse vendo meu pai enlouquecer diante de meus olhos.

TERÇA-FEIRA 2 DE DEZ. – Noite de escrita febril, com meu sangue pulsando, meus nervos irritados, mas mesmo assim meu corpo inteiro incrivelmente *vivo*. Não é uma sensação de conforto, mas sei disso por uma visitação de êxtase, êxtase grave e reflexivo, e eu o recebo bem, mesmo que meu próprio peito esteja batendo forte. Escrevi *3.500 palavras-estranhas-e-exaltadas*. É um êxtase "grave e reflexivo" porque não estou possuído por ele, eu o possuo e posso tocá-lo e examiná-lo. Que alegrias solitárias estas! Eu agradeço a Deus por elas. E com esses escritos completei um grande trecho de 33.000 palavras e estou pronto para embarcar nas últimas grandes construções do romance. Um pico de montanha finalizado esta noite, e o último pico à vista, coberto de neve e longe, mas não mais púrpuro pela *distância*. (Ah essas pessoas literárias!) Amém.

QUARTA-FEIRA 3 DE DEZ. – E aqui está a última grande descoberta de minha "juventude" – agora não sou mais um "jovem". *Agora sei o que significa retirar-se da vida e amadurecer*. Mas mais tarde, mais tarde – Esta noite eu realmente sinto vivendo "três vidas", na verdade, naturalmente, mil vidas também. É uma dessas noites em que você acha que nunca mais vai se aborrecer de novo – e eu também acho que nunca mais vou! Todas as almas a explorar – Não é tão mesmo necessário *amar*, como é necessário estabelecer algo profundo com todos os que realmente importam. Amor e ódio são a mesma coisa, filtrada de maneira diferente através do... *orgulho* pessoal, ou o que quer que tenha... orgulho pessoal ou mesmo alusão a assuntos pessoais. Todas as almas a explorar por toda a vida, e se você pudesse viver mil vidas, ou ter em você a energia de mil vidas e pudesse conciliar todas as variedades que aparecem na vida! Essa sempre foi uma de minhas noções favoritas. E todos os Brooklyns sombrios para explorar, e barcos e céus e coisas – os meus êxtases velhos e sempre presentes – e as florestas da terra para explorar, para morar. Viver é explorar. Uma aventura do coração, da mente, do espírito. Dostoiévski diz que é um pecado ter medo: e é claro que isso é verdade. Esta noite sei que vou me empenhar para conciliar tudo o que precisa ser conciliado, não tenho mais medo de conciliar as coisas, e se eu tivesse mil vidas e energias... Aí está, pela primeira vez em minha vida, estou mesmo de joelhos diante da vida e pronto a beijar sua mão. E depois? E assim posso escrever qualquer coisa esta noite. Esta noite simplesmente resolvi o romance inteiro e empenhei minha vida a outros cinquenta longos romances. Foi assim esta noite, fiquei sentado na minha cadeira com meus pés em cima de outra cadeira. Apesar disso tudo, eu prevejo que *ainda* terei problemas para acordar de manhã de agora em diante.

QUINTA-FEIRA 4 DE DEZ. – O final feliz de *Os irmãos Karamazov* e também de *O adolescente* foi chamado de dickensiano, sem graça e enfadonho por alguns críticos, não é o escárnio risonho de um grande gênio da compreensão, mas me parece o reconhecimento que, apesar de os seres humanos não precisarem de "felicidade", eles também podem ser felizes. Isso é como o brilho do sol gratuito de Deus depois de uma forte tempestade, e é bom. Eu digo a esses críticos: "Não sejam babacas a vida inteira". Outro pensamento completamente diferente: os americanos são socialmente ignorantes, ou seja, eles não entendem os "fatos da vida" como os franceses, por exemplo – mas eles têm as maquiagens emocionais mais bem proporcionadas entre todas as nações, por isso eles dizem que os americanos são "plácidos". A sensibilidade e a violência de franceses e austríacos e o que não é apenas o resultado de uma horrenda mistura em seus corações – e muita conversa, também. Um europeu normalmente é levado por um orgulho distorcido. Que tal isso. *Escrevi* **2.000 palavras** esta noite, começando uma parte completamente nova (A Guerra) – e avaliando o quanto ela merece à vista das proporções e a necessidade de levar meu tema à conclusão. Nunca terei de me preocupar com esse tipo de coisa em meus outros romances futuros, por razões que agora não estão claras, mas eu simplesmente *sei*. (Mais sobre isso depois?)

SEXTA-FEIRA 5 DE DEZ. – Fui à cidade comprar outro sobretudo – jantei na casa de Burroughs – e à noite tive uma conversa fantástica com Ginsberg que revelou como são profundamente similares nossas visões de vida. Só que ele *tinha* tentado ser inteligente (isto é, sardônico) em relação a isso, mas um pesar caiu sobre ele e ele fala sem a astúcia intelectual. Entretanto, sua visão de vida é infinitamente mais complexa que a minha, talvez mais *madura*, também, e no fim, sendo ele um judeu-russo, especialmente russo, é fundamentalmente diferente da minha em termos de "espaço", o sentimento que ele tem de espaço (é cercado por ele, é misteriosamente incompreensível para ele e é o mesmo para ele o tempo todo em todos os lugares), ao passo que para mim há uma diferença. Não posso definir isso direito, exceto que estou sempre ardentemente consciente de *onde* estou e da atmosfera especial de onde estou. Ainda assim, acredito que a visão dele é mais profunda, apesar de não tão grave quanto a minha. E ao fim, para ele, a vida em seu melhor é comédia – pessoas correndo de um lado para outro como na "Floresta das Ardenas"*

---

* O cenário da comédia de William Shakespeare *Como gostais (As You Like it)*. Segundo o biógrafo Gerald Nicosia, Kerouac discutiu seriamente com Allen Ginsberg o significado metafórico da fala de Rosalinda a Touchstone, "Bem, estamos na Floresta das Ardenas". Os dois também costumavam repeti-la e a usavam como piada em suas conversas, substituindo Ardenas por Manhattan, por exemplo.

e se encontrando de novo o tempo todo, e todos procurando amar uns aos outros, mas sendo tão torturados e infelizes em relação a isso que às vezes é engraçado de ver. Minha visão destaca a necessidade urgente de um mergulho interior produtivo enquanto todo esse amor acontece, ou seja, as pessoas têm de trabalhar e viver enquanto amam. É russo da parte dele não ver o significado de um velho indo para a cama à noite em seu pijama de flanela vermelho, uma xícara de grogue quente e um jornal – em sua visão, esse velho deve correr da cama e resolver alguma coisa com outra pessoa. Entretanto, essas duas coisas existem, amor-próprio e amor. Sua visão é bonita e mais benigna que a minha, mas há algo doce e verdadeiro nas duas.

SÁBADO 6 DE DEZ. – Como resultado daquela conversa maluca, dediquei o fim de semana a uma idéia nova, e tentei iniciar um romance novo. Foi um sucesso esplêndido (ainda sem título) e vou terminá-lo mais tarde depois que T&C estiver pronto. Fui ao cinema com minha mãe, li a vida de Stendhal.

DOMINGO 7 DE DEZ. – Continuei pensando e escrevendo sobre minha "nova" idéia. Mas aconteceu uma coisa estranha – pela primeira vez em um ano inteiro, mais de um ano, eu dormi propositadamente no trabalho, e acordei ao amanhecer, doente e enjoado. Dei uma boa caminhada e quase desmaiei. Então, e foi então, que resolvi retomar e terminar *The Town and the City* antes de qualquer outra coisa. Era meu próprio sistema físico, o próprio homem, se revoltando contra qualquer abandono de dois anos de esforço supremo, já que, afinal, essa "idéia nova" não é nova, e todas as estruturas magníficas de T&C foram criadas com dedicação, afinco, dor e paciência com um único fim – prova disso é a absorção de Peter Martin com "o próprio mundo" em T&C, e outras coisas. Porém, de repente me ocorreu que uma grande e nova mudança está prestes a acontecer na humanidade e no mundo. Não me pergunte como sei isso. Vai ser bem simples e de verdade, e os homens terão dado outro grande passo à frente. Vai ser uma espécie de realização clara de amor, e a guerra vai acabar parecendo irreal e mesmo obsoleta, e um monte de outras coisas vai acontecer. Mas a loucura vai ser a regra nos postos mais altos ainda por muito tempo. Tudo isso virá das próprias pessoas, uma nova grande revolução da alma. A política nada tem a ver com isso. Vai ser uma espécie de olhar ao redor e perceber o mundo, e um abandono simultâneo dos sistemas de orgulho e ciúmes, em muitas, muitas pessoas, e vai se espalhar rapidamente. Basta por agora.

SEGUNDA-FEIRA 8 DE DEZ. – Escrevi **3.500 palavras** com rapidez e certeza. Não estou mais preocupado com o "trabalho" – só minha *mãe*.

QUARTA-FEIRA 10 DE DEZ. – Fui à cidade ver a estréia de Lennie Tristano – jazz de primeira, "sons novos", dez anos à frente do *bebop*. Estava sozinho. Voltei direto para casa à 1h da manhã para escrever, e escrevi **2.500 palavras** esplêndidas, também. Aquele esgotamento feliz ao amanhecer.

QUINTA-FEIRA 11 DE DEZ. – Às cinco da manhã escrevi **1.500 palavras**. Passei a maior parte da noite datilografando e mexendo em 3.000 palavras do original, e pensando nas estruturas. O mundo é uma estrutura de almas, hein? E por aí vai...

SEXTA-FEIRA 12 DE DEZ. – Fui à cidade ver a turma toda, os "homens e mulheres e coisas" do mundo, e me diverti muito; Vicki [Russell], Tom [Livornese], Ginger, Ed White, Jack Fitzgerald, Jeanne sua mulher, Burroughs, Joan [Adams Burroughs], Julie, Bill Garver, Sam Macauley, o próprio Hunkey [Herbert Huncke] (!) (acabado de sair) e todos os outros que perambulam pelo "paraíso triste" de Ginsberg. Passei *dias* com Vicki só me divertindo, e então saí disso andando três quilômetros em Manhattan, sozinho para um doce meditar. Li todos os jornais –

SÁBADO 13 DE DEZEMBRO – (diversão) –

DOMINGO 14 DE DEZ. – Só isso, li todos os jornais esta noite.

SEGUNDA-FEIRA 15 DE DEZ. – Escrevi **2.000 palavras**, e das boas também.

TERÇA-FEIRA 16 DE DEZ. – A marca do meio do mês. Reescrevi 2.500 palavras para orig. principal. E escrevi **1.000 palavras** esta noite, palavras pobres, tristes e suadas é o que são. Será que algo bom pode surgir apenas do esforço, sem a inteligência divina que se deveria ter? Se não, estou perdido se sei como *trabalhar* neste mundo. A vida é fácil, mas o trabalho...

QUARTA-FEIRA 17 DE DEZ. – Que deprimente, solitária e sitiada, a última noite. (Como nos velhos tempos.) Não produzi hoje, fui tentar vender minha história para o cinema (temo que em vão) – mas vi um filme maravilhoso, *A tree grows in Brooklin*. Uma história ótima por um excelente diretor, Elia Kazan. Eu fui para ver pessoas e não encontrei ninguém: foi como se todos os meus amigos tivessem desaparecido de repente como fantasmas em N.Y. Por falar nisso, é algo que acontece muito em N.Y., e é assustador, e suficiente para enlouquecer uma pessoa, quando acontece. O que é ainda mais assustador é que esbarrei com dois deles na Times Square e eles não me viram, e eu os segui por um tempo e eles também acabaram desaparecendo (então talvez tenha sido apenas ilusão minha). Isso é material para um [Edgar Allan] Poe ou um conto de "terror". Sonhei com outra história fantástica chamada "Life and Millions", que será descrita em outra oportunidade. Estes últimos dias passei novamente perdido em fantasias e sonhos, o jovem poeta louco & solitário novamente – o que, por acaso, na verdade não recebo bem, é assustador, irreal, insano, solitário, triste e mórbido demais.

QUINTA-FEIRA 18 DE DEZ. – Acordei cedo pronto para trabalhar, mas só, **1.000 palavras!** – mas reescrevi 3.000 para o orig. principal – e, o que é engraçado, passei duas horas ao amanhecer (a hora em que escrevo melhor) procurando por um trecho no meio dos dois milhões de palavras guardadas em caixas de laranjas. Precisava achá-lo. Achei! Então tive que ir para cama por estar completamente exausto. Que noite.

SEXTA-FEIRA 19 DE DEZ. – Escrevi **1.500 palavras**, difíceis, tão difíceis. Estou passando por um período complicado esta semana: trabalhei como um cão e só produzi 5.500 palavras. É péssimo. Não importa a urgência que tenho em finalizar este livro, ele tem a droga de seu próprio maldito ritmo lento, e isso é a pior e mais infeliz coisa que conheço. Por que tudo é tão lento? Que experiências cansativas.

SÁBADO 20 DE DEZ. – A geladeira chegou etc. e fui para N.Y. à noite ver a turma.

DOMINGO 21 DE DEZ. – Tive de visitar parentes à tarde. À noite, li meu Diário do Mar de 1942, e que belo trabalho ele se revelou, quase goethiano em sua sinceridade e às vezes no alcance. Então comecei a escrever a "Narrativa da Groelândia" para meu romance, mas já que ele têm uma ligação muito tênue com o tema do meu romance, resolvi fundi-lo rápida e animadamente. Ali há um romance em si mesmo, com possibilidades melvilleanas, então eu geralmente "guardo" para depois e extraio apenas os sucos de que preciso agora para T&C*. Escrevi por um tempo e fui dormir em um esforço para voltar para um horário diurno, já que meus olhos estão começando a doer e a lacrimejar outra vez pelo excesso de luz elétrica.

SEGUNDA-FEIRA 22 DE DEZ. – Mas chegaram notícias confirmando uma viagem de Natal para a Carolina do Norte, então fechei o livros – por uma semana.

*   *   *

---

* Finalizado em três versões em 1942 e 1943, Kerouac baseou seu romance *The Sea is My Brother* em sua experiência na marinha mercante e foi muito influenciado por Melville. Além de um trecho em *Atop an Underwood: Early Stories and Other Writings* (1999), *The Sea is My Brother* permanece inédito.

DOMINGO 28 DE DEZ. – De volta à grande neve de 1947, que eu tinha de viajar e perder.* Não havia neve alguma na Carolina do Norte. Foi uma viagem chata, mas consegui descansar um pouco, apesar de ter ficado doente. Com essa completei meus 20.000 quilômetros de viagem para 1947, o que não faz deste um ano preguiçoso ou sem graça – junto com 250.000 palavras escritas. Hoje à noite, me recuperando de problemas intestinais, olhei atentamente para meu romance e sua conclusão iminente – em dois meses. E que neve lá fora, que belos tons de neve por toda parte! Adoro ver Nova York sem seus carros infernais, pelo menos uma vez. Eles parecem adorar esse descanso das máquinas.

SEGUNDA-FEIRA 29 DE DEZ. – Andei pensando em ir para alguma faculdade do Brooklyn ou de N.Y. este ano para ganhar os US$ 65 por mês de auxílio a ex-militares, o que pagaria o aluguel. Mas um outro olhar com calma para meu romance acaba (de alguma for.na) me convencendo que ele vai ser mesmo vendido para uma editora, e precisa de toda a minha atenção e energia neste inverno. Posso estudar por conta própria por um ano inteiro quando ele não estiver mais em minhas mãos: ler tudo, o que eu quiser, manter cadernos, viajar. Então eu acho que não vou fazer nada além de escrever T&C neste inverno, e quanto mais rápido ele sair, melhor, com ou sem o dinheiro do aluguel. Escrevi **1.000 palavras** à tarde, indeciso, impaciente – como se não quisesse mais escrever. Mas ainda pode ser apenas a fraqueza de minha doença. Odeio escrever me afastando do meu *tema*, escrever material de sustentação para ele, está longe do meu objetivo. Escrevi outras **2.500 palavras** à noite e rompi com esse processo, encurralei-o e o amarrei, porque passei por um período muito aborrecido. Ótimo! Ótimo! – fazer coisas como essa, mesmo quando estou doente, essa é a felicidade de minha vida louca. Agora vejo com clareza o fim do romance, em seis semanas, em meados de fevereiro? Então eu podia falar muitas coisas alegres, mas é o suficiente, estou cansado de escrever. Com isso completei 25.000 palavras este mês, dezembro, e 55.000 desde que voltei do Oeste. Outras 80.000 terminam o romance – oito semanas de bom trabalho serão suficientes. Agora vou comemorar o Ano-Novo em grande estilo, feliz outra vez. (Melhor mudar para *vinte* semanas.)

QUARTA-FEIRA 31 DE DEZ. – Festa na casa do Tom em Lynbrook, mas como eu fiquei triste à meia-noite, sem uma garota, sozinho em uma sala tocando *Auld Lang Syne* ao piano com um dedo. Mas depois, muitos gritos &

---

* Essa tempestade de neve recorde atingiu a cidade de Nova York de maneira inesperada e depositou mais de oitenta centímetros de neve na cidade nos dias 26 e 27 de dezembro de 1947.

bebedeira, bebi um absurdo com Jack Fitzgerald, e contamos grandes histórias e falamos, até de manhã...

1948

QUINTA-FEIRA 1º DE JAN. – Continuo bebendo com Fitz, agora em casa, e que cara maravilhoso, o melhor. O mais fantástico do mundo. Se não se matar de tanto beber, vai ser um grande escritor americano. Então tive uma conversa doce e longa com minha mãe.

SÁBADO 3 DE JAN. – Podia bem concluir os feriados. E que tipo de noite foi essa que passei? – Como outro dia, sonhos de culpa, e hoje à noite, o *feito*, um feito há muito antecipado – (mas complicado demais e será tratado em outro lugar) (Ginger)

DOMINGO 4 DE JAN. – É tão incomum para mim passar as horas em que estou desperto com uma sensação de meu próprio triunfo – e do meu mal – isso não faz parte – mas novamente, é demais para rascunhar sobre isso. Comecei a escrever à noite: primeiro cartas, para Neal [Cassady], etc., então escrevi um pouco em conexão com o episódio da Cidade do romance, resolvendo problemas na trama em duas situações importantes.

SEGUNDA 5 DE JAN. – Meu primeiro grande dia de trabalho de 1948 – este é finalmente o ano do sucesso de verdade. Comecei a escrever cedo esta tarde e escrevi **3.000 palavras**. E mais uma coisa: durante a noite deitei na cama para meditar (a meditação sonhadora que amortece o choque da criação cerebral): e de repente senti a presença de todos os tipos de "coisinhas alegres", coisinhas ao meu redor, senti isso com tanta força que as pequenas "coisinhas felizes" tornaram-se quase reais, corpóreas, em forma de mariposas, bandos inteiros, hostes delas, todas ao meu redor. Eu me senti como Gulliver, com coisas pequeninas dançando alegres por cima de mim e ao meu redor, e mais interessante: parecia que essas "fadinhas alegres" das nossas vidas estavam maravilhadas comigo por que eu as tinha descoberto, porque eu tinha "virado a cabeça e as visto", e na simplicidade de seus coraçõezinhos, ficaram satisfeitas comigo, me amaram e dançaram ao meu redor, "seu campeão e rei", estavam alegres porque eu as havia visto. E eu só fiquei ali sorrindo e aproveitando sua presença & homenagem. Foi uma das fantasias mais poéticas e adoráveis: e mais uma coisa: acredito nessas coisinhas, acredito que elas existem, mas apenas em certos momentos maravilhosos de alegria. Se eu fosse um poeta irlandês, um bardo celta, acho que me concentraria exclusivamente nessas pequenas "fadinhas alegres" do meu coração. E tudo isso apenas dois dias depois daquele *feito* que mencionei, a sedução da mulher "errada" em minha vida bem agora. 'Vivas à variedade?'* – no fim das contas, acho que não.

TERÇA-FEIRA 6 DE JAN. – Escrevi o dia inteiro, como fiz ontem, e matei mais de **25.000 palavras**. Palavras psicológicas, a maioria, e muito importantes, também, pois amanhã vou ver *Crime e castigo* com John Gielgud, no teatro.** Dois dias de trabalho tremendo. Preciso continuar assim. Só o *trabalho mais duro* vai completar T&C.

QUARTA-FEIRA 7 DE JAN – Vi *Crime e castigo* – que conheço tão bem – e agora ele está me assombrando de novo: mas a versão francesa para o cinema com Pierre Blanchar ainda é a mais dostoyevsquiana.*** Quando Raskolnikoff vai se entregar, o inspetor não está (por acaso), Raskolnikoff vai embora sem confessar, mas Sonya, Sonya fica lá fora *olhando* para ele, e ele entra outra vez e conversa com um subordinado. Quando um homem apresenta o mundo com seus próprios detalhes, e os ilumina com suas visões celestiais de amor altruísta, este é o mais alto dos gênios. Não há qualquer coisa exagerada sobre esse homem, que é o mais honesto possível.

Escrevi **1.000 palavras** à noite. Sinto-me "perdido".

SÁBADO 10 DE JAN. – Passei uma tarde preguiçosa de roupão de banho e chinelos, tocando piano e sem pensar sobre qualquer coisa em particular. "Cansado de escrever" por esta semana – cerca de 10.000 palavras escritas esta semana. À noite, fui a N.Y.; vi Sarah Vaughan na 52nd st. Sentindo outra mudança...

DOMINGO 11 DE JAN. – Estou lendo *Home Again*, de Thomas Wolfe, e estou chocado com a simplicidade, humildade e beleza de sua alma perfeitamente madura em seus últimos anos, 35 & 36. Isto é algo que só vem com a "idade", como um bom uísque. Os críticos americanos são cegos para a maturidade perfeita de Wolfe, especialmente para o seu tom simples e mágico.

---

* De *O adolescente*, de Dostoiévski (1876).

** Uma das duas únicas montagens de *Crime e castigo* na Broadway, nessa produção do National Theatre estrelou o prolífico ator e diretor de palco britânico John Gielgud (1904-2000) como Raskolnikoff, e ela teve apenas quarenta apresentações.

*** Este filme de 1935 foi estrelado pelo ator francês Pierre Blanchar (1892-1963) no papel de Raskolnikoff.

Hoje li meu próprio romance, ou o examinei em seu todo. Vejo que está quase terminado. Não tenho, porém, qualquer opinião sobre ele, boa ou má, meus sentimentos reais estão perdidos *dentro* dele, afogados. O que eu acho desse romance? – é a soma de mim mesmo, até onde a palavra escrita pode chegar, e minha opinião sobre ele é como minha opinião sobre mim mesmo: – alegre e afetuoso um dia, sombrio de tristeza no outro. Então não? Escrevi **2.500 palavras** até ser interrompido por uma visita de Allen Ginsberg, que chegou às 4h da manhã para me dizer que está enlouquecendo, mas se e quando for curado, vai se comunicar com os seres humanos como ninguém jamais fez antes, *completamente*, com doçura e naturalidade. Ele descreveu seu terror e parecia prestes a ter um ataque na minha casa, mas não teve. Como sempre, fui evasivo mas cuidadoso com ele. Quando se acalmou, li partes de meu romance e ele anunciou de soslaio que era, de "certa forma, maior que Melville – o grande romance americano". Não acreditei em uma palavra do que disse, mas acreditei em tudo mais que ele falou, que era tão interessante. Na verdade, ele me puniu por achar as coisas "interessantes" em vez de "reais". Eu disse que estava apenas em um bom estado de ânimo, quando as coisas parecem "interessantes"; mas ele logo estava falando sobre outras coisas. Um dia, porém, vou tirar minha própria máscara e contar tudo sobre Allen Ginsberg e o que ele realmente é na "carne": é tão próximo a mim que, às vezes, não consigo vê-lo. Agora mesmo, penso dele o mesmo que pensa de si mesmo, e ele chegou mesmo a me contar suas fantasias. Acho que é como todos os outros seres humanos e vejo que isso o leva à beira da loucura. Como posso ajudar um homem que quer ser um monstro num minuto e um deus no outro, e nunca concorda com seu desejo terreno, e segue andando de lá para cá rosnando e cortejando as pessoas, sem descanso, sem nunca querer descansar, e sempre me acusando de estupidez porque gosto de descansar de vez em quando e porque às vezes gosto de mim mesmo, e acredito no trabalho, e nas pequenas coisas e nas pessoas, de vez em quando. E um homem que quer "resolver' algo comigo, o que eu concordo em fazer, depois do que ele começa a rir por que é "demais". Minha principal idéia de Allen esta noite é: – ele ri de tudo menos de seu próprio horror, que, para começar, precipita os risos. Ele é trancado dentro de si mesmo sem esperanças, ao ponto de ficar realmente como uma cabeça de gárgula sorrindo na proa de um navio antigo, e à medida que o navio antigo segue pelas águas do mundo, a cabeça de gárgula, sem desviar a atenção, está sorrindo e rindo para sempre enquanto esse barco contorna cabos, cruza os mares do sul, passa por icebergs e albatrozes, penetra em velhas baías encardidas, lança âncora em lagoas floridas, navega sob o sol brilhante, neblina cinzenta, grandes tempestades, noites escuras, e finalmente afunda no oceano, onde, no meio da lama borbulhante, de peixes esquisitos e plâncton fluorescente, a cabeça de gárgula ainda ri e sorri para sempre. Mas isso não é tudo.

SEGUNDA-FEIRA 12 DE JAN. – Li e descansei da noite maldormida. Concluí que *O adolescente* é um livro *maligno*. Mais tarde...

TERÇA-FEIRA 13 DE JAN. – Escrevi **3.000 palavras**, começando a me aproximar das conclusões apaixonadas dessa história grande e complexa, e estou em estado de absorção exaltado.

QUARTA-FEIRA 14 DE JAN. – Hoje descansei minha mente deliberadamente por um bom tempo, porque quero que ela reflita enquanto trabalha. À noite, escrevi **1.500 palavras** – prosseguindo tranqüilamente. Mas que história mais frenética! – demais.

QUINTA-FEIRA 15 DE JAN. – Escrevi mais **1.000 palavras** e completei a parte "Tempos de guerra" do meu livro, que eu buscava em vão (mas o melhor que pude) para explicar através dessa tristeza assombrada daquela época. Vou ter de voltar a isso mais tarde e resumir em alguma passagem: a tristeza extraída da "vida de combate". Hoje, relaxei e li, enquanto escrevia devagar, e acabei parando.

SEXTA-FEIRA 16 DE JAN. – Fui ao Manhattoes e bebi muito uísque com Ken e Tony Monacchio – ele me deu 1.500 folhas de bom papel para meu original e vai me dar mais 1.500.* Voltei para casa no sábado.

SÁBADO 17 DE JAN. – Quando me empolguei a noite inteira com a leitura das experiências de Wolfe com Sinclair Lewis na Inglaterra**, quer dizer, não me *empolguei*, eu ri: uma das noites mais felizes da minha vida. Também escrevi um parágrafo triste.

SEGUNDA-FEIRA 19 DE JAN. – Hoje este romance faz aniversário. A essa hora, há um ano, eu não tinha, na verdade, nada para mostrar depois de um ano de trabalho (1946) que passou por morte e doença e desolação e culpa e horror e chame isso como quiser. Em 19 de janeiro de 1947, comecei tudo de novo, em segredo, quase envergonhado, e sem dúvida sem muita esperança de verdade. Agora é estranho lembrar. Na época, Neal Cassady

---

* Monacchio trabalhava na United Press International com Lucien Carr, e os dois abasteciam Kerouac com papel para datilografar.

** Wolfe encontrou-se com Sinclair Lewis (1885-1951), autor de Main Street (1920), pela primeira vez em 1930. As circunstâncias hilariantes de seu encontro em Londres e a viagem para Surrey – durante a qual o motorista de Lewis se perdeu várias vezes e Lewis entrou em um coma alcoólico – é descrita em *You Can't Go Home Again*, com Lewis como Lloyd McHarg.

estava na área e eu continuei a escrever só para não desapontá-lo. Mas logo vi tudo de novo, o romance inteiro, como tinha visto em março de 1946, quando voltei para casa para começar, só para, na verdade, falhar, em parte, depois de tudo –

E agora, um ano depois de 19 de janeiro de 1947, já escrevi 225.000 palavras de Town & City, o que é muito. Só faltam umas 50.000, ainda soterradas por minha própria avalanche, mas agora vão ser feitas. Então, na minha cabeça, esta é uma grande data, quando recomecei, e consegui fazer. Então começo outra vez, e devo terminar o romance antes de meu 26º aniversário, em 12 de março. Toda essa formalidade da alma, entretanto, faz com que seja difícil começar, principalmente por que hoje estou começando em The City... Como? Como? Bem, como sempre deveria ser, com *honestidade* e *simplicidade*, de onde surgem as complexidades mais belas da literatura, e da vida. Não é a honestidade apresentada *honestamente* a responsável por todos os acordos entre os homens e entre os homens e Deus? Não há declarações oficiais, nenhum discurso preparado, nenhum manifesto abusado, nenhuma inspeção confessional da alma – só honestidade e discurso. Não há sequer "estilo" na alma? Quando vou aprender isso de maneira apropriada? Então eu sentei e escrevi **1.500 palavras** esta noite e me saí muito bem, também refleti sobre a trama, ou seja, as complexidades.

TERÇA-FEIRA 20 DE JAN. – Sei o que fazer melhor que eu mesmo... Um pensamento passageiro e verdadeiro, cheio de mistério. Escrevi esta noite o melhor que pude, com muita dor, só **500 palavras**, eu contei. Às vezes o artesão arquiteto que escreve romances extensos de repente se odeia de maneira impenetrável, de tal forma que não consegue trabalhar. Eu podia produzir, esta noite, mas não vou escrever. Não vou mesmo perguntar mais por quê – isso já extrapolou a compreensão.

QUARTA-FEIRA 21 DE JAN. – Acordei cedo, quase desesperado com a produção desta semana, e escrevi, em tortura lenta, **1.000 palavras**. Simplesmente não dou a mínima esta noite: reverência demais é melhor que nenhuma.

QUINTA-FEIRA 22 DE JAN. – Tentei escrever e não escrevi nada, o que escrevi risquei. Foi uma das piores até agora, especialmente depois de tudo o que já escrevi.

SEXTA-FEIRA 23 DE JAN. – Finalmente saí ontem à noite, mas já tinha superado a depressão de tanto refletir sobre ela – eu acho. Bebedeira, de leve.

SÁBADO 24 DE JAN. – Voltei para casa: sinto-me tão alegre e feliz quanto um menininho (eu acho). Mas todos os meus pensamentos são doces, e mal posso esperar para começar a escrever outro romance depois de T&C – um bom romance, "o verdadeiro eu", dessa vez. Mas, agora, não é verdade que não me sinto alegre e feliz, não tive a chance de ficar feliz, porque tinha um trabalho muito difícil (não duro, difícil) – a fazer? Ah! Esta noite eu me esforcei para fazer **1.500 palavras,** arrancando os cabelos.

DOMINGO 25 DE JAN. – Fiquei lendo os jornais e ouvindo rádio o dia inteiro – e estou convencido de que as ditas "realidades" do "mundo de hoje" não serão encontradas ali, no meio das notícias, dos comentários editoriais, na visão jornalística do mundo, nem entre as resenhas de livros, comentários críticos, programas de rádio e todo o resto do universo Nova York-Hollywood. A vida das próprias pessoas, todos os que não sabem que existe uma coisa como a "classe média", a vida das PESSOAS – e no mesmo raciocínio, devo dizer que a Rússia verdadeira não é a Rússia de *O adolescente* ou *Recordação da casa dos mortos* ou *Os irmãos Karamazov*. Acredito que a guerra e a "importância social" são totalmente irreais nas vidas das pessoas em todos os lugares. É por isso que as próprias pessoas parecem tão incompreensíveis quando são colocadas sem sucesso entre essas coisas: elas não "reagem" da maneira que se espera que façam por uma intelligentsia totalmente falsa e irreal. O que eu gostaria de saber é POR QUE esses mundos irreais de "significado" são criados por uma *intelligentsia*. Mais, muito mais depois. Entretanto, não para negar nada, claro que todas as coisas são reais. A irrealidade da *intelligentsia* consiste em seus objetivos – "saber tudo" – coisa de que nem chegam perto. Escrevi **1.500 palavras** esta noite e entrando no dia seguinte...

SEGUNDA-FEIRA 26 DE JAN. E agora estou finalmente pronto para embarcar no episódio final de *City*. O que já fiz até agora, todo esse trabalho duro, que só vagamente se parece com o que eu intencionava, em resumo, o melhor que eu podia fazer. Um dia não vou mais precisar dizer isso. Terei o verdadeiro controle. E agora sobre as fúrias teatrais e fúrias morais de meu episódio de City – E para fazê-lo *real* não posso planejá-lo com muito cuidado, apenas vou deixá-lo *crescer* como uma planta, aos poucos: não é lógico, mas orgânico. Há muitas palavras pomposas para descrever isso, palavras goetheanas, mas as coisas estão ficando sérias demais para brincar de ciência. Portanto, escrevi **2.000 palavras.** Também andei 5 quilômetros, comi duas boas refeições e fiz 16 ½ barras esta noite. Eu devia ter sido um financista e tudo o que eu faria seria ficar sentado e contando os números da minha riqueza, dia após dia.

TERÇA-FEIRA 27 DE JAN. – Briguei com meu romance e arranquei dele 2.500 gotas ruins de sangue, e depois que a poeira da batalha assentou, algo provavelmente importante me ocorreu: – tentar escrever em primeiros rascunhos rápidos e puro diálogo e pura descrição da ação, sem parar para organizar tudo em forma de frases, ou seja, forma lógica, rítmica e clara. Não que acredite muito em literatura clara e lógica, mas acredito no tipo de literatura que dá prazer sem esforço ao leitor. No fim das contas, sou meu próprio maior leitor. Além disso, acredito em literatura sã, em contraposição ao desleixo psicótico de Joyce. Joyce é um que simplesmente desistiu de se comunicar com os seres humanos. Faço isso quando estou bêbado e em estado lastimável, por isso sei que não é tão honesto quanto é despeitado se expressar sem pensar em associações, sem um esforço humano verdadeiro para a evocação e para dar inteligência *significante* ao que se está dizendo. É um tipo de idiotia desdenhosa.

QUARTA-FEIRA 28 DE JAN. – Em Nova York sofrendo –

QUINTA-FEIRA 29 DE JAN. – (dessa vez de verdade!)

SEXTA-FEIRA 30 DE JAN. – Esses dois dias produziram vibrações em mim, estou vivo e pulsando outra vez. Um milhão de fatos novos foram criados. Cheguei em casa pensando, "Agora vou contar a vocês o que eu penso sobre tudo". Pensei em "tomar uma decisão" de uma vez por todas, mas acabei percebendo que eu *estou* no caminho certo em nunca "tomar uma decisão". Ainda digo que minha vida é um esforço contínuo para alcançar a perfeição da dúvida – (e isso é mais *religioso* do que parece). Meu tipo de dúvida não é propositadamente desdenhosa. Também compreendi que apesar de, na verdade, eu ser um cara muito burro no meio de um monte de amigos inteligentes e brilhantes, eu mesmo tenho uma inteligência significativa. Se eles "sabem tudo", e eu, nada, ainda assim sei a *relevância* de tudo. Não estou "consciente" no sentido deles, praticamente não entendo o que acontece ao meu redor, mas sinto tudo mais intensamente que eles, e chego às mesmas conclusões brilhantes e fáceis para eles através da absorção (como uma esponja) e uma verdadeira miséria mental. Os cérebros deles abrem a verdade, olham lá dentro e sacam para outros usos: meu cérebro recebe a verdade e, dolorosamente, a absorve como uma esponja (meu rosto se contrai como o de um débil mental que pensa pela primeira vez), e saio sobrecarregado. Todos eles estão jogando por posição no mundo (e estou dizendo posição psicológica sobre os outros, além da posição mundana), enquanto eu corro por aí investigando e absorvendo todas as posições uma atrás da outra. De certa forma, sou louco (e afastado da vida), enquanto eles são saudáveis, humanos, normais – mas em outro sentido, falo das profundezas de uma visão de verdade quando digo que essa disputa contínua por posição é em si mesma a inimiga da vida. Pode ser vida, "a vida é assim", pode ser humana e verdadeira, mas também é a parte da morte da vida, e nossa intenção, afinal de contas, é *viver* e ser verdadeiro. Vamos ver.

Hoje escrevi **2.500 palavras**, mas com uma terrível e preocupante sensação de vazio e indiferença – ou seja, podia ficar sentado horas só pensando e não fazer outra coisa. Só escrevi, mecanicamente, sem qualquer arroubo de sentimentos ou estados de ânimo (como [Anthony] Trollope deve ter escrito). Na verdade, terei de voltar a mim, ou a alguma coisa, outra vez. Minha mãe reclama que meus amigos são uma má influência para mim, que nenhum deles quer o meu bem de verdade, e todos desejam usurpar algo que eu tenho, mas eles não. Não me conformo com isso, mas sei muito bem que sempre concordei em parte com ela. De certa forma, minha mãe ainda quer que eu me junte a ela em sua liga contra o resto do mundo, e em outro sentido ela é inteligente e compreende com clareza a futilidade do meu entusiasmo por uma vida ociosa entre esses amigos (que nunca *trabalham* ou se importam com qualquer coisa). Mas há loucura em tudo. Ando muito confuso nesses últimos dias. A consciência de que preciso descobrir minha própria vontade e exercê-la parece brutal, injusta e antipática, e de certa forma nada interessante. E sei que ainda não sou um *homem*, não fico de pé, com perfeita graça inconsciente, como alguns homens fazem, trabalhadores, pais de família, homens que tomam decisões e agem todos os dias. Eu sou um "escritor" – e nunca devia ter sido um "escritor". Nem mesmo me pareço com um escritor, pareço um lenhador, ou um bardo lenhador como Jack London. Sou um fazendeiro de Canuck entre os "jovens estudantes ávidos" e aprendi o jeito deles – nem mesmo *acredito* neles. O único amigo de verdade em que consigo pensar nesse momento é Mike Fournier, de Lowell, de quem extraí o personagem e a personalidade de Joe Martin no romance. Além disso, já estou cheio de tristeza, e *castração*.

SÁBADO 31 DE JAN. – Li, fui ao cinema com Ma (*Cass Timberlane** – e gosto de tudo desse homem maravilhoso, Sinclair Lewis) – e tomei notas. Está tão frio que não consigo ficar acordado à noite, congelo, mas na cozinha quase consigo, eu consigo.

FEVEREIRO 1948 –

DOMINGO 1º DE FEV. – Bem, foram 30.500 palavras em janeiro, mais devagar do que tinha planejado, mas não estou mais com muita pressa. Agora eu sei que vou conseguir. Quando 12 de março** chegar devo estar praticamente

---

* Essa adaptação de 1947 do romance de Sinclair Lewis foi estrelada por Spencer Tracy e Lana Turner.

** Em 12 de março, Kerouac completaria 26 anos.

acabando, mas então vou querer reescrever um pouco, e isso também é legal. Escrevi **3.500 palavras** de forma esplêndida, passei 200 desse número, mas vou contar estas amanhã. Um bom começo para este mês.

SEGUNDA-FEIRA 2 DE FEV. – Escrevi cerca de 2.000 palavras, mas acho que vou ciscá-las e começar de outro jeito. A parte The City do romance é cheia de manhas e um pouco perigosa de fazer – Hal Chase e Ed White leram o fragmento de City que escrevi ontem (domingo) e acharam que o herói Peter Martin parecia *distante* da ação, o que eu devia ter feito intencionalmente, para não envolver o meu precioso Martin em qualquer loucura, pelo menos qualquer Martin menos o pobre Francis. E por aí vai. O trabalho é o principal, vou consertar as coisas.

TERÇA-FEIRA 3 DE FEV. – Fui à cidade e comprei um presente para o aniversário da minha mãe, amanhã. Vi Hal e Ed.

QUARTA-FEIRA 4 DE FEV. – Hoje temos uma bela tempestade de neve. Voltei a escrever. Tive um pensamento artístico *verdadeiro* quando acordei: "T&C é uma ótima história porque eu a estou fazendo bem-feita". Isso é como dizer, "esta vai ser uma casa boa porque eu a estou fazendo bem feita". É a superconfiança de um trabalhador com orgulho, de um artífice. Acho que esse tipo de orgulho *não* é fútil, e faz com que uma pessoa vá em seu trabalho além de qualquer modéstia de objetivos. Se um homem diz que está fazendo uma "obra literária" modesta, acredito nele. Só há dois tipos de modéstia, a falsa modéstia, e... a modéstia verdadeira. Não fico com qualquer uma delas. E tudo isso nada tem a ver com a humildade mundana. Escrevi **1.500 plavras** *sensíveis* esta noite.

QUARTA-FEIRA 5 DE FEV. – Se existe algo como um "fato" ou "fatos" no mundo, então tudo é um "fato" ou "fatos". Há pouco tempo ouvi os "estudiosos" falarem dos "fatos" – e acho que eles estavam pensando desfavoravelmente sobre minhas criações lunáticas. Bem, afinal de contas, se o mundo todo não é um fato, então os "fatos" não existem, e por aí vai. Todas as fabricações não-factuais do mundo, mesmo a pesquisa acadêmica nas universidades, originam-se de um "fato". A panela e a chaleira são pretas porque têm a mesma função... e assim por diante. Mas criar "fatos" é outra coisa, e esta noite trabalhei em **2.000 palavras** até passar mal. Passei mesmo dos limites esta noite, dor de cabeça e tudo, até a exaustão mais extraordinária às 3 da madrugada – normalmente meu horário mais vigoroso. Na verdade, sou forte o suficiente para segurar essas coisas, o nervosismo mental e tudo, então vou andar para acabar com isso, faço caminhadas longas, e durmo muito.

SEXTA-FEIRA 6 DE FEV. – Vou começar a cuidar de minha condição física e mental diariamente, seguindo o seguinte plano: andar três quilômetros toda noite depois de terminar de escrever e antes de ir para a cama, para então dormir *fisicamente* mesmo. Tentei fazer isso ontem à noite junto com algumas barras, e sinto-me ótimo hoje, acordei cedo e *sabia quem eu era*. Você não imagina a pressão nos nervos que é escrever ou pensar em escrever o dia inteiro, e dormir cheio de sonhos nervosos, e acordar sem saber quem você é: tudo isso nasce da ansiedade de terminar o livro, sobre o tempo "estar acabando" etc., e a pressão permanente da invenção. Basta disso por enquanto. A condição de hoje: mente clara, sentindo o corpo fisicamente, mas sem fome de comida. A posição: – absorto em pensamentos felizes sobre Frisco e coisas assim. A criação: ou *invenção*: centenas de palavras. Por isso, agora posso seguir somando palavras porque vou fazer um primeiro rascunho rápido de 35.000 palavras do episódio de *The City*, com correções mais tarde. Vamos ver. Passei por um duro auto-exame depois de escrever à tarde, e isso me fez bem. Por exemplo, supondo que todo esse trabalho que estou fazendo há dois anos, esse *Town and the City*, era, afinal, só um original desorganizado escrito por um louco em um estado alucinado, eu e todos os meus sonhos de fama e genialidade e a redenção de minha vida através de grande sucesso pessoal, as ilusões da insanidade, e as esperanças de salvar minha mãe de uma vida de trabalho e desilusões, e esperanças de arranjar uma esposa e uma casa, terra e família, todos os sonhos confusos de um louco incapaz sequer de cuidar de si mesmo – e se isso tudo fosse verdade? e eu não soubesse! Esse era um grande medo que eu devia estar inconscientemente alimentando, e agora acabou. Eu o examinei com cuidado e vi como possivelmente era verdadeiro em alguns pontos, mas não segundo o meu conhecimento, vontade e inteligência determinada. Tudo isso desanuviou de alguma forma meu cérebro. Saí à noite para ouvir Tristano na 52nd Street. De repente fiquei enojado com os *hipsters* que tinham ido ali para ouvir com um entusiasmo exagerado o *bebop* de Howard McGhee.* Também tentei cantar mulheres no metrô, mas desisti, e em vez disso vou a bailes nessa primavera. A questão é: na verdade, o quão louco estou? – e quão são? A resposta: tanto quanto qualquer um quiser, tanto faz. Mas pelo menos isso levanta questões interessantes. Ajudou a remover um grande obstáculo de incompreensão na trama de meu romance. No fim, o romance absorve tudo.

SÁBADO 7 DE FEV. – Levantei cedo, escrevi à tarde sem muito sucesso até que "algo se rompeu" e comecei a escrever com prazer, quando, entretanto,

---

* Howard McGhee (1918-1987), trompetista.

tive que ir a N.Y., onde meus planos não se materializaram, e voltei direto, sábado à noite ou não, comi, li os jornais, conversei com mamãe e escrevi um pouco mais. As *leis da literatura* enganam meu entendimento quanto mais de perto eu as examino, e isso é um fato.

DOMINGO 8 DE FEV. – Mas estou pensando em riscar o que escrevi ontem à noite, possivelmente tudo o que escrevi nas duas ou três últimas semanas. Cheguei a uma barreira perigosa. Hal Chase veio aqui hoje e conversamos até tarde em meio a uma neblina sobre como prosseguir com o fluxo de meu romance naquele ponto, técnica e espiritualmente. 15.000 palavras podem ter de ser revividas antes que eu consiga continuar. A coisa toda é absorvente, não me desespero, mas o tempo! o tempo! – o tempo de calendário de verdade com o qual eu me flagelo, porque agora já dura tanto, dois anos, e [ela] já devia estar entregue a uma editora.

SEGUNDA-FEIRA 9 DE FEV. – Comecei tudo de novo em um certo ponto do romance, e não vou contar palavras até ter criado uma reserva – que tem umas 10.000 palavras mais ou menos. Comecei tudo de novo a *lápis*, o que agora provou ser a única maneira de escrever com sinceridade & sensibilidade. Meus pensamentos nunca conseguem seguir o ritmo de uma máquina de escrever.

TERÇA-FEIRA 10 DE FEV. – Escrevi mais; devagar, absorto. Resolvo começar a datilografar meu manuscrito escrito à mão e mostrá-lo a uma editora, Whittelsey House*, antes de 21 de março. Senti-me forte à noite, esperançoso, e também humilde, o que é o melhor sentimento possível para trabalhar: força para trabalhar, humildade para o *conhecimento*.

QUARTA-FEIRA 11 DE FEV. – Um extenso dia de trabalho. Bati 3.500 palavras do manuscrito à máquina e escrevi **2.500 palavras**, novas e extras. Nesse ritmo, nunca vou me alcançar com a datilografia do original. Estou indo fundo no episódio *The City* com sua "doença atômica", *nonsense* e loucura. Ah eu rezo a Deus que esse seja um livro verdadeiro e bom e esplêndido.

QUINTA-FEIRA 12 DE FEV. – Se os intelectuais dos anos 20 achavam que eram decadentes, espere até ver os dos anos 50 – exceto que nos anos 50 para a grande maioria das pessoas a alma terá mais importância que nos anos 20. Esta é minha previsão. Datilografei 3.500 plvs., escrevi **1.000 plvs. novas**.

SEXTA-FEIRA 13 DE FEV. – Fui à cidade, conversei a noite inteira em cafeterias. Como eu falo quando saio da solidão de meu trabalho: ninguém consegue dizer palavras tão afiadas, e isso é muito parecido com meu pai.

---

* Agora extinta, a Whittelsey House era uma divisão da McGraw-Hill.

SÁBADO 14 DE FEV. – Levei mamãe ao cinema à noite.

DOMINGO 15 DE FEV – Fiquei pela casa, lendo etc. À noite datilografei 3.500 palavras e examinei o romance com cuidado.

TERÇA-FEIRA 17 DE FEV. – Escrevi **2.000 palavras** e datilografei **3.500 palavras** para o original. Um dia de sentimentos de fina percepção: – percorri toda a gama (bem, parte dela) com alegria e conhecimento. Andei quatro quilômetros em Manhattan, da Times Square até a 1st Avenue e a 14th St. em uma bela noite de primavera. Comprei um jornal de Lowell e pela primeira vez em anos me pareceu que Lowell, afinal, "fazia parte do mundo", um fato estranho. Fiz e pensei em muitas coisas hoje, um dia longo e pleno, solitário, mas pleno. Mas não vou catalogar isso agora.

QUARTA-FEIRA 18 DE FEV. – Agora preciso trabalhar mais rápido. Só 12.000 palavras em 18 dias deste mês lento e meditativo. Hoje datilografei 3.500 palavras e escrevi algumas centenas novas – e amarrei a trama do romance até a última página. O final pela primeira vez está claro. Mas a coisa toda é tão longa.

QUINTA-FEIRA 19 DE FEV. – Levantei cedo e comecei a trabalhar (cedo para mim significa à uma da tarde em vez de às três, com a luz já diminuindo) – escrevi **1.500 palavras**; datilografei 3.500 plvs. no original.

SEXTA-FEIRA 20 DE FEV. – Escrevi **1.500 palavras** – 1.000 delas para os "capítulos do mar" em outra parte do romance, palavras poéticas e com significado que são um belo começo. Cheguei a sair, mas voltei para casa para escrever na cozinha. "Antes, lia livros à noite enquanto meu pai dormia!" – um pensamento esta noite.

SÁBADO 21 DE FEV. – Saí para tomar cerveja na Germantown em Yorkville* com *herr* Chase e *herr* White. Bebemos cerveja escura e falamos sobre mulheres e o mundo – sobre mulheres, Stendhal, *sir* Thomas Browne, Carlyle, a moderação inglesa, lingüística, Wolfe, Shakespeare, o mar, psicologia etc., etc.

DOMINGO 22 DE FEV. – Ed White e eu bebemos cerveja até de manhã e falamos sobre mulheres, todas as mulheres que conhecemos, jazz e o mundo

---

* Yorkville é um bairro no Upper East Side de Manhattan que, naquela época, era habitado quase unicamente por pessoas de origem alemã e húngara e era cheio de restaurantes, padarias e bares alemães.

– e comemos um absurdo, e li meu romance de Phillip Tourian* e conversei com minha mãe, e toquei piano em um bar** descendo a rua. Falamos sobre Denver, Beverly Burford, Bob Burford, Nicky, Ginger, Vicky, Edie [Parker], Bea [Franco], a enfermeira Ruth, Stasia, Mary [Carney] etc., etc.

SEGUNDA-FEIRA 23 DE FEV. – Levei mamãe ao cinema e, à noite, caminhei cinco quilômetros e escrevi notas que começam: – "Tudo vem da tristeza – todos os parentes, amigo, e amantes que alguém tem no mundo são como algumas gotas de água em uma xícara de papel flutuando na imensidão do Atlântico: quando a pobre xícara vira, ou é engolida por uma onda, ou afunda sozinha, ou se desintegra nas ondulações salgadas, as poucas gotas de água desaparecem para sempre, irrecuperáveis, irretratáveis"– etc.

TERÇA-FEIRA 24 DE FEV. – De volta à rotina de trabalho. Datilografei 3.500 palavras, escrevi com muito sacrifício algumas centenas novas, e li *O nobre senhor Kingsblood**** de Sinclair Lewis até tarde. Que rotina de trabalho! Estou passando pelo pior mês de minha carreira obscura – mas acho que isso se deve à pressão de datilografar todos os dias.

QUARTA-FEIRA 25 DE FEV. – Datilografei 3.500 palavras do original. Hoje acho que o romance é só uma tentativa bêbada e de mão pesada de um novato: mas acredito que o tema moral é lindo e verdadeiro, por isso fodam-se os críticos. Escrevi **2.000 palavras** produzindo metodicamente e com esforço e relutância para voltar ao exigente trabalho de verdade. Não tem outro jeito, Deus me ajude e amaldiçoe.

QUINTA-FEIRA 26 DE FEV. – Produzi **2.000 palavras**, algumas de escritos antigos. Este episódio de *The City* é muito complicado de escrever. Fui ao cinema à noite. Trabalhei até tarde... "Rezando em meu quarto e suspirando para a lua da plenitude de minhas esperanças." (JK)

SEXTA-FEIRA 27 DE FEV. – Escrevi **1.500 palavras** e datilografei 2.000 plvs. para o orig. Agora estou mesmo trabalhando duro, para resgatar este mês, para acabar com toda essa insanidade. Agora são 21.000 plvs. no mês.

---

* Kerouac colaborou com William Burroughs em um relato ficcionalizado do incidente Lucien Carr/David Kammerer. O título de trabalho era *The Phillip Tourian Story*, mas acabou se chamando *And the Hippos Were Boiled in their Tanks*. Ele nunca foi publicado.

** Ele está se referindo a um bar na esquina de Cross Bay Boulevard e Doxsey Place, do outro lado da rua do apartamento de Kerouac em Ozone Park. Então passou a ser chamado de Doxey Tavern; quando este livro foi escrito, chamava-se Glen Patrick's bar. Quando Kerouac e sua mãe recebiam convidados, costumavam ir lá, enchiam um jarro com cerveja e levavam para o apartamento.

*** *Kingsblood Royal* (1947), de Lewis, é um romance sobre um banqueiro americano que, ao chegar à meia-idade, descobre que é parte negro.

SÁBADO 28 DE FEV. – Vou escrever sem parar sobre a dignidade dos seres humanos não importa quem ou o que sejam, e quanto menos dignidade uma pessoa tiver, menos palavras vou usar. É a pura humanidade de um homem que vem primeiro, seja maluco, bicha, "Preto", ou criminoso, seja pastor, financista, pai ou senador, seja puta, criança ou coveiro. Não me importa quem ou o quê – e eu ter me importado antes é um insulto a Dostoiévski, Melville, Jesus e meus pais. Escrevi **1.000 palavras** e datilografei 2.000 palavras, e no sábado à noite também(!)

DOMINGO 29 DE FEV. – Escrevi **1.000** *palavras sangrentas*, e com isso são 23.000 este mês. Também datilografei páginas do orig. hoje. Cansado e meditativo. Li jornais.

SEGUNDA-FEIRA 1º DE MARÇO – Escrevi mais **1.000 palavras**, e datilografei o orig. E reescrevi partes em que já tinha trabalhado. Agora estou encarando isso com o ritmo de um ferreiro e fico com medo de descansar se sair de casa. Acho que tudo isso vem do fato de que em onze dias vou fazer 26 anos. Quero começar a viver e amar mulheres e viajar o quanto quiser aos 27, por isso a pressa. É ótimo trabalhar para mim mesmo e construir algo novo e grande, e não me escravizar a outra pessoa e ficar ansiando por conquistas futuras indefiníveis. É ótimo estar livre para trabalhar do meu jeito – graças à minha mãe e, de alguma forma, a Deus também.

TERÇA-FEIRA 2 DE MARÇO – Datilografei orig. e fui a N.Y. para ver um filme à noite (*Diamond Jim* e *A indomável*)* e voltei e escrevi **500 palavras** ao amanhecer. Uma loura bonita do metrô tentou me dar bola e, como um idiota, eu achei que ela era uma puta de US$ 10 e não fui em frente. Mas estou farto de ser um Romeu dos metrôs e das esquinas, como sempre pareço ser. Mulheres! Mulheres! – e é sempre à noite em algum lugar. Logo o jovem poeta conhece a sua amada em um baile.

QUARTA-FEIRA 3 DE MARÇO – Vi uma garota perfeita como uma rainha na biblioteca, mas novamente fiquei confuso e minha língua travou.** Enquanto isso peguei um livro sobre História Americana e dois outros sobre o

---

* *Diamond Jim* (1935), estrelado por Edward Arnold como o jogador lendário "Diamond Jim" Brady, retratava seu relacionamento com Lillian Russell. *A indomável (The Spoilers)*, lançado em 1942, é estrelado por Marlene Dietrich e dirigido por Ray Enright.

** Essa biblioteca no número 95-16 da Jerome Avenue (hoje 101st) é onde Kerouac fez pesquisa para suas viagens enquanto morava em Ozone Park. Em *Visions of Cody* (1972), ele a descreveu da seguinte maneira: "Uma espécie de biblioteca de criança na esquina da Jerome Avenue com a Cross Bay Boulevard, onde (claro que havia livros de adultos também) senhoras grisalhas respondiam a todas as suas perguntas sobre (se você fosse do tipo perguntador) onde encontrar o rio Cimarron".

Oregon e trilhas espanholas antigas. Talvez eu a veja de novo, mas não há dúvida de que vou explorar o rio Uncompahgre* do meu próprio jeito, antes de 1950. Escrevi **2.000 palavras** à noite, e então li meus livros esplêndidos. (11.000 palavras na semana passada.)

SEXTA-FEIRA 5 DE MARÇO – Escrevi **5.000 palavras**, datilografei o original. Fui a N.Y. à noite e conheci um grande grupo de gente nova. Bebemos muito, falamos muito etc. Um bando de jovens decadentes do Kansas cujos bisavós tinham roçado a terra, lutado com os terríveis *pawnees*, construído igrejas. Agora os filhos deles estão, como eles admitem com orgulho, "cheios de horror e confusão". E eu também era assim, exatamente como eles.

SÁBADO 6 DE MARÇO – A bebida seguiu enquanto eu pegava um resfriado, me recusei a comer, transei com uma garota boba em um quarto frio etc. Bebi 1.000.000 de copos de cerveja.

DOMINGO 7 DE MARÇO – Finalmente voltei para casa e encontrei os bons e velhos Hal e Ginger me esperando, tocando discos e dançando. Conversamos e bebemos cerveja (fiquei louco de novo), comemos, nos divertimos muito. Estava muito satisfeito em vê-los, mais do que eles imaginavam.

SEGUNDA-FEIRA 8 DE MARÇO – Então uma espécie de resfriado sufocante acompanhado dos piores pesadelos de minha vida... abatido a marretadas... condenado.

TERÇA-FEIRA 9 DE MARÇO – Ainda doente, mas escrevi **500 palavras**, palavras definitivas, e algum dia vou deixar esse mundo triste e de pesadelos dos meus amigos que, aos poucos, vai me deixando doente. Horror, horror o tempo inteiro quando os vejo – e alegria quando não vejo. Deveria haver alguma sensatez quando se toma uma decisão. Mas é que quando fico bêbado quero ver tudo e todo mundo. Quero ser um tolo e quero me autoflagelar como eles. Uma coisa: compreendo bem esta geração, e tudo isso é parte de alguma astuta intenção inconsciente minha, como sempre. Quando meu trabalho terminar com essas pessoas, só e só então eu posso me voltar a outros trabalhos. E agora não vai demorar muito. O romance agora está a um passo de ficar pronto. E *voilà*, novos dias amanhecem.

QUARTA-FEIRA 10 DE MARÇO – Datilografei 3.500 plvs. do original. Escrevi um pouco em meus cadernos. Estou lendo uma História Americana e

---

* O Uncompahgre recebe em sua cabeceira as águas das montanhas que cercam Ouray, no Colorado. Ele corre através do sudeste do Colorado.

*Overland with Kit Carson**, que tem muito pouca informação verdadeira, mas apesar disso vale a pena. Pensar nesses índios *digger*** selvagens! – Melville devia tê-*los* visto! (Comendo lagartos vivos, cavalos, ratos do deserto.) O nobre Eutaw apropriadamente zombou do amigo *digger*, que é uma espécie de monstro excremental do deserto... com cabelo comprido sujo! Escrevi algumas centenas de palavras. *History of American Civilization*, dos Beards***, é um livro poderoso, um livro poderoso – poderia ter sido chamado de A Grande Saga Americana, pois é escrito com tanta criatividade e conteúdo. É outra daquelas grandes obras que humilham o leitor e ao mesmo tempo o incendeiam de ambições.

QUINTA-FEIRA 11 DE MARÇO – Outro dia desperdiçado. Eu reduzi a velocidade demais, mas tenho escrito sempre, desde o início de novembro. E ainda faltam 35.000 palavras para terminar e portanto não tenho tempo a perder. Li e vagabundeei o dia inteiro, e também pensei na trama.

SEXTA-FEIRA 12 DE MARÇO – Adivinhe o quê? – hoje, em meu aniversário, **4.500 palavras** (!) – escrevi até seis e meia da manhã do dia seguinte. Um jeito *real* de comemorar o amadurecimento. E eu *estou* amadurecendo? (pergunto, egocêntrico) – Hal Chasey diz que estou apenas emergindo, como "Jim Bridger quando deixou a solidão de sua pradaria". Minha mãe e minha irmã e Paul me deram presentes (calças, camisas, gravatas). Não zombo das gravatas, porque com o dinheiro que ganho escrevendo não posso me dar ao luxo de fazer piadas sobre elas. Mas essas 4.500 palavras são um novo recorde e parece que vou acabar mesmo terminando o livro. O único problema que resta são as *notícias de guerra* que estão surgindo por aí**** – não quero que elas explodam as gráficas, de jeito nenhum.

SÁBADO 13 DE MARÇO – Fui ver um filme maravilhoso, *O tesouro de Sierra Madre*****, com Hal e Ginger – Hal ficou chapado pelo seu impacto e quase

---

* Um seriado de ficção semi-histórica estilo *pulp*, *Overland with Kit Carson* narra histórias do Velho Oeste com todos os seus personagens familiares, entre eles Kit Carson (1809-1868).

** *Digger*: grupo indígena norte-americano. (N. do T.)

*** Os Beards, Charles (1874-1948) e Mary (1976-1958), foram historiadores, ativistas sociais, viajantes e reformadores. Assinaram juntos *The Rise of the American Civilization* (1927), dois volumes de uma história revisionista dos Estados Unidos muito elogiada.

**** As notícias de guerra seriam relativas às tentativas soviéticas de controlar Berlim, no que mais tarde seria chamado de "A crise de Berlim".

***** *O tesouro de Sierra Madre* (*The Treasure from Sierra Madre* – 1948), de John Huston, estrelado por Humphrey Bogart, é a história de três homens em busca do ouro no México. Ganhou os Oscar de melhor direção, roteiro e ator coadjuvante para Walter Huston – o pai do diretor.

não conseguiu dirigir de volta para casa. Li Mark Twain ao amanhecer, e as notícias de beisebol, e... as notícias da guerra, também.

DOMINGO 14 DE MARÇO – Em casa com os jornais e uma longa caminhada e um belo jantar. Escrevi **3.000 palavras** até sete da manhã. Uma semana de sorte! – cheia de inspiração fácil e energia e fome vorazes.

SEGUNDA-FEIRA 15 DE MARÇO – Ontem escrevi 700 palavras de notas. Agora estou com o episódio *The City* quase terminado, acho. Li Mark Twain outra vez esta noite, e acho que estou descobrindo um outro herói, um herói americano que está entre os principais com Whitman e Wolfe. As coisas se abrem de novo, de forma mais ampla e CLARA. Escrevi **1.500 palavras** para a parte inicial da história, li o Saint Louis Sporting News; escrevi mais 1.200 palavras preparatórias até amanhecer. Estou como uma máquina, "meu vapor forte nas caldeiras", rugindo como trovões –

TERÇA-FEIRA 16 DE MARÇO – Escrevi carta*, fui ao cinema, então à noite escrevi **4.000 palavras**, palavras maravilhosas sobre o rio lá em casa para um dos capítulos anteriores de *Town and City*, que deveria amarrar e fechar aquela parte. São 13.000 palavras nos últimos cinco dias, desde meu aniversário, uma velocidade tremenda que nunca igualei. É meu velho "chamando por mim do pé das estrelas" enquanto envelheço? Bem, com outra guerra chegando, talvez, não há necessidade de me esconder em meus conflitos desprezíveis, só trabalhar. Olhem só como eu estou falando alto, agora – espere só alguns dias...

QUARTA-FEIRA 17 DE MARÇO – Escrevi em torno de mil palavras pertinentes que ainda não estão bem prontas para datilografar. Descansei, intencionalmente, outra vez, o que pode ser um mau hábito. Mas, por outro lado, eu não pareço ter qualquer interesse em escrever o episódio *The City* e é muito mau que tenha comprometido minha trama com coisas assim. *Há tanto mais* que tenho vontade de escrever. Minhas experiências com *The City* são detestáveis.

QUINTA-FEIRA 18 DE MARÇO – Descansei. Apenas li e dormi.

SEXTA-FEIRA 19 DE MARÇO – Cinema à noite. Depois também li meus diários antigos e seus registros dia-a-dia de triunfo (com números e médias de rebatidas) e derrotas: mas a derrota sempre superada com humor. Esse é o ânimo ao qual sinto estar voltando. Chega de masoquismo complexo.

---

* Kerouac escreveu uma carta para Nin e Paul agradecendo pelas calças que lhe enviaram em seu aniversário e perguntando sobre a nova casa deles em Rocky Mount, Carolina do Norte. Ele também mencionou a possibilidade de guerra, repetindo sua piada sobre destruição de gráficas da anotação de 12 de março.

Também li uma noveleta de beisebol que escrevi aos dezessete anos com seu herói cheio de falhas mas indestrutível terminando um jogo com uma jogada tripla impossível, nocauteando a si mesmo, ganhando a parada sozinho (rebatendo as bolas vencedoras e derrotando o vilão no fim de tudo!), acho que estava indo longe *demais*, a menos que meu sentido de valores tivesse se deteriorado.* Mas em toda a seriedade, o heroísmo ainda é minha meta, e não importa o quanto isso pode ser *infantil*, ainda é.

SÁBADO 20 DE MARÇO – Fui a N. Y. Voltei.

DOMINGO 21 DE MARÇO – Comi e li e pensei demais. Escrevi **3.000 palavras** até o amanhecer do outro dia. Estou um pouco deprimido por causa da ressaca, mas a depressão não pode mais afetar minha escrita, o que é um passo à frente na disciplina do ofício literário.

SEGUNDA-FEIRA 22 DE MARÇO – Escrevi um pouco – o episódio The City foi finalmente fechado e amarrado. Seus clímaxes não são nada maus. Algumas pessoas vão gostar mais deles que do resto do livro, mesmo. Hoje também resolvi *não ficar mais bêbado*, pelo menos não do jeito que eu costumo ficar. É engraçado que nunca tenha pensado nisso antes. Comecei a beber aos dezoito, mas isso depois de oito anos de pileques ocasionais. Meu físico não agüenta mais isso, nem minha *mente*. Foi aos dezoito anos, também, que a melancolia e a indecisão pela primeira vez se abateram sobre mim – há uma boa ligação aí. As ressacas reduzem o que podia chamar de progresso de meu caráter. Para mim, é a coisa mais fácil do mundo desmoronar física e mentalmente quando estou bêbado. Por isso, nunca mais – vai demorar para eu conseguir fazer isso, mas devo conseguir. Parece que tenho pouquíssima resistência à bebida – e menos ainda para a idiotia e a incoerência.

TERÇA-FEIRA 23 DE MAR. – Completei e escrevi **2.500 palavras** hoje. São 23.000 no mês. Umas 320.000 palavras do romance inteiro até agora, e umas 40.000 para chegar ao FINIS. Agora, se eu ganhar dez centavos para cada palavra, compro uma fazenda no Colorado e escrevo outro livro. Pode mesmo ser um centavo por palavra, o que, infelizmente, é mais provável. Isso significaria mais anos escrevendo em Ozone Park, a menos que nos mudássemos e eu arranjasse um emprego para ajudar nas despesas. Mas minha idéia de trabalhar para viver é, acima de qualquer outra coisa, uma fazenda.

QUARTA-FEIRA 24 DE MAR. – Hal Chase apareceu para conversar sobre

---

* Uma referência a *Raw Rookie Nerves*, romance curto de Kerouac sobre beisebol que termina com o novato Freddy Burns fazendo uma rebatida tripla que leva seus Blue Sox à final do campeonato. Um trecho foi publicado em *Atop an Underwood: Early Stories and Other Writings*.

essa viagem sugerida a New Hampshire no carro dele – nós quatro, incluindo minha mãe e Ginger. Isso vai tirar mais uma semana do meu cronograma, mas também seria uma viagem legal. Hal e eu tivemos uma conversa tremenda que durou até o amanhecer. Ele às vezes sai com idéias tremendas – "A teoria do orgônio é uma teoria de culpa sexual", por exemplo (!) (Quer dizer – a *psicologia* da própria teoria).*

QUINTA-FEIRA 25 DE MARÇO – Mamãe, Hal e eu resolvemos fazer uma viagem a Lowell amanhã, no Buick do primo de Hal.

SEXTA-FEIRA 26 DE MARÇO – E acabou sendo algo grande. Um dos acontecimentos reais de minha vida. Também.

SEGUNDA-FEIRA 29 DE MARÇO – Longo para explicar aqui. Basta dizer que "minhas premonições da vida não eram ilusões", ou algo assim. Aquela *clareza* ainda cresce, e é parte de tudo. Esta noite escrevi umas **3.500 palavras** em uma campanha para terminar de uma vez o romance em abril. Então muitas outras coisas estão se abrindo, e no que toca à literatura há tantos outros tipos de literatura. A ação está voltando à minha vida.

TERÇA-FEIRA 30 DE MARÇO – Um dia estranho, feliz e meditativo.

QUARTA-FEIRA 31 DE MARÇO – Peguei uma nova pilha de livros na biblioteca, entre eles um de agricultura, mas preciso escrever muito e ler só quando puder. Minha vida está em jogo nesse romance, ou pelo menos, se não é bem isso, terei que admitir que falhei ao escrevê-lo, e vi que isso não é verdade. É uma questão de trabalho e senso prático de agora em diante. Acho que vejo meu trabalho pelo que ele é, agora. Minhas novas ambições, ficando mais claras, dependem de algum sucesso escrevendo – do contrário, ficarão muito além da frustração da derrota literária. Tudo vago, vago, mas vou concluir este caderno só para registrar coisinhas, e cobrir a *mudança*, ou absorvê-la, em outro lugar. Concluindo com apenas um registro da produção de hoje: escrevi **3.500 palavras** de novo terminando de forma teatral o episódio *The City*. Foram 30.000 palavras em março.

ABRIL – DESAGRADÁVEIS CHUVAS DO MAR DE ABRIL

QUINTA-FEIRA 1º DE ABRIL – Fui a N.Y. e voltei à noite, escrevi notas. Pensei: você não pode ser ao mesmo tempo justo e forte na vida: não pode ser

---

* A teoria do orgônio de Wilhelm Reich propõe que todo material orgânico contém uma força vital universal que pode ser capturada e usada para restaurar o bem-estar psíquico dos humanos.

fraco sem ser inútil para outros. Esse é o enigma que estou tentando dramatizar em um nível de *Town & City* – quando formo opiniões paro de aprender, mas nunca devo parar de aprender, e nunca poderei viver se não formar opiniões. Escrevi um pouco... termino o romance este mês, estou "quase botando a capa nele".

SEXTA-FEIRA 2 DE ABRIL – Melhor maneira de aliviar o esforço dos olhos enquanto trabalho desse jeito é botar uma toalha gelada nos olhos e sobrancelhas por alguns minutos. Isso já curou meus olhos lacrimejantes – e esta é minha contribuição *garantida* à ciência médica. (?) Comecei o episódio de Francis em N.Y.

SÁBADO 3 DE ABRIL – Fui à cidade e vi Beverly B do Colorado e alguns velhos colegas do time de futebol americano.

DOMINGO 4 DE ABRIL – Passeei de carro com Hal e Ginger, *sans* dormir. Escrevi notas sobre a "mortificação do eu"; sobre sensibilidade torturada, o sentido da "inclemência" – resumido em uma expressão: "Desculpe-me por viver". *Eis* um enigma humano!

SEGUNDA-FEIRA 5 DE ABRIL – Hora de botar a capa nesse romance. Comi um lauto café-da-manhã, estudei a página comercial do *Herald Tribune* (aviões para Port Said, navios de Bremen, compradores de St. Paul, nomes de altos executivos, motor e brilho da economia deste mundo – boa leitura). Escrevi à tarde. Vi Hal à noite. Ele leu partes do romance e as discutiu, e gostou.

TERÇA-FEIRA 6 DE ABRIL – Hal e eu conversamos o dia inteiro outra vez, uma conversa que agora já dura dois dias... Eu imagino que dr. Johnson teria feito isso se tivesse tempo. Nós desviamos do "abismo" para Goethe para vulcões para o Oeste e isso e aquilo e qualquer coisa que você puder dizer. A conclusão dele: os homens chegam ao rio do destino e não podem fazer outra coisa que não atravessá-lo, e já que o destino é um rio do tipo Missouri, como Ahab, Goethe, Wolfe, o velho Bill Williams e todos os que pereceram – a menos que voltem, nesse caso eles apenas morrem um pouco mais tarde.

QUINTA-FEIRA 8 DE ABRIL – Visitei Tom Livornese. Até agora, este foi um péssimo mês de trabalho.

9 DE ABRIL – Voltei da casa de Tom – completei **5.000 palavras**. Romance a apenas 20.000 palavras do fim. O lema de minha infância foi "devagar e sempre". Cada vez mais perto. *Apenas pense!*

SÁBADO 10 DE ABRIL – Ontem também andei 8 quilômetros. Hoje: preocupado com meu futuro financeiro; assim destruindo a alegria de um trabalho quase-terminado. Resolvi levar meu romance para Mark Van Doren quando estiver pronto. Ele se lembra de quando contei sobre ele há uns 2 anos (2 ½, na verdade). Se não for assim, muitos profissionais vão lê-lo com um olho invejoso sabendo que sou *inédito*, e levaria anos até que fosse aceito para a publicação. Além disso, Van Doren é o meu tipo de homem: humildade sem pretensão, um poeta, um "sonhador", e um cara moral. Na terceira semana de maio devo estar apresentando a ele a monstruosidade de 380.000 palavras. Esta noite: escrevi algumas centenas de palavras.

DOMINGO 11 DE ABRIL – Dormi muito, andei 5 quilômetros. Escrevi mais **300 palavras**. Trabalhando até *bem depois do sol raiar* nessas últimas semanas, e também dormindo em períodos curtos e intermitentes.

SEGUNDA-FEIRA 12 DE ABRIL – Mas quando chegar a hora de escrever sobre o funeral terei de despertar todos os meus músculos líricos e compreensíveis.* Acho que, em dez dias, mais ou menos, estarei pronto para este último capítulo grande. Ontem folheei meus cadernos de 1945 e nunca vi um homem *sofrer* tanto aos 23. O que era aquilo – ou estou caindo no sono hoje em dia? Não – só expandindo em algo mais amplo. Quero ser um escritor relevante e também quero viver de uma maneira relevante e ampla, quase como Twain. Este é meu sentimento atual, sem tormentas faustianas que giram de maneira fútil e autodestrutiva em torno de uma pessoa, mas uma vida que tenta alcançar os outros como dois braços. Será que eu já descobri a serenidade aos 26? – sem dúvida parece que sim. (Aos 23 eu teria dito "*Com certeza parece que sim*".) Há dicas aqui, e em outros lugares, de crescimento – mas o crescimento nunca é interessante em si mesmo sem alguma simpatia em algum lugar dele. A vida de um homem tem de ser exatamente assim em todos os estágios para que não possa se permitir morrer, e se morresse as pessoas perderiam *mais* do que apenas ele. É fútil dizer isso, mas autoconhecimento *é* vaidade. Além disso, de vez em quando sou insano. Vemos espalhar para o mundo etc. Tudo isso para encher o caderno com símbolos de vida onde, na verdade, toda a vida que tenho esses dias, *toda*, está derramada até a última gota nesses últimos capítulos. E, grande descoberta, aqui e agora! – não posso mais escrever ou falar de mim sem embaraço, quando antes isso era o centro de tudo, certo. "Me deixe em paz", disse agora para mim mesmo, vamos parar com isso e trabalhar. Esta noite: concluí o capítulo de Francis, o

---

* Kerouac está se referindo à descrição grave do funeral de George Martin perto da conclusão de *The Town and the City*.

que me deu uma sensação de alívio. Esbocei o capítulo de Joe, capítulo da morte, capítulo do funeral, e capítulo da conclusão – que é uma *sobra* do livro. Será que *um dia* vou conseguir? – (pelo menos até a primeira semana de maio?)

TERÇA-FEIRA 13 DE ABRIL – Não consegui dormir até DUAS HORAS DA TARDE – o que mostra como agora estou agitado, e também o quanto estou insano, visto que li até as onze para "relaxar". Dormi até 9 horas da noite. Escrevi 1.500 palavras até as 4h e parei.

QUINTA-FEIRA 15 DE ABRIL – Levantei às 6h30 da manhã, comi um farto café-da-manhã – entrando inexplicavelmente no horário de um fazendeiro, mas isso não vai durar. O filme *Duelo ao sol** me lembra que uma época eu queria viver sem limites, ou seja, viver, amar, vadiar, roubar etc., etc. Há uma *fina* linha separando todos os meus "conceitos". Além disso, lendo sobre o assassino Murel, famoso no Mississippi em 1825** penso na linha *ainda mais fina* que separa certos "conceitos" dos outros homens – estremeço – e alguma coisa. A autoridade uma vez suprema de Deus sobre a alma foi, em uma época, muito necessária, quando os homens tinham de lutar para serem bons. Mas há uma neurose indolente no assassínio: e nossa civilização atual torna mais fácil ser "bom", faz isso "valer a pena"– de que outra maneira? E eu? Eu mais tarde em uma época e circunstância futura cataclísmica? O que eu quero definir é uma *moralidade orgânica*, ou seja, uma verdadeira gentileza humana, uma calma humana em meio a perigos que podem, de outra maneira, despertar o puma paranóico dentro de nós. Coisas assim... indefinidas. Esta noite escrevi **2.000 palavras**, mas quanto mais perto chego do fim, mais me impaciento e sofro. Não sei por quê.

SEXTA-FEIRA 16 DE ABRIL – Alma corrompida que me faz perceber como as outras almas são muito corrompidas!!!!! – Na verdade, no momento perdi a conta das palavras, o que para mim é um lapso de memória estranho.

SÁBADO 17 DE ABRIL – Fui para N.Y., discuti com uma garota a noite inteira. Além disso, Ginsberg surtou e me pediu para bater nele – o que na minha opinião anuncia o fim, já que é difícil o suficiente me manter são sem visitar o hospício toda semana. Ele queria saber "o que mais" eu tinha para fazer no mundo que não o incluía, mais especialmente seus conceitos (pode-se dizer assim) – e quando ele não conseguiu entender o que eu me esforcei muito para

---

* *Duelo ao sol* (*Duel in the Sun*, 1946), grande melodrama produzido por David O. Selznick estrelado por Gregory Peck, Lionel Barrymore e Jennifer Jones.

** John Murel, assassino e bandido famoso do rio Mississippi. Um capítulo de *Vida no Mississippi*, de Twain, é dedicado à história dele.

explicar a ele, ele me pediu para surrá-lo. Nunca fiquei tão horrorizado, mortificado e enojado não presunçosamente desgostoso, mas simplesmente atingido pelo espetáculo de seus olhos loucos e sem expressão, me encarando em uma zombaria com a sensibilidade humana. Ele disse que eu estava fugindo da verdade quando comecei a ir embora. Disse a ele que eu *tinha* um desejo inconsciente de bater nele, mas *ele* ficaria agradecido mais tarde por eu não tê-lo feito. Parece que eu fiz a coisa mais verdadeira, ali – mas agora a experiência parece tão insana, desnecessária, boba e um pouco demoníaca que não consigo pensar em nada para dizer. Cansei de toda essa tolice, e já há um bom tempo desde os dias em que queimei minhas mãos com Céline e briguei com Edie e subi em árvores com Lucien [Carr], mas esses Ginsbergs, chegando à idade demoníaca, presumem que ninguém mais viu suas visões de emoções cataclísmicas 90% falsas e 10% infantis, e tentam se impingir sobre os outros. Não quero afastar-me das pessoas de quem gostei e admirei no passado por seu talento, imaginação e charme – e isso inclui todo o "círculo" do episódio de N.Y. –, mas se eu não puder ser do jeito que *quero* com eles, ou seja, amigável, absorto, eventualmente simpático e um monte de outras coisas que descrevem o que eu *sei* ser companheirismo humano, então não me resta nada a fazer a não ser seguir, agora, meu caminho para uma nova fase da vida, da vida adulta, ou, pelo menos, vida com boas intenções, atitudes sinceras e tentativas honestas. E estou mesmo cansado de satirizar neuróticos sem importância, a única coisa que me resta na relação com eles. Vou vê-los em um estado mental alegre e afetuoso e sempre saio desconcertado e chateado. *Isso não acontece com os meus outros amigos*, portanto eu devia considerar meus sentimentos nesses assuntos e ficar com pessoas como eu. "Chega de vivas pela variedade." Estou cansado de investigar tudo e de ser um tolo "faustiano" em busca de "todo o saber". É evidente que isso não pode ser feito e não deve ser feito, mesmo por um escritor, muito menos por um escritor que precisa organizar seus próprios pensamentos e trabalhá-los com uma espécie de fecundidade operacional. Palavras, palavras – e por que eu me desculpo por não *concordar com todo mundo* como antes tentava fazer por um orgulho humano insano em minha própria "simpatia universal". – Essas coisas são para idiotas, hipócritas e loucos charlatães da alma. Eu vou admitir que sou humano e que devo limitar minhas simpatias, minhas simpatias *ativas*, à vida que tenho e terei, e que nenhum outro rumo é certo. Tenho sido um tolo e um mentiroso e um fraco preguiçoso ao fingir que eu era amigo dessas pessoas – Ginsberg, Joan, Carr, Burroughs, mesmo [David] Kammerer, e alguns outros – quando o tempo inteiro eu devia saber que todos nós, é claro, não gostávamos uns dos outros e ficávamos só sorrindo sem parar em uma comédia de malícia. Eu era o mais fingido do grupo, disse para mim mesmo: "Tudo bem, você está *aprendendo muito*". Tudo o que aprendi é que um homem deve reconhecer seus limites ou nunca será verdadeiro. Medo de revelar minhas próprias opiniões fortes fizeram com que eu não distinguisse amigo de inimigo. Era tão ruim, mas de um jeito mais suave, quanto o antigo pioneiro que tentava se convencer que o comanche bêbado teria tanto em comum com ele quanto outro pioneiro. Até que as contracorrentes do mundo se harmonizem mais, um homem é um idiota em "amar a todos". Ele abre as portas para sua própria ruína, bela mas em extinção.

Porque quero viver, e trabalhar, e criar uma família.

DOMINGO 18 DE ABRIL – Descansado para o que espero ser uma grande semana.

SEGUNDA-FEIRA 19 DE ABRIL – Mas como o comanche bêbado, ainda bem que eu os conheço.

TERÇA-FEIRA 20 – **1.000 palavras**, indo devagar e preocupado – agora trabalhando de dia.

QUARTA-FEIRA 21 – Escrevi **1.500 palavras**, ainda me arrastando com sacrifício –

QUINTA-FEIRA 22 – Outras **1.500 palavras** arrastadas e miseráveis, em doze horas.

SEXTA-FEIRA 23 – Escrevi **2.000 palavras**, estou concluindo as coisas – EU ME SINTO ÓTIMO!

SÁBADO 24 – Agora as conclusões finais: (interrompido por amigos em N.Y.)

DOMINGO 25 – Conversei com H. Huescher por 7 horas seguidas: voltei.

SEGUNDA-FEIRA 26 – Escrevi *1.500 palavras boas* hoje, seguindo com afinco.

TERÇA-FEIRA 27 – Bom dia – **2.000 palavras** – estímulos criativos de sorte...

QUARTA-FEIRA 28 – Outro dia grande e bom – escrevi carta longa, e **2.000 plvs.**

QUINTA-FEIRA 29 – Começo "funeral" – esboçando – último capítulo grande. Descanso.

SEXTA-FEIRA 30 DE ABRIL – Saí para ver garotas etc. 23.000 em abril.

Because I want to live, and work, and raise a family.
SUNDAY APRIL 18 — Rested up for what I hope to be a big week.
MONDAY APRIL 19 — But like the drunken Comanche, I'm glad I know them.
TUESDAY 20 — 1000-words, slow worrisome going — daytime work now
WEDNESDAY 21 — Wrote 1500-words, still crawling painfully, —
THURSDAY 22 — Another crawling miserable 1500-words, 12 hours of it.
FRIDAY 23 — Wrote 2000-words, concluding things — FEEL GREAT!
SATURDAY 24 — On to final conclusions; (interrupted by friends in N.Y.)
SUNDAY 25 — Talked with H. Huescher for 7 hours straight; came back.
MONDAY 26 — Wrote 1500-good words today, moving along laboriously.
TUESDAY 27 — Good day — 2000-words — lucky creative splurges…
WEDNESDAY 28 — Another big good day — wrote big letter, and 2000-wds.
THURSDAY 29 — Start "funeral" — plotting it, — last big chapter. Resting.
FRIDAY 30 — Went out gathering rosebuds, etc. 23,000 for April.
SATURDAY MAY 1 — Physically depressed; also glad that my work is just about done on Town & City at last.
SUNDAY MAY 2 — At my mother's prodding, decided to show publishers a 150,000-word selection from the manuscript. Started preparing it, typing parts, writing explanatory interims, revising here and there.
MONDAY MAY 3 — Big day's work preparing "comprehensive selection." — comprehensive is no understatement, the "selection" itself is longer than most novels. Worked like a beaver. Time to come out of the warm sweet shell of creation, into the dusty market square, and prove myself, my work, in the world of men. This is changing my whole mood of 2½ years' duration, the lonely creative mood. More later.
TUESDAY MAY 4 — Took in the "selection", the heart and guts of "Town & City", to Scribner's.

(Diary continued in "Forest of Arden" notebook.)

And this is the way a novel gets written, in ignorance, fear, sorrow, madness, and a kind of psychotic happiness that serves as an incubator for the wonders being born.

SÁBADO 1º DE MAIO – Fisicamente deprimido: também feliz por meu trabalho em Town & City estar quase terminado, finalmente.

DOMINGO 2 DE MAIO – Estimulado por minha mãe, resolvi mostrar a editoras um trecho de 150.000 palavras do original. Comecei a prepará-lo, datilografando as partes, escrevendo explicações provisórias, revisando aqui e ali.

SEGUNDA-FEIRA 3 DE MAIO – Dia longo de trabalho na preparação de uma "seleção compreensível" – compreensível não é exagero, a própria "seleção" é mais longa que a maioria dos romances. Trabalhei como um cavalo. Hora de sair da concha quente e confortável da criação para a feira livre poeirenta e testar a mim mesmo, o meu trabalho, no mundo dos homens. Isso está mudando todo o meu estado de ânimo de 2 ½ anos de duração, o estado de ânimo solitário-criativo. Mais depois.

TERÇA-FEIRA 4 DE MAIO – *Levei a "seleção", o coração e as tripas de "Town & City" para a Scribner's.* *

E é assim que um romance é escrito, na ignorância, medo, dor, loucura e uma espécie de felicidade psicótica que serve como incubadora para as maravilhas que vão nascendo.

MAIO DE 1948

QUARTA-FEIRA 5 DE MAIO – Levei T&C e à noite me embebedei (de leve) com Hal e Fitz – Fitz acabou de ser pai e distribuiu charutos à minha sugestão. O que fizemos? – enfileiramos montes de garrafas vazias e esquecemos temporariamente de nossa vida imediata – planos e empenhos esforçados. Hal e Fitz estão tendo "problemas com mulheres", ou, pelo menos, Hal está, Fitz é pai de pouco tempo. Meus problemas parecem tão imaginários e loucos, de uma certa forma. Mais tarde, à noite, me sentindo deprimido e muito *sozinho*, tive um dos meus surtos de medo-da-loucura. Se o romance for recusado por todo mundo e considerado inferior, sem graça e sem importância, uma perda de tempo, os lamentos e encantos de um homem curiosamente solitário – o que isso vai significar para mim, o que não vai dizer sobre mim mesmo. Que eu tenho sido bobo.

---

* Kerouac estava tentando publicar um trecho de *The Town and the City* na *Scribner's Magazine*.

QUINTA-FEIRA 6 DE MAIO – Mas hoje eu me sinto tranqüilo o suficiente para acreditar que T&C será respeitado pelas pessoas e pelos leitores, e se for, vou dar um passo adiante na direção de endireitar minha vida. A semana passada fui *cegado* pela idéia de criar gado no Colorado ou no Arizona. Não sei coisa alguma sobre isso. Estou lendo e fazendo perguntas em todos os lugares. Na verdade, parece plausível – dentro de mim, maravilhoso e necessário. Com Mike ou Paul como sócios poderia ser feito, um *sítio*, uma base, um lugar para se casar e criar filhos, um lugar para trabalhar para mim mesmo, para ganhar a vida, pelos outros. Escrever deveria ser apenas uma luta secundária, do contrário nunca vou me dar bem com os outros perdidos nesses inimagináveis mares tempestuosos, sozinhos, não-humanos de maneira peculiar, necessariamente loucos e inalcançáveis.

E agora, enquanto isso, voltar ao trabalho que está à mão, compor as últimas 10.000 palavras de *Town & City* e datilografar o manuscrito (que, é tão bom dizer, está finalmente escrito com *cuidado* e, em minha opinião, não precisa de muita revisão). É bom sentir que eu fui um trabalhador cuidadoso e exigente e não me atrapalhei nas muitas cenas que tentei. É um sentimento de uma adequação natural, orgânica, e a dica de que eu poderia transferir isso para a minha vida atrapalhada. Minha vida é atrapalhada porque, aos 26, ainda preciso conseguir uma renda fixa. Ainda preciso *ajudar* alguém nesse mundo, incluindo tomar conta de mim de verdade, e ainda tenho de amar uma mulher com algum propósito consistente. Ah, sinto-me estranho esses dias... Como eu digo, saindo do casulo do ato de escrever criativo, e indo para o mundo, a poeirenta feira livre, meio-dia, homens e mulheres, coisas – saindo todos da charneca fabulosa de mim mesmo, que é tão interessante, *interessante demais* para a verdadeira felicidade terrena. Quando eu aprender que os dois são necessários e reais para mim, quando eu aprender a *sentir* isso, então poderei escrever de novo, melhor que nunca, com mais conhecimento que fúria. Hoje também me ocorreu que esse companheirismo é o valor mais alto e definitivo da arte – vou trabalhar nisso. É a grande coisa em Wolfe, que me faz amá-lo e confiar nele, visto que, como disse Hal Chase, "Dostoiévski me deixa gelado, solitário e com medo". Deixe que os literatos que vivem vidas urbanas seguras, confortáveis e com aquecimento em *campi* pacíficos dêem um passo à frente e anunciem que a Natureza, como Dostoiévski, deixa uma pessoa "gelada e solitária e com medo" – acho que o companheirismo no mundo cru e catastrófico é a última grande esperança da Terra".* Será que

---

* Do discurso anual ao Congresso do presidente Abraham Lincoln, em 1º de dezembro de 1862: "Ao dar a liberdade para os escravos, garantimos a liberdade dos livres – igualmente honrados no que damos, e no que preservamos. Devemos salvar com nobreza, ou perder sordidamente, a última grande esperança da Terra".

Lincoln estava pensando na vizinhança democrática dos fazendeiros de Illinois quando pronunciou essas palavras? E será que os literatos, no conforto e segurança de suas torres de marfim em meio a estantes de livros, sentem a aridez dessa terra de Illinois em 1830 quando *lêem* sobre isso? Será que sentem isso mesmo hoje, quando dirigem por boas estradas, em carros bons? Deixe a natureza fazer o congelamento e apavoramento e isolamento neste mundo, deixe que os homens trabalhem e amem e lutem contra isso. Deixem os homens terem um sentido de si mesmos que ilumine seus corações e mentes com a beleza da cooperação, da vizinhança, do companheirismo. Deixem que os revolucionários lutem consigo mesmos nas cidades. Não sei, mas parece que essas idéias antiquadas e clichê são hoje, nesses dias modernos, na verdade, a própria maldita noção de *zeitgeist*.

Mas, de volta ao trabalho. Hoje comecei a escrever, mas estava passando um pouco mal do estômago. Caminhei cinco quilômetros, voltei, escrevi um parágrafo. A seqüência da cena do funeral precisa ser trabalhada, e a humildade da vida de escritor me escapou nos últimos nove dias de ócio.

SEXTA-FEIRA 7 DE MAIO – Escrevi uma seqüência do capítulo. São os últimos 50 metros até o pico de um Everest inescalável, e eu começo a subir exultante, um pouco temeroso, quase indefeso. Algo sobre o suspense do último ato, o dissabor da perda de esperanças final e irremediável. Que coisas engraçadas um homem descobre sobre si mesmo quando escreve. Escrever é uma explosão de interesse, não é algo que é feito aos poucos e solenemente, e as explosões de interesse interrompem a si mesmas com um sorriso estudado de expectativa. Tudo isso. Escrevi centenas de palavras devagar, muito devagar.

SÁBADO 8 DE MAIO – Escrevi com o velho vigor, depois de um começo inseguro e melancólico, e a contagem é **2.500 palavras**. De alguma forma sinto-me triste pelos dias de dezembro, novembro últimos, quando estava diante de uma tarefa enorme e escrevendo "no meio dela". Agora estou no fim e sinto-me mais inadequado. Parece que, como um homem casado de meia-idade, tenho de seguir provando minha virilidade a mim mesmo, escrevendo, etc.

DOMINGO 9 DE MAIO – Outras **1.500 palavras** esta noite, deixando meio acabado o capítulo do funeral, finalmente. Os últimos milhares de palavras são tão *formais* que não consigo fazê-los, formais porque parecem grinaldas decorativas presas à estátua, como a pantomima da cerimônia. Mas na verdade são necessários à história, completando e amarrando todas as pontas soltas. Blá blá blá. Voltando aos fatos, o que é o que quero dizer, os fatos de meus sentimentos mais profundos esses dias: – e ainda assim eles são *algo* que não consigo descrever. As palavras de Jesus me impressionaram – "Não vos inquieteis, portanto, com o dia de amanhã, pois o dia de amanhã já terá as suas preocupações. Basta ao dia o seu próprio mal".* Sim, já preocupado com os problemas de meus próximos passos... antes de sua hora e abandonando as alegrias do gozo presente, assim como as dificuldades a esse respeito.

SEGUNDA-FEIRA 10 DE MAIO – Hoje parece que foi um dia de sorte. Recebi o cheque de auxílio [de ex-militar]. Disse a mim mesmo: e agora? Escrevi mais **1.000 palavras** no capítulo, boas e definitivas. O restante pesa sobre minha consciência alegre. As coisas estão girando dentro de mim...

TERÇA-FEIRA 11 DE MAIO – Conheci, por acaso, Beverly Anne Gordon. Eu a vi, orgulhosa, aprumada, morena, *séria*, linda – e tomei a decisão de segui-la para procurar aquela uma em um milhão. Então eu a segui e a olhei patinar no rinque. Então fui até ela e contei muitas coisas. Quase aprendi a patinar, enquanto isso. Era uma noite de primavera suave e ainda sem folhas, e tinha tomado uma das decisões mais importantes de minha vida, como um verdadeiro Stendhal, em total consciência e conhecimento. Ela tem todas as qualidades maravilhosas da feminilidade: uma voz suave, uma figura escultural, olhos escuros como a meia-noite, pele branca como a lua – e a juventude, a graça de uma garotinha. E *consciência*. E *tristeza*. E *simplicidade*. E, finalmente, a única mulher em cujos olhos eu vejo humildade, não vaidade. Uma escuridão orgulhosa e misteriosa a cerca; perfeita para o Colorado; madura para seis bebês. De novo, como aos dezesseis anos, estou apaixonado pelos encantos de uma morena viva e de olhos escuros. Caí enquanto patinava e, benza-me, estava feliz e absorto demais para me sentir envergonhado. Se agora ganhasse dinheiro suficiente com *Town & City*, não sei o que faria amanhã nem onde estaria na semana que vem. Estranho... na noite da vitória na Europa, o V-E Day em 1945, ela escreveu um pequeno poema sobre Deus, agradecendo a Ele por a guerra ter terminado – e eu... eu escrevi um parágrafo sobre o homem com uma capa com forro vermelho. Naquela noite ela tinha quinze anos, e eu, vinte e três. Pense só nisso! É como se eu tivesse sido salvo?

QUARTA-FEIRA 12 DE MAIO – Aniversário dela, hoje. Levei-a a um restaurante onde havia um bufê (chamado Stockolm, na 51st st.) – comprei para ela uma gardênia – fiquei sem dinheiro – corri até a United Press, peguei mais emprestado com Tony Monacchio, que estava sentado num canto batendo resultados de beisebol à máquina e reclamando porque a chuva não adiara para sempre *todos* os jogos de beisebol – voltei correndo para Beverly, que um *bartender* afeminado apelidou de "pestinha". Uma criança daquelas com

---

* Mateus 6:34.

corpo de mulher! Na verdade não sei o que pensar, mas sem dúvida estou pensando... e não escrevendo.

QUINTA-FEIRA 13 DE MAIO – Hoje tive notícias de uma outra garota maravilhosa, Peggy Grasse, e vou vê-la logo. Talvez seja mais bonita, mais velha (22), séria, mais eloqüente, e talvez mais *exigente*, não sei. Enquanto isso, vamos deixar assim: Beverly não sai da minha cabeça, e talvez Peggy também, e tenho um romance para terminar. Então, até domingo, preciso trabalhar, deixando de lado todas as outras considerações e diversões. *Agora* vejo como eu consegui escrever *Town & City*, aprisionando-me em uma solidão mortal bela e frutífera. Será que sempre terei de fazer isso para escrever um romance? – e por períodos de três anos? Devia sorrir, não vou! – Há uma maneira para fazer tudo, seja marcar um *touchdown*, ou escrever um romance, ou viver e escrever ao mesmo tempo. Hoje: – escrevi **1.000 palavras**, sofridas e trabalhosas, palavras *pessoais* e dolorosas sobre a tolice atroz de um idiota, Peter Martin. Meu próximo romance vai ser ainda mais maduro. Paro exausto às 4h da madrugada.

SEXTA-FEIRA 14 DE MAIO – Fui à cidade pagar uma dívida e passei um tempo na biblioteca lendo sobre o Colorado e sobre ranchos. Mas estava me sentindo estranhamente triste, como se, em breve, fosse perder algo, eu mesmo, ou a pequena Beverly. Não sei dizer como estou me sentindo realmente, ou se estou amando o amor ou o quê – mas ela me agrada de tantas maneiras, e as outras garotas, não. Será irresponsabilidade deixar correr até que eu fique irremediavelmente apaixonado por ela? Ou talvez seja irresponsabilidade achar que eu poderia manter ou romper nosso relacionamento quando isso deveria ser algo que funcionasse dos dois lados. Mas, no fundo, acho que minha paixão repentina por essa garota é uma expressão mais verdadeira de mim mesmo que qualquer outra coisa desde meu amor de menino por Mary Carney, em 1939. Acho que é *real*, e que minhas dúvidas são percepções ou noções, ou seja lá o que for, *recentes* e *emprestadas*. Se isso é uma racionalização, como um romance, de mim mesmo, então, muito bem, é uma racionalização... mas ainda sinto essa grande saudade dela, sentimento há muito adormecido em meu espírito. Todo esse barulho deve-se ao fato de alguém ter dito que ela não era "inteligente" o suficiente para ser companhia de minhas preocupações pessoais com o mundo, mas quando tiro os olhos dessas preocupações miseráveis devo olhar nos olhos frios de uma mulher "intelectual", ou nos olhos quentes de um amor jovem? – talvez uma jovem esposa? Muito depende da recepção de meu trabalho em *Town & City* – muito – num sentido prático. Esta noite: escrevi centenas de palavras excelentes.

SÁBADO 15 DE MAIO – Fui a uma festa na cidade, vi Beverly de novo – vi Lucien embarcar num avião de manhã – fui a um jogo dos Yankee-Athletics com Tony, cancelado pela chuva – voltei para casa. Este é um rápido resumo do fim de semana, outro dos mais estranhos em minha vida. Sempre parece que quando mais aprendo é nos fins de semana... e ninguém concluiu conscientemente o significado tremendo dos fins de semana americanos, da orgulhosa noite de sábado bem-vestida com seus milhões de premonições de triunfo e alegria, para a sombria noite de domingo com sua solidão doce e amedrontada (vejo aí um foco de minha visão "artística" da vida). Para começar os detalhes desse fim de semana: todo escritor tem seu sonho, claro que todo homem tem seu sonho, e meu sonho, composto de tantas coisas, de júbilo e melancolia profunda e alegria, de doce companheirismo sob a soleira de casa, de humildade e solenidade tristes, de algo como criancinhas, lar, maravilha, afeto, simplicidade, consolo no mundo vasto, de contemplação pesarosa das crônicas das vidas, de pessoas *humanas*, pessoas que amam e confiam, um milhão de coisas, todas elas sombrias, de alguma forma, pois não reluzem – um sonho, também, de uma sociedade sem classes divididas por pompas e vaidades mundanas e invejas – um sonho não da perfeição do mundo, mas de confiança simples, simples desejo de felicidade e gozo, luta simples e sincera, e intenções piedosas – algo doce, sombrio, e quantas palavras terei de juntar para explicar isso! – bem, isto, o meu sonho, foi abalado este fim de semana por Beverly. Aparentemente ela não confia em mim porque "não tenho um emprego" – não consegue entender quem e o que sou – e eu, que acredito tanto na necessidade de uma sociedade sem classes, vejo que estamos divididos por opiniões de classe, ou percepções de classe, ou o que quer que seja. Há muito poucas coisas que eu posso dizer a ela, há muito pouco que ela pode me dizer que vá despertar qualquer coisa em mim. Somos separados por "educação" e "classe", e essas são, para mim, de alguma forma as enigmáticas raízes de todo o mal. Essas são as coisas, as coisas divisoras do mundo, que causam tanta incompreensão e contracorrentes em meio a um mundo inteiro de pessoas que poderiam se dar bem, como Jesus teria desejado, com doçura, simplicidade, confiança. Em meu sonho de uma casa, júbilo e a vida simples e com propósito, eu achava Beverly apropriada, porque ela tinha todas as qualidades. Mas se eu posso tê-la rejeitado por *um detalhe* – o fato de que ela não conseguia se comunicar com minhas preocupações mais complexas (como esta, está vendo, e elas nem são tão complexas) – em vez disso, acreditando em meu sonho, eu a aceitei e a queria por essas qualidades terrenas que complementariam minhas fraquezas de *mais classe*, minha literatura, meu conhecimento pesaroso, minha letargia de contemplação e simpatia – mas se eu podia rejeitá-la, em vez disso *ela* me rejeitou, porque aparentemente eu não era de sua terra. E isso é algo em que me recuso acreditar, com um horror *moral* – esta é a desnecessária loucura divisora das pessoas, outra vez.

É a loucura dela, não a minha, porque ela não consegue perceber que eu sou tanto da terra dela quanto de meu mundo – bom Deus, todo mundo é! Por que todas essas *distinções*? Por que o medo e a desconfiança? Se, por outro lado, ela me rejeitou acreditando que eu não "daria bom marido" devido à penúria congênita – como ficava evidente em meus encontros com ela – se ela *é* uma interesseira, claro que isso não importa. Mas não tenho qualquer prova de que ela seja interesseira, apesar de eu querer confirmar isso de algum jeito. Meu sonho está abalado – eu mesmo estou abalado –, gostaria que todos na terra parassem de olhar de soslaio uns para os outros por causa de alguma diferença infinitesimal sobre o grande céu universal. É tão absurdo quanto a ereção de uma pulga, considerando-se tudo ao redor. Sou tão culpado quanto ela por fazer distinções e tomar decisões? Eu a escolhi, afinal de contas, "entre milhões" – essa era a minha "idéia". *Eu* fiz a primeira distinção. Mas agora perdi o rastro de meu pensamento, se há algum. É suficiente – que eu tenha um sonho, um ideal de vida mais importante para mim que a casualidade e a "realidade" fria, e que isso foi abalado porque um abismo escancarou-se bem no meio dela. Sonhei com uma vida simples, escolhi uma garota simples, e ela dá as costas e se pergunta se não sou um vagabundo errante porque não "tenho um emprego", *eu não trabalho* (!) e por aí vai, porque eu falo de uma fazenda ou de um rancho. Em outras palavras, talvez, eu contei a ela sobre mim e ela ficou estupefata pelas contradições que para ela nunca vão conseguir *funcionar*. Ah, eu não sei. Eis o dilema: – eu devo, em nome de Deus, casar-me com uma garota intelectual para ser compreendido e amado? Então esse é um enigma novo – para ser esclarecido mais tarde.

Depois disso, vi Lucien partir em viagem de férias. Ele estava sofrendo de uma ressaca catastrófica – lá estava ele, os olhos pregados, se arrastando, em sapatos bicolores brancos & marrons como os de um esbanjador rico em Scott Fitzgerald, resmungando – "Todos no mundo são bonitos e simpáticos, mas burros"* depois de Tony descrever para ele minha Beverly particular. Eu fiquei maravilhado com aquela declaração dele. Vinda *dele*, era uma visão, muito real. De alguma forma extraí algo daí, não lembro o quê, foi uma visão de mim mesmo, acho. Ele partiu, como disse, "na máquina aeroplanadora", e pronto – e o *que* foi isso. Lucien tinha "desistido", parecia estranho para mim, "ele não se importava mesmo mais". Meu sonho sério no mínimo não podia desfazer-se. Seu sonho humilde das coisas era mais verdadeiro; meu sonho vaidoso, nervoso e moralizador não era mais necessário para mim, para o

---

* Kerouac ficou tão apaixonado pelo comentário de Carr que o contou em uma carta a Ginsberg e em seu original de *The Town and the City*.

"mundo", talvez para ele. Viu? – e de alguma forma também verdadeiro. Então fui ao encontro com Beverly, ela me deu um bolo, não apareceu, e acabou *ali*. Mas não devo abandonar esse sonho. Então fui ver um jogo de beisebol com Tony, me diverti muito (porque sou louco pelo beisebol profissional), e Deus nos castigou com a chuva. Estava derrotado e exausto, tudo na cabeça, é claro, mas na cabeça que olha para o mundo sem parar e se preocupa o tempo inteiro. Então Tony, que é epiléptico, pareceu ter um ataque estranho ou algo assim – ele disse *umas duzentas vezes* que eu fosse comer na casa da irmã dele, e eu tive de explicar *duzentas vezes* que queria ir para casa. Ele caiu no banco, os olhos injetados, me cutucando e me batendo sem parar, gritando comigo. Isso também foi triste e foi "belo e delicado, mas estúpido" – todos nós, todos nós. Esses são pensamentos de domingo à noite, pode apostar seu chapéu nisso, e, como todos os verdadeiros pensamentos de domingo à noite, são solitários, irracionais, confusos, belos e sombrios. Só queria encontrar um meio de vida sem morrer – mas aqui, mais uma vez, minha educação surgindo, minhas apuradas percepções poéticas, minha doce loucura de domingo à noite. Por acaso, outra opinião sobre a arte: – a arte é UM FERIADO DE SONHOS E TEMAS. Basta, tinha muito a escrever nestas páginas noturnas e esqueci tudo, menos as frases, pensadas enquanto trabalhava na chuva de domingo à noite. Outra frase – é um consolo no mundo em estado natural, uma simpatia, este é outro valor da arte, porém creio já ter dito isso outro dia, mas, veja você, continuo a dizê-lo porque é um *consolo* dizer e repetir isso, então isso deve ser "absolutamente verdadeiro". Além disso, a tristeza assoma, e estou sozinho, e perdi meu amor, a curta estação terminou. Preciso encontrar aquela esposa, "uma entre milhões" – simplesmente preciso. Ainda por cima, já tendo me casado uma vez, sofro por saber o que estou perdendo – uma mulher cheirosa e sonolenta em meio aos lençóis úmidos ao amanhecer.* E os olhos dela olhando para mim. E sua mão na minha enquanto marcho com bravura rumo a mais confusão e tristeza e perplexidade – quer dizer, enquanto marcho com bravura para a "vida", a estrada que não é uma cama de espinhos ou o que quer que eles digam (e é claro que *eu sei* o que eles dizem). Boa noite, um doce adeus, até mais ver – o homem não conhece solidão como a de um amor doce negado com ternura.

SEGUNDA-FEIRA 17 DE MAIO – Estou quase terminando o que devia ter terminado há duas semanas. Não há tempo a perder – até o fim de julho tenho de terminar de datilografar todo o romance para poder ir para o

---

* Kerouac foi casado por um breve período com Edie Parker em 1944. Ele concordou em casar-se com ela em troca de dinheiro para a fiança – ele tinha sido preso para averiguações relativas ao incidente Lucien Carr-David Kammerer.

Colorado e trabalhar em um rancho, sem deixar para trás pontas soltas no Leste. Esta noite? – **2.500 palavras** – loucas e boas, a "parábola do peixe" no capítulo do funeral. De alguma forma, depois que escrevi a última frase daquela conversa estranha entre os três irmãos Martin, Joe, Francis e Peter, algo *se soltou* em mim e fiquei quase radiante de alegria. Não posso entender, todos os tipos de teoria serviriam: – digamos, por exemplo, que eu tinha reconciliado os três conflitos belicosos em minha consciência, ao escrever sobre a conexão agradável entre três irmãos que são projeções "ficcionais" de mim *vistas* por mim mesmo. Isso parece totalmente apropriado, embora, milagrosamente, possa ser verdade, o que seria inacreditável. Não pode mesmo ser mundanamente verdadeiro sobre a purgação, o efeito curativo da "arte" em um artista sério, compreensivo, mesmo que esquisito, que cura a si mesmo trabalhando seus conflitos interiores por meio de exercícios de sua imaginação, e por aí vai? Eu experimentei esse momento de alegria que foi como a descrição de Dostoiévski do momento anterior a um surto epiléptico. Tudo era claro e eu estava *livre*. "Agora você pode se divertir", pensei. E pensei, "Que diabos eu fui fazer a mim mesmo dessa vez, como eu consegui me amarrar todo *de novo*? É mais provável que eu tenha chegado à conclusão de que eu finalmente terminara o romance; todos os temas interiores estão terminados para mim, as últimas cerca de 4.000 palavras são apenas para a compreensão do leitor. Foi estranho. Dei uma volta, exultante, grato, e com medo de estar feliz demais. *Liberdade* era o problema. Entretanto, a alegria antecipada em relação a isso agora me iludia (terça-feira), mas a mudança está feita, voltou para mim para sempre. Pelo menos, espero que sim.

TERÇA-FEIRA 18 DE MAIO – Ainda estou aguardando uma resposta da Scribner's, já faz duas semanas, agora, e espero que isso seja um bom sinal. Mas ainda estou intrigado sobre a transformação surpreendente, repentina, maravilhosa, inexplicável e *inesperada* de ontem à noite de "silêncio e dor" para a velha alegria faminta. Detalhes: – não era mais uma *necessidade absoluta* "partir" – para um dia me isolar em um rancho – escolher ser *pobre* por toda a minha vida – e não achei mais que Beverly teria sido *a* garota para mim, eu vi que ela não conseguia, afinal de contas, conversar comigo, e não ia ser companhia para mim de jeito nenhum – também vi que eu iria sempre escrever, e escrever livros melhores, e viajar, e "me divertir", e um dia encontrar uma boa garota animada e inteligente. Esses são os detalhes. Acho que é só mais um caso de um sujeito perplexo recobrando os sentidos e saindo de uma idéia compulsiva que a natureza, em sua própria sabedoria, não permitiu que durasse muito tempo, para o bem da sanidade. Fui sacudido como pedras de bingo sendo giradas, e a compulsão diminuiu e esvaiu-se, e eu era "eu mesmo" de novo. Eu acho! Pelo menos, foi interessante – e para ser mais sério e honesto, estou muito feliz que isso tenha acontecido. E agora – *Estou outra vez orgulhoso de minha vida, e tenho fé nela, em minha vida como escritor, contando com avidez, sinceridade, o milhão de coisas que sei* – minha vida exatamente como eu a quero, pro inferno com aquele enigma ambíguo e desconcertante, "os outros", penso, seja lá o que for. Há uma grande *fé* nisso. "Não me importa que eu me *importe!*" é o jeito estranho e coloquial de pensar nisso. Toda boa idéia e esperança e desejo que já tive ainda resistem, mas de agora em diante estou em um curso inalterável para a liberdade, a confiança e o conhecimento com fé em mim mesmo, e chega de submissão às expectativas de um mundo comprometido. Tudo vai ficar mais claro depois, eu vou explicar. Esta noite, escrevi: **1.500 palavras**, terminando o funeral.

QUARTA-FEIRA 19 DE MAIO – Foram 10.000 palavras no funeral e agora mais 5.000 palavras no *apres-tous*, e o romance de 1.000 páginas está acabado – *finalmente*, depois de 2 ½ anos. Comecei a escrever esta história em março de 1946, e agora, perto de 24 de maio de 1948, estará tudo terminado. Então este é um grande trabalho bem-feito, e muitos tormentos, e vou simplesmente esquecê-lo e olhar para frente. Escrevi cartas à tarde.* À noite tive a mais absoluta confusão mental outra vez. O romance está tão cheio de lixo e bagunça, aqui e ali... em trechos longos, como um depósito de lixo às margens de um rio. Fiquei louco da vida pensando nisso.

QUINTA-FEIRA 20 DE MAIO – Nenhuma palavra da Scribner's. O silêncio e paciência metódicos e judiciosos estão me deixando louco de tensão, preocupação, expectativa, desapontamento – tudo. E o romance ainda está inacabado, na verdade, e chegou a hora de datilografá-lo e organizá-lo. Que trabalho nessa minha vida sem graça, essa vida preguiçosa. Mas vou encará-lo. A notícia de que Jesse James ainda está vivo foi muito excitante para mim**, e para minha mãe também, mas percebemos que ela não parece se impressionar nem um pouco com o mundo de Nova York – o que corrobora, de seu próprio jeito, o que eu falo sobre Nova York, que ela é um paraíso para a cultura européia e não para a cultura americana. *Pessoalmente*, não fico mais com raiva dessas coisas, porque isso é ultrapassar os limites das coisas em nome da cultura e à custa da humanidade em geral, mas, ainda assim, *pessoalmente* fico com raiva das pessoas que zombam da importância de Jesse James, bandi-

---

* Em uma carta a Ginsberg datada de 18 de maio, Kerouac resume seu curto romance com Beverly e fala de Neal Cassady trabalhando na South Pacific Railroad.

** A data da morte do verdadeiro Jesse James é ainda hoje tema de discussão; alguns afirmam ter sido há mais tempo, em 1882, em Saint Joseph, Missouri, mas há relatos de que ele teria morrido em Guthrie, Oklahoma, em 1948, e em Granbury, Texas, em 1952.

do ou não, para o americano comum com uma compreensão do passado de sua nação. Agora, se *Gambetta** ainda fosse vivo, acho que seria notícia importante em Nova York – ou outro personagem europeu dos anos 1880 como esse. O sentimento maravilhoso do século 19 americano levado até os anos 1940! – com suas evocações de Mark Twain, Bill Hickock, a velha Abilene, Bill Cody, os James Boys, a trilha para o Oeste, o Pony Express, Melville, Walt Whitman... e Touro Sentado.

SEXTA-FEIRA 21 DE MAIO – A Scribner's me informou hoje que "outros critérios além do mérito literário influenciam na decisão de uma editora". E eu passei 2 ½ anos trabalhando com tamanha paciência para fazer de meu livro um livro bom e meritório. Fiquei arrasado, claro – mais deprimido que nunca – cheio de impulsos criminosos – e uma amargura intelectual como a de Francis. Mas fui para Nova York e pensei nisso pelas ruas.

SÁBADO 22 DE MAIO – Então fui sugado por um grande vórtex social. Ed White me emprestou seu terno (eu tinha ido para Nova York em minhas roupas que parecem de vagabundo, que uso para perambular) para que eu fosse em seu lugar num baile de colégio.** (Enquanto isso vi um jogo de beisebol, Giants-Cubs, no Polo Grounds, com o bom Tony.) Aqui está um exemplo: peguei emprestada uma camisa limpa de Ed para ir ao baile, deixando-o com uma camisa suja, que não era minha, mas de Tony, quer dizer, uma camisa que Lucien emprestou para Tony. Minhas jaquetas estão na casa do Ed, outros acessórios, na de Tony, outros, na de Tom etc. etc. Veja o quadro: – jovem escritor, com impulsos suicidas provocados pela tristeza e pelo fracasso, perambula de jaqueta de couro. Horas mais tarde: o mesmo jovem escritor (apesar de estar envelhecendo o tempo todo) está passeando no jardim à luz do luar com uma donzela em vestido de noite com estrelas em seus olhos, um grande Buick 48 conversível do lado de fora, uma conta de US$ 20 em um *nightclub* (dinheiro de Tom). E por aí vai... Enquanto isso, Connie Murphy está esperando por mim [em] casa, e eu também devia estar em um piquenique, a que faltei. Então não tive muita chance de reclamar, e agora chego a uma conclusão: – Precisei *lutar* para escrever *Town and City*, então terei de *lutar* para vendê-lo.

DOMINGO 23 DE MAIO – Fim de semana terminou em um rodamoinho de

---

* Leon Gambetta (1838 – 1882), líder republicano francês que se tornou um destacado membro do governo provisório após a guerra franco-prussiana. Foi primeiro-ministro por um curto período antes de sua morte.

** Kerouac levou Maria Livornese (a irmã de dezesseis anos de Tom) ao baile da Malvern High School; o acompanhante original dela – Ed White – tivera um problema com o dente do siso.

drinques e jazz na casa de Tom em Long Island. Voltei para casa, resolvi como ia começar a lutar. Acho que vou tentar Mark Van Doren esta semana – mas preciso melhorar o orig. um pouco mais para mostrar a ele, o que significa, neste exato momento, trabalho de datilografia.

SEGUNDA-FEIRA 24 DE MAIO – Em meio a um esforço furioso de trabalho, datilografei quase *19.000 palavras!* 15 horas de trabalho.

TERÇA-FEIRA 25 DE MAIO – Van Doren viajou este verão, mas Allen, que sabe muito de literatura, e outro sujeito, leram parte de meu original e gostaram bastante dele, quase maravilhados. O cara disse que eu devia enviar meu orig. bem datilografado em espaço duplo, e agora estou inclinado a concordar com ele. A Scribner's lidava muito com montes e montes de papel; além disso, ele me disse que a Scribner's é uma das editoras mais difíceis de "entrar". Então vou datilografar e revisar aquela enormidade inteira, a começar de agora, e talvez arranjar um agente (ele sugeriu um agente bom). Agentes chegam pessoalmente aos editores, não a leitores "de terceira classe", por aí vai – tudo para me convencer de que ainda há esperança, e que devo "continuar trabalhando". Mas depois disso tudo, se ninguém aceitar esse *The Town and the City* vou ficar louco de um jeito meio burro, e quem poderia me culpar! Vamos ver, vamos ver – o próprio Allen está convencido de que vai ser um sucesso, mas não leu ainda toda a pilha desajeitada. "Mérito literário" mas talvez sem nenhum valor comercial; mas, talvez, valor comercial suficiente para minhas necessidades. Quando estiver cheio de trabalho duro, vou *acreditar* de novo.

QUARTA-FEIRA 26 DE MAIO – Voltei para casa. Datilografei 4.500 palavras mais ou menos. De agora até o fim de junho, bater à máquina, bater à máquina, revisar e bater à máquina. Esta noite tive outra vez uma sensação de confiança boa, *mas isso é apenas combustível, não o destino final.* Que observação mística!?

QUINTA-FEIRA 27 DE MAIO – Voltei para N.Y. para completar a estação que termina agora com a escola. Vi todo mundo, "milhões de pessoas" – Ed, Hal, Ginger, Harold Huescher, Allen, Jack Fitzgerald, Jeanne, o filho dele, Mike, sua irmã (foi padrinho de um batizado lá), fui ao Bowery – fui a festas loucas no Greenwich Village – vi Lucien, Barbara [Hale] – viajei para cima e para baixo e de um lado para outro por Manhattan e o Brooklyn de ônibus, bonde, metrô, táxi – usando roubas surradas, depois ternos elegantes, na chuva e ao sol, amanhecer e anoitecer – conversei com um milhão de pessoas (mais nomes verdadeiros: Alan Harrington, John Hornsby, Jim Fitzpatrick, Allen Hensen, Mary Pippin Crabtree, [Bill] Cannastra, o fabuloso astro louco, etc.). Fui ao cinema, andei, conversei, dormi (na fraternidade Alfa Phi, onde conheci mil outros nomes, Dean Qualquer Coisa, Sam White, Whiz Seilaoquê, etc.) – fiquei furioso com as pessoas, depois fui consolado, senti culpa, ou fragilidade, tive visões, fiquei entediado, fiquei arrasado e terrivelmente mortificado, fiquei satisfeito... e a questão toda é que tudo o que foi feito, no espaço de quatro dias, e bêbado o tempo inteiro, foi feito só com os dois dólares com que eu tinha começado. E, além disso, tudo o que devo neste momento em que escrevo é um dólar. Nunca passa pela minha cabeça o verdadeiro pedinte e caloteiro que sou, ou pior, como as pessoas gastam sem problemas dinheiro comigo porque estou sempre falando e pensando em outra coisa – nunca no ponto principal. Comi e bebi como um produtor de Hollywood. Em Nova York, um homem amistoso, que torna sua amizade interessante por estar sempre lá, de alguma forma pode, quer dizer, *podia* viver sem trabalhar, e viver muito bem. As pessoas estão sempre dando festas em N.Y. Alguém sempre tem dinheiro para pagar a conta em N.Y. Alguém sempre está solitário e com vontade de fazer alguma coisa. Me assusta que eu pudesse fazer isso até o fim de minha noite... sempre definhando, chegando finalmente ao Bowery, ficando um tempo ali, e então morrendo em uma porta, feio e velho e mudo demais para servir a essas pessoas generosas e solitárias com bolsas abertas. Acho que esse é Joe Gould.*

SEGUNDA-FEIRA 31 DE MAIO – Hoje, em casa, tudo o que eu sei é que estou com medo de mim mesmo... por viver tão bem por dias com US$ 2,00, e por todo o elogio que tenho recebido por meu romance. Não consigo pensar em nada sem a noção de que deve ser muito *bom*, porque eu, o objeto da reverência deles, criei aquela coisa. Não sou mais *eu*, mas algum monstro místico que eu deveria ser. A fama vai ser assim. Vai chegar a hora que terei de me esconder em meus sonhos verdadeiros e ficar lá embrulhado em humildade e júbilo. Mas isso tudo soa como se eu estivesse dizendo, "Não se pode derrotar a sinceridade". – mas estou falando sério. O medo da virtude. Isso, brotando do masoquismo dos vícios modernos, na verdade uma degradação moderna. E eu, naturalmente, também sou moderno, odeio admitir isso – odeio admitir que, para mim, o conhecimento também é mau. Deveria ser – "conhecendo o verdadeiro objetivo do conhecimento, paz e alegria". Mas, claro, eu não fiquei famoso e fui declarado um tolo, não poderia ficar mais infeliz do que estou agora. Por acaso, sempre há o risco de falar e dizer coisas sem sentido, como fazemos quando bebemos e esquecemos no dia seguinte. Há um objetivo

---

* Joe Gould era um boêmio de Nova York nos anos 1940 que alcançou uma relativa fama quando Joseph Mitchel escreveu seu perfil para a *The New Yorker*. Mitchell chegou a escrever um livro inteiro sobre Gould, *Joe Gould's Secret* (1965). Ele registrou sua obra, *The Oral History of Our Time* em cadernos com capa dura.

para o conhecimento... salvação. Como são boas as minhas visões ou as suas visões, trabalhadas com dedicação e beleza em arte, se seu objetivo não é salvar algo em nossas almas e fazer com que tudo fique belo. Você tem de sentir que está *lá* em seu caminho, *lá* ... o aqui e agora está gasto e esfarrapado. Isso é exatamente o que os pais querem para seus filhos desde a Suméria. Sem dúvida é absurdo, mas também é a melhor coisa que fazemos. Mas agora eu tenho aquela sensação assustadora de que posso *dizer tudo* esta mesma tarde e que, por estar assim, deve haver algum erro nisso, uma mentira.

Hoje datilografei 4.000 palavras, revisei, acrescentei coisas, etc. Parece rápido, mas foi um trabalho bem demorado. Estou começando a me orgulhar do *trabalho* e de mais nada... Em outras coisas me divirto como um tolo, mas no trabalho assumo um sentido solene de realidade. Mais daqui a pouco.

JUNHO –

TERÇA-FEIRA 1º DE JUNHO – Fui a N.Y. resolver vários assuntos. Agora, Ed Stringham, que vi apenas uma vez e leu meus capítulos (2 ou 3), deve estar arranjando uma entrevista com Alfred Kazin para mim. Kazin é uma figura importante na área, é verdade... vamos "ver o queee aconteece". É bem legal do sujeito, que parece muito respeitado por toda essa gente (por Allen Hansen, o "garoto" de Auden, Alan Harrington, etc.). Mas o impressionante é que tudo isso está acontecendo sem qualquer das minhas trapaças. Não consigo entender. Ginsberg diz que eu não entendo a "sociedade", apenas a "solidão onde tudo é difícil, soturno e sem solução". Pode ser assim. Alfred Kazin... Eu me lembro quando tinha 19 anos, louco da vida com esse crítico por atacar Tom Wolfe. Kazin, entretanto, escreveu uma bela e criativa apresentação para *O adolescente* de Dostoiévski. Ginsberg escreveu uma carta para Lionel Trilling por mim. E agora tem um agente me procurando, e a namorada de Lucien (Barbara Hale, da *Time Magazine*) diz que tem um contato na MacMillan e em outras editoras. O que está acontecendo? É burrice minha dizer isso. Enquanto isso, droga, eu tenho tanto a bater à máquina, e sou tão lento nisso. Também recebi uma carta de Beverly Burford, do Colorado. E ela pode me arranjar um emprego em um rancho em agosto. Talvez nessa época eu possa até comprar um, você poderia dizer, ou pensar, de alguma forma, parece, ou alguma coisa. ISSO é neurose. Um cara outra noite disse algo que me incomodou, que eu fingia o tempo todo ser burro. (Anson.) Isso é verdade, e por que eu faço isso? Um pouquinho – ei!?

Este mês deveria datilografar e revisar 600 páginas de meu original. Duvido que possa ir tão rápido, mas vou tentar. 300 páginas "estão prontas".

Então esta noite começo essa campanha de forma inauspiciosa: datilografei e revisei **12 páginas**. Devia fazer pelo menos 25 por dia, ou 150 por semana, para cumprir esse cronograma.

QUARTA-FEIRA 2 DE JUNHO – É verão e está calor e não consigo trabalhar durante as tardes abrasadoras. Estou com uma sensação de culpa porque odeio o dia e amo a noite e o amanhecer, e a razão é porque tenho sangue de fazendeiro. Isso é realmente algo estranho e importante. Depois do jantar, Allen Ginsberg apareceu e trouxe o restante do manuscrito que, ele disse, terminava de maneira tão "grandiosa e profunda". Ele acha que agora eu vou ser um homem rico, sério, mas está preocupado com o que vou fazer com o dinheiro, ou seja, ele não consegue me ver com dinheiro (nem eu). Ele acha que sou um verdadeiro Myshkin, abençoado seja, mas eu temo que não*... A loucura, agora, deixou Allen, e gosto dele como sempre, quer dizer, estou envolvido com ele tanto quanto antes, mas agora é mais agradável que antes, por isso mais amigável. As coisas estão mudando em nós dois. Eu estou com raiva, claro, de seu jeito de ver o mundo... "meu pai queria que eu fosse um professorzinho de escola em Patterson [sic]"... e "minha mãe, quando ela estava no asilo de Loucolândia" (esqueci o nome da cidade onde ficava)... e "Bill acha que também é consciente"... E mil coisas que revelam um triste mundo ginsberguiano de loucura e doçura fútil... "O enrolado funcionário da alfândega em Dakar usando um fez e *shorts* sobre suas pernas finas marrons, à noite, saiu correndo atrás de nós dizendo que podíamos passar porque tínhamos sido tão educados com ele." Essa grandeza, um dia ele vai precisar trabalhá-la.

Esta noite, tarde, e passando mal com um resfriado, datilografei e revisei **10 páginas vagabundas**.

QUINTA-FEIRA 3 DE JUNHO – Ainda muito doente mas trabalhando. Hoje fiz **24 páginas**. Criei um método matemático complicado que determina com que assiduidade estou datilografando e revisando meu romance, dia após dia. É maluco e complicado demais para explicar, mas basta dizer que ontem estava rebatendo uma média de .246, e depois do trabalho de hoje, minha "média de rebatidas" aumentou para .306. A questão é que tenho de rebater como um campeão, tenho de alcançar e ficar junto de Ted Williams (que atualmente está rebatendo .392 no beisebol).** E se eu conseguir alcançá-lo e *acompanhá-lo*, o mês de junho será o *último* mês de trabalho em *Town and City*. Mas o interes-

---

* Príncipe Myshkin é o protagonista moralmente perfeito, mas socialmente um pária de *O idiota*, de Dostoiévski.

** Ted Williams terminaria 1948 rebatendo uma média de .349.

sante é que não tenho como rebater tão bem (.392) sem trabalhar como um condenado (e esse é o objetivo de meu joguinho). Então, por enquanto, é .306, e admito que vou ter um desempenho pior nos fins de semana, por que os próprios *dias* entram na fórmula (30 dias de junho), e durante as semanas sempre engordei meus números. Manter-me acima de .300 é, claro, fundamental entre os profissionais... Então, em todo caso, até agora estou indo bem... (para um jogador mediano).

SEXTA-FEIRA 4 DE JUNHO – Acordei com minha média de .306. Trabalhei duro e a levei para .324.

SÁBADO 5 DE JUNHO – E hoje minha média chegou ao número respeitável de .345 – mas recebi notícias de que minha irmã na Carolina do Norte teve complicações no parto e está mal, por isso minha mãe eu partimos para lá imediatamente.

6 DE JUNHO-13 JUNHO – Tudo acabou dando certo, depois de muita preocupação. Ela deu à luz um bebê de 1,5kg de 7 meses, de cesariana. Os cuidados do Durham Medical Center salvaram a vida dela. E a vida do menininho também.* Voltei para fazer meu trabalho, minha mãe ficou lá para cuidar de Nin. Agora eu *preciso* mesmo vender meu livro, ganhar dinheiro. Enquanto estava lá, eu e Paul trabalhávamos na oficina dele e na casa, e eu tive uma prévia de minha ambição por ter um rancho com Paul, Nin, minha mãe, Mike, a família dele, eu e minha futura família juntos. Uma verdadeira propriedade rural familiar cercada. De repente percebi que o Norte da Califórnia, em torno da floresta de Mendoncino, é o lugar para minha grande propriedade – com San Francisco perto, a uns 150 quilômetros, mais ou menos. Mais sobre isso depois. Mas agora tenho trabalho e responsabilidade e planos humanos diante de mim.

SEGUNDA-FEIRA 14 DE JUNHO – Cheguei em casa sozinho, um pouco triste, mas preocupado e com ambições. Hoje resolvi muitas coisas – fui ao banco etc. e liguei para meus "contatos". Então voltei para a máquina de escrever. Minha média está onde estava quando não tive como evitar perder uma semana – em .345. Preciso, *preciso* fazer sucesso. De repente percebi que a razão para esse desejo, em parte, é porque, como um escritor dostoiévskiano, *espera-se* que eu fracasse no mundo do sucesso e status financeiro. Mas além disso, sem dinheiro não posso reunir meus seres humanos ao meu redor em uma propriedade rural, uma propriedade tripla nas florestas da Califórnia

---

* O bebê foi chamado de Paul Blake Jr.

(talvez perto do rio Eel, ou do rio Russian, perto do lago Clear, Longvale, perto de Eden Valley Ranch – tudo naquela área)*. Para uma vida familiar e com propósito – enquanto ainda *louco por dentro* como escritor! Alcance, alcance – experiência em tudo... E por aí vai, mais depois. O dinheiro não pelo prestígio, mas por uma propriedade rural simples. Então agora trabalho, *sozinho na casa*.

TERÇA-FEIRA 15 DE JUNHO – Sabe o que essa terra, esse rancho é? – qual meu valor e responsabilidade nisso? – é uma base onde poderei ser meu *eu infantil para sempre*. Isso significa algo grande... para mim. E a respeito de estar "sozinho na casa" – é só a coisa mais triste e soturna no mundo, porque uma casa foi feita para muitos, para uma família. Tudo bem ficar sozinho em um quarto em um andar de um hotel ou pensão ou num apartamento, mas não em uma *casa*. Tudo bem em uma mansarda artística... mas pobre do homem sozinho em sua *casa*. O trabalho suado e difícil de ontem à noite me deixou com uma média de .340 a ser igualada hoje. Isso não está nem perto dos .398 atuais de Ted Williams. Datilografei e revisei – mantive uma marca de .327 – e fui à cidade levar o casaco de Tony. Por volta de 2h da manhã, quando estava saindo do bar A White Rose, fui atingido por um êxtase, uma das minhas visões antiquadas, "repleta com um milhão de tristezas e um milhão de grandes expectativas", como eu imaginava. Foi tremendo. Não vou descrever aqui, apenas menciono como uma reafirmação de que eu sempre, sempre serei um poeta, um "poema errante" em carne e osso. Mas isso é reconfortante após um sentimento dormente no Sul, solene e quase soturno. O que é tudo isso? – É o medo de perder minha "alma", o desejo de crescer poeticamente nessas misteriosas altas noites do mundo. Mas é um medo bobo, eu mesmo sei que tudo vai ser sempre igual. Este diário freqüentemente é supérfluo. (O uso e a sobreposição da palavra "solene" acima é admirável... talvez eu associe inconscientemente solenidade com uma espécie de morte... há muita solenidade no Sul, e praticamente nenhum júbilo, mesmo entre as criancinhas, que também parecem "soturnas".)

QUARTA-FEIRA 16 DE JUNHO – Dia de trabalho, cinza e frio e atlântico. Os dias nebulosos do Pacífico em Frisco são a única coisa comparável a esses dias cinzentos do Atlântico, esses dias úteis, de uma forma ou de outra. Quando era criança, costumava ficar em meu quarto, em dias como este, para trabalhar. É um dos planos de minha existência, dou muita importância a isso.

---

* Os rios Eel e Russian serpenteiam pela floresta Mendocino, abrindo desfiladeiros profundos. O lago Clear, o maior lago de água doce da Califórnia, também fica à beira da floresta de sequóias. Eden Valley e Longvale são cidades da região.

Calorenta Flórida estava me deprimindo em 1947, no ano passado, até que em um dia nublado fui nadar no Atlântico (em Daytona Beach) e lá, no cinza do mar solene, os botos nadaram em formação como uma espécie de flotilha marinha. Quando você nada com os golfinhos no Atlântico cinzento e encapelado, você sabe onde repousa seu trabalho, se você é um poeta, e se foi desmamado nas costas da Nova Inglaterra, outono, fome, e solenidade.(!) – Enquanto escrevo uma cena, penso: "Bem, eles terão de entender a seu modo, só isso. É assim que *eu* entendo" – isso sobre o público leitor, todo mundo. Também penso: "Às vezes, é mais inteligente, talvez sempre, não ser inteligente e ter uma visão acanhada. Para que serve a 'inteligência' se ela nada faz além de antagonizar as outras inteligências do relacionamento humano...". E por aí vai. Enquanto cochilo ao anoitecer, um pensamento me veio sem ser *convidado*... um fenômeno muito estranho... ele surgiu, sem esforço, com todas as palavras. Foi uma experiência tão avassaladora que acordei por um instante antes de cair no sono. Veio assim. "Apesar de sua opinião do que alguém pensa de você ser apenas paranóica, irreal e ilusória, é parte de seu relacionamento com a pessoa, tanto quanto parte dele é como a realidade dos verdadeiros pensamentos da pessoa. *A paranóia é essencial para compreender outra pessoa.*" As palavras eram muito melhores que essas, chegaram sem ser convidadas, mas esse é seu âmago. Não foi estranho. Enquanto escrevia, também, cometi um deslize à máquina de escrever... ao escrever "seu nariz estava sangrando", escrevi em vez disso "seuna estava sangrando" *. Depois cometi outro que agora esqueci, mas vou lembrar um dia. Tudo isso, esse fluxo assustador de pensamentos, esse pavor das visitações, é parte do negócio de escrever "em larga escala". Agora eu sei bem. O que mais temo é minha incapacidade de capturar todas as coisas que surgirem, temo sua fonte misteriosa, temo seu destino, eu temo a *mim*, em suma. Isso é verdade. E, mais uma vez, eu falarei "mais depois"... você percebe que o caderno está cheio de "e por aí vai"... isso vem do terror de saber que não consigo lidar com tudo isso. É como encontrar um rio de ouro quando você não tem nem uma xícara para guardar um pouco... não tem mais que um dedal, e esse dedal é seu cérebro e seu trabalho e sua humanidade patéticos. – Tony veio à noite, eu fiz crepes, comemos, conversamos. Bato à máquina o dia inteiro, revisei com cuidado, e mantive uma média de .343, subindo 16 pontos desde ontem. Esses números não revelam o enorme esforço para mantê-los assim. Chegar a .390, e *permanecer* lá, é quase inacreditável agora, que vejo como é difícil. Há muita dúvida se sequer vou conseguir manter um ritmo de .300.

---

* No original, *His nose was bloody* e *Hisn was bloody*. (N. do T.)

QUINTA-FEIRA 17 DE JUNHO – Solitário e louco de doer por uma mulher nessas noites de junho... e continuo trabalhando, trabalhando. Eu as vejo passar lá fora* e fico maluco... "sem tempo, sem dinheiro" – mas meu desejo por uma mulher está agora no seu ponto máximo. Se meu ego fosse ligado ao amor, como deveria ser, em vez de ligado ao trabalho, eu teria para mim aquela mulher esta noite e para sempre. "Sem tempo, sem dinheiro..."

Ou, ainda, por que um homem que tenta fazer um grande trabalho por conta própria, sozinho, pobre, não encontra um fiapinho de mulher que dê a ele seu amor e seu tempo? Por que um homem com dinheiro e sucesso tem de afugentá-las... ou como diz Hal Chase, um homem com uma mulher que pertence a ele, ostentando seu odor, tem de afugentá-las... as lésbicas! Essa experiência vai me deixar amargo, por Deus. Mas acabei de ter uma *idéia*. (Enquanto, é claro, veja você, eu acredito que "sentir pena" de si mesmo é uma das coisas mais verdadeiras da Terra, porque você não pode negar que alguém como eu, saudável, sexual, mesmo poético, rasgado, perfurado, morto de desejo e afeto por qualquer garota bonita que vejo, mas impossibilitado por causa de "tempo e dinheiro" de fazer amor agora, *agora*, na juventude, enquanto elas desfilam indiferentes à minha janela ... Bem, droga, não dá para negar! Não está certo! Há muita solidão em um mundo que deseja e deseja ardentemente... e putas demais, putas de verdade. Pro inferno com elas? Não... a questão é, eu as *quero*. Um dia vou à França, a Paris, aí sim... onde, como Jean Gabin**, você pode encontrar um belo amor no parque de diversões à noite.) (À noite, à noite, na noite alta e nas luzes, os joelhos macios e quentes se afastando, o abraço sem fôlego, o arfar, a língua e, o melhor de tudo, a voz baixa e murmurante e o que ela diz.) Bem, como eu falo, não vou ficar chateado por isso. Pode ser inadequação sexual (sem tempo, sem dinheiro), mas... esperem só, mulheres, esperem só.

Fui para a cama, depois de trabalho irritante com minha datilografia problemática, com média de .350.

SEXTA-FEIRA 18 DE JUNHO – Trabalhei o dia inteiro, elevei minha média para .353, a mais alta até agora. Amanhã é um dia livre oficial... vou encontrar Ed Stringham e os "contatos", um deles um compositor (David Diamond). Fiquei irritado hoje porque meu original não está tão bom quanto deveria, mas esse é um sentido de perfeição olímpico, não humano. Levaria *outro ano*, talvez mais, para "aperfeiçoar" T&C, e isso não faz sentido (na verdade, não

---

* A mesa da cozinha na qual Kerouac escrevia ficava ao lado de uma janela que dava para o cruzamento movimentado do Cross Bay Boulevard com a 133rd Street, em Ozone Park, Queens.
** Jean Gabin (1904-1976), ator francês, estrelou *The Impostor* (1944), *Brumas* (*Moontide*), de Archie Mayo, e dezenas de outros filmes em uma carreira que foi dos anos 1920 aos anos 1970.

ficaria melhor, segundo padrões de trabalho humanos). Allen Ginsberg insiste que eu o "aperfeiçoe", mas ele é um poeta, e um escritor de versos é assim. O romancista sempre tem outra grande história para escrever, não tem tempo para lapidar suas histórias velhas, não é um decorador, mas um construtor. Além disso, percebo que pelo menos a minha literatura, apesar de imperfeita, é original no sentido original dessa palavra... é meu pensamento, nada apanhado das terminologias do tempo, minhas próprias palavras, meu próprio trabalho estranho. Durante meu período de trabalho e silêncio franco em Carlyle, soube bem isso (primavera e verão de 1947). Esta noite estava dando uma olhada em um novo romance e vi como cada parágrafo estava cheio de pensamentos, termos, palavras, imagens e ações emprestadas da linguagem de jornais e revistas de uma superficialidade política e social – sem uma escrita da alma ou poesia sombria, sem visão pessoal, sem revelação, sem trabalho talvez... só frases esforçadas, uma história hesitante e vazia, um significado vago, baseado em algo que só existe nos jornais. Não nego os jornais, nego o pensamento preguiçoso, a escrita preguiçosa, uma falta de emoção estúpida... (para usar uma palavra deles). É outra vez *estado de ânimo,* aquele primeiro estado de ânimo, supremo e até shakesperiano, que nos explica a todos, totalmente, todos, todos.

    Se minha mão pudesse ao menos "acompanhar minha alma" – (mas risque essas citações, eu *tenho* uma alma e, além do mais, apesar de envergonhado de minha própria loucura entre as regularidades do maravilhoso comércio de meio-dia, não me importo. Devo enterrar a vergonha, sempre encontrarei um caminho para a honra em meio a arroubos, autoflagelações e humilhações) – como eu digo. Se minha mão pudesse capturar isso. Aqui, acho, está um dos segredos que levarão ao milagroso romance do futuro; e quando eu tiver terminado com T&C em todos os aspectos, vou descobrir uma maneira de apresentar a grandeza que existe em mim e em todos os poetas. Um certo aparelho, o gravador, pode ajudar em alguns aspectos, apesar de ser um pouco estranho derramar suas visões em um microfone*... Uma coisa importante é desenvolver um forte sentido de responsabilidade (está vendo, é *moral*, nenhum aparelho invade a verdadeira necessidade do homem) e o hábito, o trabalho diário de escrever *en passant*, manter um grande diário cósmico. Imagine um diário desses após um período de um ano... dois milhões de palavras para criar (e colorir) uma história cheia de alma. Nada é impossível... o grande romance do futuro vai ter todas as virtudes de Melville, Dostoiévski, Céline, Wolfe, Balzac, Dickens e dos poetas (e de Twain).

---

* Kerouac faria exatamente isso em seu romance *Visions of Cody*. Uma grande parte do livro veio direto de conversas entre Kerouac e Neal Cassady.

O romance está subdesenvolvido, provavelmente precisa de um nome novo, e certamente precisa de mais trabalho, mais pesquisa, do jeito que está. Um "trabalho da alma" em vez de um "romance", apesar de sem dúvida esse nome ser pomposo demais, e risível, mas indica alguém que escreve *tão-somente* por convicção e salvação. A idéia é que um trabalho como esse deve conter o homem como sua única proteção e sonho inquestionável das coisas... sua "visão do mundo e da proposta das coisas", diz.

SÁBADO 19 DE JUNHO – Fui para N. Y. e encontrei o compositor David Diamond, e outras pessoas. Diamond vai me apresentar a Kazin, eu acho, depois do que meu livro vai começar a chegar nas mãos certas. Preciso acelerar a datilografia... mas continuo me embebedando, droga, como hoje em uma das festas loucas de Cannastra. Enquanto isso, Diamond, conversando despreocupado sobre Artie Shaw, Lana Turner, Aron Copland, Alec Wilder, Beny Goodman e outras celebridades como essas (que, você sabe, ele acredita que logo eu vou conhecer, cedo ou tarde) – a questão sendo... *glamour*, e essas coisas... bem, isso só me surpreende, só isso, e não me fascina. Mais sobre isso depois. Estou cansado do tom deste diário e talvez comece outro novo, maior, à máquina de escrever.

DOMINGO 20 DE JUNHO – Fui a um jogo dos Dodgers no Brooklyn com Tony, e depois a um enorme jantar italiano na casa da irmã dele, e depois para a minha casa.

SEGUNDA-FEIRA 21 DE JUNHO – Recebi um monte de cartas de todo mundo... Da mamãe, Paul, Neal Cassady, Bill Burroughs em New Orleans, e o endereço de uma bela enfermeira em Durham, Carolina do Norte, a enfermeira de minha irmã Carolyn. Mas Allen G. apareceu quando eu as estava lendo e tirou minha energia, minha disposição, em dois dias de conversas loucas.

TERÇA-FEIRA 22 DE JUNHO – Incluindo hoje. "Mais depois" sobre tudo que falamos nesses 2 dias.

QUARTA-FEIRA 23 DE JUNHO – E hoje minha atenção foi distraída de um jeito parecido pela gritaria louca da convenção presidencial republicana na Filadélfia, pelo rádio.* É algo de que gosto mesmo. Enquanto isso datilografei uma pilha fina de páginas. Tanta coisa acontece, em mim mesmo, e no mundo ao redor, que não consigo registrar com o lápis como deveria... então vou trocar para o diário batido à máquina que mencionei... e vou tentar

---

* O Partido Republicano indicou o governador de Nova York, Thomas E. Dewey (1902-1971), como seu candidato à presidência na convenção de 1948.

recapturar todos os "mais depois" patéticos deste livro. Enquanto isso, continuo aqui com as miudezas.

QUINTA-FEIRA 24 DE JUNHO – Esses atrasos atrapalharam a minha datilografia. Agora calculo que tenha pelo menos 450 páginas datilografadas e prontas, e cerca de 500 ou 550 para terminar – então outra vez vou estabelecer um ritmo e uma meta, e dessa vez vou respeitá-la de qualquer jeito. Preciso fazer pelo menos 25 páginas por dia (incluindo a revisão), o que significa 24 de julho no máximo, daqui a trinta dias, com uns cinco dias livres, ou alguns mais. Só vou registrar as páginas feitas a cada dia e a média diária nesse esforço final (em um calor demente de verão). Datilografei **30** páginas hoje, usando um novo tipo de autodisciplina. Essa quantidade de páginas por dia, segundo a disciplina de média de rebatidas da semana passada, me dariam uma média de .600. Pode ser isso – *tem de* ser. Kazin, ou alguém, pode querer ver o romance logo. E enquanto isso também tenho três capítulos para fechar de verdade. Esta noite também escrevi uma carta para aquela bela enfermeira em Durham, Ann – e também escrevi para mamãe e Paul. Sábado à noite, depois de jantar na casa de [Alan] Harrington, vou voltar para casa e me empenhar em escrever duas belas cartas para Cassady e Burroughs, só pela beleza em si. De qualquer jeito não posso mais gastar dinheiro aos sábados, estou nos meus últimos US$ 3,50.

SEXTA-FEIRA 25 DE JUNHO – Datilografei **29** páginas, seguindo firme. À noite, ouvi Louis nocautear Walcott.* Estou lendo sobre gado e Mark Twain. Estou gostando de meu senso profissional e de minha solidão disciplinada.

SÁBADO 26 DE JUNHO – Fui jantar na casa de Alan Harrington, conheci a charmosa mulher dele e o bebê Steve. Sinto que tenho um novo amigo sincero em Harrington. Apesar de não ser "meu tipo de escritor", é "meu tipo de homem". O que ele está escrevendo agora, ele vai "suplantar", e, em vão, espero vê-lo inclinar suas atenções ao "mundo das pessoas e coisas sombrias e fúrias morais" mais tarde... seu trabalho atual, altamente profissional, é uma sátira ao "vendedor americano". Mas ele fala como Dostoiévski sobre "a extinção da responsabilidade até que ninguém seja culpado". E pensa sobre uma história que aborde a condenação cristã de Judas, que era, de alguma forma, muito humano e complexo, sua culpa não era tão simples e tão condenável (quando você considera o Judas *humano*). Bem – conversamos por horas no jantar, e Ed Stringham estava lá, e todos saímos mais tarde. Às 6h30 da manhã

---

* O campeão peso-pesado Joe Louis nocauteou "Jersey Joe" Walcott no décimo primeiro *round* no Yankee Stadium, em 25 de junho. Foi sua última luta antes de anunciar a aposentadoria.

bati à porta de "Olhos Escuros" ... minha *idéia* da última quinta-feira 17. Basta dizer que não estou amando. Talvez eu seja "indomável" demais para casos de amor prolongados. O que mais preciso é do mundo. Nunca seria capaz de dizer, nos braços de uma mulher, o mesmo que um herói de Wagner: "Deixe-me morrer!".* Quero *viver*... e ver mais do mundo, & Deus sabe por que, e o amor de uma mulher é um dos muitos amores indomáveis. Uma coisa é certa: a paixão goetheana não é a minha. Há irritação, agitação, "loucura" demais em mim para esse estado de languidez. Preciso correr, sempre. Só dois tipos de mulher servem para mim: uma louca Edie que iguala minha própria impaciência e loucura e horror, até a exaustão de um de nós, ou uma garota simples (parecida com minha mãe) que absorve e compreende e aceita isso tudo. Ontem mesmo uma mulher em San Francisco sufocou seu bebê até a morte porque ela "não queria que qualquer outra pessoa o tocasse". De fato, sim, "deixe-me morrer" em uma paixão wagneriana... vou acreditar no que Leon Robinson diz em "Viagem ao fim da noite" – "estou bastante ocupado tentando me manter vivo". E junte a isso... "e me divertindo loucamente" com isso. Isso começa a indicar a falta de amor peculiar de minha posição nos últimos 3 anos, talvez nos últimos 26 anos... *e nunca gostei tanto de uma idéia sobre mim mesmo, sério*, e acho que isso também significa algo: espontaneidade é a palavra que mais me agrada... Por Deus, não é todo dia que se encontra um álibi perfeito para si mesmo, e o mais impressionante é que é tão brutalmente *verdadeiro*! Esta noite escrevi algumas cartas trabalhosas e talvez belas para Neal e Bill, até o amanhecer. Contei a Neal que está chegando a hora de ir, com minha mãe, para a Califórnia. Por que ficar por aqui no superpovoado e suarento Leste quando meu livro estiver pronto? (estas notas incluem o domingo).

SEGUNDA-FEIRA 28 DE JUNHO – Um dia quente insuportável... morto e gosmento, sem vento, nada, cinza, triste, muito estúpido. Comecei tarde, fiz **18** páginas.

TERÇA-FEIRA 29 DE JUNHO – Fiz **27** páginas – outro dia horrível. Alan Temko passou aqui, no caminho de San Francisco para Paris, diz que quer "ver os Estados Unidos de longe". Nos anos 20 eles não tinham álibi para seu descontentamento. Mas as atitudes de Temko, por mais idiotas que sejam, sempre ganham uma dignidade bela por sua pessoa. Ele é um cara marcante, e às vezes comovente. Diz que agora está *político*... se é verdade, acho que ele se afastou de uma claque esnobe: – e se "político", provavelmente ele não vai

---

* Uma referência a *Tristão e Isolda*, ópera do compositor alemão Richard Wagner (1813-1883).

escrever, como ele sonhava que faria. Que modelo. Quantos caras eu conheci que "iam" escrever. Todos se envolvem com política... um bom truque, uma boa maneira de subir no mundo, também. Criativo, também!

QUARTA-FEIRA 30 DE JUNHO – Outro horroroso, o quarto seguido. Quero as névoas frescas de Frisco. No mês de junho fiz aproximadamente – bem, com as longas **40** páginas desta noite, (!) fiz, no total, cerca de 320 páginas em junho... o que dá uma média, segundo padrões anteriores, de .291: o suficiente para um profissional, mas não muito bom. De qualquer jeito estou chegando ao grande final do romance, que precisa ser reescrito, e aí chega o trabalho raivoso! Resolvi não ir à Carolina... ficar em casa e trabalhar, meter a cara no livro.

JULHO

QUINTA-FEIRA 1º DE JULHO – Nunca estou satisfeito com o progresso de meu trabalho. Não vou descansar, não vou descansar até acabar acabar... e que dor nos olhos isso me dá. Fiz **12** páginas esta noite depois que Temko passou por aqui... Nós conversamos. Fui deitar às 7h da manhã, depois de revisar um capítulo.

SEXTA-FEIRA 2 DE JULHO – E me levantei às quatro da tarde com este dia *lindo*. Que desperdício. Está um dia limpo e claro da "Califórnia". É o grande dia para todo mundo. O início do fim de semana do feriado. Às seis desta tarde você vai vê-los todos, bem-vestidos, começando... a animação louca da noite... e não acho que estarei acordado então. Acordei à meia-noite, como um morcego cego. Agora às quatro e meia todos estão terminando seus trabalhos, carregando madeira, ou separando cartas ou limpando os tornos mecânicos ou mandando a última trouxa de roupa para lavar ou fechando as portas. Esta noite, Nova York inteira, todas as luzes do céu da metrópole, será um feriado e um misterioso local amplo e fervilhante. Não eu...

Fiz 29 páginas, trabalhando até as 8 da manhã. Eu me pergunto qual será o resultado desse trabalho no mundo real, para mim. Todo perdido, todo horrível, todo cru, todo errado e angustiado... As coisas às vezes parecem ser assim, agora. A situação é dura em uma vida sem uma fantasia bela. Mas fantasia e júbilo são mais verdadeiros que malícia e dúvida filosófica, *isso* eu sei. Quem neste mundo sente e sabe *tudo* e, ao mesmo tempo, está determinado a ser feliz? Mostre-me um homem de hombridade maravilhosa, ou mulher. Mostre-me a miragem e eu farei com que tudo vire realidade, por alguma espécie de feitiçaria mágica. "Alguém tão crente em Deus, tão profundo" e tão *arguto*.

SÁBADO 3 DE JULHO – Alcançar o cântico das imagens, os fatos do mistério vivo. Grande festa no Harlem, na casa de Ellen e Russell Durgin – "milhões de nós". Passei outros três dias sem comer ou dormir por assim dizer, só bebendo, olhando e suando. Havia uma garota simpática com pouco mais de 20 anos, ruiva, agitada, sexualmente frígida (eu descobri). Andei cinco quilômetros com ela em meio a uma onda de calor na Second Avenue (isso na segunda-feira) até chegarmos no "apartamento perfeitamente italiano" onde deitei no chão procurando sair de um sonho. Parece que eu já tinha sentido tudo aquilo antes. Havia miséria e a bela feiúra das pessoas, e havia Hunkey – em seu alvorecer mau – me dizendo que tinha visto Edie em Detroit e dito a ela que eu ainda a amava. Que surpresa foi isso! – o quão estranho será que Hunkey pode ficar? Ele me assusta porque já foi o mais *miserável* dos homens, preso & espancado e enganado e doente e faminto e sem teto, e mesmo assim ele sabe que ainda existe uma coisa como o amor, e minha estupidez... e o que mais há na sabedoria de Hunkey? O que ele sabe que o faz tão humano depois de *tudo* o que ele *aprendeu?* – acho que, se eu fosse Hunkey, agora estaria morto, alguém teria me matado há muito tempo. Mas ele ainda está vivo, e estranho, e sábio, e *beat**, e humano, e todo carne e osso, e *olhando fixamente* em uma depressão de anfetamina para sempre. Ele é muito mais notável que o Leon Robinson de Céline, é mesmo. Ele sabe mais, sofre mais... uma espécie de americano com a maior de todas as coleções de terrores. E eu ainda *amo* Edie? – A esposa de minha juventude? Esta noite acho que sim, acho que sim. E o que *ela* acha? E *onde* estamos todos nós? Deus é um farol estranho sobre tudo isso... *estamos no fundo de algum oceano*; nunca percebi isso antes. Na minha fantasia de júbilo não há farol nem *beat*, só coisas como o sopro do vento nos pinheiros à janela da cozinha em uma manhã de outubro. Tenho de começar a juntar todas essas coisas agora. E é por isso que o homem adora dualismos... não pode fugir deles... e se sente independente e sábio entre eles... E tropeça em escolhas por aí, até a morte e o fim da fantasia (ou o início).

DOMINGO 4 DE JULHO – A festa continuou. Ao anoitecer fiquei na estrada e vi os fogos de artifício do Harlem aqui e ali, foguetinhos simples que não fazem grandes flores (antes da guerra os fogos eram melhores.) Todo mundo estava lá em baixo bebendo, conversando, suando, olhando, pensando, tropeçando, vivendo, morrendo... que coisa engraçada. No meio de todos os livros de teologia de Russell Durgin, também. Lucien dedilhava nervoso um violão, Barbara se enfastiava, Iene ria para mim, Fitzpatrick balançava a cabeça conversando ansioso com uma garota, outra garota de Santa Fé apareceu, Ginsberg observava taciturno em meio a risinhos e resolveu, de seu jeito feio, que as

---

* Primeira vez em que Kerouac escreve a palavra "*beat*" como um adjetivo.

"mulheres não sabem o que fazem". Durgin estava bebendo, mais tarde ele encarou o abismo, ao amanhecer, do alto da escada de incêndio. Alan Harrington fumava seu cachimbo e devia ter ficado em casa, aquele não era lugar para o sal da terra. O amigo dele John [Clellon] Holmes olhava com seu olhar selvagem e astuto. Outra pessoa subiu no telhado... Um fogo começou, e apagou. Fazia calor. No telhado, pensei no Quatro de Julho do tipo *Raintree County**, tão distante disso tudo, tão verdadeiro, como... tão mais americano. Hunkey chegou ao amanhecer, tão estranho, tão *beat*, tão atento a tudo.

SEGUNDA-FEIRA 5 DE JULHO – Depois que deixei Irene, peguei guimbas na rua e fiquei perambulando e me divertindo. Vi uma garota bonita na janela do metrô e olhei seu reflexo ali enquanto *ela* olhava para mim, sem saber. O rapaz com ela estava tão triste e preocupado com tudo... perdê-la seria a morte. Eram filhos do amor, uma flor. Olhei para a escuridão com seriedade. Catar guimbas na rua envolve o maior auto-respeito do mundo, o auto-respeito de um mendigo honesto. Voltei e apaguei à luz do mar. À meia-noite minha mãe chegou da Carolina do Norte, cheia de lembranças de Nin e Paul. Pensei em Edie. Agora está amanhecendo e vou dormir.

TERÇA-FEIRA 6 DE JULHO – Acordei, comi, me senti melhor, minha mãe limpou a casa, o pesar esvaneceu-se, e fiz 25 páginas à noite. E fiz uma carta para Edie, mas guardei-a comigo.

QUARTA-FEIRA 7 DE JULHO – Um dia bonito, claro e fresco. Recebi cartas de Neal, Ed, Allen. Neal não parece me levar a sério sobre a idéia do rancho... Vou ter de explicar. A comunicação de Ed foi gratificante e *verdadeira*... Eu subestimo Ed White demais. A carta de Allen era feia e sem amor, ele é apenas terror e poesia. Fui à biblioteca, peguei livros. Espanei as teias de aranha do fim de semana. Fiz 27 páginas durante a noite... escrevi uma carta para Neal e depois a rasguei. Tudo sobre esse negócio do rancho é especulação e estou cansado de especulação (não o do Tristano, não). Como o estado de ânimo pode mudar rápido, também. De qualquer forma rebatendo .315 (mais que .291). Hoje meus olhos deixaram-me nervoso e inquieto, isso é o que foi. Trabalho rápido demais.

SEXTA-FEIRA 9 DE JULHO – Fiz só 13 páginas, cansado. Descobri "pensamentos verdadeiros" – que são pensamentos que ocorrem em uma fração de segundo, completos e tremendos. Entretanto, não consigo escrever qualquer coisa esta noite.

---

* O romance de sucesso de Ross Lockridge, Jr. *Raintree County* (1948) é ambientado em 4 de julho de 1872, e narrado através de *flash-backs.*

SÁBADO 10 DE JULHO – Fui a N.Y. e passeei um pouco e voltei por causa de uma dor de garganta e uma dor de cabeça latejante fora do comum. Bebi litros de água gelada para espantar a febre e li Huck Finn a noite inteira. Comprei jornais de San Francisco. Escrevi para Neal*. Dias quentes me deprimem.

DOMINGO 11 DE JULHO – Dia quente. Minha garganta está melhor depois de tanta água gelada, mas a dor de cabeça persiste. O que se pode fazer em um mundo abafado, úmido e repugnante. Trabalhei um pouco na noite fresca. Sem pensamentos.

SEGUNDA-FEIRA 12 DE JULHO – Fiz 27 páginas... rebatendo .328. Trabalhando em uma espécie de atordoamento sem-cerimônia... descansando.

TERÇA-FEIRA 13 DE JULHO – Fiz **19** páginas e comecei a revisar todo o capítulo Francis-Engels... Esta grande perda de tempo vai arruinar minha média de rebatidas de .330. Agora já tenho mais de 800 páginas feitas no orig., faltam mais 200. E então o romance estará terminado para sempre, e o diabo pode enfiá-lo onde quiser. À noite, fui a uma exposição com minha mãe. O amanhecer foi como um cobertor morto de umidade e escuridão... tão terrível que parecia *tolo*... caminhei por ele maravilhado.

QUARTA-FEIRA 14 DE JULHO – Mas hoje ventos frios do norte, do Canadá. Acordei analisando meus sonhos plenos de significados de "futilidade incoerente". Entendo que você pode se sentir de um jeito e pensar de outro... por exemplo, no sonho eu me senti fútil e tolo porque não podia nem dirigir um jipe "na guerra", então fiquei impotente. Meu *pensamento* sobre o assunto é que a guerra é tola e que não há qualquer coisa impotente em mim por isso. Conclusão... o homem é um idiota... mesmo seu *pensamento* é incoerente, porque não é reconciliado com seu sentimento. Foi um sonho bom, joga luz no capítulo em que estou trabalhando, porque é a história de todos os nossos intelectuais: "Eles pensam que são conscientes também!". De qualquer jeito, descontando isso, dias frescos e agradáveis despertam meus sentimentos e pensamentos. Sou mesmo um animal.

QUINTA-FEIRA 15 DE JULHO – **9** páginas revisadas com sofrimento e lamentações. Agora rebatendo .318. Cheio de sentimentos dolorosos...

SEXTA-FEIRA 16 DE JULHO – Estes devem ser alguns dos piores dias de

---

* Esta carta endereçada a Neal e sua nova noiva, Carolyn, detalha a esperança de Kerouac de que os três comprassem um rancho no Colorado ou na Califórnia (por isso ele estava lendo jornais de San Francisco).

minha vida, não sei. Sinto-me *velho* e acabado, apenas trabalhando com a pior sensação de *solidão* que já tive. "Ninguém sobrou", parece, e sinto-me como se fosse morrer em breve. Agora posso estar pondo um feitiço em mim mesmo, como Nigger Jim faz com a pele de cascavel.* Tenho de terminar isso *logo*. Estou cansado. Gostaria de viver para variar. Faz tanto tempo.

Fiz – ou melhor, revisei – mais **8** páginas difíceis. Também, ultimamente, sinto-me como um jornalista: Não tenho cérebro. É a maior sensação de vazio no mundo sentir-se como um jornalista arrancando palavras da cabeça, as palavras de significado mais superficial. Rebatendo .309.

SÁBADO 17 DE JULHO – Hoje vi Tom, e Allen Temko e o maravilhoso Bob Young – fui à casa de Tom, e então para um baile na praia à noite, onde Tom estava tocando piano. Durante o dia meu olho esquerdo ficou completamente latejante – com dores lancinantes no nervo. Não sei o que isso significa – mas é dor, e carne, e é da natureza humana. Trabalhei esta noite assim mesmo, cheio de aspirinas. Quero terminar esse trabalho antes que aconteça algo errado comigo.

DOMINGO 18 DE JULHO – Descansei os olhos durante o dia, trabalhei à noite, dei caminhadas. O olho vai ficar bem por enquanto.

SEGUNDA-FEIRA 19 DE JULHO – Empilhei **39** páginas. Quanto mais perto eu chego do final desse trabalho, parece haver mais trabalho a fazer. Meu material de 1946 normalmente não vale o papel onde está escrito. Agora estou usando óculos, meus olhos parecem perfeitos. Caminhei com mamãe à meia-noite – ela acha que estou ficando doente de tanto trabalhar. Mas quando eu tiver acabado com isso, em umas duas semanas, antes de 4 de agosto. V I I V A A A! – e estou falando sério. Depois disso, talvez alguma revisão junto com algum editor, contrato, *ADIANTAMENTO* – então Califórnia e um emprego em um jornal em Frisco. Depois, depois, um rancho com Neal, Paul, todos. Uma VIDA NOVA... (e a publicação de *The Town and the City* no outono de 1949). Agüente firme, agüente... a vida é longa, energia cria energia, as coisas estão bem, a fome aumenta, o amor aguarda... e quando encontrado... cresce. Agüente, o calor da noite, Nigger Jim em uma jangada, agüente. Agora *cale a boca,* méd. de rebat. hoj. .327.

TERÇA-FEIRA 20 DE JULHO – Fiz **22** páginas, rebatendo .330 outra vez. Mais tarde, à noite, relaxei um pouco, ou teria feito muito mais. Os olhos hoje doem de novo. Tive muitos sentimentos e pensamentos alegres e felizes

---

* De *As aventuras de Huckleberry Finn*, de Mark Twain.

pela primeira vez em semanas, parece. Meu trabalho é longo mas vai terminar, terminar, terminar.

QUINTA-FEIRA 22 DE JULHO – Fiz **17** páginas, rebatendo .329 – e juro por Deus que *nunca* vou acabar com isso. Já terminei umas 900 páginas até agora e parece que ainda faltam mais umas 200 para chegar ao louco total de 1.100 páginas de original. Hoje arranjei uma caixa para guardar o romance, com 15cm de profundidade, mas não era funda o suficiente para a pilha de papel que já está pronta.* Se não estivesse batida com pouco espaço, daria uns 30cm de altura. Mas na verdade, honestamente, quando oh *quando* eu vou terminar! O romance só cresce o tempo todo, mais trabalho parece se acumular, é um monstro...

SEXTA-FEIRA 23 DE JULHO – Reescrevi **10** páginas totalmente, e muito bem (conversa entre Francis e Peter no sótão). Tempo fresco – sinto-me ótimo.

SÁBADO 24 DE JULHO – Fui a N.Y., a uma festa na casa de Allen, onde conheci uma rosa... uma princesinha oprimida pelo horror de seus reinos... uma criança.... uma criança sábia e apaixonada... uma verdadeira "garota natural", que também canta, dança, pinta... uma pequena parisiense... e principalmente, um pequeno amor goetheano (e tão jovem quanto). Ela foi da festa para casa... Eu fiquei acordado até tarde com Vicki, Hunkey, Allen, conversando sobre Dacar e o Panamá, e navios ao amanhecer... No dia seguinte, domingo, a pequena Jinny e eu fomos

DOMINGO 25 DE JULHO – ... à praia. Brincamos nas ondas por horas, ficamos deitados ao sol. Jantamos em minha casa, e então os campos nas noites de verão, e afeto, e grandes estrelas juntas umas das outras curvando-se acima, e uma escuridão cheirosa, e flores e jardins escondidos, e todo o universo derretendo e caindo dos céus, suave e despedaçado, todo borrado e transcedental com uma luz leitosa, todo imortal, todo sacrificial e lamentoso, tudo impossível demais de controlar e guardar e carregar com tanta beleza e tristeza. Eu me pergunto se nossa vida precisa oscilar entre beleza e culpa, consumação e tristeza, desejo e arrependimento, imortalidade e momentos esfarrapados e impenetráveis, mentiras verdadeiras, belas e plenas de significado, conhecimento e o gênio da ilusão, amor e dissabor, "Tempo" e minutos, o-que-fazemos e o-que-queremos – ou – outros mastros que oscilam em outro lugar, em uma escuridão maior e mais doce. Mais tarde, à noite, perambulei pelo Bowery bebendo umas cervejas e pensando pensamentos de amor, então

---

* O herói literário de Kerouac, Thomas Wolfe, era conhecido por guardar seus enormes manuscritos em grande engradados de madeira, enquanto trabalhava.

vi Lucien e Barbara e fiquei bêbado e cambaleei para casa de manhã... e Allen estava chorando porque achava que ninguém queria ouvir suas novas visões de "silêncio e transcendência". Como ele estava, claro, *silencioso* e transcedental, ele não podia enunciá-los, e não podíamos enunciar nossa compreensão, e o Grande Erro, ou (para mim) a *Grande Verdade*, pairou sobre nós quase nos tocando com suas asas desconhecidas. Entretanto, não havia razão para eu ter ficado tão bêbado. Acho que me embebedei pela primeira vez só porque estava feliz, sem outra razão importante, e porque eu estava amando, e descansava na sala de estar do amor.

SEGUNDA-FEIRA 26 DE JULHO – O dia inteiro de ressaca. E recebi uma carta de Ann, a bela enfermeirazinha no Sul. Agora não sei nada, só relaxo.

Também não são os "valores eternos" que me preocupam, são todos esses momentos despedaçados, milhares deles naquele outono, como flocos de neve em volta de nossas cabeças, todos belos, todos diferentes, cada um deles também "eterno"... *mas sem nome*. E continuam a cair e a cair até que a pureza de nossa compreensão das coisas eternas é encoberta por uma tempestade de neve de realidade, "impurezas" confusas se amontoam em nossas cabeças. O sentimento de sair da pureza de compreensão para a impureza, da manhã para a ruína, da certeza alegre a algo que diz "Agora nada sei, apenas relaxo", isso é como o verme de Blake voando pela noite para chegar à rosa, e chegando lá aos poucos, como decomposição. Mas claro, nossos cérebros, principalmente a bondade de nossa esperança bondosa, observam a ruína lenta da rosa mais bela, complexa e "verdadeira" que a mera pureza original... como, digamos, uma rosa engastada no gelo nunca muda, e falamos de "mudança" deliciados (temos de) e de alguma forma, a morte chega. Oh, como é divertido, e próximo disso. *"Mas-sem-nome"* lá em cima indica a demanda incessante de Neal por uma "nova psicologia". Quero dizer que ela está tão perto da Grande Verdade que se encaixa nas exigências da mente de Neal e da minha. – Não consegui trabalhar à noite devido a mil paixões palpitantes. Eu amo, amo. Um dia minha mulher e eu iremos até o tapete do quarto, todas as noites, e vamos nos ajoelhar um de frente para o outro e vamos nos abraçar e nos beijar, e ela vai dizer, "porque nunca vamos nos separar", e eu direi "Porque nunca vamos nos separar", – e então vamos nos levantar e prosseguir. Esse amor é um frenesi. O tapete toda noite, ou tudo está perdido. O amor mais bonito que já existiu. Dizer, então, que não consigo trabalhar por causa do amor, não, não – todo o meu trabalho árduo e sofrido foi trabalho por amor, não apenas uma preparação para o amor, mas parte do amor em si – e todo o meu trabalho futuro, minha música futura. Tudo é amor, *The Town and the City*, e estou falando do amor de uma garota. Foi o trabalho de alcançar uma alma que uma garota que amo nunca poderia deixar... Deus,

Jinny's exact likeness

...l values? that worry
...ed moments thousands
...nowflakes all around
...each different, each
...with no name. And
...tins until the purity
...eternal things becomes
...m of reality, confused
...r heads. The feelings
...to impurity of understand-
...in, from joyous certainty
...I know nothing now, I
...ke Blake's worm flying
...ch the rose, and
...rees, like decomposition
...cing, mostly our kindness
...low ruin of the rose
...lex and "true" then
...like, say, the rose
...never change, and we
...lightedly (we have to)
...iceman cometh. Oh this
is fun, and close to it. "But-with-no-name"
upstairs implies Neal's incessant demand for
a "new psychology," I mean it's that close
to the Big Truth that it settles into the re-
quirements of both Neal's mind and mine. —
Couldn't work tonight because of a thousand
quivering passions. I love, I love. Someday my
wife and I shall go to the rug in the bedroom,
every night, and kneel, facing each other, and
embrace and kiss, and she shall say, "Because
we'll never part," and I will say, "Because
we'll never part," — and then we'll get up
and resume. This is a frenzy, this love.
Every night the rug, or all is lost. The most
beautiful love there ever was. To say, then,
that I can't work because of love, no, no —
all my sweating work and suffering was work

deus, estou cego, a frase é maluca. Mais uma vez: – foi o trabalho de alcançar uma alma que meu amor jamais poderia odiar, e nunca *irá* odiar. Meu capítulo da "chuva" é tão belo que nenhum de meus amores poderá ou irá jamais parar de me amar. É assim que meu trabalho é amor. Ela *tem* de me amar porque sou tão cheio de beleza e do trabalho do amor. E até que eu morra, também... Não é assim? "Isso não é uma grande gentileza?" – Será que *eu* poderia um dia odiar Melville ou Dostoiévski ou Wolfe? Então poderá ela *me* odiar? Posso odiar Shakespeare? Posso não amar Twain? ...e sentir um afeto eterno por Balzac? – por Céline? Então poderá ela me odiar? Não irei envolvê-la em meus braços em uma viagem de ônibus por Nevada e explicar a ela minha visão de Nevada? Não irei escrever "amo você" no verso de uma conta em um restaurante e mostrar para ela? O que fará minha alma quando ela se derramar em lágrimas? De calças compridas ou no vestido com o novo visual bailarina com o qual virá descendo a rua até mim. Vamos caminhar de mãos dadas na neblina pelas ruas brancas e íngremes de San Francisco, com uma garrafa de Tokay, e *The Encantadas*, no meu bolso de trás.* Vou levá-la comigo pela vastidão das noites e a Paris e para meu rancho. Ela vai beijar a fronte macia do cavalo e se acomodar. Porque ela é minha, minha, e porque nunca vamos nos separar, e vamos nos ajoelhar no tapete, e ter filhos, e tudo porque trabalho é amor, as palavras do amor, a visão do amor – e esta noite estremeço – UMA FLOR.

TERÇA-FEIRA 27 DE JULHO – Esgotado pelo trabalho literário no calor... Fiz 34 páginas, rebatendo .329. Será que nunca vou conseguir me livrar do longo passado envolvido nesse livro estúpido? Agora eu quero o retiro.

QUARTA-FEIRA 28 DE JULHO – Mas o retiro nos isola do resto do mundo, não o retiro em si, mas seu ciúme mesquinho. E é muito cansativo... Chega de conversa! – chega de conversa! Só que hoje, depois do retiro, vi um velho negro se arrastando pelo metrô como se estivesse nos milharais da Carolina, e todo o meu amor pelo *mundo* voltou. Será que isso significa que não consigo amar uma mulher? Será? Ou significa que não agüento "grandes paixões" – mas, afinal de contas, grandes paixões não foram feitas para durar muito. Minha garota alegre e ávida não é uma grande paixão, é uma esposa que amarei e com quem irei morar, uma garota que de alguma forma me *permitirá minha alma*, e ainda assim vai me amar. Durante uma época eu tinha ciúmes do mundo, e comecei mesmo a odiar todo mundo porque não conseguia tirar as

---

* *The Encantadas, or The Enchanted Islands*, de Hermann Melville, uma série de textos de viagens publicados pela primeira vez na *Putnam's Magazine*, em 1894, e depois incluídos em *Piazza Tales* (1856).

atenções de meu espírito da pequena Jinny Baker. Fiquei preso na loucura do desejo e do ciúmes cego e cobiçoso... *paixão*, em suma. Para mim devia ser outra coisa, temo. Temo todas as limitações. Permito-me esse medo. O medo do "artista". Não sei o que se abateu sobre mim. Ontem estava em uma ansiedade amorosa cósmica... todo o universo, apesar de mais bonito (único, leitoso e transcendental) estava escorrendo de minhas mãos enquanto minha alma ansiava febrilmente por essa garota. Por ela, ontem (apesar de não ter sido mencionado acima), eu teria tranqüilamente queimado o universo, ou, se falhasse, correria e saltaria da beira do mundo... o mesmo mundo que me tinha tomado três anos de trabalho em *The Town and the City*. Estou falando sério. Por ela, ontem, e mesmo por um tempo esta noite, teria com prazer sido um criminoso da pior espécie. Então esses são os estados de ânimo criminosos nos homens, jovens, mais velhos, e as coisas estão só esperando para vir à tona. Meu entendimento da paixão pode deformar-se, mas em sua agonia eu poderia ter destruído tudo o que havia ali para mim, para qualquer pessoa que entrasse no caminho, amigos, mães, artes, mundos inteiros, isso é o que eu teria feito ontem. Você pode me culpar por estar grato de ter, em parte, saído desse estado, esta noite? – considerando a sinceridade de meu coração até agora? Ou isso foi muito sincero? Se *uma* paixão pode me virar do avesso... sei que isso também é sinceridade, mas não é isso o que estou dizendo. Quero dizer *amor da vida*, do mundo, não apenas de uma garota meiga. O tipo de sinceridade que surge para todos da individualidade de cada um – mesmo que nessa única individualidade universos inteiros possam ser destruídos em calma e com alegria. A sinceridade no mundo seria uma sublimação, e falsa, do amor? Da paixão? Ou a paixão é uma loucura assassina?... a paixão é um tipo de luxúria da alma? – E como eu saí de *la grand passion* esta noite? Isso é algo que não sei, só saí...

Mas acho que estou neurótico e pirado com isso. Também acho que há algo "feio" em mim, como em Ginsberg, uma mentira feia em algum lugar aqui. Estava preocupado em querer me casar com ela... e entrar em seu mundo "progressivo intelectual"... e dar um jeito de deixar meu "mundo jubiloso", meu sonho neurótico. Com ela odeio o mundo. Algo está errado. Mas agora, sem casamento, eu apenas a amo pelo que ela é.

Isso parece ser meu novo entendimento. O fato básico é que Jinny não está pronta para um grande amor, ela só tem dezesseis anos. Casamento na idade dela só significa prisão. Sinto culpa pelos "casos", pelo que de alguma forma fiz com Edie. Mas "caso" é tudo o que isso pode ser, por enquanto. Ela é jovem, jovem... ainda sem as dores do mundo. E ela é tão neurótica e autocentrada quanto eu, nós dois juntos somos quase uma confusão... Acho, porém, que temos "valores" diferentes. Mas a questão é que ela é uma garotinha assustada, e as suas compreensões ainda não começaram. E algo me libertou da louca ansiedade por ela... quem não ficaria louco de ansiedade para manter sua garotinha assustada no jardim para sempre? E eu fiquei. Mas hoje nem tanto. Existe algo como "meu tipo"? Não devia haver. Sem classe, sem tipo. Vou dormir pensando nessas perplexidades crescentes. Agora meu coração está ativo... Não gosto disso. Estou insano porque não gosto do amor; especialmente, claro, quando não é profundo e recíproco. Essa é a questão, aqui.

QUINTA-FEIRA 29 DE JULHO – Toda a minha vida não passa de conflitos. E se não há conflitos por aí, ora, invento um, num piscar de olhos. Ontem eu disse que não estava mais amando? Estou mais apaixonado hoje do que nunca. Tudo voltou... O meu preto velho dos milharais? – ele pode seguir seu caminho. Seguirei cobiçoso o meu, novamente cego. Ela é tão jovem, tão bonita e tão triste que eu seria capaz de chorar. Esse é meu sentimento. Não me importaria que ela tivesse dúzias de amantes enquanto eu pudesse envolver-me com ela. Ela diz que ama Victor Tejeira... Conheço Victor, um sul-americano, um poeta, gracioso e afetuoso e cavalheiresco e bonito. Não, ciúmes de outra pessoa não é a questão. Temo que a garotinha assustada desapareça... Em seu mundo, todos penduram um Picasso em um local de destaque. Então está muito bem, por ela eu também penduraria um Picasso em um local de destaque. Como meu conhecimento da decadência do modernismo e a loucura cega do progressivismo como um estado de ânimo, uma rebelião estúpida e óbvia contra ressentimentos imaginários, medida contra meu amor por uma garota de 50 quilos? O que importa se eu alcancei grandes verdades sociais & espirituais na solidão do meu quarto e em meu livro enorme e em anos de meditação cuidadosa e compreensão psicológica – o que é minha arte? Meu conhecimento? Minha poesia? Minha ciência? – comparado a seus pezinhos? Sim, sim, sim, acabei de notar a "ondulação de seus dedinhos". O velho Dimitri, já falei?* Aqui não sou Dimitri, sou maior que Dimitri, porque sou o pai de Dimitri, o próprio pai Karamazov. Sou eu desperdiçando fortunas e o amor dos filhos por uma garota – e olhando com ansiedade da janela de minha miséria esperando por ela. Picasso... eu gostaria mesmo de pendurar Ticiano e Grant Wood. Paris... o que quero mesmo ver é Montana. O balé... são os filmes que passam a noite inteira na Times-Square que quero ver. Mozart... o que quero mesmo ouvir é Allen Eager.** Mas por ela eu usaria um cavanhaque e fingiria ser um gênio literário, e faria observações proustianas, e seria, é

---

* Dimitri é o grande sedutor da família Karamazov em *Os irmãos Karamazov*, de Dostoiévski.
** Alan Eager (1927-2003), clarinetista e saxofonista de jazz enigmático, cujo período de gravações mais prolífico foi de 1946 a 1948.

óbvio, *sensível*. Ah, não vou não... Este, os Estados Unidos, é o país pioneiro das disciplinas pioneiras que palpitam nas estantes – em transição rápida para as idéias modernas; – está tudo ali, mesmo um caso de amor entre um fazendeiro de Canuck e uma bailarina, está tudo ali como uma história.

Mesmo assim, esta noite fiz 23 páginas e reescrevi grandes trechos importantes e incluí passagens no capítulo do funeral... que o deixam muito melhor. De qualquer jeito, o trabalho está chegando ao fim. É uma vergonha eu não aproveitar essa perspectiva! Mas *quem* é Jinny, afinal, só minha costela, meu amor. Por que não aproveito isso em vez de andar desanimado por aí como um Goethe? Por quê?

SEXTA-FEIRA 30 DE JULHO – Fiz 10 páginas. À noite fui a outra festa de Allen, com Harrington – conversas longas com Harrington, Walter Adams, Diana Hoffman. Louis Simpson estava lá e eu nem soube... Ele é um bom escritor. Seymour Lawrence estava lá, queria um trecho de meu romance para a revista *Wake*, de Cambridge.* Vamos ver... Não sei. Ouvi dizer que Diamond quer ler meu romance agora. Mas acho que vou começar primeiro com a MacMillan, por meio de Barbara Hale. Tive outra vez dor nos olhos. E a "doce" dor de Jinny na... cabeça, ou no coração, sei lá. Voltei para casa ao amanhecer. Ainda não consegui responder a carta de Ann.

SÁBADO 31 DE JULHO – Liguei para Tom Livornese... e Tommy viu Edie em Detroit. Vou vê-lo em breve para saber. Esta noite escrevi para Ann. Fiz 22 páginas, terminando o funeral. Cerca de 1.000 páginas do orig. estão prontas. Falta um detalhe ou outro aqui e ali, cerca de 100 páginas ou menos. Eu me pergunto se não devia mostrar o romance agora. Sem dúvida estou cansado de trabalhar, queria poder descansar algumas semanas. Hoje trabalhei duro nessas 22 páginas e à noite não consegui encontrar o caminho certo no capítulo do mar. Rebatendo .331. Como minha mente está angustiada! – meus olhos já viram muito – basicamente o lamento de um amante – e um medo e lágrimas e suspiros...

AGOSTO – NÃO TÃO AUGUSTO... NÃO TÃO CALMO...

DOMINGO 1º DE AGO. – Tom veio à minha casa com vinho para minha mãe e uma garrafinha para nós, uma pilha de discos de jazz – e começamos a conversar. Por volta das dez horas sentimos falta de mulheres e saímos no Dodge dele, pegamos Jinny, e Vicki, e ficamos rodando por estradas que cor-

---

* A *Wake* era um periódico literário de Harvard. Seymour foi seu editor de 1945 a 1953.

tavam parques etc. e fiquei cansado e voltei para casa. Tive uma conversa séria com Jinny e vejo que a dor que ela provocou em mim não foi intencional. Conheci a mãe dela, que não é afetuosa, e ela não tem pai... e está assustada & sozinha com tudo. Agora eu estou finalmente *envolvido* com ela e está lindo. Ela de volta para seus casos amorosos com afeição e paixão furiosas e compensatórias, está perdida... é jovem demais, também, para fazer disso tudo um problema. Como eu disse, uma princesinha triste. Ainda não sei o que fazer com ela. Abraçávamo-nos sem parar, uma carícia sem fim, quase mórbida, de infinita beleza. Quase não falamos. Estou perdido, ela está perdida, ficamos abraçados. Ela é maravilhosa. É só isso. Finalmente escrevi aquela carta para Ann, depois de rasgar as frivolidades esquisitas de sábado... Todos estão perdidos, Vicki está perdida. Tom diz que Edie ainda está com medo de mim, tanto que chega ao ponto de temer a volta do amor entre nós e todas as suas insinuações perdidas, tudo o que isso implicaria. Perdido.

SEGUNDA-FEIRA 2 DE AGO. – E agora, apesar de tudo, ou talvez *por causa* de tudo, é claro, terminar o trabalho no romance de uma vez por todas. Recebi uma carta de Neal, senti uma urgência em respondê-la imediatamente, mas acabaria perdendo um dia de trabalho no início fresco de uma manhã de segunda-feira, então vou esperar. Trabalhei, dormi, caminhei, trabalhei de má vontade – então, no meio da noite, um grande interlúdio para mim: – espaguete com molho de tomates vermelho-sangue com almôndegas, parmesão, *cheddar* ralado, pedaços de frango, com vinho tinto italiano e sorvete de chocolate, uma *demi tasse* de café puro; e um charuto Corona de 28 centavos; e a vida (e os amores) de Goethe – tudo na cozinha. E nunca planejei isso, apenas fiz. Então voltei ao trabalho às 2h da madrugada. Passei a noite corrigindo 50 páginas do manuscrito velho e rescrevendo trechos, agora um capítulo de 30 páginas, para datilografar. Fui deitar às 7h da manhã.

TERÇA-FEIRA 3 DE AGO. – Um dia frio e chuvoso. Comecei o capítulo da "Noite de Natal", passei para a "Noite de Ano-Novo" e a "criança encolhida, mais delicada que um passarinho, tremendo de fantasia e compreensão – em meio a tudo e a todos, e todos vivos, e passarinhos com olhos desiludidos voando no alto, mas agora não, Oh agora não" – isso, tudo escrita nova. Um dia de trabalho copioso, cem páginas antigas revisadas transformaram-se em cerca de 50 novas. Então, às quatro da manhã, prossegui com o capítulo do mar. Afogado alegremente em trabalho – minha Jinny, com seu semblante agitado e doce, espera por mim, agora suponho com ansiedade que estou "imerso" em arte. Enigmas, mistérios zunindo – a mente – a arte. Mais, mais –

QUARTA-FEIRA 4 DE AGO. – Estou me exaurindo com um excesso de trabalho de revisão. E eu achei que tinha acabado. *Nunca* vou acabar. Escrevi uma carta para Jinny e disse a ela que iria vê-la na sexta-feira. Também contei a ela que "em breve deixaria a cidade" – bem quando Victor Tejeira a estiver visitando, momento em que eu ficaria para trás no jogo do amor, assim, devo criar uma saudade por ela, você está vendo. Planejo, trabalho, como, durmo, agora cheio do sentimento de que estou perdido e não tenho crenças. E estou tão cansado de meu romance, das palavras, palavras. Uma vez foi o cântico de imagens e muitos verbos, agora é poesia piegas e muitos adjetivos e plurais – truques tão baratos quanto minha mentirinha para Jinny sobre sair da cidade quando seu amante visitá-la. Ele vai para Paris, entretanto, ele também... (Quem sou eu?...) Mas será que resta menos a fazer no romance? – depois desses três dias de "revisões furiosas". – Não acredito muito nisso. *Ça me navre** – não que esteja infeliz, só queria estar outra vez nos braços de Jinny, esta noite, não na noite de sexta-feira... E eu tenho trabalho, e rivais, e poesia piegas, e pesares – e estou *feliz*. É uma maldita marola surgindo depois do auge – é isso o que é – *Quando* o romance? *Quando* fama e dinheiro? – Blá blá blá, é a alma, é só o que é. Escrevo **2.000** *palavras-novas* à noite, capítulo "Pai perdido", e terminei a preparação do capítulo maluco e confuso do mar. Muito trabalho hoje.

QUINTA-FEIRA 5 DE AGO. – Dia fresco, fresco, sou grato por esses dias e trabalho legais, e está cinza e bonito também. Dias de trabalho cinzentos são minha floresta da Turíngia**, minha Weimar, e, veja só, Jinny é minha Itália. Vou de um lado para outro dos Alpes do conflito em minha carruagem... (isso é bem elegante, mas um pouco moderno *demais*, limpo e moderno como as paredes brancas e as venezianas de minha irmã Carolyn). Hoje comecei o *grande final da datilografia* – vamos ver quanto tempo vou levar nisso. Quando terminar, vou levar o orig. para a MacMillan, ou Van Doren, ou Diamond, a qualquer lugar. Vai estar todo pronto, exceto pelo *Apres-tous*, que, entretanto, será um privilégio agradável, o último grande capítulo formal... Também estou com o fragmento "Morte de um pai" pronto para enviar para a revista *Wake*, em Cambridge, enviar aos leões que irão amolecer, talvez chegar à compreensão de cordeiro da morte & da seriedade.

    Não é verdade, também, que um homem come e dorme e trabalha a semana inteira e fica como um cordeiro em sua compreensão, e que no fim-de-sábado ele deve... bem, e a sua necessidade selvagem? – por uma mulher, por

---

* Traduzido livremente do francês no original como: "Isso me deixa chateado".
** A beleza dessa floresta alemã atraiu muitos artistas, incluindo Goethe.

coxas, por uma paixão rasgada, por bebedeira, e satisfação cansativa, e fúria calamitosa! É isso que faz o mundo girar, *apres tous [sic]*, afinal de contas, só às vezes faz o mundo girar "até ficar tonto". Reclamamos disso, há crimes e atrocidades inconvenientes. Mas vá e pergunte ao homem, o cordeiro, o dorminhoco – que em um momento, quando explodir, será um leão corajoso. Não há nada a fazer sobre a inconveniência. É complexa, só isso. É a alma, só isso. É isso o que é.

SEXTA-FEIRA 6 DE AGO. – Jinny está com febre, então tirei meus trajes de festa e voltei aos meus trajes de trabalho. Uma noite bela e fresca, também... mas vou vê-la amanhã. Esta noite datilografei irritado **17 páginas**, mas para a revista *Wake*, o trecho, e enquanto estava nesse processo acabei fazendo algumas pequenas mudanças, para a o manuscrito original – "Morte de um pai", é o que é. Espero que eles o aceitem – se fizerem isso, vou aparecer com algum Whitman inédito. "Um trecho de um romance inédito" – por "John Kerouac" – (está vendo, sou eu) – ao lado de "Anotações inéditas de Walt Whitman". Isso vai me tornar famoso entre os notáveis e abrir caminho para o dinheiro. Esqueci de mencionar que fiz **27.000 páginas** ontem completando "Charley"... o trabalho de uma noite longa que me deixou com os nervos em cacos. Rebatendo .226 – Esta noite também revisei o capítulo "Mike".

SÁBADO 7 DE AGO. – Fui jantar na casa de Jinny – ela também tinha convidado inesperadamente Walter Adams: e não havia jantar; saímos. Gastei meus grandes US$ 4 em flores e vinho, etc. Então de volta à casa dela recebemos Lou & Barbara, uma reunião. Adams (apaixonado por Jinny) e eu conversamos, como sempre fazemos, sobre várias coisas. Ele está cheio de uma tristeza estranha e hesitante. Então briguei com Jinny, a amante petulante, e é isso aí. Não vejo mesmo razão para descrever isso ou fazer com que eu ou outra pessoa sinta o mesmo. Só uma brincadeira de menina, ela reconhece: teria sido melhor se não admitisse. Mas eu já estava esperando por isso – e não somos do "mesmo tipo". Na verdade, não me importo. Ela se atirou e eu a peguei, um pouco surpreso, mas não com muitas expectativas. Ponto. Foi legal. Não devia ter rasgado as fotos delas, mas rasguei. Lucien & Barbara leram meu "Morte de um pai" e gostaram muito. Eu postei o material para a *Wake*. Voltei para casa.

DOMINGO 8 DE AGO. – Depressão do amante. Mas Tom me ligou e me levou para rodar os clubes em N.Y. com duas garotas. Conheci o amor *dele*, uma criatura louca, charmosa, incontrolável. Meu par era a própria Esther Jack*,

---

* Esther Jack, *socialite* de Nova York dos romances de Thomas Wolfe.

juro. Hal a teria adorado. Fomos ao 3-Devices & muito *bebop* bom e Jackie Patis e George Shearing e Oscar Pettiford. Tive uma conversa longa e maluca com dois rapazes negros no bar. Tom me levou para casa em sua velocidade habitual. As mulheres ficaram em Nova York, Park Avenue ou outro lugar. E eu não tive sentimentos.

SEGUNDA-FEIRA 9 DE AGO. – Tom chegou quando acordei; conversamos sobre a garota dele, ele tocou piano, e foi embora. Então recebi um telefonema de Allen, e Burroughs estava na cidade, então fui para lá outra vez, e vi Bill, magro, doente, *beat*: e Lou & Barbara estavam lá: conversamos: fui para casa. Sem sentimentos.

TERÇA-FEIRA 10 DE AGO. – A grama crescerá e os deuses morrerão rápido, e tudo é verdadeiro. Algo grande está prestes a acontecer comigo: estou prestes a amar alguém intensamente, de verdade, honestamente, dessa vez "para valer", mas não sei quem. Apenas sinto isso. Meus olhos, por acaso, estão doendo mais que nunca. Esta última semana de trabalho poderia ser a mais feliz em 2 ½ anos não fosse por tudo isso. Tomei aspirina e me atirei no trabalho (depois de todas as interrupções) – e acumulei algumas páginas.

QUINTA-FEIRA 12 DE AGO. – Ainda um frescor maravilhoso – está assim há 30 dias, agora. Esta noite fiz **23 páginas**, todas revisadas com cuidado (alegria com o Ano-Novo). Rebatendo .345. A dor nos olhos passou. Ainda não tive resposta da *Wake*. Estou me sentindo muito feliz esses dias porque ainda posso "amar o mundo" como exemplifiquei de alguma maneira através do preto velho do milharal e todas essas associações... Os E.U.A. e tudo aquilo... o que, de alguma forma, deve-se a meu caso com Jinny. Vou explicar depois, é tudo uma descoberta de minha própria psicologia, profunda e, a princípio, difícil de admitir, porque parece tão estúpida e irracional.

SEXTA-FEIRA 13 DE AGO. – Completei "alegria" – e o "pai perdido" – **10 páginas**. Escrevi uma carta para Neal. Numerei o original, está com 1.074 páginas, faltando ainda umas 25 ou menos para terminar, com o *Apres-tous*. Foi divertido numerar o orig. Finalmente. Mas agora, é claro, estou irritado porque acho que as pessoas não vão gostar do livro.

Fiquei acordado até 7h da manhã trabalhando e só pensando.

SÁBADO 14 DE AGO. – Levei o original (em uma caixa) para Barbara Hale. Ela começou a lê-lo e dormiu. Lucien o leu até amanhecer. Enquanto isso corri até o estúdio de Corinna de Berri e fiquei acordado até 9h da manhã bebendo e conversando e telefonando para as pessoas, e me divertindo. Ela é um maravilhoso dínamo de mulher, uns 38 anos – conhecia Thomas Wolfe.

Foi o amor de Stravinski em Paris uma época. Muito casada, louca e inquieta, ela guarda um pouco de sua beleza que um dia foi impressionante. Conta histórias maravilhosas e absurdas; também faz discursos apaixonados. Sobre a "pulsação" dos Estados Unidos da América (Amerrika). Ela é *niceois*, de Nice, França, algo assim. Uma nova amiga louca para mim, apesar de, de certa forma, ela ser muitas para *mim* – com a energia e a paixão de dezesseis mulheres. Estou entusiasmado, preciso descansar depois de vê-la. Além disso, sou perverso sobre as relações humanas, eu me recuso a encará-las. Ela me chamou de amigo íntimo, o que é bonito e demais. Veja aqui que hipócrita que sou. Entretanto, veja, entretanto – basta. Tudo isso pode não ser assim.

DOMINGO 15 DE AGO. – Fui à casa de Tom em Lynbrook e trabalhamos em duas canções, letra & música. Uma delas pode ser vendável – "The very birds are sad, nightingales are weeping..."* Mais depois. Enquanto isso, bebemos *scotch*, mas a dor nos meus olhos não voltou. Diverti-me muito. Ele acordou sua irmã Maria no meio da noite para fazê-la cantar nossas músicas. Ele ama sua irmãzinha.

SEGUNDA-FEIRA 16 DE AGO. – Voltei para casa. Tenho de trabalhar no capítulo do mar – e trabalhei na sua confusão pesarosa – tirei uns cochilos à noite vestido – escrevi mais ao amanhecer. Sinto-me com medo de trabalhar agora, "sem coragem". Mas tenho de fazê-lo – o capítulo do mar, e então, finalmente, o último capítulo. Amanhã Barbara e eu devemos levar o manuscrito para Putnam, na MacMillan.

TERÇA-FEIRA 17 DE AGO. – Babe Ruth morreu ontem, e eu me pergunto: "Onde está escondido o pai dessa criança abandonada?' – onde está o pai de Babe Ruth?** Quem gerou esse Bunyan? – que homem, onde, que pensamentos tinha? Ninguém sabe. E esse é um mistério americano, a criança abandonada torna-se rei, e o pai do enjeitado está escondido... e há grandeza nos Estados Unidos por isso sempre acontecer. – Liguei para Barbara e ela está entregando o original para James Putnam, da MacMillan, na próxima terça-feira. Enquanto isso vou fazer o capítulo do mar e o último capítulo. – E todos vocês, mentes pequenas do mundo, vão transformar as palavras de um homem em símbolo – as suas mentes, meio quilo de conhecimento, nem um grama de sabedoria, ou simpatia, ou significado humano. Qual a onda do sol vermelho no horizonte? – diga você, a ilusão de fatos e refrações? ... Eu digo que é o verso do significado da alma. Apenas pensamentos – fiz **10 páginas** do capítulo do mar.

---

* "Os pássaros estão tristes, choram os rouxinóis."(N. do T.)
** A noção da busca pelo pai de Babe Ruth foi usada mais tarde, com muito efeito, em *On the Road*, a busca pelo pai de Dean Moriarty (Neal Cassady).

QUARTA-FEIRA 18 DE AGO. – Tom passou por aqui, jantamos em casa com minha mãe e abrimos uma garrafa de *Chianti* importado. Então Tom e eu partimos para N.Y. e saímos com a namorada dele e a tia dela, Thelma (Esther Jack), fomos outra vez a um clube de jazz. Me diverti muito. Essa Thelma é uma mulherzinha linda, gostaria que ela não tivesse de voltar para Boston, gostaria... de alguma coisa com ela. Apesar de ser 13 anos mais velha que eu, é maravilhosa e parece uma criança, exatamente como Esther Jack, juro, e também tem um rico sentido da vida.

QUINTA-FEIRA 19 DE AGO. – Retomei o trabalho. Fiz **10 páginas** difíceis e ainda faltam umas 10 para acabar. Agora estou aprendendo que o "artista" como todos os outros tipos de trabalhadores deve trabalhar *no horário*, forçar-se, correr o máximo possível ou, como todos os outros trabalhadores, ele nunca vai CONSEGUIR coisa alguma ou o suficiente. É um grande disparate dizer que o artista tem todo o tempo livre do mundo para "trabalhar". O trabalho está ligado ao tempo; você não pode gastar tempo construindo uma casa só quando tiver vontade ou jamais irá se mudar para ela. A utopia para os "artistas" se encaixa no âmago inerente do trabalho artístico... preguiça e adiamentos. Então agora eu sei disso, depois de enrolar como eu enrolei no capítulo do mar. Tenho de terminar o último capítulo, a começar de amanhã, com a mesma urgência que os outros do romance, ou ele vai ficar uma droga, quando finalmente terminar, com o fedor de preguiça. É isso que faz um Hemingway passar dez anos entre romances* – mesmo um Joyce. Dostoiévski escrevia muito. – *Crime e castigo*, *O idiota*, *Os possuídos* e *Os irmãos Karamazov* em 12 anos, 3 anos em média para cada obra. E veja Shakespeare e Balzac, eles tinham prazos interiores, eles queriam fazer as coisas, queriam *viver*, não vadiar. Vou começar outro romance em breve. Bem, isto é, em breve –

SEXTA-FEIRA 20 DE AGO. – Fiz mais **10 páginas,** faltam poucas para terminar o capítulo do mar. É um dos melhores do livro agora, quando originalmente era uma confusão. O trabalho salva tudo... Senti-me muito bem às 9h da manhã sem ter ainda ido para a cama (sáb. de manhã) e acho que logo vou retornar à vida normal e ir nadar, passear e tantas coisas mais.... agora que terei terminado *The Town and the City* em uma semana. Este agosto tem sido um mês esplendidamente fresco.

SÁBADO 21 DE AGO. – Terminei o capítulo do mar, um dos melhores. Meu fragmento "Morte do pai" foi devolvido por Seymour Lawrence da revista *Wake* acompanhado de uma carta tola que me dava conselho com elegância

---

* Hemingway não publicava um romance desde *Por quem os sinos dobram* (1940).

sobre como escrever. Não posso descrever o desgosto que senti, ou a raiva. Em breve – se isso continuar assim – os miolos de alguém vão estourar. Tenho milhares de sentimentos desesperados que não vou me incomodar em recapitular – eles são óbvios. Por todas as falhas em Thomas Wolfe eu rejeitaria o conjunto de sua obra, sua alma? – mas acho que eu devia tornar-me um editor e fazer as mesmas críticas que todos os outros fazem, e aprendem na faculdade, e permanecer em segurança. Sim, eu me arrependo muito de não poder escrever; sim, rapazes, desculpem ... qualquer coisa que eu tenha feito que excite suas faculdades críticas. Gostaria de ter faculdades como essa e soltá-las sempre que meus olhos batessem em uma linha escrita. É muito mais fácil que trabalhar; também é respeitável. Walter Adams, com um sorriso vaidoso, diz – "Ah, sim, James Fenimore Cooper era mais inglês do que um inglês podia ser, com sua bela casa, seus belos cavalos, seus bons vinhos, e seus bons livros – *portanto*, veja ..." – estendendo a palma de sua mão, um sorriso vago. O que Mark Twain diz sobre Cooper apenas mostra como ele devia parecer aos olhos de Walter*... Bem, nesse estado de espírito, Walter disse "àquele babaca" (como Lucien define o editor da *Wake*) que eu precisava de um editor para limpar de meu trabalho "muita coisa mal-escrita". Meu Deus, sem dúvida eu não poderia fazer isso sozinho, não tenho talento para essas coisas, a única coisa que faço é escrever... o que, afinal de contas, é o lado menos refinado da questão. O crítico e o editor são os que devem ajeitar as coisas e dar à literatura seu significado adequado. Afinal de contas, que coisas terríveis veriam à luz da impressão se não fossem os editores e os críticos de todos os tipos para reordenarem as coisas para sua própria satisfação. Afinal de contas, o escritor é a criança, deve ser conduzido pela mão até a "habilidade". Ele nada pode saber de "habilidade" por si só, pois passa mais tempo escrevendo que estudando e refletindo sobre o assunto. É o crítico que *define* e "cria atitudes", sem as quais, Deus sabe, nossas letras estariam em um estado de terrível burrice. Sim, é hora de reexaminar valores. Acho que vou tentar arranjar um emprego de Avaliador de Relevância em algum lugar, ou de Escrutinador de Talentos, e fazer um estudo profundo do assunto – ou vou para a faculdade até uns 30, 35 anos – ver os Estados Unidos & toda a vida da perspectiva de Paris – acho que agora vou fazer essas coisas. Mas acho que isso é ir um pouco longe demais, acho que o melhor é continuar lutando, mesmo sem habilidade, e enviar minhas monstruosidades para as mãos suaves dos especialistas. Isso vai ser melhor para mim. *Todos eles concordam comigo nesse ponto.* Também

---

* Em 1895, Twain publicou "Fenimore Cooper's Literary Offenses", um ensaio amargo que criticava o romance *Deerslayer* (1841), de Cooper. Twain afirmou que o romance "cometera 114 ofensas contra a arte literária em 115 possíveis".

seria muito bom se eu me apressasse e produzisse outro livro, e mais outro, e o máximo que puder, antes que suas faculdades peguem mofo por falta de uso. O trabalho da vida deve continuar, você sabe! Estamos juntos nisso! Afinal de contas, você sabe. Nós escritores não podemos fazê-los desperdiçar seu tempo! Quem sabe, um dia, pode não haver mais editores ou críticos, eles podiam desaparecer! – e *então* em que bela confusão estaríamos! Essas bênçãos não duram para sempre!

E por aí vai, você sabe.

DOMINGO 22 DE AGO. – Hoje faz quatro anos que eu me casei com Edie. – Levei o capítulo do mar para Barbara; vi Lou; e fui a um cinema com Tony. Posso ficar com o emprego dele no esporte da United Press em setembro. Ainda não sei o que fazer.

SEGUNDA-FEIRA 23 DE AGO. – Disse à minha mãe que ela devia morar no Sul com a família em vez de desperdiçar o tempo dela escravizada em fábricas de sapatos e ganhar apenas o suficiente para gastar no sistema de despesas e gastos que é nossa sociedade. Não há diferença em lugar algum... as pessoas apenas correm todos os dias para empregos sem significado. Dia após dia, você os vê tossindo no metrô ao amanhecer, e nunca descansam, nunca relaxam, nunca aproveitam a vida, tudo o que fazem é "pagar contas" – além da comida, desperdiçam suas almas em coisas como "aluguel", "roupas decentes", "combustível & eletricidade", "seguros", e um milhão e um acessórios. Mesmo o nascimento de uma criança agora "custa dinheiro". Minha mãe e toda a raça humana agora estão se comportando como camponeses que acabaram de sair dos campos e estão horrivelmente encantados porque podem comprar bugigangas e coisinhas nas lojas. Na outra noite ela chegou em casa com vários dólares de porcarias para o bebê de Nin – mesmo a doce criança agora é avaliada em termos de "horas de trabalho". Todo o sistema é incrivelmente – não sei incrivelmente o *quê*. Insano! E quando eu disse essas coisas a ela, você podia imaginar que eu estivesse blasfemando contra Deus Todo-Poderoso.

Bem, esses são meus sentimentos... Quanto a *mim*, a base de *minha* vida vai ser uma fazenda em algum lugar onde vou produzir parte de minha própria comida, e, se necessário, toda ela. Um dia não vou fazer coisa alguma além de sentar embaixo de uma árvore para ver minha lavoura crescer (depois do trabalho devido, claro) – e beber vinho caseiro, e escrever romances para edificar meu espírito, e brincar com meus filhos, e relaxar, e gozar a vida, e brincar, e assoar o nariz. Eu digo que eles não merecem nada além de desprezo por isso, e a próxima coisa que você sabe, claro, eles todos estarão marchando para alguma guerra aniquiladora que seus líderes corruptos começarão para manter as aparências (decência e honra) e "fechar as contas". Afinal, o que aconteceria com o sistema precioso de gastos e despesas se nossas exportações encontrassem concorrência da Rússia. Caguei para os russos, caguei para os americanos, caguei para todo mundo. Vou viver a vida do meu jeito "preguiçoso coisa ruim", é *isso* o que vou fazer. – Esta noite li *Notas do subterrâneo*. Outra noite tinha lido *No coração das trevas*, você sabe. Agora vou ler muito. Também lendo *Tom Sawyer Abroad*. Comecei o último capítulo em um estilo relaxado, só para ver como vai funcionar. O único problema com meu texto é o excesso de palavras... mas, veja só, "pensamentos verdadeiros" abundam em *Town and City*, o que anula o mínimo dano do excesso de palavras. Agora vou afiar as coisas. Tenho outro romance em mente – *On the Road** – sobre o qual estou sempre pensando: sobre dois caras que vão de carona para a Califórnia em busca de algo que *na verdade* eles não encontram, e se perdem na estrada, e fazem todo o caminho de volta com esperanças de algo *mais*. Além disso, estou descobrindo um novo princípio da literatura. Mais depois.

TERÇA-FEIRA 24 DE AGO. – Hoje peguei leve, saí para caminhar, comi. Estou descansando bem, agora, o que não antecipei. Não tenho tido problema com meus olhos, também. Escrevi para Nin & Paul, trabalhei distraidamente no último capítulo (como um romancista dos tempos coloniais), e me diverti, lendo, comendo, etc.

QUARTA-FEIRA 25 DE AGO. – Fui à cidade para ver Tony – sobre emprego na U.P.I. que posso conseguir em 17 de setembro. Tentei encontrar os outros; sem sucesso, e perambulei pela noite quente da cidade, muito irritado. Dormi no Tony, li no quarto dele e fui a um cinema no dia seguinte (o que me fez desejar poder ir para o mar outra vez se eu *quisesse*) – e voltei para casa em um calor de quase 40 graus. Nada a fazer ou dizer – os trópicos são sempre assim. Não espanta que os homens brancos fiquem enlouquecidos nas "colônias".

QUINTA-FEIRA 26 DE AGO. – Outro dia de calor abrasador impossível, com uma brisa que parecia fogo da pradaria entrando pela janela. Fazia um calor de 33 graus em casa às 2h da manhã! Eu só tomo banhos frios e leio. Abandono minha alma ou algo assim nesse tipo de atmosfera... assim você vê a farsa preciosa que é a minha alma, afinal de contas.

SEXTA-FEIRA 27 DE AGO. – O calor impossível continua. Tomo banhos frios e leio... e nada mais.

---

* Observe que esta é a primeira menção que Kerouac faz a *On the Road* em seus diários.

SÁBADO 28 DE AGO. – O calor impossível continua – banhos frios, *gelados*, e ler... maravilhosa história de Dostoiévski, "Uma doce criatura"* – Tom me apanhou à noite e fomos nadar em Point Lookout à meia-noite.** Na casa dele, mais tarde, não consegui dormir com o calor de selva e os mosquitos. Mas uma coisa incrível aconteceu comigo: – fiquei ruminando estaticamente por 7 horas sobre a "minha verdade", – ORGULHO. Sim, aí está a questão, pelo menos, em um neurótico como eu. Eu tinha um retrato da intensidade humana do homem representado por algum organismo pequeno e agitado na parte frontal do cérebro, mesmo no semblante, e isso sendo a palpitação sempre presente (o coração do cérebro) do orgulho... do orgulho à humildade, para frente & para trás, no sentido neurótico mais intenso, do orgulho à humildade, para frente & para trás. Você consegue ver essa coisinha batendo como um coração? – mas mais mental que no coração, mais incontrolável, mais "inteligente". A fonte de todos os nossos problemas, também, mas agora vou parar, neste momento, de ser um filósofo, e partir para a ação e o mistério e detalhes e horror e "beleza" humanos daquela coisa pequena. Devo dar um nome a ela? – está logo acima dos olhos, de alguma forma, e por acaso *não* é o que nos mata, é a nossa própria vida, nosso ser, nossa humanidade, nosso orgulho. É todas as coisas, de certa forma. Nosso ser nervoso. Mas, outra vez, vou parar de ser aquele que "dá nomes" aos inomináveis... pelo menos, não tanto agora quanto antes. Meu novo romance-em-mente (*On the Road*) vai começar em meio a essas novas... impressões?... pensamentos? ... descobertas? Mesmo uma mulher tranqüila como minha mãe tem esse orgulho selvagem palpitando em seu semblante. Veja, descobri *a* coisa. Agora serei mais sábio (e *essa é* uma afirmação orgulhosa). "Pensamentos verdadeiros", meu novo conceito mencionado antes... os pensamentos que chegam sem ser anunciados, sem planejamento, sem esforço, e *reais* em sua luz estonteante... levaram-me até esta descoberta mais extensa.*** Através de todas essas coisas, por exemplo, foi possível para mim perceber que as coisas fragmentárias a seguir sobre mim mesmo (já que a "verdade" só pode ser a minha verdade, o que vejo dentro de mim, e não pode ser universalizada nem generalizada vagamente em "verdade para todos os homens" cujos interiores não consigo ver – confiando, portanto, que a verdade em mim pode ser a mesma neles). – Dei-me conta dos seguintes pensamentos verdadeiros sobre mim mesmo:

---

* *The Gentle Maiden* (1876), entre as obras curtas mais elogiadas de Dostoiévski, descreve o relato em primeira pessoa de um homem que tenta descobrir por que sua mulher cometeu suicídio. Kerouac estava lendo uma coletânea de contos de Dostoiévski nessa época e fez muitas anotações no volume.

** Point Lookout, Nova York, cidadezinha de veraneio em Long Island.

*** Esse conceito seria desenvolvido mais tarde na filosofia "Primeira idéia, melhor idéia" de Kerouac, elucidada em seu curto ensaio: "Essentials for Spontaneous Prose", escrito em 1953.

1) *Não posso desperdiçar meu tempo amando outros quando, afinal de contas, "sou melhor que eles".* (Você vê a iluminação disso? ...é um pensamento não expresso, e por acaso mal é uma (eu acho) exposição absurda do eu em nome da distinção do indivíduo à la "Ginsberg"? Talvez seja. Isso leva a outra...

2) *Devo sempre me justificar para mim mesmo, porque os outros não podem ver meus erros.* (Não que eu tenha sido tão tolo (orgulho! orgulho!) no passado para não saber essas coisas, só que agora, finalmente, posso fundir tudo em uma afirmação e uma arte, enquanto ser humano e artista. Antes era necessário esconder esses sentimentos por medo de "arte estéril". E isso também era um problema de apego cultural (Kafka é ruim para americanos, Wolfe é bom etc. etc.) Além disso, cedi ao orgulho sem saber por quê. Agora talvez saiba...

3) *Estou ficando velho e um dia vou morrer* – (É apenas a Natureza, não a humanidade... e hoje isso não me preocupa mais tanto.)

4) Cobiça é orgulho, vício é orgulho, moralidade é orgulho – tudo é orgulho. (Mas isso é apenas filosofia.)

5) *Está abaixo de minha dignidade participar da vida*: trabalhar em um emprego como os outros, ser um fazendeiro caipira como os outros, viajar em metrôs lotados com todos os outros, ou fazer qualquer coisa como "os outros" – demais para *mim*.

6) É possível que eu admita minhas fraquezas e caprichos e tramóias sem ser desprezado, *mesmo por minha mãe e minha irmã* (*e pai*). Minha alma nada tem sido até agora além de um sonho acordado, como um filme de Hollywood... uma queixa seguida de um sonho acordado, um "problema" seguido de uma "solução".

7) Não importa o quanto os outros podem ser maus – o que me importa é o quanto *eu sou* mau.

8) Acostumar-se com problemas (como o Delaware acostumou-se com os invernos frios) não é ter de "resolver problemas". Isso é um dos segredos do antimaterialismo, para dizer assim, um dos segredos da humildade social (viver sem desperdício). Sem mentiras.

9) Almejar a "verdade" é um orgulho perverso, muito sagrado em sua atitude. Devo sempre afastar meu olhar dos outros, de um novo conhecido, mesmo, para *impressioná-lo* com minha insociabilidade e interesse em outras coisas.

10) (Não) é autoflagelação reconhecer a verdade sobre mim mesmo. (Está vendo como é delicado?)

11) Ataquei o orgulho dos outros e depois fiquei esperando que eles me perdoassem. Devo dizer a eles que me perdoem. Devo dizer a eles como me sinto, e não pedir perdão a menos que eles queiram perdoar. E por aí vai – uma miríade de maravilhas todas me evitando no momento. Isso tudo não é o que eu queria *confessar*. Estou cansado agora, sem dormir. Mas este é meu novo trabalho, mais depois. A palpitação do orgulho é a coisa: meu pai dizendo para Lucien em 1944, "Vou pagar uma bebida para o filho de um homem rico!" – coisas assim. Os detalhes, a *vida* das palavras de Salomão – "Tudo é vaidade". Uma das coisas interessantes sobre essas revelações do eu sombrio é que tudo emerge sem pornografia freudiana, quase... é terrivelmente "limpo" e humano, no sentido de que a pequena palpitação no cérebro é mais espiritual, é *toda* espírito, e o resto é *apenas Natureza*, a Natureza imutável, desinteressante, inumana. Está vendo? – Tudo isso escrito no domingo 29 de agosto, a propósito –

SEGUNDA-FEIRA 30 DE AGO. – Não dormi, acordado até de manhã cedo. "É preciso muita concentração e muitos passos para fazer um bebê (e um romance?) crescer e florescer." A frase é da carta de Ann... Incluí no romance para ver como ficaria lá entre essas palavras claras e sinceras e *sábias*. Como ficou? "Muitos passos..." – isso é bonito. É bonito e evoca uma imagem de integridade solitária que as babás (e os romancistas) devem ter.

TERÇA-FEIRA 31 DE AGO. – Fui a N.Y. comprar sapatos, etc. Vi um filme, voltei para casa. Peguei livros na biblioteca – Tolstói, Twain, Zane Gray, um volume com grandes escritos autobiográficos de Santo Agostinho, fui de Rousseau a Henry Adams, etc. E comecei a trabalhar no capítulo final para valer, escrevendo milhares de palavras.

SET.

QUARTA-FEIRA 1º DE SET. – Recebi um cartão do depto. editorial da MacMillan. Oh, espero que eles o aceitem – economizará tanto tempo, vou começar coisas novas renovado, fazer planos imediatos, fazer as coisas se mexerem em minha vida sonolenta... tudo isso. Na verdade, estou pronto para crescer se eles deixarem, e se não deixarem, como vai ser crescer sem parar durante um trabalho como o de escrever aquele livro? Que pessimismos dolorosos vou ter! Quanto mamãe pode ficar desapontada & abatida? E os parentes – Nin & Paul – como vou poder ajudá-los, se o mundo não consegue reconhecer meu trabalho? E *agora*! Não quando eu estiver morto. É *realmente* verdade que a dedicação consegue resultados – vamos ver.

QUINTA-FEIRA 2 DE SET. – Ainda trabalhando no *apres-tous*. Ontem à noite fui para a cama à 1h30 e hoje acordei às 6h00 – estranho como não consigo sentir esse capítulo. (E se eles não gostarem do meu livro vou dizer uma coisa – *ainda* é um livro razoavelmente bom e eles podem ir para o inferno. Chega de "pessimismos".)

Trabalhei muito no último capítulo. Li Tolstói.

SEXTA-FEIRA 3 DE SET. – Esta tarde caminhei pelos campos do outro lado da linha do trem, sob o sol quente de setembro. Eu me pergunto como seria se aquela terra fosse minha e as lavouras também. Na hora devida, em alvoradas rosadas, estarei caminhando por meus próprios campos, na Califórnia ou outro lugar. A descrição de Tolstói da preparação do feno (cortado com foices) em *Anna Karenina* apenas confirmou meu conhecimento interior dessas coisas. Por acaso, hoje ao amanhecer, concebi uma grande história – por enquanto vamos chamá-la de "Os parceiros". Espere até você ler! – Vou escrevê-la logo, em um estirão longo, sem pausa. A história é tão precisa psicologicamente que quase termina em um impasse, não se permitindo o resumo filosófico habitual. Ela diz respeito à "consciência límpida de um transgressor" e à "culpa de um homem virtuoso", ao mesmo tempo. Diz respeito à intolerável vaidade da virtude e do perdão, e a verdade do mal, e termina em um impasse – talvez uma morte, para esclarecer o impasse. Esta noite – trabalhei no *apres-tous*, acho que está terminado, mas devo pesar minha decisão.

SÁBADO 4 DE SET. – Fui a N.Y.; jantar na casa de Allan Harrington, vi Stringham, & Tony & Lou & Barbara na casa dela depois – ótimas conversas. Fiquei um pouco intrigado. Todo mundo parece gostar de meu livro, as coisas que digo, mas não COMO eu digo.

TERÇA-FEIRA 7 DE SET. – Décimo quarto dia de trabalho preguiçoso no último capítulo. Que piada. A vida de uma mente? – mas não "racional", só o *mero* processo que se desenrola quando a mente subconsciente penetra na mente consciente! Viva! Viva para mim!

QUARTA-FEIRA 8 DE SET – Fui a N.Y., peguei umas coisas, e vi *O idiota*.* (Rogozhin, a parte mais maravilhosa do filme. Myshkin não era *confuso* o

---

* A produção francesa foi a primeira adaptação cinematográfica do romance de Dostoiévski. Estrelada por Gérard Philipe como Myshkin, Lucien Coedel como Rogozhin, e Edwige Feuillère como Nastasya, *L'Idiot* (1946) recebeu ótimas críticas.

suficiente.) Mas você nunca poderia imaginar, esse filme me fez pensar mais em mulheres do que qualquer outra coisa, de um jeito que eu não pensava há muito tempo. Bem, a Nastasya do filme era magnífica, o tipo de mulher que quero (sem a loucura... que, é claro, não é mais *ela*). Mas uma mulher que *pareça* com ela. Trabalhei outra vez no último capítulo, *e terminei-o*.

QUINTA-FEIRA 9 DE SET. – Recebei um cartão-padrão de recusa da MacMillan. Estou ficando mais confiante e com raiva cada vez que algo como isso acontece porque *sei* que *The Town and the City* é um grande livro à sua própria maneira estranha. E eu vou *vendê-lo*. Não vão me enrolar com seus editores que querem reduzir tudo às fórmulas rasas desta era. Quantos livros "esquecidos em um mês" eles vão publicar até perceberem o que estão fazendo? Como no cinema, e em incontáveis bens baratos usados com tanta rapidez quanto são produzidos, lançam essas histórias baratas *temáticas* ou tipo-cidade-pequena-do-México-representando-o-espírito-humano-imortal toda semana, ou livros escritos por celebridades, ou romances apelativos cheios de sexo e violência. Estou pronto para qualquer batalha, contra qualquer um, na defesa desse livro excelente que escrevi, que vem do coração e do cérebro – sendo apenas por acaso, no sentido do significado, que deva sair do meu cérebro e meu coração –, e mesmo que eu tenha de partir e passar fome na estrada não vou desistir da idéia de que devo ganhar a vida com esse livro: porque estou convencido que *as pessoas vão gostar dele* quando o muro de editoras e críticos e editores for derrubado. São eles, por Cristo, que são meus inimigos, não a "obscuridade" ou a "pobreza" ou qualquer coisa assim. São eles, a classe que fala (*tentando racionalizar a si mesma a partir de um materialismo rasteiro*), os inimigos do povo deste país. São eles que constroem Nova Yorks e Hollywoods, e inundam as rádios com futilidade, e nossos jornais e revistas com idéias esterilizadas... Estou falando da grande classe "alta de colarinho branco", os trabalhadores que moram longe, os que nada são, pessoas com desprezíveis filhas e filhos "avançados" de seis anos que chamam seus pais de "papai". Por Deus, acho que eu devia voltar para o Canadá. Mas não vou – prefiro insistir com a bola. Esta noite terminei e datilografei o último capítulo. A última frase do romance? "Houve gritos e cumprimentos e beijos, e então todo mundo jantou na cozinha." Você acha que as pessoas deste país não vão gostar desse último capítulo? – ou seria melhor se eu dissesse, "todo mundo jantou na sala de jantar"? *Mas o trabalho está terminado*.

Bem, estamos na Floresta das Ardenas

STATEMENT OF SANITY

I will always worry when I see brutality and loneliness, and I will always be glad when I see people all together and happy. Whenever I deviate from this, I must understand that I am temporarily locked within the doleful psychosis of myself. And when I am thus locked, I should restrain the perverse impulse to tear down the bird's nest, and try to hold in my bitterness with tact and dignity. (If I sound like Aurelius the moralist with my 'musts' and 'shoulds' it should only be apparent to those who make such distinctions out of modern moral barrenness.)

However... The time should come soon when someone like myself may cease defending all 'simple' impulses and statements — (the quotes are a defense) — and merely make them. To defend a simple belief is merely prideful. You want to show that you are conversant with complex doubts. This is as bad as matching long words in an insipid conversational duel with another Freshman. And finally, as far as psychology vs. morality is concerned, I take the position, morally, that psychology is a hesitation-in-analysis and not an action-in-the-world. Knowledge has its place, but the work of life needs to get done. And the smugness of these virtues is not in itself an attack on vice.

Aqui estão incluídas as anotações sem data no seu diário "Floresta das Ardenas", completado com os diários de trabalho de *The Town and the City* da primavera e verão de 1948. Os ensaios estruturados de maneira solta tratam principalmente do que Kerouac chama de "conflitos artísticos e éticos dos grandes escritores" e o "desespero do 'homem que pensa.'"

Os diários medem cerca de 19x21,5cm. Na capa está escrito "MAIS NOTAS" em letras de fôrma; abaixo disso está "Bem, esta é a Floresta das Ardenas", e no canto inferior direito, o seguinte:

J Kerouac
1947-48
N.Y.C.

NOTAS EM CONTINUAÇÃO DA ÁRIA

– Homens mortais não podem se odiar, podem apenas ser culpados de amor-próprio. Entretanto, acho que os homens imortais, ou seja, homens que nunca morressem, poderiam se odiar se o ódio fosse possível. Ódio puro é impossível, é apenas uma inversão do amor-próprio, e provavelmente vem da sensação fugidia de que o amor-próprio não pode durar para sempre. Mas se os homens vivessem para sempre, e pudessem continuar com o amor-próprio indefinidamente, acho que aprenderiam a odiar. Porque o ódio implica continuidade, e ele não pode continuar em um mundo mortal, um mundo feito a princípio para o amor, e investido com as várias energias do amor. Há uma semelhança direta em mortalidade e amor, pois eles "não podem durar", mas são necessários; enquanto o ódio e a imortalidade são apenas possibilidades. São giros estranhos no pensamento, mas acabarão por definir-se mais tarde. E também não quis que fossem anticristãos, porque Cristo foi o primeiro homem a perceber que o amor é a regra da vida humana. Ele agora aparece maior que nunca, e eu estaria disposto a apostar que, no próximo século, Cristo (e alguns outros grandes homens como ele) irá ocupar as mentes das pessoas como nunca antes.

Uma coisa que soterra o sentido de bem & mau nas pessoas é o fato de que "eles só vivem uma vez" e que seja "o melhor possível" – quanto mais dinheiro, mais fama. É difícil compreender de verdade o tremendo *sentido* de identidade que as pessoas têm, porque entender completamente é deixar a própria identidade. E sob o domínio de um grande egoísmo, todos nós dizemos – "eu só tenho uma vida para viver, uma chance de ser rico ou pobre". E isso imediatamente oblitera as aspirações de ideais. É por isso que toda a religião enfatiza a imortalidade, ou "outra chance no mundo". Mas ninguém acredita nisso, e todos seriam "maus" agora se tivessem meia oportunidade. A garota que recusa um teste em Hollywood sem dúvida pensa esses mesmos pensamentos, e pode mudar de idéia. Se não mudar, pode ter algo mais voluptuoso escondido, pode ser um pouquinho psicótica, ou, o que não consigo compreender neste momento, ela pode ser um perfeito ser humano que ama –

*   *   *

NOTÍCIA: – "O general MacArthur proíbe beijos nas ruas em Tóquio: infratores passarão seis meses na cadeia."

– Assim, mesmo o seu perfeito ser humano que ama é frustrado em sua própria grandeza, a única grandeza: Amar. Beijar é o resultado ideal de toda perambulação sem rumo na Floresta das Ardenas; no fundo, beijar é o objeto de toda a vida humana. E um general de 70 anos com ilusões de grandeza histórica (!) (para *que serve* a História? para quê? nada terá disso. É como digo. A humanidade logo vai alcançar a grandeza, mas a loucura vai continuar mandando nas altas esferas.

Então tem essa música de Nellie Lutcher* – "*I met a guy while walking down the street, I met a guy while walking down the street, he looked at me, I looked at him, he took my hand, and held my hand, he's a real gone guy and I love him 'deed I do –*"** Assim! Essa é a grandeza do Negro, bem aqui, mas posso ver quantas das nossas moças de "respeito" brancas não ririam da letra dessa música. *O amor delas é mais orgulhoso.* Mas ainda assim – uma grande humanidade está para chegar. Posso sentir isso em meus ossos. Não estou preocupado, e estou contente. Mais, mais virá –

*   *   *

Eles vão abandonar seus sistemas de orgulho: essa é a principal questão sobre o futuro da humanidade. É algo maravilhoso de contemplar, mas não muito fácil para mim mesmo nesses estados de ânimo de amor & alegria. Mas estou fazendo isso em etapas, e é *fácil*! Afinal de contas, o truque é se livrar do orgulho com uma aversão consciente a ele. A única coisa a temer é o cretino inevitável em nossas almas. Algumas pessoas são mais cretinas do que pensam. O mal não é o perigo para o mundo humano, é a palavra errada, a cretinice é que é perigosa. A lei de MacArthur é o impulso de um pensamento obtuso de um cretino, não a atitude de um homem. Um cretino nunca tem medo de se corromper. Por isso um cretino não hesitaria em fazer coisa alguma: lá está o

---

* Nellie Lutcher (1915-), vocalista de *rhythm and blues*.

** "Estava andando na rua e conheci um cara, estava andando na rua e conheci um cara, ele olhou para mim, pegou minha mão, segurou minha mão, ele é mesmo um cara bacana e eu o amo, amo sim." (N. do T.)

cálice da vida diante dele, ele não bebe, não desperdiça, apenas fica olhando com uma expressão imbecil e não compreende. Como sei isso? – eu era assim aos 22 anos, era assim na época, lembro bem, especialmente como era fácil ser um cretino, como era estupidamente agradável. (Mas também me lembro de uma enorme infelicidade burra e sem graça que não desejo para qualquer pessoa.) Não, não, MacArthur, Oh homem do destino, não, não! – Eles vão burlar essa sua lei nos becos de Tóquio, e com o tempo, talvez amanhã, apesar da punição, em uma ignorância humana divina à punição, nas próprias ruas. Porque esta é a Floresta das Ardenas, em seu âmago, e a árvore de MacArthur é como todas as outras árvores, e os amantes circulam para lá e para cá sob os galhos das árvores.

*   *   *

A garota que recebeu a oferta de um teste para o cinema: – ela teme uma espécie inescrutável de corrupção, Deus sabe o que a espera, e acho que ela está certa. Mas e sua mortalidade única? E a minha? – O que eu faria? Os testes para o cinema são a forma americana da alta prostituição parisiense na sociedade de Balzac, é a garota normanda de pele de pêssego e coração puro chegando à desprezível burguesia sensual de Paris e perdendo para sempre a virgindade de seu coração. Escuto alguém rir? Não, isso é verdade, e sério, e bastante importante: pergunte às velhas ao redor da mesa de costura, elas falarão e contarão a você. Acredito nas velhas em torno da mesa de costura, acredito que são tão velhas e sábias quanto a natureza, quanto as árvores das Ardenas, e levam você *de volta* a seu haxixe alegre enquanto eu agora penso sobre isso por alguns momentos.

*   *   *

Sabe o que é tão triste no passado? – é que ele não tem futuro, todas as coisas que vieram depois foram desacreditadas.

*   *   *

Saber que algo é necessário, mas não precisar disso para si mesmo – esse é o crime de todos os homens "inteligentes" e "responsáveis".
             "Exterminem as bestas."* – Kurtz**

---

* No original, *Exterminate the beasts*. (N. do T.)
** Uma citação errada de *No coração das trevas*, de Conrad, onde se lê: *Exterminate the brutes*.

* * *

    Tire toda a autoridade oficial de um homem por um instante. São as autoridades oficiais deste mundo as responsáveis por ele ser tão mal-utilizado e degradado, tão inabitável. Em meia hora, se você tirar de um homem toda a sua autoridade oficial, eu poderia fazer dele um amigo eterno e charmoso – mas devolvam sua autoridade oficial no dia seguinte, e ele pode muito bem me sentenciar à morte. Estamos na Floresta das Ardenas, meus amigos, e aí está o mundo.

* * *

    Vou contar a vocês: enquanto escrevo isto, vejo no chão uma moeda de um centavo, que ainda não peguei, e me lembro quando, há cinco anos, deixei cair uma dessas moedinhas no chão e alguém disse: "Não fique jogando seu ouro pelo chão!", e ainda estou preparado para ignorar o conselho; com orgulho arrebatado: – Quando eu posso sair pelas ruas e espalhar meus últimos dólares por toda parte – então! Está entendido que um ser humano pode ser salvo ou não – (e este grande conhecimento deve ser preservado para qualquer eventualidade louca e necessária que venha a surgir. O que estou dizendo? – só que a possibilidade de uma santidade-tardia insana não me é remota, de jeito algum. Na verdade, também não me preocupo com isso, ou devo dizer "apesar de" – para torná-la frívola).

* * *

    A arte é um retiro belo e doce da vida, cheio de genialidade sábia. Enquanto os amantes andam de braços dados sob galhos das florestas, o artista senta-se sob uma árvore e faz belas imagens e as ergue para vê-las. Está apaixonado por si mesmo, mas também pelos outros, porque mostra a eles seus frutos e trabalhos e chora – "Está vendo? Está vendo?" Então, mais tarde, ele descansa e retorna para todos eles, de volta aos braços dados do amor terreno, e eles o amam porque ele fez uma coisa tão bela, celebrou a vida e o amor deles, e retornou. Eles dizem – "Como é estranha e bela! – esta alma!" E é verdade, tão verdadeiro quanto misterioso e tocante. "Ele é dos nossos, ele *somos* nós! – mas está sozinho por um tempo sob sua árvore. Vai se juntar a nós outra vez com suas produções doces." E eles dirão – "Ele ama Deus tanto quanto ama homens e mulheres, por isso deve ficar um pouco sozinho." "E o que é Deus?" "Deus, Oh, Deus é a soma, a soma de tudo." –

Por que *O adolescente* é um livro mau? – porque nele Dostoiévski zomba, zomba de tudo com uma infelicidade má, profunda e verdadeira, zomba das simplicidades da vida (que considero serem na maioria das vezes irreais) – *mas*: – ele zomba! Agora, o que estou dizendo? Estou dizendo, vamos prestar homenagem, todos nós escritores de todos os tipos e talentos, aos homens e mulheres em toda parte, vamos respeitar mesmo seus sonhos ambíguos, que nós mesmos temos com mais freqüência que os seres humanos não-escritores, não-intelectuais. Quando um homem zomba de algo, zomba de seu próprio abismo, e se Dostoiévski ficava enfurecido com a possibilidade da beleza simples na vida, então ela deve existir, sua existência deve ser uma "verdade absoluta" em sua totalidade, e dado que palavras não podem descrever qualquer dessas situações (Mein Gott!!), e dado, além disso, que na verdade não importa e por aí vai – mas aqui está o que gosto: o mundo é um lugar neutro no estado indizível de si mesmo até que alguma "coisinha" de um humano, um artista, surge e pensa sobre isso, e *fala*, e transforma a neutralidade em *positividade*, de qualquer tipo, estúpida, crassa, simples, complexa ou outra coisa. Esse ser é maior que o "grau de consciência" que o homem pode ter, a simples amabilidade da arte humana é a grandeza em si mesma. Isso é vago, exceto por uma coisa inegável: a arte não devia ser usada como um lamento cósmico de tudo, devia ser uma sinceridade em seu sentido mais profundo. Essa sinceridade, para ilustrar o que quero dizer, é o que faz Dostoiévski continuar trabalhando em *O adolescente* por centenas de páginas apesar de suas próprias conclusões: é BOM SENSO, seu 'velho gritando com ele'. –

* * *

Também compartilhei o pão com ladrões e pecadores, e não por razões políticas.

* * *

A diferença entre a turma do mundo dos espetáculos em Nova York e a turma "intelectual" é que, em vez de ficar embaraçados com os disparates impróprios de Jimmy Durante, os intelectuais ficam embaraçados por atos falhos freudianos. Essa é praticamente a única diferença, sabia? Quem sabe?

* * *

Quando se escreve, não há nada melhor a fazer que se render – com humilde entendimento e talvez alguma vergonha, e a alegria purificadora disso, o alívio comunicativo disso, seus segredos mais pessoais com o martelo laborioso e cheio de propósito do trabalho, em estrofes e histórias que sacam dele a compreensão humana universal irrecuperável, como a graça e a beleza sempre atraem na natureza – o lago intocado por qualquer desonestidade consigo mesmo, seja ela estúpida ou altamente consciente, ou por hipocrisia, ou pela compreensão dos outros transformada em medo e incompreensão.

*　　*　　*

E se eu acreditar no conhecimento completo mas decidir em favor dos atos limitados e honrados (ou seja, sem abolir meus direitos, humanos e espirituais, ao conhecimento) –, e assim, uma vez mais, encontrar esse ato honrado não é sempre uma ação honesta ou, o que é pior, não é *justa*. Essa *justiça* é a chave para esse pensamento – (a ser desenvolvido.) – Agora devo, pelo menos, resolver tornar-me um homem de verdade, ainda sem ser injusto. Por outro lado não posso continuar sendo um "pirado" espiritual, porque isso também é injusto, no sentido de que vou insultar os próprios objetivos da humanidade. Vou *desejar* tudo agora: uma honestidade e um objetivo. E para ser mais preciso, sinto a coisa toda dessa forma! – simpatia é um sentimento real, mas é bastante amplo e universal, por isso *indiscriminado*, e leva ao enevoamento dos objetivos profissionais no mundo. E isso não é muito enganador! Pelo menos, seu homem "honrado" não é sempre um homem simpático. Somente os fatos, em coisas como essa. De agora em diante, os fatos.
Os detalhes são a vida...

MARASMO – "um definhamento ou enfraquecimento progressivo", que "atrai a cultura burguesa".
EPIGONISMO – "degeneração".

Qual o significado de tudo isso? Acabei de ler sobre essas coisas e acho que são invenções russas, pelo menos "marasmo". Quando primeiro tentei lembrar-me de "marasmo", achei que soava como "malamusé" – que, em seus significados franceses ("nada divertido") certamente se encaixaria no russo que inventou "marasmo". Mas este é um assunto sério e não traz qualquer bom presságio. É muito reminiscente de certas coisas que estão acontecendo agora em Nova York (1948), temos nossos reichianos, nossos orgonistas, a maior parte deles fuma maconha, escuta jazz "*bop*" frenético, acredita, em homossexualidade ("epigonismo"?), e estão começando a reconhecer a existência de uma espécie de "doença atômica". E todas essas pessoas são inimigas da "cultura burguesa". Há, sem dúvida, algo em movimento, uma loucura, não diferente das recentes loucuras do culto romano. E, como digo, ainda não começou. O desespero na França sobre o existencialismo e o dolourismo e não-sei-mais-quê não se compara ao que teremos aqui. (Acho que vou começar a escrever um artigo sobre tudo isso.)

(Em relação ao *bebop*, é firme, como música, e tudo mais, mas desenvolvimentos posteriores o levaram a um complexo mais musical e, um nível quase sinfônico, tremendo em suas implicações, mas ainda assim os "reichianos" recusam-se a escutar esse novo aspecto *musical* dele e ficam dando gritinhos numa espécie de excitação afeminada sobre o aspecto frenético não desenvolvido dele.)

ESTADOS UNIDOS E RÚSSIA

Concluí que a principal idéia nos Estados Unidos é o sustento universal do homem, enquanto na Rússia sem dúvida a principal idéia é a irmandade universal do homem. Entretanto, há perversões nas duas idéias, levando aos dois tipos de imperialismo, americano e russo, no mundo de hoje. Mas a verdade nua e crua é que um dia essas duas idéias podem se misturar.

Os americanos oferecem à História do mundo o primeiro "estilo de vida" real e concreto. (A propaganda popular do "estilo de vida" na verdade é uma abstração e uma ilusão, ligadas ao "norte-americano", que na verdade é apenas uma questão de tempero local). O modo de viver como é apresentado por gênios americanos nos campos práticos e técnicos, entretanto, está longe de ser o "materialismo" que os marxistas e a *intelligensia* descontente dizem que é. É mais espiritual: na verdade, é o conhecimento de como ser feliz, saudável e real. Henry Ford e Thomas Edison, milionários, gênios, e colaboradores do grande modo de viver americano, eram homens abnegados, quase ascéticos, muito espiritualizados e humildes... e todo mundo sabe disso. O objetivo deles não era ambição e poder, mas uma "vida melhor" – algo que ainda vai ser desenvolvido, entretanto, já que os homens inferiores sempre aparecem para corromper os usos das grandes coisas e idéias. Os americanos mais exaltados eram todos homens de gostos e aspirações espirituais simples – Thoreau, Twain, William Allen White*, Lincoln, na verdade até Washington. Homens como Josephus Daniels** ("primeiro cidadão da Carolina do Norte" – acima de Thomas Wolfe, enterrado no Brooklyn?) e F. D. Roosevelt não foram grandes.

---

* William Allen White (1868-1944), jornalista político vencedor do prêmio Pulitzer.
** Josephus Daniels (1862-1948), proprietário/editor do *Raleigh News and Observer* e membro do Partido Democrático, foi embaixador no México no governo de Franklin Roosevelt.

A idéia americana também é a exaltação da humildade e decência sociais. Com a idéia russa da Grande Irmandade, tudo isso iria crescer.

Em cursos de redação criativa nas universidades, dizem a nós que uma moderação, temperada por uma educação moderna e esclarecedora, e um estudo profundo da ciência de escrever – apresentação da trama, desenvolvimento de personagens e um tratamento temático geral – são necessários para dissecar, analisar e investigar as fraquezas humanas e os extratos sociais que representam a vida na Terra. De alegria lírica, poesia, fúria moral dostoievskiana, de grandeza emocional, de sinceridade majestosa e monumental – nem uma palavra nas universidades. Isso não começa a expressá-lo.

Deus como o Que Deveria Ser   (A GRANDE CULPA)

A idéia mais bela na face da Terra é a idéia que a criança tem de que seu pai sabe tudo, sempre sabe o que precisa ser feito e como se deve viver.
Essa é a idéia que os homens fazem de Deus.
Mas quando a criança cresce e descobre que seu pai sabe pouco mais que ela própria, quando a criança busca conselhos e encontra palavras humanas sinceras e desajeitadas, quando a criança busca uma maneira, um caminho, e vê que o de seu pai *não é suficiente*; quando a criança fica apavorada ao perceber que ninguém sabe o que fazer – ninguém sabe viver, se comportar, julgar, pensar, ver, entender, ninguém sabe, mas ainda assim todos tentam, atrapalhados –, então a criança corre o risco de crescer cínica em relação a tudo, ou desesperada ou louca.
Mas essas crianças e pais deviam ter uma noção em suas almas de que deve haver uma maneira, uma autoridade, um grande conhecimento, uma percepção, uma visão de vida, uma maneira apropriada, um "decoro" em todo o pesar e confusão do mundo – isso é Deus nos homens. *Que deveria haver algo onde buscar conselhos,* isso é Deus – Deus é o "que deveria ser" em nossas almas. Não importa que, na verdade, não haja nada a ser feito, não importa que a ciência mostre que somos animais naturais e que ficaríamos melhor se vivêssemos sem "aflições não-naturais", sem estresse interior, sem escrúpulos ou morais ou trepidações suaves, se vivêssemos como animais que somos, sem culpa ou horror – que acreditamos que *deveria ser* algo, que somos por isso *culpados,* isso é Deus.

O "PORQUÊ" FILOSÓFICO

Vamos dizer assim: o homem que entra na casa da dúvida-e-razão e sai escondido pelos fundos não tem direito de perguntar ao homem que entrou na casa da dúvida-e-razão e explorou todos os aposentos e saiu por onde entrou *por que* devemos fazer qualquer coisa. Por isso fiquei com tanta raiva quando um filósofo do campus, Martin Spencer Lyons, de nome dúbio (agora com cerca de 25 anos, e mais louco que nunca), diz para mim "O que está fazendo?", e eu disse "Escrevendo um romance", e ele me diz com a voz de Gabriel, "POR QUÊ?". Por que é o cacete, eu conheço até os cupins da casa da dúvida-e-razão pelo primeiro nome.

Será que alguém percebe o que significa entrar numa casa por uma porta e sair escondido por outra?

POIS O QUE AS PESSOAS querem dizer, enfim, quando dizem "Que mundo pequeno, este..."? Aqui está a raiz de toda a solidão humana, perder-se em um mundo grande demais que nos engole a cada instante. (Descrito em *Town and City*: Diálogo de Peter com Julie Smith.*)

Por acaso, todos os romances profundos podiam muito bem ser intitulados simplesmente de "Pessoas" — porque eles são todos sobre isso. Mas um autor escolhe um tema, um título, e finge astutamente, com o astuto conhecimento de causa de seus leitores profundos, que o tema é realmente um tema distinto das pessoas. *Crime e castigo* não é sobre crime e punição tanto quanto é sobre Raskolnikov, Sonya, o inspetor, sua mãe e sua irmã, e por aí vai. *O tema é como um feriado que simplesmente reúne as pessoas.*

* * *

Mas o segredo da vida, do amor e da felicidade é *prosaico*. Se a pessoa realmente souber disso, pode mesmo ser feliz. Os minutos fugazes de contentamento – isso é tudo.

* * *

Pensando em Billy Eckstine, o cantor negro elegante, que tem uma voz maravilhosa, pensei inconscientemente – "Eles não dão a ele um contrato em Hollywood, é o maior de todos, mas não dão a ele uma oportunidade de crioulo..." Esse é o verdadeiro inconsciente, a verdade inconsciente, brutal e verdadeira. A mente consciente carrega...

---

* Kerouac refere-se à discussão, no Livro IV de *The Town and the City*, no qual Peter volta de uma viagem e encontra Julie sentindo-se solitária e deslocada em Nova York.

Na Califórnia há uma colina relvada que conheço, onde o gado pasta com uma vista completa do Pacífico. Esse gado pode ver o Pacífico azul no fim da tarde, quando o sol se torna ouro escuro, e a parede de neblina cinzenta move-se no horizonte distante, acima da água, e os morros Yerba Buena de San Francisco enfeitados com jóias, marfins e esmeraldas da cidade, e a baía, e a grande ponte, e o monte Tamalpais dourado com a luz do entardecer, e as Sausalitos e as distantes Oaklands e El Cerrito do outro lado da baía, com flores bonitas em seus jardins. O ar refresca, o Pacífico suspira, o sol retira-se para o Japão, Frisco e Alcatraz ficam iluminadas com as luzes, a grama cheira a calor e exala o perfume no ar fresco, a escuridão se produz no mundo totalmente exausto, e o gado fica ali esperando a noite triste do nevoeiro trazido pelo vento, e sirenes de neblina na baía lá embaixo, e eventuais estrelas preciosas que brilham através de falhas na névoa à meia-noite. Essas bestas alimentam-se de glória lá em cima. Lá embaixo, pela manhã, o vale ressoa com sons distraídos, mas o gado permanece em silêncio.

P.S. Depois de ler isso para minha mãe, acrescentei: "Há toda aquela vista bela e grandiosa e só as vacas para apreciá-la". Ocorreu-me que este era meu principal propósito quando escrevi o parágrafo, mas nunca o mencionei *dentro da estrutura da escrita intelectualmente formal e comunicativa*. O que preciso aprender é minha própria mente, não a que foi encaixada sobre ela como uma tábua de argamassa em minha educação formal. Nos Estados Unidos há uma garra acima de nossos cérebros, e ela deve ser afastada ou vai agarrar e estrangular nossas verdadeiras identidades.

ANGLÓFILOS AMERICANOS – eles representam um desejo melancólico de afastar-se da expansão americana da livre empresa e da liberdade social – estão sempre interessados na "nobreza", seja real ou espiritual – ressentem os ataques feitos, aparentemente, contra seu sentido de dignidade – também ressentem aquele forte sentido de identidade coletiva, ou de uma identidade patriota, muito difundido, a identidade americana, que é chamada desdenhosamente de nacionalismo. Eles são Tories, só isso, mesmo hoje em dia. Os europófilos são o mesmo, só que a ênfase parte de um sentimento de "minoria", e não fazem tanto barulho por causa de "nobreza" e "ordem". O "caos" dos Estados Unidos nada mais é que uma avaliação feita por aqueles que preferem estilos de vida e trabalho ingleses ou europeus. Na verdade, não há um "caos" como esse no coração da verdadeira cultura americana como é encontrada em fazendas, vilarejos e algumas cidades pequenas.

* * * * *

NOTAS SOBRE O DESESPERO DO "HOMEM PENSANTE"

Este não é mais um de meus discursos contra a pobre *intelligentsia* infeliz, não é um libelo contra aquilo em mim que coincide com o terror por reembolso postal deles. O "homem pensante", expressão que já ouvi três vezes nos últimos dois dias, significa um outro nível de homens que são mais ou menos independentes em suas opiniões, com ênfase no conhecimento real pessoal. Admiro esses homens pensantes. Observei suas pequenas idéias. Algumas delas: –

(Na verdade, isto é sobre Harold Huescher.)

1) Eles admiram o "povo", as pessoas, mas sua admiração é quase condescendente: eles vêem "padrões" em vez de quadros vivos entre o povo; reconhecem seu vigor como uma espécie de fenômeno antropológico cultural – em outras palavras, a admiração é, em parte, uma admiração por si mesmos, por serem capazes de ser tão observadores do povo e seus "modos". Pense em todos os termos – "cultura popular", "classes-trabalhadoras", "grupos econômicos inferiores", e por aí vai, todos termos de especialistas que nunca levam em conta sangue, música e graça. Sua compreensão é estritamente olímpica, naturalista, distante, acadêmica, sem profundidade, "objetiva e factual", etc. – e nunca "participante" ou "inteligente e humilde". Acho que as chaves são a música e a poesia": o "homem pensante" vai à ópera, mas nada sabe do canto interior, as coisas que fazem, digamos, de um porto-riquenho o que ele é no Espan Harlem: e ele lê Melville ou Shakespeare ou Wolfe, mas nada sabe da graça viva das pessoas em seus próprios momentos interiores, ou seja, não pode penetrar na poesia de um rosto, uma figura, uma risada e uma sensação de *individualidade* ali (ele sente apenas a si mesmo, e então sua avaliação estudada e tomada emprestada deles). Isso é bem vago graças à terminologia apressada –

2) Mais importante, o homem pensante moderno, em sua valorização do desespero, parece ter um jeito de propor seus próprios medos de desafiá-los. Parece pensar apenas até o momento da derrota, e nada faz para seguir dali para qualquer tipo de luta. Novamente, parece gostar de dilemas insolúveis que não são desafiados – uma espécie de masoquismo mental particular, um teatro pessoal secreto de alegria *consciente*. (A História pode ser um teatro de atitudes.) O homem pensante não age a partir de seus juízos, mas deixa que eles subam para o espaço e desapareçam. Ele paralisa suas ações. *Ama* a derrota. Não consigo descobrir com certeza o que, no fundo, ele pensa, nem ele vai me dizer. Não é *sério* o suficiente comigo para me contar de verdade. Ele adora ser sutil e fazer joguinhos de palavras. "Diverte-se" com "o melhor das

pilhérias" deste mundo, a derrota, mas não acredito nisso. Ele desencoraja a gravidade, a seriedade, o julgamento rápido, a decisão de momento, os impulsos, a esperança imediata. Ele foi surrado e "isso não vai acontecer de novo". Sorri de sua própria simpatia e humanidade, como se fossem uma fraqueza, um medo, um sofisma dos de "mente pensante" com os fatos. Não *planeja* mais... Segue como um pedaço de madeira no rio e prefere não seguir um caminho próprio. Por acaso, acho que ele é muito preguiçoso, em um sentido mental. É honesto. É um homem bom. Mas está afastado das pessoas, tornou-se um "homem pensante", e desistiu da esperança. Não é aquele que constrói pontes. As pessoas fizeram isso, os rapazes do povo que aprenderam a construir pontes sem pensar *por que* o rio devia ser atravessado, ou no *que* estaria do outro lado.

Essa fazenda ou rancho para onde vou... Isso não é fugir da geração e do tanto que sei sobre ela, mas viver minha própria vida enquanto sigo com meu trabalho literário. A solidão da mansarda é neurose o tempo inteiro, seja de Dostoiévski, Thoureau, Emily Dickinson ou Wolfe. A literatura não significa necessariamente lacerações neuróticas das coisas. Também pode significar o conhecimento das vidas de todos os homens, e o conhecimento do sentido que os homens fazem de si próprios em todos os lugares. É um monte de coisas que ainda não começaram a ser!

Para mim, em particular, deveria ser uma vida doméstica sossegada para compensar a vida mental agitada... Do contrário, eu me extinguiria rápido, como Wolfe.

DECLARAÇÃO DE SANIDADE

Sempre irei me preocupar ao ver brutalidade e solidão, e sempre ficarei alegre ao ver as pessoas juntas e felizes. Sempre que me desvio disso, preciso entender que estou temporariamente trancado dentro das minhas próprias psicoses lúgubres. E quando estou assim encerrado, devo reprimir o impulso perverso de destruir o ninho e tentar deter minha amargura com tato e dignidade. (Se sôo como [Marcus] Aurélio o moralista com meus "preciso" e "devo", isso deveria ficar aparente apenas àqueles que fazem tais distinções a partir da aridez moral moderna.)

Entretanto... Logo vai chegar a hora em que alguém como eu poderá parar de defender todos os impulsos e afirmações "simples" – (as citações são uma defesa) – e simplesmente fazê-los. *Defender* uma crença simples é apenas algo arrogante. Você quer mostrar que dialoga com dúvidas complexas. Isso é tão ruim quanto encaixar palavras longas em uma discussão com outro calouro. E por último, no que toca à psicologia *versus* moralidade, tomo a posição de forma moral, que a psicologia é uma hesitação-na-análise e não ação-no-mundo. O conhecimento tem seu lugar, mas o trabalho da *vida* precisa ser feito. E a presunção dessas virtudes não é em si um ataque ao vício.

E AGORA, depois de acumular vários dias de leitura sobre conflitos artísticos e éticos de grandes escritores como Tom Wolfe e Joseph Conrad, entre outros, pelo menos, esses conflitos espirituais imputados a eles por críticos como [Maxwell] Geismar* e alguém chamado Zabel – Bem, eu cheguei a algumas conclusões. Será que um grande escritor tem de ser infeliz? Precisa sacrificar a vida à sua "arte"? Se vida e "arte" são uma única coisa em um homem, como ele poderia sacrificar metade de uma rocha sólida à outra a menos que quisesse dividir aquela pedra ao meio? Acho que quando você diz que Conrad e Wolfe sacrificaram suas vidas à arte, está apenas dizendo que eles não estavam escrevendo aquilo em que realmente acreditavam, havia um cisma entre seus corações e suas obras, eles não se encaixavam, era estranho e irreal ao mesmo tempo. Por que Wolfe trabalhava de forma tão prodigiosa para *provar* que tinha talento e, enquanto isso, se esquecia que era um homem, um ser humano com uma vida a viver no mundo. Tudo o que fez eu admiro, incluindo seu enterrar a si mesmo, tão santificado, nas solidões da floresta do "Brooklyn", mas também vejo que ele foi cegado por um orgulho desnecessário – ele deve ter dito a si mesmo: "Então não tenho talento, hein? Vou mostrar a eles! Vou mostrar que não sou um vagabundo relaxado com nada a fazer além de ganhar dinheiro e cuidar dos filhos e envelhecer lendo Zane Grey"— algo assim, algo *petulante* que todas as pessoas talentosas sentem mais cedo ou mais tarde. Se Wolfe era tão assombrado pelo tempo, por que não olhou para isso e percebeu que, com o tempo, todas as coisas cresciam e mudavam e seguiam adiante e ele também podia crescer e mudar e seguir em frente? Não são os escritos de Wolfe que são imaturos, é o espetáculo de um homem crescido ainda buscando provar seu talento e se esquecendo de tudo mais sobre si mesmo – a vida, a família, o coração, a felicidade, seu futuro terreno. Para mim, isso também é verdade com Conrad, que nunca foi acusado de imaturidade, e Balzac também.

Se todos os nossos grandes escritores tivessem sido homens por natureza infelizes e por natureza derrotados no mundo, teríamos motivos para nos desesperar em relação a todo o conhecimento e imaginação, ou se não disso, desesperar com a total falta de responsabilidade nos homens talentosos e

---

* Maxwell Geismar foi um crítico da *New York Review of Books* e também editor de *The Portable Thomas Wolfe* (1946).

imaginativos. Mas há grandes escritores que foram homens de verdade em todos os sentidos – Mark Twain é um deles. Um homem que não reclamava, um homem que não acreditou que a literatura é uma história constante de pesar e nada mais. O que o aluno depressivo de segundo ano da universidade escreve em sua tragédia melodramática? – certamente não toda a verdade. Mark Twain pilotou barcos a vapor, garimpou prata em Nevada, percorreu todo o Oeste, viveu sem conforto, contou piadas com outros homens, caçou, trabalhou como correspondente estrangeiro, editor de jornal, conferencista, e era um homem familiar – e ainda assim, não teve de sacrificar tudo isso pela sua "arte", e viveu e escreveu, e era um homem completo e um artista completo, igualmente feliz e totalmente infeliz, igualmente gregário e solitário, de uma forma saudável, simplesmente todas as coisas, e acredito que ele tenha pedido que sua obra não fosse comparada à "literatura como a conhecemos" por que na verdade não estava "fazendo nada daquilo". Estava apenas *escrevendo o que sentia vontade de escrever, não o que achava que a 'literatura' exigia dele.*

Mas isso é o que Wolfe e Conrad, grandes artistas que eram, fizeram sem parar. Eram terrivelmente solitários e infelizes, homens diferentes, e *por que*, se não por sentirem que tinham de sacrificar suas vidas pela arte. Que tolice idiota! Eles partiram a pedra em dois, olharam para si mesmos no espelho e pensaram em si mesmos como "artistas". Finalmente, tivemos o *nonsense* "além do bem e do mal" de Nietzsche, Rimbaud e Gide – TODOS ELES DOIDOS. Vamos ter outro homem que viva sua vida no mundo, completa, íntegra, e também escreva grandes livros. Acho que Zane Gray poderia ter conseguido isso com mais *trabalho*.

Salmos

PSALM

Thank you, dear Lord, for the work You have given me, the which, barring angels on earth, I dedicate to Thee; and slave on it for Thee, and shape from chaos and nothingness in Thy Name, and give my breath to it for Thee; thank you for the visions Thou didst give me, for Thee; and all is for Thee; thank you, dear Lord, for a world and for Thee. Infold my heart in Thy warmth forever.

Thank you, Lord God of Hosts, Angel of the Universe, King of Light and Maker of Darkness for Thy ways, the which, untrod, would make of men dumb dancers in flesh without pain, mind without soul, thumb without nerve and foot without dirt; Thank You, O Lord, for small meeds of truth and warmth Thou hast poured into this willing vessel, and Thank you for confusion, mistake, and horror's sadness, that breed in Thy Name. Keep my flesh in Thee everlasting.

Este diário começa com uma série de "Salmos" sem data, seguidos de um "Diário de Criação" de novembro de 1948 no qual Kerouac registra seu progresso em *Doctor Sax* e *On the Road*, nos quais estava trabalhando simultaneamente. Na primeira anotação com data, Kerouac escreve: "Assim – começa meu novo diário. E seu propósito, é simplesmente, redescobrir minha voz *verdadeira* que é a sua também, toda a nossa única voz verdadeira tão freqüentemente afogada pela crítica e pelo medo". Algumas páginas de notas feitas no verão e no outono de 1950 foram colocadas na seqüência apropriada nos "Diários de 1949". Há um último salmo nas últimas linhas escritas por Kerouac em 1950, no qual ele agradece a Deus pela publicação de *The Town and the City*. Nessa última página, havia uma anotação datada de 1947 que dizia apenas: "Sou um marginal e um santo", e que foi cortada.

O diário propriamente dito é um caderno de redação de capa dura. Kerouac desenhou na frente uma bola de futebol americano, uma de beisebol, um livro, notas musicais e uma bola de basquete entrando na cesta. "1948" está escrito com uma hidrográfica grossa e nas poucas linhas impressas na capa ele anotou:

John L. Kerouac
Diário
1939-40

— SALMÓDIA —

Deus, não consigo ver seu rosto esta manhã: a noite foi partida, uma luz matinal surgiu e, veja! lá está a cidade, e os homens da cidade com suas rodas chegando para engolir a escuridão sob as torres.

Ah! Ah! Aqui há raiva, Deus, há também uma ponte sobre a qual as rodas colidem, embaixo da qual eles trazem mais rodas e túneis, há uma chama enraivecida, aqui, com as multidões insípidas.

Deus, como conheço esta cidade. Fiquei aqui aprisionado cheio de raiva, fui um homem da cidade, com rodas, e andei por dentro dela, vi os rostos deles em torno de mim.

Preciso ver seu rosto esta manhã, Deus, seu rosto através de vidraças empoeiradas, através do vapor e do furor, preciso ouvir sua voz acima dos tinidos da cidade; estou cansado, Deus, não consigo ver seu rosto nesta *História*.

SALMOS

E quando vi a luz do sol da manhã na cidade, meu Salvador, chorei por haver tanta riqueza, chorei por Sua luz estar bloqueada sobre os homens da cidade, pesarosos e abatidos, as mulheres melancólicas, em suas torres negras e caminhos escondidos toda a luz, meu Senhor: e oh, meu Deus, agora rezo a ti – não retire Sua luz de todos nós, e de mim – não poderia regozijar-me em mais escuridão, nem rezar na ignorância do escuro: Sua luz bem acima da cidade e da ponte, de manhã – e estou salvo, meu Redentor, salvo! Pelo sol que é um milagre, pela luz que brilha em todos os lugares – mas Senhor: dê-me forças para meus salmos, para que possa regozijar-me com energia, com luz igual, dê-me lágrimas para a força, dê-me outra vez essas manhãs de luz e propósito e humildade.

*

E não existem mais salmos em mim, Deus? – nem visões pesarosas de sombria alegria do Senhor, concebidas na mais baixa solidão, no silêncio mais escuro, no medo e na solidão mais isolados, nem talentos musicais ricos e maduros que são usados para a devoção – Não mais?

*

Oh Deus como me regozijo nos pesares, agora, como se os tivesse pedido a Ti, e o Senhor os tivesse entregado a mim, como me regozijo nesses pesares. Serei como o aço, Deus, tornando-me mais duro nas forjas acesas, mais amargo, mais resistente, melhor: como o senhor ordenar, o Deus perdido, como o senhor ordenar: deixe-me encontrá-Lo agora, como nova alegria na terra ao amanhecer, como um cavalo em seus prados na alvorada vendo seu mestre aproximando-se pela relva – Agora sou como aço, Deus, como aço, o senhor me tornou mais forte e esperançoso.

Atinja-me e vou soar como um sino!

NOTA SOBRE AS ESTAÇÕES
My darling October, much too brief
    and winter is lovely too:
Spring far-echoing, musical and vast
    only Summer I hate.
Yet – Summer is nothing but gorgeousness, too ......
    .... *

DIÁRIO DE CRIAÇÃO   NOVEMBRO DE 1948

SEGUNDA-FEIRA 1º DE NOV. – Agora, com um novo romance a escrever, recorro a estes diários para manter o controle dos atrasos, e digressões, e estados de ânimo: – apesar de eu não mais reconhecer os "estados de ânimo" como o meu verdadeiro inimigo, mas a psicologia de aceitar-ou-rejeitar que

---

* Meu querido outubro, tão breve:
    e o inverno é belo também:
A primavera ecoa distante, vasta, musical
    é só o verão que odeio.
Ainda assim, o verão não é nada mais
    que a beleza, também.

destaca a violência deles. Mais sobre isso depois. Comecei *Doctor Sax* três vezes, e cada início foi um falso começo. De alguma forma, minha voz tornou-se falsa desde que terminei as últimas passagens "das profundezas" de *Town & City*... Você pode perceber isso por este tom de abertura desonesto e inauspicioso. A New School* é uma praga no belo talento que por exemplo animou a composição dos salmos precedentes em 1947, por mais pobres que possam ser em qualidade. Um homem não pode criar com suas palavras e construções imaginativas qualquer coisa dos valores humanos mais profundos, a menos que o faça por si só, sem os reparos de um "mundo vagabundo". Tenho quase medo de escrever, agora, cada palavra é um insulto à New School & seus pares. E – de novo! – preciso redescobrir a "humildade da vida de escritor".

Preciso fazer esse *Doctor Sax* em dois meses; só um romance curto, 50.000 plvs. mais ou menos, para possivelmente então inscrevê-lo em algum concurso, ou apenas para ter outra obra além de T&C no mercado antes do ano-novo. Assim – começa meu novo diário. E seu propósito é, simplesmente, redescobrir minha voz *verdadeira*, que é a sua também, toda a nossa única voz verdadeira, isso é tão freqüentemente afogado pela crítica e pelo medo.

Comecei a escrever à 1h30 da manhã. Escrevi cerca de **2.000 palavras**, utilizando grande parte de meu maltrapilho material inicial antigo. Então, na verdade, ainda não comecei. Fui deitar ao amanhecer, pensativo, um pouco preocupado.

TERÇA-FEIRA 2 DE NOV. – Continuei após caminhar, à tarde, por 3 quilômetros. Comecei a integrar o conto louco de 1943, *Doctor Sax*, a este esquema atual. Terminei às 4h da manhã. Fiz **2.500 palavras**. Escutei os resultados fantásticos das eleições, com vitória de [Harry] Truman**. Estas 4.500 palavras que tenho ainda são uma bagunça de material antigo, e sinto como se ainda não tivesse *começado*. Mas você vê meu sentimento – de ansiedade; mas, ao mesmo tempo, divertindo-me com esse pequeno romance! Será que é porque não é exatamente "sério"? – E eu não me sinta dilacerado pela história? É isso o que eles querem dizer com objetividade? Ainda tenho de aprender essas coisas de uma vez e por mim mesmo, não na escola, onde eles passam rapidamente sobre a superfície delas em seus estudos de literatura. Sinto-me especialmente feliz, sinto que *Doctor Sax* será um sucesso tanto para mim quanto para o leitor. Até agora a textura é rica, rica. Mas o que eu quero dizer com

---

* Kerouac tinha começado a ter aulas na New School Research em setembro de 1948 como parte do programa de auxílio a ex-pracinhas.

** Harry Truman derrotou o candidato republicano Thomas Dewey em uma das eleições presidenciais mais disputadas da história americana.

seriedade – eu sei que quero dizer pesar, pessoas de verdade como Lutero cujos sentimentos, todos eles, são tão reais que quase se poderia tocá-los nas páginas. Talvez eu tenha de chegar até aí quando começar com as pessoas e crianças em Dr. Sax. Se não o fizer, que sucesso verdadeiro poderá ter *como* uma obra de arte? Não, não considero algo objetivo, estilo-Flaubert, um "sucesso" – apesar de sabermos que nada é realmente objetivo. Ah, vamos ver, vamos ver. A questão hoje é esta: por que estou vagamente preocupado por começar a ficar evidente para mim que posso escrever sem "tormento espiritual", como outros já fizeram, e com sucesso artístico. Artístico é uma coisa, conectada com o mundo; e *espiritual* é outra, ligada a mim e ao meu paraíso demente do qual Harrington zomba. Mais sobre isso depois. Esta noite também enviei quatro cartões-postais, dei caminhadas; e cheguei à conclusão de que a maior fonte de *páthos* em Mark Twain, para mim, é que ele nunca tenta botar seus personagens dentro de um mundo cheio de dobras e espirais, uma paisagem-Twain, por exemplo, mas deixa-os nus nas planícies amplas – seja essa planície os estados do vale do Mississippi (Missouri, Illinois, Arkansas, Tennessee, Louisiana) – ou se é Nevada, Califórnia, etc. – nus nessas noites vastas. Só que não supõe tentar um mundo fechado, panorâmico e cosmogônico (como tentei em T&C) – *é pathos*, tal *pathos*. O pequeno Huck às vezes não tem idéia de *onde* está no rio, Nigger Jim parece não se importar... mas você sabe que Twain é aterrorizado por essas coisas. Dostoiévski também faz isso, mas *deliberadamente* (para mostrar a independência eslava da natureza, como costumava ser).

QUARTA-FEIRA 3 DE NOV. – Trabalhei algumas horas à tarde antes de ir para a escola (vou à escola para ganhar dinheiro para o aluguel e as despesas). Conversei com Alfred Kazin depois da aula dele. Ele gagueja, joga conversa fora, quase atropelado por caminhões, ansioso, gago, orgulhoso, um pouco ressentido com seu mundo que o faz lançar olhares furtivos de canto de olho. Chama-me de "John". Quer ver o romance inteiro agora. Dessa fúria distante dele olha para mim de esguelha e diz: "Agora é óbvio que você tem *alguma coisa!*". Gosto desse cara porque ele é empolgado. Então fui à casa de Dave Diamond, peguei caixas de papelão, comemos, bebemos. Um escritor – Marc Brandel – chegou da noite, muito sóbrio, elegante, um pouco obsessivo.* Eu não podia, por exemplo, compreender porque ele estava usando um suéter preto sob seu paletó, sem gravata e capa de chuva. O que esse trabalhador de histórias acha da noite, das ruas, da chuva que começou a cair.

---

* Marc Brandel (1919-1994), escritor britânico, que já tinha dois romances publicados na época desse encontro com Kerouac, viria a se tornar um prolífico autor de romances, peças, roteiros de cinema e alguns programas de TV populares.

Ele tem escrito sobre a América Central. Ele "voou" até lá. Não é misterioso, só incompreensível. Então liguei para Lou, e ele foi até a casa de Dave, que tocou seu maravilhoso "Rounds" e outros trabalhos. Sim, Davis é um artista espectral. Mas sempre fica com raiva de mim por qualquer coisa que eu faça, eu, um artista espectral menos sóbrio. Essa é a sobriedade de Diamond em torno de sua boca, uma língua afiada, frustração louca (acho). Como eu posso saber? Lucien e eu saímos na chuva forte (quando Peter e Kenneth surgem do necrotério), cheios de intenções suicidas. Ficamos bêbados, esbarramos em Jas. Putnam no Herdt's na 6^(th) Avenue*; Putnam estava bêbado. Tinha passado no coquetel de Barbara algumas horas antes, perguntando por que eu não estava lá; fiquei reluzente de felicidade e gratidão, mas acabei tentando refrear J. P. porque era demais para mim. Nós três ficamos mais bêbados no apto. dele, com uma garrafa de uísque. Sentamos no chão e ficamos olhando para suas pobres armas e molinetes de pesca classe-média, seus projetos para um filho que não teve. Desperdiçamos tanto tempo nesta vida para decidir *quem* somos... É triste quando você pensa que tudo o que eu realmente faço é pura perda de tempo e alegria momentânea. Ao amanhecer, partimos cambaleando e tropeçando... e este é só um quadro de homens cheios de vinho, não de "horror moderno". Tenho medo de termos "modernos". Lou e eu pegamos uma cômoda de papelão no lixo da rua e seguimos atirando bosta seca e cascas de laranja & garrafas velhas nas gavetas. Fomos assim até a casa de Barbara – Lou vestindo um velho chapéu surrado e *beat* que tinha pego na sarjeta – e ele então começou um show com nossas mercadorias. Barbara uniu-se a nós com tristeza. Que garota triste, ela mostra que é isso, aquilo ou outra coisa (sofisticada?), – tenta descobrir quem é. Bem, é uma garota que não ficou com raiva de nós por termos emporcalhado sua casa ao amanhecer, e de surpresa, também. Pirado, fui à aula no dia seguinte, encontrei-me com Harry Holmes e sentamos na sala do enfadonho Brom Weber. Depois, conversamos o dia inteiro, passeamos, caminhamos sem pressa; fui à casa dele, bebi cerveja. Marian, a mulher dele, chegou em casa louca da vida com ele por estar perdendo tempo. Mas ele estava só relaxando, será que ela não queria relaxar também? – uma boa garota cercada de problemas e uma raiva interior em relação a algo. Comemos, bebemos; telefonei para Harriet Johnson, ela foi até lá. (Fiz tudo isso sem um dólar no bolso, como de costume.) Mas John e eu aprendemos muito em nossas conversas aquele dia (outro sujeito fantástico, cheio daquela profecia que está se erguendo e se erguendo agora no mundo – outro grande amigo para mim, o vigarista) – nós aprendemos, gastamos os últimos *cents dele*. Ele disse que eu deveria receber os

---

* George Herdt's, uma espelunca no Greenwich Village.

presentes da vida do jeito que viessem. Quer saber por que eu me sinto tão culpado, porque eu me "escondo") – droga, sempre sentirei culpa por alguma coisa que estou sempre, sempre fazendo. Em que merda de situação eu estou, aqui (tap, tap) – Uma noite de sexo louco com a perversa Harriet, a *virgem*. Fiquei com raiva e peguei pesado, e ela gostou mesmo disso. De manhã, meio estranho, levantei-me para ficar conversando sem pressa com Holmes. Marian chegou em casa outra vez, dessa vez com um humor melhor. Stringham apareceu com um poema, seu pé quebrado, os olhos confusos. Fomos a um restaurante, depois a bares tristes, perambulamos, rimos, acabamos desanimando – eu mesmo não sabia para onde ir, todo sujo e sem grana. Stringham e eu ligamos para Diamond e ele nos deu uma bronca. "E Alfred também não vai tolerar isso!" – querendo dizer Kazin, quer dizer, ficar por aí perambulando e bebendo. Mas isso é apenas homens, mulheres e vinho, não é? Agora sei menos que nunca – totalmente estúpido com uma ignorância funesta. Por que todos continuam a construir leis morais como se não tivéssemos suficiente delas para nos sobrecarregar com culpa? – pelo menos eu. E Stringham também. Vamos todos dizer "Pro inferno com isso!" e nos tornar, enfim, *realmente* criativos... livres, soltos, flanando e parando preguiçosamente aqui e ali, provando, desfrutando. Finalmente animais, depois da grande interrupção da civilização efêmera. E construindo sobre isso, celebrando tudo isso. Fui para casa – conversei um pouco com Mamãe de manhã e saí outra vez, agora, como combinado, 90 quilômetros rio acima até Poughkeepsie para ver Jack & Jeanne Fitzgerald. Lá está o seu Hudson, o anoitecer enevoado, a grande luz... o crepúsculo do mundo... as margens com seus cabelos sobre as águas, a neblina, a meia-lua do Hudson no céu – Sing Sing – então a noite, e Poughkeepsie esquálida como Lowell. A casa caindo aos pedaços de Jack... livros, cerveja, discos, piano, seu lindo bebê-anjo Mike – então, para mim, um pêssego de 17 anos que não ficou na casa nem 30 minutos, mas deixou-se ser levada lá para cima. Que prazeres da carne! Quero começar a viver outra vez, sem limites ou obstruções. Como com Jinny no verão passado, uma pequeno recolhimento amoroso, vasto, úmido, suave e ondulado – estrelada, como lábios, como uma colina – uma espécie de eternidade para sua vastidão sem forma. É isso o que todo homem quer. Eles olham para uma garota, se preocupam com suas palavras de reprovação – mas deviam só considerar a eternidade de suas dobras vaginais molhadas e desejosas de amor. Não é esse o objetivo da vida? A catedral, o pilar aspiram apenas esse propósito – pelo amor de Deus, vamos admitir isso. Henry Miller me faz chorar em "Primavera negra" quando a viúva de alguém se submete suavemente, tão amável, solitária, desejosa – o herói fica maravilhado, "ele devia saber", pensou que ela odiava tudo. Ora, é claro que não. Todos muito sãos por causa de sua carne. Graças a Deus pela carne! Graças a Deus pela sanidade do vinho e da carne em meio a todas essas IBM's e prisões e diplomatas e neuróticos e escolas e leis e tribunais e hospitais e casas no subúrbio onde as crianças são ensinadas a se desprezarem. Quando vamos desfrutar outra vez, abertamente, um movimento das tripas, como as crianças? Todas as coisas, tudo deve, outra vez, rumar para o jardim das coisas... O velho Jack – bem, aí está um sujeito para você, soltando pérolas sempre que abre a boca. Quanta cerveja bebemos! Que coisas belas e importantes aprendi. Jack tem um grande tema, o tema de uma vida, na visão de seu pai como "O Velho Murphy Maluco" – "que caga para todo mundo e ama e odeia todo mundo", e que "sabe que há mais que uma ou duas pessoas no mundo" (Fitz achava que eram duas ou três). Sua Jeanne é uma garota espetacular, radiante e de certa forma *verdadeira*, como se tivesse se liberado das preocupações tolas que atualmente pesam sobre a maioria de nós. Ela cuida do bebê com uma espécie de alegria fácil. O único caos na casa é uma espécie de caos afetuoso em que Fitz, gentil e acidentalmente, derruba garrafas e livros. Há algo radiante em tudo isso. A única tristeza é o isolamento dos dois em uma cidade que os olhava com desdém. Mas não há tristeza verdadeira... só a praça, o cocho para cavalos no fim da rua deles, deserto, projetando uma sombra comprida na tarde de domingo. Caminhei com Fitz. Ele mostrou o mercado heróico do "velho Murphy maluco, onde ele tinha morrido, onde bebia, de onde saía cambaleando pelas ruas. Ele me mostrou lugares onde tinha brincado quando criança. Voltamos para sua casa alegre e caindo aos pedaços e bebemos cerveja e fizemos a descoberta (enquanto Jeanne dava um longo passeio com o bebê Mike) que em uma manhã de segunda-feira todos deviam ficar em casa sem fazer coisa alguma a não ser relaxarem com os seus – chega de I.B.M!!! chega de fábricas! chega de relógios de ponto! chega de roupas & móveis caros! chega de desperdiçar sangue e carne nas panças da civilização! Chega de tudo menos de comida e bebida e amor e contemplação de todos nós! E chega de pecados e culpa, chega da necessidade de pecados, chega de *culpa por não ser culpado*! Apenas todas as coisas, enfim, compreendidas francamente, emergindo da energia sexual para todas as comunicações e situações humanas. Apenas o mundo, sua luz, e as pessoas que *estão nele*. (não *fora* dele, como agora.)

TERÇA-FEIRA 9 DE NOV. – Voltei de Poke de carona. Um motorista de caminhão, enquanto levava seu caminhão grande para o Bronx sob a grandiosa luz de novembro, disse, ao fim de nossa longa e agradável conversa, "A vida... é um mistério". Voltei para casa e comecei a escrever *On the Road*, deixando *Doctor Sax* de lado por enquanto – ainda preciso senti-lo (recentemente, tenho tido novas idéias). À noite, vi Holmes e Tom Livornese. Grande discussão sobre minha idéia-do-sexo. Será que posso perder amigos por propagar a revolução sexual? Vamos ver... acho que não... *na verdade*, todo mundo concorda com todo mundo. Esses dias tenho a sensação de que "sei tudo". E resolvi viver mais e escrever mais, em vez de, como Diamond, viver menos para escrever mais... ou menos? Esses dias, também me sinto atrevido e feliz. Não faço coisa alguma que saia de minha cabeça, e minha única culpa é não sentir culpa o suficiente... de novo.

Escrevi **6.000 palavras** de *On the Road*, mas de forma experimental, suja, rápida – quero ver o quanto um homem pode fazer. Logo saberei.

QUARTA-FEIRA 10 DE NOV. – Recebi uma carta de Temko de Paris. Maravilhosa. E uma grande carta de White de Denver. E uma carta de terror sinistro e de San Francisco, de Ginsberg. E de Putnam – sobre minha história da "viagem louca", que estamos tentando vender. As coisas giram tanto que não consigo acompanhar. Dois romances, e um terceiro, *Town & City*, para revisar em breve – e escola, aulas, leituras, provas, trabalhos – e todos os amigos – e garotas – e birita – e planos para ir a Paris em fevereiro – viajar pelos E.U.A. em janeiro. Será que consigo fazer tudo isso? Consigo? Posso?

Ah, o olho de um elefante em sua cabeça enrugada, a tromba enrolada, o couro duro em volta... Fui à aula de Kazin à noite, depois de escrever **2.000 palavras** à tarde (primeiro esboço, rápido, descuidado), e conversei com ele, e Harriet. Kazin diz, "Então você quer ser um escritor". – com o pesar do conhecimento de causa. Mas espere até que ele leia o que eu fiz. Na verdade, minha literatura é um ensinamento, e seria impossível para mim *ensinar se os outros já soubessem*; ainda assim estou sempre impaciente porque eles não sabem o que eu fiz, o que estou fazendo: mas é melhor assim. Um dos grandes incentivos do escritor é o negócio demorado de conseguir divulgar seus ensinamentos até que eles sejam aceitos – um impulso que diz, "Há-há – espere só!". Escritores lidam um com o outro, como índios *kwatkiutls* na cerimônia festiva de *potlach*, dizendo, "Sim, chefe! – você não consegue fazer isso!" – e, "Sim, meu caro, vou *superar* isso!" (Kazin agora também é escritor, está fazendo um livro criativo.) Tive uma conversa intelectual chata com Hariet, que está influenciada por um tipo de estética de Djuna Barnes, e quer os Estados Unidos "homogêneos", como a américa dos puritanos. Muito "mais bonito" uma mulher lidando com seres humanos e decoração de interiores. Cheguei em casa às 2h da manhã, para escrever. Com Kazin em um bar da 5th Avenue, com Harriet no San Remo, no Pastor's e no Minetta.* Lá encontrei

---

* Bares do Greenwich Village: o San Remo era um bar e restaurante italiano na Bleecker Street famoso por ser freqüentado por escritores; John Clellon Holmes escreveu sobre ele em *Go* (1952); o Minetta Tavern era um ponto popular da boemia na MacDougal Street.

o velho Joe Gould, não mais ávido por conversar: agora está velho demais: depois de meio século de conversas ávidas: só lê seu jornal, agora um velho como outro qualquer. Mas amo esse coroa pelo que ele fez, e talvez seu *Oral History* seja mesmo um grande livro. Talvez seja. Mas Joe, como eu, também precisa saber que "é melhor" que por enquanto seus ensinamentos fiquem incompreendidos, senão o carinha morre *com tudo revelado*. Não é? Carlyle poderia falar sobre isso...

Vi uma negra com uma bíblia no metrô que bem poderia ser minha mãe. Você sabia que o metrô é uma grande sala de estar da humanidade? Em que outro lugar homens, mulheres e crianças se sentam frente a frente, é como em casa! O metrô é a sala de visitas de Nova York, correndo sobre rodas pela escuridão... escuridão... todos ficamos ali sentados, lendo, trocando olhares, nos comunicando, relaxando, nos examinando, nos escondendo, vendo a nós mesmos. O metrô nunca tinha aparecido na História – as pessoas se *encaram* em prateleiras, e é como em uma "visita". Escrevi mais **800 palavras** às 3h da manhã.

QUINTA-FEIRA 11 DE NOV. – À tarde escrevi **1.500 palavras** de *On The Road*; e fui encontrar com Putnam em N.Y., ajeitei o conto, assinei presença na escola, vi Lou rapidamente, & Barbara; vi meus amigos da New School (e neles observo o fato interessante de que a "*intelligentsia* revolucionária" neste país agora não vai à escola, estão em todas as Times Square dos Estados Unidos fumando maconha, discutindo Reich, lendo os jornais, ouvindo *bop* – os intelectuais da New School não contam – esta é parte da revolução sexual americana que está chegando, os revolucionários sequer acreditam em escolas). Então visitei Duncan Purcell e sua esposa alemã Edeltrude, e tivemos uma conversa de certa relevância, apesar de ter ido embora com a sensação clara de que eles achavam que eu era louco – não só louco, mas alguma espécie de criminoso – claro que contei a eles sobre minha revolução inominável. Bastou! Não me importo que eles sejam nazistas, mas queria que fossem nazistas com um propósito, revolucionários! – Será que vou me odiar mais tarde por toda essa arrogância? Não é minha intenção. Descobri uma grande verdade.

SEXTA-FEIRA 12 DE NOV. – Escrevi **2.500 palavras** à tarde, depois de uma caminhada até a biblioteca, descendo a rua aqui em Ozone. Então assinei presença na escola em N.Y. e fui circular pela Times Square com os Holmes, voltei para casa. Pensando novas idéias loucas para *On the Road*.

SÁBADO 13 DE NOV. – Nada importa além de minha literatura, depois do amor. (Posso estar perdendo o meu dinheiro da escola por negligência. Sempre sou negligente com formalidades tolas – por que eles simplesmente não me dão a mesada de sobrevivência, nada tenho a aprender na escola, especialmente *naquela* escola sem graça, lugar de revoluções anêmicas.) Hoje passei um belo dia em casa, jogo de futebol americano na televisão no bar Linden's, jornais, refeições – e um filme à noite com minha mãe. Um dia de ventos outonais. Meu novo romance está se desenvolvendo em minha mente. À noite, retomei o trabalho, escrevi **3.000 palavras**. Mas eu me pergunto se também posso fazer *Doctor Sax*. *On the Road* é barbada. Pode ser lido "por todo mundo". Preenche o desejo de Mike Fournier, expresso na primavera passada, de que eu escreva "verdadeiras histórias de ação". E é vasto, complexo, triste, engraçado. A qualidade do texto é ruim – ou talvez seja melhor que T&C, na verdade não sei. Apaguei às 4h30 da manhã.

DOMINGO 14 DE NOV. – A marca da metade de novembro se aproxima. Escrevi **2.000 palavras**. Resolvi que talvez a melhor maneira de fazer *Doctor Sax* seja em uma espécie de Al Capp* "mais elevado" – mas agora enrolado em *the Road*.

SEGUNDA-FEIRA 15 DE NOV. – Assinei na escola e depois fui à *vernissage* de Allan Wood-Thomas na galeria Carlsberg. Tudo mundo lá. Encontrei, depois de 8 anos (não o via desde a Horace Mann), Don Wolf, que agora é um compositor. Don e seu parceiro de visual greenwichesco, Alan Brandt (uma personalidade brilhante estilo Broadway), escreveram *Now He Tells Me* para Nat King Cole. Encontrei Allan Thomas, um sujeito bacana, másculo, sincero, sonhador, e um bom artista – e sua mulher louca & desvairada Annabella (coisinha linda). Montes de gente foram para a casa de John Holmes depois do *vernissage* – o dono da galeria circulava como Oscar Nietzscke e Kelly fazem nas festas, dançando e saltitando sozinho. Mais tarde, fiquei bêbado com John e Herb Benjamin, um maluco que diz que escreve os romances "luxuriantes" de Djuna Barnes, que diz que romance é uma dança. O importante sobre Herb é que ele é ligado, aberto, doce – eu estava muito bêbado e jorrei Shakespeare. Holmes e eu tivemos outra discussão quase-feia sobre consciência política. Dormi lá vestido com todas as minhas roupas, levantei e fiquei horas conversando com John – depois fui para a casa de Tom, esperei, dormi – então fui para casa. Escrevi duas cartas de alma-dilacerada para Neal e Fitzgerald... como se fosse minha última noite na Terra. Nunca fiquei tão estranhamente louco, & Deus sabe por quê... A carta para Neal pedia perdão, de uma maneira insondável, assim como a carta para Fitz. Para Neal e Carolyn disse, "Beijo seus pés porque não quero morrer, vidas, suas vidas" –

---

* Al Capp (1909-1979), criador da tira de quadrinhos *Ferdinando* (*L'il Abner*).

(como eu estava falando sério!) Essas coisas são indizíveis e amáveis, e *são* amor. Lembrei a Fitz que nós dois devíamos amar a vida de nossos pais. Nas duas cartas havia a expressão de meu novo sentimento "livre", que era evidenciado pelo fato de que também falava com as mulheres deles nas cartas. Para mim, isso é o rompimento de meu medo de mulheres como algo mais que almas sexuais – a conscientização de que elas são minhas irmãs, que *são* sem dúvida criaturas-iguais. Isso está fundo em mim, daí a incoerência e ingenuidade. Antes disso eu costumava *categorizar* mulheres, ou seja, dizia a elas coisas diferentes do que dizia aos homens, como se fossem anjos, não humanas – o que chamamos de "galanteios" e "sedução". (Clark Gable.)

QUARTA-FEIRA 16 DE NOV. – * Acordei tarde, não fiz nada além de preencher uma nova agenda de endereços. Senti-me culpado de minha "arrogância" e "indecência" recentes. Comi e fui à aula de Kazin. Depois conversei com Bill Welborne – um novo maluco. Então voltei para casa e escrevi **700 palavras** inadequadas de *Road* – ou seja, coisas que não queria estão acontecendo. É, porém, a forma mais verdadeira de escrever? – compulsiva, mesmo temerária, mesmo inominável. Estou tão próximo a isso agora que não posso dizer. Fui para a cama triste.

QUINTA-FEIRA 17 DE NOV. – Fui à escola. Vi Dick e Marilyn Neumann, e Welborne, li Sando Burger & sua garota Carol, a mulher de John Taleyke, um velho conhecido dos tempos de Burroughs. Um dia longo de conversas variadas. Engraçado que quando saí de casa em Ozone estava triste porque não tinha conceitos que justificassem a alegria, e me sentia triste e abatido (*beat*), mas só em ver todas essas pessoas, me enchi de algo grandioso. Voltei para casa para escrever. Também com a convicção que *Dr. Sax precisa* ser feito em algum momento – porque o próprio Welborne considera O Sombra uma figura gótica além do mal, sem que eu mencionasse isso primeiro. Com um Dr. Sax esperando, portanto, para ser atualizado em mito. John Holmes foi o primeiro a me lembrar disso (depois vi por mim mesmo). Mas a compreensão de John de meu *On the Road* me enche com uma visão de meu próprio propósito que antes eu não conseguiria. **1.000** *palavras-as-mais-misteriosas* que saem de mim em um transe de produção enquanto vou batendo à máquina. Sempre tive medo de tentar isso – talvez seja isso. Esta pode ser a grande "virada" em minha literatura desde novembro passado quando eu "saí" de uma prisão verbal-emocional anterior. Talvez isso me leve (Ginsberg acha que sim) ao estado de escrever que Mark Van Doren caracteriza como "fácil ou impossível". Contei isso a Allen, e ele disse que tal literatura "flutua suavemente acima de um

---

* Erro de data original, mantido como na edição americana. (N. do T.)

abismo, como um balão, como a realidade". (Especificamente, certas passagens em meu capítulo "Remember? Okay", em *On the Road*, no qual os garotos Ray e Warren mantêm conversas irresponsáveis e incompreensíveis entre suas corridas até os ônibus e até seus destinos.) Flutuar suavemente sobre um abismo é como a vida, quando, de forma não-premeditada, perdemos nossos preconceitos no turbilhão e no perigo das coisas verdadeiras que acontecem e ficamos cheios de aborrecimentos passageiros, leves e sem nome, às vezes uma alegria repentina e inesperada, às vezes impulsos – tudo se cruzando e entremeando e girando em torno de um conhecimento central celestial que *todos* temos sobre o que estamos mesmo querendo fazer. Mas essa descrição é tão triste – não está perto daqui. A verdadeira concentração intelectual em uma obra de arte é, afinal de contas, só uma coisa em si mesma – uma análise, uma "sacada" como Proust (?) – não é a vida em si, como em Dostoiévski e Shakespeare e às vezes mesmo em Céline. Um "balão", exatamente como nos sentimos quando pairamos na vida como os martins-pescadores sobre o riacho.* O que mais me absorve agora é essa responsabilidade que temos em meio a tantas ações específicas, como fazer compras, andar de metrô, ler, dormir, até fazer amor. Nessa irresponsabilidade, vejo o borbulhar de nossa vida, bolhas que na verdade parecem feitas da umidade que enche nossos olhos em momentos de diversão ansiosa – mesmo em momentos de pesar. É *rosa*! (Não estou sendo empolado, só sério.) Bolhas cor-de-rosa saindo de nossos olhos e estourando brilhantes à grande luz do sol de nossa... vida central.

SEXTA-FEIRA 18 DE NOV. – Escrevi **3.000 palavras** à tarde, boas outra vez (apesar de não com grande e temerária compulsão; "Eu sabia o que estava fazendo"). Um dia vamos saber o que isso significa. Sobre as bolhas cor-de-rosa: essas minhas considerações, ou investigações, ou objetos que assomarão no futuro. Não deixo passar o fato de que esta é uma década de prosperidade, e que é mais fácil voltar nossas atenções para o amor, enquanto que, nos anos 1930, problemas econômicos tornavam isso praticamente impossível. Mas para o dia em que a energia atômica tiver solucionado parcialmente os problemas econômicos, como acho que vai acontecer (ou a humanidade não irá crescer, e ela sempre cresce), para o dia em que vamos chegar aos últimos e maiores problemas da vida e da morte na alma, eu ofereço estas minhas considerações aparentemente irrelevantes. Essas coisas, então, estarão em primeiro lugar – os "problemas" de relaxar e amar, a propagação sexual.

---

* Martins-pescadores são pássaros comuns em obras de Walt Whitman. De *Specimen Days* (1892): *I write this sitting by a creek watching my two kingfishers at their sundown sport...* – "Escrevo isto sentado às margens de um riacho enquanto observo os martins-pescadores em seu divertimento no crepúsculo...".

Whitman já mostrou o caminho. Mas graças ao próprio fato, também, de as pessoas terem bolhas nos olhos, estou convencido que não vão destruir o mundo. Outra coisa vai acontecer: temos maldade e crueza inexplicáveis, e impulsos de destruição, mas também temos bolhas, balões e flores – a alegria irresponsável controlando a ira responsável, pois o que "inspira mais confiança", o que é mais seguro que o juízo? Quando os juízes da ira desaparecerem, será só porque não agüentamos mais o peso do "caráter" (como é chamado). Nossos códigos são nada menos que ódio à vida. Mas nosso nevoeiro rosa é amor à vida. Você consegue ver essa névoa cor-de-rosa aceita em West Point, o assento granítico de honra e código e responsabilidades? – onde os homens permanecem eretos apenas por causa de um código, não por uma alegria.

Houve uma grande festa à noite na casa de Johnny. Primeiro, jantei na casa de Sando, com Carol Bernard e Welborne. Sando era um viciado – conhecia Hunkey e Vicki, foi casado com Stephanie Stewart. Foi um jantar ótimo no apartamento estilo Raskolnik no 5º andar no Bowery, e então conheci um garoto de Detroit na Grand Central, que disse que era o contato de maconha de Tennessee Williams. Depois todos para a casa de Holmes. Segue o rol dos presentes a essa festa enorme (se eu conseguir lembrar de todos) – Nós, e os Holmes, anfitriões, e uma loura bonita em calças compridas negras de seda chamada Grace; e Rae Everitt ("meu par"), e Harriet Johnson, Herb Benjamin (um grande sujeito engraçado, uma Ruth Sloane homem); e Ginsberg; Bill Welborne, e Conrad Hamanaka um escritor japonês; Ed Stringham, Susan, A.J. Ayer, um filósofo, com amigos; Lucien e Barbara; mais de vinte pessoas, e sei que me esqueci de alguém. Herb tinha muita birita – bebemos quatro litros de uísque – e todo mundo saiu para caminhar. Dei uma volta com Grace, que é casada, uma bonequinha muito bonita com quem me recusei iniciar qualquer coisa por saber de sua situação e intenções, ou seja, aquilo resultaria em nada mais que frustração e agonia para mim, porque eu podia "cair" por ela, que na verdade não liga (?), e é casada, e mesmo assim namoradeira. Ela dava bola para todo mundo. Foi uma festa boa. Foi tão bom ver Lucien e Marian bêbados juntos (e o velho Holmes saiu com Rae para algum lugar), Harriet e Herb tomaram banho juntos. Welborne foi embora, chateado porque não tinha mais bebida. Hamanaka ficou até o amanhecer. Herb imitou Gypsy Rose Lee. Ao amanhecer nos dispersamos na chuva.

SÁBADO 19 DE NOV. – Fiquei em casa, comi, fiz compras, cochilei, conversei com Mamãe. Quando vou ter notícias da Little, Brown? – e da Atlantic Monthly? A qualquer momento, agora, o que já foi minha maior ambição, o sucesso como escritor (pagamento e reconhecimento), vai acontecer. Não posso acreditar – *e nunca penso sobre isso*. Estou apenas fazendo um registro disso. ("Um bom sinal", digo a mim mesmo com convicção – portanto não há diferença em minha ambição?) Escrevi à noite: **1.500 palavras**; a história está atrasada demais?

DOMINGO 20 DE NOV. – Acordei tarde, caminhei, assisti a um jogo de futebol americano semiprofissional, etc. Escrevi **2.500 palavras** à tarde e noite. Também escrevi primeiro rascunho de um ensaio sobre "Whitman: um profeta da revolução sexual", para o curso de Kazin na New School. E escrevi uma carta para Alan Harrington exigindo saber mais sobre seus meio-irmãos índios que domam potros chucros e cantam para seus antepassados no Arizona. (Ele não dá atenção a eles). Na produção de hoje, consegui um bom retrato de um jovem negro das ruas (Paul Jefferson). O romance agora está se abrindo para vários personagens de *Town & City* – para Liz Martin, Junkey, Buddy Fredericks, Levinsky, mais tarde Denison. Todos os meus romances serão amarrados como os de Balzac: isso se deve a meu *sentido* da vida americana como uma unidade, para mim. Devido a um sentimento... e funciona bem.

SEGUNDA-FEIRA 21 DE NOV. – Fui à New School e assinei presença. (Para mim, é como assinar cheques, só isso – a School me aborrece.) Matei aula e andei dois quilômetros até um cinema na Times Square, dois filmes antigos dos anos 30, *Marujo intrépido* e *San Francisco, a cidade do pecado*.* Esses filmes que eles faziam tinham o poder de fazer uma pessoa chorar de verdade... hoje não existem mais, com essa "dureza" falsa dos heróis. Agora me lembro como *Marujo intrépido* me fez começar a escrever um romance aos 13 anos – eu me pergunto o que aconteceu com aquele primeiro capítulo que escrevi. (Minha irmã esvaziou meus "arquivos" em 1935.) Cheguei em casa, comi, escrevi. – **1.000 palavras**. Dando forma – os personagens ficam mais *reais* quando reflito uma segunda vez sobre eles, & também trabalho.

TERÇA-FEIRA 22 DE NOV. – Escrevi mais de **5.000** – "*palavras milagrosas*", escrevi o dia inteiro e à noite. (Levinski na descrição de Beckwell do Cristo de Rembrandt e anjos de Chaplin, e todos os outros.) Hoje eu enrolei. Sinto-me bem. E parei não porque estou cansado, mas porque me deu vontade.

QUARTA-FEIRA 23 DE NOV. – Sonhei à tarde. À noite depois do jantar fui à aula de Kazin. (À tarde também escrevi uma carta para Harrington e fiz um pouco de pesquisa nas cartas de Ginsberg para *On the Road*.) Ginsberg (e Harriet) estavam lá sentados na aula de Kazin. Uma boa palestra sobre

---

* *Marujo intrépido* (*Captain Courageous* – 1937) é um filme de Victor Fleming baseado no livro de Rudyard Kipling, estrelado por Spencer Tracy, Lionel Barrymore e outros notáveis; *San Francisco* (1936) é um filme romântico de Clark Gable.

Redburn, de Melville. Depois, Kazin tomou umas cervejas comigo e com Allan. Ele disse coisas sobre Diamond que me dão uma nova imagem de Dave – disse "Ele tem dificuldades (ou problemas) para viver". Resolvi ter uma conversa séria com Dave (que tem andado com raiva de mim). Em vez disso, com Lucien-Arcanjo, todos nós (Allen, Barbara, Bob Niles, eu) – passamos mal de tanto beber. Ao amanhecer carreguei Allen e Lucien nos ombros, por um quarteirão, calçado só com as minhas meias – também perdi meu lápis. Dormi no carro de Lucien. Cambaleei para casa às 9h da manhã. Demais, demais. Também estou passando mal. Diamond está certo. Mas é por Lucien que sempre pareço querer morrer... e todos nós, mesmo a pobre, doce e irritada Barbara. Como ela me odeia. Foi uma daquelas noites demoníacas de Lucien... brigas, dança, vômitos das sacadas, queda de escadas, gritos, e ele acaba quase morto pelo excesso de álcool... nas sarjetas, sarjetas, as mesmas sarjetas de Rimbaud. Como é triste – que dor eu sinto quando penso que Lou, que sabe tudo, está se matando. Brilha, reluz, morre, o sublime Harpo Marx Lucien. Ele está em sua eternidade, um pássaro pousado acima de milhares de braças... um Hunkey jornalista de classe média, e um Rimbaud, um Don Birman,* um anjo da morte.

QUINTA-FEIRA 24 DE NOV. – Ação de Graças. Andei 3 quilômetros para comprar sorvete. Pato no jantar, conversas com minha grande mãe. (Também escrevi uma carta para tia Louise, ontem.) Tom chegou à noite. Tomamos sorvete, passeamos no carro dele, tocamos piano – o Tom de Ação de Graças, que está perdido.

SEXTA-FEIRA 25 DE NOV. – Fui ao cinema em N.Y. com mamãe – Stan Kenton, um filme francês, etc. Ela estava usando suas melhores roupas e como eu amo minha mãe, minha doce mãezinha... uma *pessoa* como todas as outras que por acaso eu conheço. Que pensamentos tenho tido desde aquele porre, a náusea do uísque que sempre induz visões. Minha mãe apenas é "Isto". Penso nela com tanto gosto. Acho que Hal Chase está louco por desconfiar de mim... espero que Hal volte para mim. Amo as pessoas. Agora sei como eu me sinto esquisito. Não sou digno de beijar os pés de pessoa alguma, nem mesmo as cheias de pose. Por que não morremos todos? Por que vivemos sofrendo tanto por viver? Por que sinto dor quando penso em Marian, ou Lucien, ou Burroughs? – uma dor que simplesmente é "isto". Tudo é "isto". Tem isto.** Vamos descobrir quando... Quando eu pensar sobre todos eles, e o odioso eu

---

* Don Birman é o personagem principal alcoólatra no filme do diretor Billy Wilder *Farrapo humano* (*The Lost Weekend* – 1945).

** Por todo o romance de Kerouac publicado *On the Road*, Dean Moriarty fala de sua busca pelo enigmático "isto".

no meio (a razão, está vendo, tão odiosa). Que buraco enorme no mundo! E nesse buraco, nessa amputação, lá está... por que não morremos. "Ela não vai dar descanso à idéia (de que eu não gosto dela (ou não a amo)) (Marian) até que veja você outra vez." Como somos *ávidos*! Como posso odiar alguém tanto quanto me odeio? – portanto, todos amamos uns aos outros, não?

  Não é verdade que você precisa amar a si mesmo para amar os outros, como disse Ann Brabham. Você precisa se odiar com essa dor, então você cruza as pontes-sombrias para o outro lado da eternidade, onde seu rosto ávido se contorce, pálido, morto, morto... Acima eu disse "eu amo as pessoas". Que coisa asinina de dizer. *Aquilo* foi amor-próprio. Não tenho o direito de ser amado, tenho? Tudo está em algum lugar aqui perto e é a razão por que não morremos. Porque sabemos que a arrogância não vem de uma fonte arrogante... e muitas outras coisas. Perdi todos os meus cálidos lenitivos, estou sentado sobre as cem compreensões – todos por favor me amem.

SÁBADO 26 DE NOV. – Em casa à tarde. Escrevi carta para Paul sobre ele & Nin & o bebê virem morar com a gente. Vi os últimos lances da grande partida do Exército contra a Marinha no bar.* Comi, conversei com mamãe (que disse que nunca ficaria doente se seus filhos fossem viver com ela, especialmente o pequeno bebê Paul) – e eu fui a N.Y. à casa dos Holmes e – (isso inclui sua mãe, irmã e a esposa Marian) – tive longa conversa sobre a sociedade. John diz que somos "produtos" da sociedade, digo que apenas a usamos a partir de nossa natureza fundamental para atingir fins que podem nem sempre ser aparentemente "fundamentais". Na verdade, uma discussão entre um liberal moderno e um católico anacrônico (eu). Herb Benjamin chegou e fomos a uma festa de Cannastra, onde me enrabichei com uma garota da Pennsylvania chamada Ann Truxell, uma artista; e voltamos para a casa de John. De manhã ela tinha ido embora: ocorreu muita coisa de colégio secundário. Na verdade, não ligo, especialmente aqui, porque não a conheço mesmo. À tarde, mais conversas longas com toda a família Holmes, no andar de cima. Então fomos para a casa de Alan Wood-Thomas, onde vi suas filhinhas, a esposa Annabella (parecida com Lowell), e Pauline... a bela Pauline, modelo de Alan. Foi um dia + noite estranho, triste, tocante. A pequena LeeAnne, cinco, me falou da casa que teria quando crescesse. Eu caí por Pauline... ela também é mãe, e canta com a filha Marcie, de 2 anos... uma criança-prodígio melancólica. Ouvi dizer que o marido de Pauline é cruel, o que pode não ser verdade. Pauline é uma garota do tipo Neal, muito problema a vida inteira... uma

---

* Considerado por muitos o maior jogo na longa história dos jogos de futebol americano entre o Exército e a Marinha, essa partida decisiva de uma melhor de três (os dois primeiros jogos tiveram placares alternados de 8 x 0) terminou empatada em 21-21.

Edie-ingênua afetuosa, alta, bonita, lombarda. Espero vê-la outra vez. Mas fui atingido pelo fato de que "todos" estão casados nos dias de hoje, ou são amantes, menos eu. Por quê? Deve ser por minha causa. Alan Wood-Thomas desenhou todo mundo... é estranho como ele faz isso, "do seu próprio jeito": de relaxar. John estava com um humor mordaz e intenso. Era tocante: eles disseram que Pauline tinha uma "queda" por mim. O que faço agora?

SEGUNDA-FEIRA 29 DE NOV. – Todo o sentimento por Pauline está indefinido, vou deixar que o tempo resolva isso. Recebi uma carta bonita do grande Jack Fitzgerald. Que diabos a Little, Brown está fazendo com meu orig., com meu tempo? – enviei uma carta provocante para eles. Esses dias ando cheio de sentimentos, & e ao menos uma vez, curiosamente, estou me sentindo bem com eles e com as outras pessoas. Mesmo quando a pequena LeeAnne sentou-se em meu colo não me senti um monstro. Talvez agora eu me livre de tudo isso, porque, afinal de contas, é só bobagem, como Ed White repetia insistentemente. Pode até ser verdade, por Deus, que todos nós produzimos mitos o tempo inteiro e, portanto... não existe realidade. Não sou um Kerouac enlouquecido, sou um cara triste e errante (o desenho que Wood-Thomas fez de mim é mais verdadeiro, um trabalhador meditativo de 55 anos) – e, de uma forma parecida, meus retratos dos outros têm sido igualmente mentirosos e absurdos: mas já que temos mesmo retratos nossos, não deve haver realidade em lugar algum, ou seja, a realidade é a soma total de nossos mitos, uma tela na qual tudo é mostrado (como em Dostoiévski) com pouco deixado de fora, um corte de criações individuais fantasmagóricas (no sentido que sonhar acordado é uma criação, toda uma produção) A energia dessa criação, como Casey dizia em Columbia (Fitz me contou isso), é a energia da vida e da arte. Ainda assim o relojoeiro não tem ilusões; consertei um relógio de pulso no sábado, sem ilusões em relação a isso, *exceto* que eu mergulhei fundo naquilo do meu *próprio jeito* já que não conseguia fazer com que as instruções funcionassem. A realidade está aí, não tão simples como a realidade concreta de Burroughs. Bah! – e por que provoco Bill aqui. Lucien sempre diz que escuta uma música diferente da que acreditamos estar fazendo. Então ele diz "He-he" – o tão sábio arcanjo da morte. Nossas criações fantásticas *são* nossos relacionamentos – ou seja, o simples fato da fantasia é o ponto focal da comunicação. E isso são tudo palavras, palavras – outra música.

SALMO

Obrigado, Senhor, pelo trabalho que destes a mim, trabalho que, salvo os anjos na Terra, eu a Vós dedico; e me escravizo a ele por Vós e dou-lhe forma a partir do caos e do nada em Vosso nome, e lhe dou meu alento por Vós; obrigado pelas Visões que me destes, pelo Senhor; e tudo é por Vós; obrigado, meu Deus, pelo mundo e por Vós. Empenho meu coração a Vosso calor, para sempre.

Obrigado, Deus Senhor dos Homens, Anjo do Universo, Rei da Luz e Criador das Trevas por Vossos meios, que inexplorados, fariam dos homens dançarinos estúpidos na carne sem dor, mente sem alma, dedo sem nervo e pé sem terra; obrigado, Ó Deus, por recompensas pequenas de verdade e calor que derramastes neste vaso desejoso, e obrigado pela confusão, erro e tristeza do Horror, que se reproduz em Vosso nome. Guardai em Vós minha carne para a eternidade.

PARTE II
On the Road

Diários de 1949

1949 April 1949

ROAD-LOG

Wed. 27 — Started "On the Road" with a brief 500-wd. stint of 2, 3 hours duration, in the small hours of the morning. I find that I am "hotter" than ever — tho on closer examination afterwards I figure I may only be over-pleased with words, and not structurally sound yet (after a long layoff.) My interest in work is at a high pitch. My aim is to have much of "Road" done, if not all, by the time T&C is published next winter. I quit school today so I can do nothing but write. — Now I want to expand the original 500 words which, in the heat of work, 'discovered' an important opening unity.

Thurs. 28 — Stayed home playing with baby, eating, writing letters, walking; movie at night. Some family trouble, not serious — concerning debts. Wrote at night. It appears that I must have been learning in the past 8 months of work on Sax, and poetry. My prose is different, richer in texture. What I've got to do is keep the flow, the old flow, nevertheless intact. I think one of the best rules for prose-writing today is to write as far opposite from contemporary prose as possible — it's a useful rule in itself... actually. — Wrote 500 words — (more, actually, but making up for yesterday's miscalculated count.) I figure for the whole novel, right now, at 225,000 words. Some ways off, eh?

Apesar de Jack Kerouac ter identificado estes como seus "Diários de 1949", na verdade este semidiário de 122 páginas vai de abril de 1949 a abril de 1950. Ele descreve a vida cotidiana de Kerouac, sua reação à publicação de *The Town and the City* e seu progresso em *On the Road*, *Doctor Sax* e outras histórias, assim como algumas viagens que, mais tarde, seriam descritas na versão publicada de *On the Road*. Algumas das entradas incluídas aqui foram tiradas do diário "Filologias Particulares", de Kerouac, e inseridas para se encaixarem na cronologia.

No período de pouco mais de quatro meses entre o fim do diário dos "Salmos" e o início deste, Kerouac fez sua primeira viagem pelas estradas com Neal Cassady – que é descrita na Parte II de *On the Road* e que teve alguns trechos cobertos no diário "Chuvas e Rios". Ele voltou a Ozone Park em meados de fevereiro e retomou as aulas na New School. Em março, logo depois que o professor Mark Van Doren recomendou *The Town and the City* para Robert Giroux, editor da Harcourt, Brace, ele foi aceito.

Uma parte das notas aqui reunidas detalha o período que Kerouac passou em Westwood, no Colorado, no início do verão de 1949. Ele viajou para lá sozinho de ônibus, em maio, e convenceu sua mãe e sua irmã (com a família dela) a se mudarem definitivamente para lá. Elas foram, mas no início de julho todos tinham ido embora, menos Jack. A mãe dele voltou para Nova York e mudou-se para o segundo andar de uma casinha no número 94-21 da 134th Street em Richmond Hills, no Queens – a menos de cinco quilômetros de Ozone Park, para onde Kerouac voltou mais tarde naquele ano. O quarteirão deles era barulhento devido ao tráfego de automóveis que entravam e saíam de Manhattan e ao clangor dos trens da Long Island Railroad, que também passava perto.

O diário em si é um caderno espiral que mede cerca de 16x23cm. Na capa há a palavra "CAIXA" impressa, e as páginas têm linhas verticais para registros contábeis. Kerouac escreveu "Diários de 1949" na capa.

ABRIL DE 1949

DIÁRIO DE VIAGEM

QUARTA 27 – Comecei *On the Road* com parcas **500 plvrs.** em um período de 2, 3 horas de duração, nas horas curtas da manhã. Acho que estou "mais quente" que nunca – apesar de, com um exame posterior mais profundo, acreditar que posso estar apenas satisfeito demais com *palavras*, e ainda não estruturalmente sólido (depois de um longo descanso do trabalho). Meu interesse no trabalho está no nível mais alto. Meu objetivo é terminar grande parte de *Road*, se não ele inteiro, na época em que T&C for publicado, no próximo inverno. Hoje larguei a escola, então posso ficar apenas escrevendo. – Agora quero expandir as 500 palavras originais que, no calor do trabalho, "descobriram" uma importante unidade de abertura.

QUIN. 28 – Fiquei em casa brincando com o bebê, comendo, escrevendo cartas, caminhando, cinema à noite. Problemas familiares, nada sério – em relação a dívidas. Escrevi a noite inteira. Parece que tenho *aprendido* nos últimos 8 meses de trabalho em *Sax*, e de poesia. Minha prosa está diferente, mais rica em texturas. O que preciso fazer é manter o fluxo, o velho fluxo, ainda assim intacto. Acho que uma das melhores regras para escrever prosa hoje em dia é escrever da forma mais diferente possível da prosa contemporânea – é uma regra útil em si mesma... verdade. – Escrevi **500 palavras** – (mais, na verdade, mas compensando o erro de conta de ontem). Calculo, por enquanto, que o romance inteiro terá 225.000 palavras. Um caminho longo, não?

SEX. 29 – Fui a N.Y. pegar um novo paletó esporte vinho com calças pérola – um traje de US$ 40. Vi Allen. Há algo errado com minha alma que me recuso a sentir e lamentar neste caderno monetário – mas Allen está triste. Vi Holmes, Stringham & Tom também. Me senti mesmo um pouco hostil & desgostoso com as pessoas. Há algo errado com minha alma, mas isso não significa que não estou feliz estes dias. Falei com Lou ao telefone. Fiquei olhando para as águas fora de Battery e senti que estava dando adeus a Nova York em minha... (alma?). Algo está realmente mudando em mim: em vez de sentir tanto quanto antes ("A tensão acabou", disse Allen), tenho remoído alguns sentimentos sobre o fato de que parei de "sentir". Não me sinto mais ansioso e incontrolável. Acho que isso é ruim. Mas por outro lado, como eu digo, estou dando "adeus a N.Y." como o Red Moultrie de meu romance.* Ah, bem – Tudo está bem. Até Allen vai ficar bem. Hoje tudo parece contra a lei, também – o que é algo condenável. Também estava consciente da grande quantidade de maldade no mundo, como a natureza agreste que o homem precisa controlar, ou morrer. Ruminei mais tarde em casa.

E às 4 da manhã escrevi **500 palavras** de novo, com a admoestação de "seguir em frente". Graças a Deus pelo trabalho!

SEX. 29 – À tarde, escrevi aos rapazes [Ed White e Hal Chase] em Paris e à noite fui a N.Y. com Nin e Paul comprar uma cama – também para me informar sobre jipes. À noite, um adorável jantar, bem tarde. Então me instalei na cozinha depois que todos foram para a cama e li e escrevi. Escrevi **1.200 palavras**; palavras fluidas, e talvez o romance esteja finalmente andando. Senti-me bem por isso. Fui deitar ao amanhecer. (Também escrevi em meu maravilhoso caderno "Chuva e Rios".)

SÁB. 30 – Fui a Jamaica [Queens] com US$ 40 e comprei algumas camisas boas, calças, gravatas e um bom par de sapatos. Meu guarda-roupa está completo, exceto por abotoaduras e meias. Sem dúvida é um pecado se arrumar desse jeito – (o que o Cordeiro iria pensar?) – mas a vida é assim: um pecado em si mesma, quase. À noite cochilei em casa e então saí para caminhar na noite de sábado de Ozone Park. Abandonei a pena piegas. Escrevi minha biografia de 250 palavras para a Harcourt, Brace; e escrevi **1.000 palavras** no romance. A idéia é não parar de construí-lo. Engraçado, também, como agora estou escrevendo sem sofrimento. Talvez essa seja a maior Graça que tenha caído sobre minha cabeça nos últimos tempos. Às vezes fico mistificado por essa boa sorte. Deus é bom para mim – Ele não precisa ser. Não sou o Cordeiro, não sou o Cordeiro.

MAIO

Maio, o maio fresco e tranqüilo...

DOM. 1º – Fui deitar às dez horas da manhã de hoje, porque queria aproveitar a manhã de domingo. Levantei às 5h, saí para caminhar, li um pouco, escrevi

---

* Red Moultrie era o personagem central na concepção original de Kerouac de *On the Road*.

um pouco e fui para a cama cedo. Apenas um dia de contemplação. "Rabisquei" um pouco – ou seja, escrevi um esboço em prosa, que sempre pode achar lugar no meu romance mais tarde. Li *Faerie Queenie**.

SEG. 2 – Eu & Nin tiramos fotos no meu quarto à tarde, para usar na divulgação da H-B. Esses dias têm sido todos sossegados, divertidos, informais; seguidos pela noite contemplativa... muito mais fácil para os nervos que meus velhos dias & noites sombrios e de um suor terrível de T&C. É porque agora tenho uma família, e meu talento é reconhecido. – E sobre as pessoas pobres em toda parte? Quem vai dar uma cama para uma casa onde as crianças dormem em esteiras no chão, seis em cada quarto? Quem vai comprar as pílulas de vitaminas para as crianças doentes e subnutridas? Quem vai confortá-las na escuridão? (pois quando você é pobre, a escuridão é menos rica: será mesmo?) O que o milionário Al Capp faz com seu tempo & seu dinheiro & seus apetites? – ele não é o milionário gordo que satiriza? Será que existe um milionário honesto? – um que pudesse jogar seu dinheiro fora, & voltar para sua vida anterior, seus hábitos de pobreza e esperança? Existe Jesus na terra?

Precisamos de um Jesus? – a hora está chegando? E esse Cordeiro irá revelar? Deve revelar os segredos da felicidade na terra, e dos sudários? Por tudo, isso é confuso e difícil demais para mim, e já antevejo, já antevejo... Antevejo Desperdício em minha própria casa, e luxúria embotada, e preguiça, e pecado emaranhado. Estou pensando. Acredito que se ganhar muito dinheiro, depois uma boa propriedade rural & terras, & ferramentas, há algo que farei... algo como o velho Tolstói, e só porque estou falando sério sobre isso tudo, isto é, minha vida, e a sua, e o sentimento por Deus. E porque temo a corrupção mais que qualquer outra coisa no mundo. Não vou aprender com riquezas, não sou Salomão; sou aquele que vigia o Cordeiro; sou aquele que adotou os pesares; sou ele, John L. Kerouac, o sério, o severo, o teimoso, o implacável; o que é perseguido pelo Viajante Amortalhado; o que quer olhos; o que espera; o que não é agradável, e tem silêncios; o que caminha; o que vigia, e tem pensamentos escondidos; o que tritura a rocha e mesmo os rostos – com olhos.

O que não está satisfeito.

O que odeia a satisfação.

O que ama o vale branco do Cordeiro.

O que foge, e espera, e vigia, e dorme, e desperta em antecipação ao Cordeiro, o Cordeiro tão dócil na montanha.

---

* Do escritor inglês Edmund Spenser (1552-1599). (N. do T.)

2 DE MAIO

Paciência desenvolvi, e cachoeiras... Para o vale branco do Cordeiro; e o anjo branco dos sudários, e a terra dos arco-íris e águias, não estão longe. Cuidado, meus olhos são pedras de amolar! ... mas minha alma não é água: é leite, é leite. Pois eu vi o anjo amortalhado em pé na árvore encapuzada, e firmamentos dourados lá no Alto, e ouro, e ouro. E a rosa do crepúsculo que brilha na chuva dourada, e chuva, e chuva.

Escrevi **1.000** *palavras-boas* à noite (sobre onde "repousam bonecas maltrapilhas e restos mortais"). A novela segue devagar, mas firme.

TER. 3 – Fui buscar minhas roupas. Vi um jogo à noite no Polo Grounds – um grande espetáculo delicioso, e um bom jogo. Dormi na casa de Holmes – conversamos, bebemos cerveja.

QUAR. 4 – Fui procurar Hal Chase, mas ele não estava. Cheguei em casa cansado: joguei bola com Paul depois de um cochilo. À noite, todos saímos no conversível para tomar sorvete. O dia inteiro passei atacado pela tristeza de maio... Vi uma garota tão bonita no jogo. Ah, mas a tristeza de maio – e mesmo que maio seja para todos, não é para mim – como mostram as fotos tiradas de mim, na segunda-feira. São estudos de um louco. Ah, mas a tristeza de maio: que noite perfumada, que olhos doces penetram furtivamente nos meus, que lamentos tristes do outro lado da sebe de lilases, que lua! E eu com meus olhos loucos. Breve, breve, devo casar-me com a rainha de maio.

À noite escrevi cerca de **1.000 palavras**.

QUIN. 5 – Eis o que penso sobre De Quincey – ele tem consciência de sua reputação como De Quincey, e é tão tomado por isso que seu trabalho é inútil, isto é, nada revela; além do mais ele não sabe esconder a consciência de ser ele mesmo De Quincey, o que é um pouco burro e vago; e também a consciência de *todas* as suas virtudes -- *todas* elas – portanto, ele é vítima dessa única grande ausência de virtude. Hoje escrevi várias cartas e resolvi uns probleminhas, incluindo com Adele [Morales]. E levei a doce criança, o pequeno Paul [Blake, Jr.] para uma viagem a Catai* ... no carrinho de bebê: em máquinas gigantes, grandes muralhas, cães estranhos, crianças grandes, plantas imensas, rios, lagos (eram poças), e lugares onde os pássaros malaios esvoaçavam sobre lagoas âmbar. Ele também viu um cavalo de Brobdinagian, e muitas flores estranhas. Ou ele se sentiu como Marco Polo (em uma caminhada de três quilômetros) ou eu mesmo sou a criança. *Totalmente absorto no frescor do*

---

* Uma alusão à famosa viagem do jovem Marco Polo de Veneza a Catai (China) com seu pai e seu tio.

sonho... essa paternidade. Eu estava muito feliz. Ele segurava sua folha de bordo tremulando como uma bandeira, e entrou em Catai de pé como um auriga. Cheguei a explicar coisas para ele, & e parei diante de plantas monstruosas para que ele compreendesse. Voltamos por outro continente. À noite, li De Quincey, e Blake, Blake...

Nicholas Grimald* também não é um mau poeta. "Um diabrete de Vênus...", diz ele. Nem se pode negar [Robert] Herrick, de jeito nenhum, não senhor, não Herrick.**

Escrevi 700 palavras inúteis que serão todas riscadas. Meu primeiro impasse em *Road*.

SEX. 6 – Calculei que a mudança para Colorado custaria uns US$ 300. Estou com muita vontade de fazer isso. Todo mundo está, menos Paul, que está preocupado em se mudar para muito longe de seus parentes na Carolina. Eu gostaria de conseguir, para começar, um emprego de repórter esportivo em Denver – depois uma plantação de trigo.

QUA. 11 – Depois do fim de semana em Poughkeepsie na casa de Jack Fitzgerald, resolvi, agora, ir imediatamente para Denver e procurar uma casa. Vou sozinho, de carona, pela noite vermelha, vermelha. Harrisburg, Pittsburg, Columbus, Indianápolis, Hannibal Montana, St. Joe, Last Chance, & Denver.***

DOMINGO 22 DE MAIO – Fiz uma caminhada até Morrison Rd. para comprar este caderno e tomei uma cerveja em uma grande tarde de domingo num bar de beira de estrada. Como as tardes de domingo são menos tristes no Oeste. Sentei-me perto da porta dos fundos e escutei música do coração dos Estados Unidos e contemplei os campos verdes dourados e as grandes montanhas. Caminhando pelos campos com meus cadernos eu poderia ter sido Rubens, e este lugar, minha Holanda. Voltei para casa, comi e fiz anotações preliminares à noite. Comecei *On the Road* lá em Ozone, e aqui está difícil. Passei um ano inteiro escrevendo antes de começar T&C (1946) – mas isso

---

* Nicholas Grimaldi (1519-1562) poeta da Renascença, escreveu *Um amor verdadeiro*.
** Robert Herrick (1591-1674), ministro episcopal e poeta inglês; seu *Hespérides* (1648) incluía 1.200 poemas, entre eles o muito citado "To a Virgin, to Make Much of Time".
*** Kerouac acabou viajando de ônibus. Partes dessa viagem são descritas no diário "Chuva e Rios". A maior parte das notas seguintes – em Westwood, Colorado – foram retiradas do diário "Filologias particulares", de Kerouac, que, de outra forma, não seria incluído neste volume.

:— **PRIVATE PHILOLOGIES** —: (page 75)
:— **RIDDLES** —: [Much of which is just nonsense & words]
AND A
TEN-DAY WRITING LOG   Westwood, Colo.

<u>LOG</u> <u>SUNDAY MAY 22</u> — Took a walk up to Morrison Rd. to buy this notebook and had a beer in a big Sunday afternoon roadhouse up there on the ridge. How less sad Sunday afternoon is in the West. I sat near the back door and listened to the mid-American music and looked out on the fields of golden green and the great mountains. Walking around the fields with my notebooks I might have been Rubens and all this my Netherlands. Came home, ate, and made preparatory notes at night. Starting "On the Road" back in Ozone, and here, is difficult. I wrote one full year before starting T & C, (1946) — but this mustn't happen again. Writing is my work now both in the world and the "moor of myself" — so I've got to <u>move</u>. Planned an earlier beginning before the 8,000 words already written in N.Y. first 2 weeks of May. Went to bed after midnight reading a Western dime novel.

<u>MONDAY MAY 23</u> — Got up refreshed at nine, walked to the grocery store, came back and ate breakfast. It's a sin how happy I can be living alone like a hermit. Mailed some letters I had written yesterday. Drank coffee on the back steps, where the Western wind in bright afternoon airs hums across the grass. (Why do I read Western dime novels? — for the beautiful and authentic descriptions of benchlands desert heat, horses, night stars, and so forth; the characterizations are of course non-authentic.)—

Worked in the afternoon, and till eleven at night, knocking off <u>1500 words</u> or so. I sometimes wonder if On the Road will be any good, although very likely it will be popular. It's not at all like T & C. I suppose that's allowable — (but sad) — now.

J Kerouac
6100 W. Center
Westwood, Colo.

May-1949
"On the Road"

não deve acontecer outra vez. Escrever, agora, é meu trabalho, tanto no mundo quanto nas minhas "charnecas interiores" – então preciso me *adiantar*. Planejei um início anterior às 8.000 palavras já escritas nas duas primeiras semanas de maio em N.Y. Fui para a cama depois da meia-noite e li um romance barato de faroeste.

SEGUNDA-FEIRA 23 DE MAIO – Levantei renovado às 9h, andei até o mercado, voltei e tomei café da manhã. É um pecado ficar tão feliz vivendo sozinho como um eremita. Enviei algumas cartas, escritas ontem. Bebi café nos degraus dos fundos, onde o vento do Oeste nos ares reluzentes da tarde agita-se pela grama. (Por que eu leio romances baratos de faroeste? – pelas descrições belas e autênticas de mesetas, o calor do deserto, cavalos, estrelas da noite, e por aí vai; a caracterização dos personagens, é claro, não é autêntica.) – Trabalhei à tarde, e até 11h da noite produzi **1.500 palavras** mais ou menos. Às vezes me pergunto se *On the Road* será bom, apesar de provavelmente se tornar popular. Nada tem a ver com T&C. Acho que isso é permitido – (mas triste) – agora.

                                              Kerouac ———
                                              6100 W Center
                                              Westwood, Colorado
                                              Maio – 1949
                                              On the Road

TERÇA-FEIRA 24 DE MAIO – Acordei às 9h30 pela primeira vez na semana com a "mente preocupada", desde que cheguei aqui. Acho que é só um caso de pesar exagerado – e depois algumas preocupações com dinheiro até o próximo adiantamento dos editores. É um tipo de preocupação financeira melhor que antes de T&C ser comprado, porque na época eu nada tinha, absolutamente nada. O que eles chamam de "pindaíba notória", na época era para mim um misticismo louco. Hal e Ed White devem estar sentindo hoje o que eu costumava sentir – uma existência sem amor em um mundo ganancioso por dinheiro. Ainda me sinto desse jeito, mesmo sabendo que ganharei *algum* dinheiro escrevendo por toda a minha vida, e nunca passarei fome ou terei de me isolar em um desfiladeiro, comendo plantas como Huescher, ou lavar pratos nas espeluncas das cidades grandes. Um dia talvez eu olhe para trás para esses dias (antes de vender o livro) com o mesmo tipo de admiração com que agora olhamos para os pioneiros que viviam em lugares selvagens e remotos apenas com inteligência e persistência – um dia, quando alguma forma de seguro social for efetiva para todos os seres mortais. Porque a maioria dos empregos hoje em dia com os quais se ganha apenas o suficiente para viver são insuportáveis para os homens imaginativos... como Hal, Ed, Allen,

Bill B. e vários outros. É tão complicado para esse tipo de homem bater o cartão de ponto e fazer as mesmas coisas estúpidas o dia inteiro quanto para um homem sem imaginação passar fome – porque isso também é "passar fome". Hoje em dia ando surpreso que um Progresso real siga em frente apesar de tudo. Esse progresso devia visar o trabalho significativo e a segurança social e maiores facilidades para o mínimo conforto de todos – para que as energias sejam liberadas para as grandes coisas que surgirão na Era da Energia Atômica. Nesse dia, então, chegará a oportunidade de alcançar as questões finais da vida... quaisquer que sejam elas, na verdade. Sinto que estou trabalhando na periferia dessas coisas finais, todos os poetas sempre fizeram... e mesmo Einstein em suas investigações profundas. "Solucionar problemas", como insiste Dan Burmeister, agora é essencial (e pode ou não ser uma tendência na ansiedade recente da civilização) – mas depois disso, há a questão do reconhecível, que agora é chamado de "irreconhecível". Sinto que os fatos mais importantes na vida humana são de uma natureza moral: – comunicação entre almas (ou mentes), reconhecimento do que significa o Cordeiro, ter a vaidade como destrutiva e nada prática (como indica a psicanálise), e o consolo do enigma mortal por meio de um reconhecimento do Estado de Graça que outrora foi chamado de Temor a Deus. E muitas outras coisas ainda desconhecidas.

Mas essas são reflexões do ensolarado Colorado e podem não se aplicar no Corredor Sombrio onde algo muito mais estranho está germinando (estou falando de Allen). Talvez Allen seja deliberadamente insano para justificar sua mãe, ou que ele realmente viu a Derradeira Verdade dos Risonhos Lings. Mesmo que fosse assim, eu, como Ling, não poderia usá-lo. (Tudo se refere à fábula "O sofrimento de Ling") Então outra vez, já que todos somos realmente o mesmo homem, ele pode, ou eu agora posso apenas estar brincando.

Ao fim pelo menos reconheci isso como uma *absorção* da vida-mente... o que pode ser a única coisa que temos, como as flores que não têm nada além de pétalas que crescem. *Tudo é* provável. "Isso era vida", como escrevi ontem em *Road*. O desenvolvimento pleno é tudo.

Há uma filosofia dinâmica por trás do Progresso do Século 20, mas também precisamos alcançar as profundezas de uma Aceitação Estática Metafísica – um Manifesto de Confissões – também, ou as dinâmicas explodirão sem controle como a máquina penal de Kafka. Talvez deva acontecer algo como isso: depois dos cinco anos de idade, todo ser humano devia transformar-se em um *shmoo** e alimentar os menores; *shmoos* com asas como anjos da guarda.

---

* Personagem criado por Al Capp, na tira Ferdinando. Eram pequenos animais muito comestíveis, que matavam a fome de todos. (N. do T.)

Não devia haver grandes *shmoos* para chutar o bom e velho Gus para o outro lado do vale. Isso não é o Cordeiro, não é paz. Mesmo o bom e velho Gus, em suas profundezas, está sozinho em pé chorando na busca simples pela confirmação de suas lágrimas; e a vaidade é o seu mal. Dostoiévski sabia isso mesmo sobre o Pai Karamazov.

Trabalhei o dia inteiro, escrevi **2.000 palavras**. Não muito satisfeito, mas o suficiente. Fui deitar à noite com os jornais & romances baratos de faroeste. Ansioso pela chegada da família, especialmente mamãe: que alegria isso será para ela! Heh heh heh – (um estalido de satisfação da minha parte, como você vê).

QUARTA-FEIRA 25 DE MAIO – Fui à Denver University e à casa dos Whites. O campus de Denver é bonito e interessante. Caminhei pelo prédio estranho da associação dos estudantes enquanto uma *jukebox* berrava Charley Ventura... primeiro *bop* em semanas. Meu cabelo se arrepiou. Viajei. Percebi que a música de uma geração, seja o *swing*, jazz ou *bop* – (essa lei aplica-se pelo menos aos Estados Unidos do século 20) – é um ponto-chave do estado de ânimo, uma identificação, e uma busca. Enfim, procurei por Dan, bebi *milk-shakes*, sentei-me na grama, olhei para as garotas, visitei os prédios etc., e finalmente peguei uma carona para o campo naquela tarde quente e fui para a casa dos Whites. Essa casa foi construída por eles mesmos, Ed e [Frank] Jeffries e Burt trabalharam o inverno inteiro. Frank White estava lá. Eu fiquei um pouco impressionado com ele. Ele parece mais com Ed do que as pessoas imaginam... a mesma compreensão rápida de todas as afirmações; na verdade, o mesmo conhecimento prévio do rumo daquilo que alguém está para falar. Seu único inconveniente é a loquacidade impossível de ser acompanhada por causa de sua voz enrolada e enorme preocupação com os detalhes. Então o resto da família chegou para o jantar. A sra. White fez com que me sentisse quase em casa (como Frank). Claro que eu não era esperado e não devia ter aparecido assim sem avisar. Jeanne parecia estar pensando em outra coisa. Depois do jantar, Frank e eu voltamos de carro para o campus da D.U., onde ele fez uma palestra sobre alguma espécie de pesquisa com raios cósmicos, para uma turma de física. Eles aplaudiram admirados suas palavras; eu mesmo não consegui acompanhar a linguagem científica. O outro conferencista, que falou sobre geofísica, era Wally Mureray, um amigo de Frank de quem eu gostava. Ele era nascido & criado em Leadville [Colorado] e, como seu pai & seu avô, tinha a mineração no sangue. Também é um tipo autenticamente mineiro, embora seja cientista – uma combinação notável. Encontramos Dan Burmeister em seu seminário de ciências sociais e isso resultou em uma discussão infindável entre os cientistas físicos e o cientista social, com muitas referências à relatividade, Oppenheim, pesquisa atômica etc. Acabei anunciando (em uma grande onda) que tudo era um "*continuum* de ambigüidade". Certo? – porque a relatividade é só a idéia, e um ponto de referência é tão bom quanto qualquer outro. Nos acalmamos com cerveja; fomos para casa. Frank me levou de carro para casa.

QUINTA-FEIRA 26 DE MAIO – Então hoje (enquanto prosseguia em minha domesticidade de ermitão na casa vazia... na verdade, tentei consertar a bomba d'água quando ela pareceu consertar-se sozinha) o menino aqui da rua, Jerry, me pediu que fosse com ele ao parque de diversões, Lake Side, à noite. A mãe dele, chamada de Johnny, nos deu uma carona até o parque (o marido dela desapareceu em algum lugar). Mais uma vez o Parque Triste. Andei em alguns brinquedos com Jerry (que parece estar procurando por algum tipo de pai). Mas uma garçonete não acreditou que eu tivesse 21 e pediu uma identidade antes de me servir uma cerveja. Jerry (14) bebeu *rootbeer*. Demos uma volta num laguinho triste em um trenzinho de brinquedo; na grande roda-gigante etc. e comemos cachorro-quente e tomamos sorvete. Ainda assim, foi uma noite "sinistra"... de aparência sinistra... e fiquei deprimido – por dois dias. Um segurança do parque ameaçou prender Jerry porque ele estava brincando com o peixe manso no cais das lanchas. Então fomos para casa em um caminhão velho depois de um filme de Roy Rogers, e um carro quase bateu na nossa traseira. Foi estranho. Em primeiro lugar, não consegui entender coisa alguma. Eu duvido que o motorista do caminhão velho soubesse que estávamos lá atrás. O filhinho dele estava sentado entre nós, misteriosamente enrolado em um cobertor. *Ninguém percebeu o fato de que quase fomos abalroados pelo carro...* ou seja, eles não davam a mínima. Então, na noite escura e sinistra do campo, quando Jerry e eu andávamos para casa, um carro de bêbados quase nos jogou para fora da estrada. Tudo estava sinistro... como para Joe Christmas*.

SEXTA-FEIRA 27 DE MAIO – Deprimido o dia inteiro. Cheio de meus fantasmas e dores particulares. Jerry trouxe um gatinho para mim... ele tem olhos tristes. Precisa de carne. Fica andando ao meu redor miando por carinho. É como aquele menino perdido, incompreensivelmente solitário. Alimento o gato e faço o que posso para conseguir conversar com Jerry – e com a mãe incompreensível dele, que me pediu que montasse em um rodeio amanhã. Quer dizer, domingo. Minha depressão não vê a luz dessas coisas. O que fiz o dia inteiro? – Não me lembro mais. Parte de minha tristeza nasce do fato que minha família está perdendo tempo para chegar até aqui. Por quê? Também me odiei o dia inteiro... sofrendo e assombrado pelo sofrimento.

---

* Personagem do romance *Luzes de agosto*, de William Faulkner. Joe Christmas alude à figura de Jesus Cristo. (N. do E.)

SÁBADO 28 DE MAIO – Depois de um dia triste, eu me animei e fui aos bares na estrada beber cerveja. Nossa, quantas garçonetes lindas. Eu gostei mesmo da música de cowboy... comi batatas fritas no bar etc. Há muita gente boa por aqui, como eu imaginara. Voltei para casa e dormi, para estar pronto para o Rodeio Assombrado.

DOMINGO 29 DE MAIO – Então montei em um rodeio... uma espécie de rodeio. Johnny me apanhou de carro e fomos até uma fazenda, e arrumamos quatro cavalos. Uma mulher impressionante chamada Doodie administra o lugar e domina cavalos imensos, entre eles um grande cavalo árabe branco de 1,70m de altura, com um amor impetuoso e insolente... em outras palavras, uma verdadeira mulher dos cavalos. O filho dela, Art, é uma criança feliz e tranqüila que cresce entre os cavalos. Montamos os quatro animais e partimos para Golden, 20 quilômetros a oeste. Não montava por uma distância tão longa desde 1934, por isso logo a sela começou a me machucar... mas mesmo assim me diverti. Meu cavalo, Toppy, um potro ruão, tinha uma boca delicada, por isso não podia forçar seus arreios. Juntamo-nos a outras duas mulheres, uma vaca nojenta em um puro-sangue árabe e a outra uma mulher maravilhosa com cabelos ruivos flamejantes e sem papas na língua. Ela disse: "Odeio mulheres que não falam *merda* quando estão com a boca cheia dela". Galopamos e andamos e trotamos até Golden. Tomei uma cerveja no bar; então montamos outra vez e, sem que percebêssemos, um grande grupo de cavaleiros juntou-se a nós, e sem que percebêssemos, em uma estrada de terra, algo aconteceu em nível psicológico. Eu gritei "Wohee!" e alguns de nós saímos esporeando estrada abaixo em uma corrida. Meu ruão adorava correr, e "corria". Em um prado no alto de uma montanha corremos enquanto, como combinado, um fotógrafo nos filmou com uma câmera de cinema em tecnicólor... Ainda não sei sob que auspícios. Cavalgamos em círculos como índios, fizemos oitos, e galopamos *en masse* por um vale, e nos divertimos. Bebemos cerveja montados nas selas. Na volta para Golden, corremos enfurecidos por aquele terreno, descemos o leito de um riacho e saímos dele voando e sentamos o couro nos campos passando em cima de buracos de esquilos ou outro bicho. De qualquer jeito, nunca tive medo de cair do cavalo. Depois de outra cerveja, começamos a voltar... e o garoto e eu apostamos uma corrida. Ele ia pela estrada e eu seguia ao lado pelo campo, e acabamos empatados. Então ele me derrotou na estrada... mas é um cavaleiro leve, e usava a rédea nos dois lados do animal, algo que não me incomodei em fazer. – Finalmente voltamos, exaustos após um dia de 50 quilômetros. Fui direto para a cama... Com dores musculares e uma bolha feia.

SEGUNDA-FEIRA 30 DE MAIO – E hoje eu devia montar no rodeio em Table Top (montar um cavalo chucro por alguma razão que não consigo explicar), mas claro que estava dolorido demais. Fiquei chateado de perder a oportunidade. Enquanto isso alguns vizinhos por aqui estão fazendo fofoca sobre Johnny (a mãe de Jerry) e eu.... uma bruxa velha do outro lado da rua. Esse tipo de coisa acontece até aqui. O melhor a fazer é nada fazer. Mesmo porque, o que importa? – Não há qualquer mal que seja um *verdadeiro* mal (como a cadeia etc.). Descansei o dia inteiro. Escrevi à noite. Ainda assim, acho horrível ter uma velha como essa xeretando o dia inteiro por trás das persianas, tentando descobrir o que você está fazendo por trás das suas, e inventando histórias escandalosas sobre você. Nossa! É *engraçado*, mas de um jeito horrível. (Francis Martin.)

Mas como eu amo cavalos!

Ano que vem: *rancho na montanha*.

E hoje reexaminei minha vida literária e estou um pouco preocupado em perder o contato com ela nessa atmosfera de vida natural. Afinal de contas, a grande arte floresce apenas em uma *escola*... mesmo que essa escola seja apenas amizade com poetas como Allen, Lucien, Bill, Hunkey & Neal e Holmes... e Van Doren & [Elbert] Lenrow também, é claro.

: – JUNHO – :

NO COLORADO, 1949

TERÇA-FEIRA 1º DE JUNHO – * Estou pensando em fazer de *On the Road* uma história longa das pessoas que conheço, assim como um estudo de chuvas e rios. Allen expressa enfado com minha atual preocupação com "Chuva-&-Rios", mas acho que é só porque não expliquei de forma clara o que significam: como fiz no caderno "Registros" em páginas que cobriam "New Orleans a Tucson". Isso está claro em minha cabeça.

Não há verdadeira descoberta do ouro, ou "avanço da ciência", só uma revelação no coração em um dia qualquer, sujeita a mudanças horríveis e revelações adicionais. "Revelação é Revolução", como diz Holmes, até agora, claro, enquanto *muda*, miseravelmente, a cada dia.

Não existe paraíso ou recompensa, e tampouco qualquer julgamento (Allen diz que seus advogados "serão julgados"): – não: – há apenas uma continuação do Mistério da Morte. A morte ser um mistério faz com que ela seja aceita; porque o mistério nunca termina, mas permanece.

– Ainda esperando a família.

---

* Como no original. (N. do T.)

QUARTA-FEIRA 1º DE JUNHO – Consertei a bomba d'água do poço às nove horas desta manhã. Tirei sujeira da válvula e apertei um cilindro solto em volta do cano, e levei a pressão até 50. Fiquei ali *enraivecido* por um tempo porque achei que tinha assinado um contrato de aluguel por um ano de uma casa com um poço seco. Acho que está tudo bem – 40 metros de profundidade. Além disso, hoje choveu. A chuva não é apenas poética no Oeste, mas necessária. Então digo "Chove, desgraçado!" – e chove. Passei esses dois dias me divertindo, só escutando rádio, brincando com o gato, jogando paciência, e pensando mais em *On the Road*. *Preciso de minha máquina de escrever.* Sem móveis, sem família, nada. Não posso entender todo esse atraso. Levei 60 horas para chegar aqui, e outras 48 horas para encontrar uma casa. Eles já estão demorando três semanas... e tudo o que faço é esperar, esperar, esperar. Na verdade, não acho que Paul queira deixar o Leste... ele está perdendo tempo na Carolina do Norte. A mãe dele tem um marido que a sustenta, e um neto, e dois outros filhos no Leste – portanto a mudança de Paul para o Oeste não é uma tragédia, mesmo porque ele também pode visitá-la. Por isso não entendo esse atraso. Eles chegaram na Carolina do Norte na última terça-feira, e agora estão nove dias atrasados – e a viagem de 2.500 quilômetros demora uns 3 ½ dias e eles estão lá há uma semana inteira, e eu aqui pagando o aluguel de uma casa vazia. Não gosto disso... Um desperdício de tempo e dinheiro, e o desperdício de uma coisa boa, e boba. Recebi uma carta de Beverly Burford Pierceall hoje... agora ela está casada e mora em Colorado Springs, cujo pico Pikes posso ver da janela da cozinha. Escrevi a resposta à noite.

QUINTA-FEIRA 2 DE JUNHO – A família finalmente chega esta noite; recebi um telegrama de manhã. Estou reduzido à minha última moeda (1 centavo), descontando a nota de US$ 20 que guardei para o gramado (parte do acordo nesse aluguel é que eu plante um gramado). Então agora as coisas vão começar a andar e vamos tocar a nossa casa. Só uma coisa: onde está o caminhão de mudança? Hal Chase já deveria ter chegado em casa. E logo terei notícias de Giroux para decidir sobre o dia 15 de junho, e um emprego, e meu cronograma de produção (meses) para *Road*. – A noite passada fui deitar lendo o *Novo Testamento*. Vou escrever em breve minha própria interpretação de Cristo; em essência, a mesma, que ele foi o *primeiro*, talvez o *último*, a reconhecer que o confronto de um homem com o enigma final da vida é a única atividade importante na Terra. Apesar de os tempos serem outros, e o "Cristianismo" agora ser cristão no método (socialismo), ainda assim, a hora de um "acerto de contas" final está para chegar, um mundo verdadeiramente inspirado em Cristo. O Rei que chega em um jumento, resignado. "O verdadeiro progresso deve estar no coração dos homens." Está me ouvindo, Hunkey das Chamas? – Planejei, também, escrever nos próximos anos uma "Biografia literária de um jovem escritor", de preferência em Paris. Estou cheio de idéias, se não de trabalho de verdade. Fico dizendo que preciso de minha máquina de escrever, e minha escrivaninha, meus livros, papéis também. Quem dera eu tivesse a força de vontade e a energia de dez escritores (como eu tinha em 1947). O trabalho de T&C de 1948 foi uma dádiva de Deus, pois há muito tempo tinha me ajoelhado como Haendel antes de seu *Messias*, e a recebi.

Mas graças a Deus por *tudo*. Vi isso outra noite.

SEGUNDA-FEIRA 13 DE JUNHO (Colorado)
Estou tentando me estabelecer no Colorado, emprego e por aí vai. Logo vou começar outro diário.

Datilografei umas 10.000 palavras de *On the Road* e as organizei – agora, o verdadeiro começo.

O editor [Bob] Giroux viaja em 15 de julho.

Tenho visto muito Justin Brierly.

Aluguei uma casinha nos arredores de W. Denver, onde as planícies escorrem das montanhas. Este verão lindo é meu. A família chegou. Problemas financeiros. A chuva deixou tudo enlameado; e o poço está seco.

28 DE JUNHO – Você não está realmente escrevendo um livro até começar a *tomar liberdades* com ele. Agora comecei a fazer isso com *On the Road*.

Também acho que, ao escrever sobre fogo, chego tão perto dele que posso me queimar. Agora que preciso de "Levinsky e os anjos da Times Square"*, percebo que está com Vicki; e como ela está sendo indiciada, agora provavelmente a polícia tem o manuscrito. Mas eu o quero de volta.

Todo mundo nos Estados Unidos está sentado no cinema, olhando com avidez a tela cinzenta louca-séria – pelo que ela tem a mostrar. É tão melhor explorar coisas como essas que questões imaginárias tolas como "Com que idade as meninas devem se casar?" – melhor e mais inteligente, ao contrário dos "cientistas sociais".

---

* Uma alusão a Leon Levinsky, personagem de *The Town and the City* inspirado em Allen Ginsberg.

*The
Skeleton's
Rejection
Roll your own bones,
go moan alone –
Go, go, roll your own bones,
alone.
Bother me no more.**

JULHO

COLORADO

4 DE JULHO
 Minha mãe hoje voltou para seu emprego em N.Y. Ela vai alugar um apartamento em Long Island. No ano que vem vou comprar uma casa para ela lá. Ela partiu à uma no trem de Rock Island. Pobre viúva errante! Em um mês, depois de Giroux, vou para o México e então para N.Y. – talvez passe por Detroit no caminho. A grande noite americana continua a fechar-se, mais vermelha e escura o tempo todo. Não existe lar.
 Comecei a escrever "The Rose of the Rainy Night" ontem, por diversão.
 Uma melancolia pesada, quase como um prazer, agora me oprime.
 On the Road faz progressos de maneira estranha.
 Pobre Red Moultrie.
 Tudo o que fazemos é gemer sozinhos.
 Mas cada vez mais, à medida que envelheço, vejo o belo sonho da vida expandir-se até se tornar muito mais importante que a própria vida sem graça – um sonho escuro e vermelho da cor da cacatua. A noite, como um bálsamo, mitiga as feridas silenciosas do incômodo dia-escuro & noite chuvosa!

 Agora estou ficando mais místico do que nunca.

 Hoje foi um dos dias mais tristes que já vi. Esta noite meus olhos ficaram mortiços por isso. – De manhã acompanhamos minha mãe à estação, levando com a gente o bebezinho de fraldas. Um dia quente. Ruas tristes e vazias de feriado no centro de Denver, e sem fogos de artifício. Na estação, empurramos o bebê pelo chão de mármore. Os gritinhos dele misturaram-se

---

* "A rejeição do esqueleto/ Mexa seus ossos, vá gemer sozinho – / Vá, vá, mexa seus ossos,/ sozinho./ Não me incomode mais." (N. do T.)

ao "troar do tempo" lá em cima na cúpula. Despachei a mala da minha mãe antecipando alguma voltinha de despedida, ir a um bar, algo assim, mas acabamos ficando ali sentados, tristes. O coitado do Paul leu uma revista de mecânica. Então o trem chegou. Enquanto escrevo isso à meia-noite ela deve estar em algum lugar perto de Omaha...

À tarde Paul & Nin & o bebê e eu tentamos nos animar com um piquenique no lago Berkeley. Mas ficamos lá sentados, tristes, e comemos os sanduíches insípidos sob o céu cinzento e fomos embora. A criança ainda estava de fraldinhas... agora tinha esfriado um pouco, então fomos para casa. Fizemos uma espécie de churrasco no quintal dos fundos, & assamos *marshmallows* até escurecer. Isso foi legal.

Mas nos fogos de artifício no Denver U. Stadium havia grandes multidões esperando desde o crepúsculo, crianças sonolentas e tudo; assim que os fogos começaram, porém, essas pessoas infelizes começaram a ir embora, antes do fim do espetáculo, como se estivessem infelizes demais para ver aquilo por que tinham esperado.

Um copo de cerveja, porém, me alegra.

Como Jack Fitzgerald, vou começar a ser um anjo bêbado.

É tão verdadeiro – as crianças sabem mais que nós. Agora tenho *certeza*. Eis por quê: – Eis por quê: O Gigante Egoísta.

Cena: Quando Red volta para Denver depois de uma ausência de dez anos, a cena no escritório da imobiliária onde ele vai perguntar sobre seu pai. O jovem corretor, que, ele percebeu, o estava desprezando, decodificava um documento legal complicado para seu próprio pai; os cowboys rudes chegando para pagar uma comissão aos golfistas imobiliários (o homem alto, de rosto vermelho, flácido com um chapéu-panamá). O deserto branco da 17th St. & Stout. Tudo isso deixa Red muito triste por sua velha Denver. Então os ensaios para a formatura do irmão mais novo de Holmes no auditório, o orador da turma com a voz séria; então o almoço dos professores e do diretor. Tudo é otimismo para os garotos do secundário, mas Red conhece muitos, entre eles Vern, que não vai à escola e não engole coisa alguma relacionada a ela... uma conspiração otimista contra o sofrimento; de pais, professores & crianças: uma conspiração feita na segurança do poder social estabelecido.

E todos esses garotos *beat*? Os chamados "delinqüentes" e mesmo os garotos P.D.? Bem, há garotos P.D. bem aqui nos Estados Unidos –

...pobres despossuídos...

(e todos os pacificadores despossuídos na vida).

VIAGEM DE DENVER A FRISCO E DE VOLTA A N.Y.

AGOSTO 1949 – 8.000 quilômetros na estrada.

Fechei a casa em Denver, fui para Frisco em um Ford 1940 por US$ 11, passei três dias lá, voltei para Denver com Neal em um Plymouth 1948; ficamos alguns dias em Denver; seguimos para Chicago em uma limusine Cadillac 1947, aproveitei uma noite em Chicago com Neal; ônibus para Detroit; três dias em Detroit tentando entender Edie; segui para N.Y. com Neal em um Chrysler 1949 por US$ 5 cada.

Essa viagem memorável será descrita em algum lugar. (No livro "Chuvas & rios".)

Agora moro em Richmond Hill. Prossigo com o trabalho esfarrapado em *On the Road*. Giroux e eu estamos preparando *Town & City* para a impressão, em 27 de setembro. Recebo outro adiantamento de US$ 250,00, para durar até o Natal.

Muito, muito *ennuyee*... (no sentido franco-canadense, que significa *infeliz & enjoado*). Mas "o trabalho tudo salva?" "Os detalhes são sua vida?"

Vou para Paris no início de 1950 e vou terminar *Road* e aproveitar as garotas francesas e as ruas de Paris. Também vou começar "Mito da noite chuvosa", que será o terceiro romance.

AGOSTO DE 49
Richmond Hill, N.Y.

PROSSEGUIMENTO DA LAMENTAÇÃO

TER. 29 – Retomando o verdadeiro trabalho sério vejo que fiquei preguiçoso por dentro. Não que não queira escrevinhar e rabiscar como antes, mas apenas não quero pensar até o fundo das coisas – não mais o pescador das profundezas. E por que é assim – uma coisa, falando de maneira indireta, porque não posso ainda entender, por exemplo, porque meu pai está morto... sem sentido, tudo é incompleto e não é o que aparenta. Parece até que ele não está morto. Ainda não reconheço que ele está morto. Parece que não consigo mais ser sério porque... porque... Tudo e todos ao meu redor são tão ambíguos. Nem mesmo com Allen consigo concordar em um sério contrato de compreensão. Ele se vê como "um espírito pobre, alquebrado em um hospital", e não sabe o quanto está louco por não se importar em reconhecer que isso é fruto de ressentimento. E daí se ele sofreu? – E Edie: não liga, não dá a mínima nesse mundo. Nunca olhou sequer uma vez para mim com algo que se aproximasse da seriedade. Ela estava cansada e queria dormir, e foi para casa e eu tive de caminhar por 6 quilômetros e – sem muito ressentimento, só cansada. Neal – chegamos a grandes compreensões que ele esquece, já que, de qualquer forma, ele só conseguiu chegar a elas por pura técnica e grande experiência em lidar com almas que parecem ser como a minha? Acima de tudo precisei carregar muitos *fardos* de pessoas bobas que não conhecem suas próprias mentes. Estou cansado dessas ambigüidades e ignorâncias e indiferenças. Quero ser sério.

E porque estou cercado de pessoas assim quase parece tolo para mim tentar pescar nas profundezas em meu trabalho... Eles não ligam mesmo. Eles não *sabem*. Estou me dirigindo a mim mesmo, como a mulher que ri na porta da casa maluca do parque de diversões, que todo mundo olha de boca aberta.

Não há *connoisseurs*?

Nenhum amante do amor?

É assim que o mundo vai acabar – na *indiferença*? Onde estão as chamas verdadeiras, sérias, conseqüentes, irrefutáveis? Onde estão os velhos profetas e escribas das Escrituras? Onde está o Cordeiro? Onde estão as criancinhas? O que aconteceu com a parábola? – com o mundo? – até com as histórias simples e a seriedade?

O que é toda essa ciência frívola?

Por que as pessoas circulam por aí sem muita seriedade e se esquecem mesmo disso?

Onde está a criança séria?

Na verdade, a morte de meu pai não foi séria de jeito algum. Você nem morre mais hoje, só passa pelo último poste de luz como fazem as pessoas de Céline. Não é nem mesmo uma zombaria de alguma coisa. Um acidente.

Quem se importa com o naturalismo?

Por isso agora não posso pescar nas profundezas. Ah, venha para mim, amor, corra pelo amor de Cristo – a Musa não basta, e não há coroa de louros.

Quero uma alma.

Quero uma alma.

Quero uma alma.

Quero minha garotinha.

Insisto que a vida é sagrada, e que devemos sempre reverenciar um ao outro. Esta é a única verdade: já foi dito, bilhões de vezes.

E tão fácil ser olímpico. *Dr. Sax* será fácil. Vou rir, do alto de meu promontório, dos vários tipos de homem – o indiferente, o desamparado, o queixoso. Mas em *Road* tenho de apostar minhas fichas no meu número. Façam o jogo, por favor!

Apresse-se, por favor, está na hora!

Jogo feito! – Então a roda gira e o que sai? Ganhar ou perder, algo vai surgir, naturalmente.

Muito de minhas meditações sobre *Road*, portanto, foram sobre problemas da alma, não simples linguagem e mistério como em *Sax*.

Então é isso, o que estou fazendo esta noite.

QUA. 30 – Ontem, também. Rascunhei umas mil palavras de material preparatório. Todas as questões que eu tinha resolvido enquanto escrevia "T&C" agora estão sendo revistas, entretanto, com grande estupidez. Hoje lidei com a questão adolescente de "por que os homens continuam vivendo". Então há muito tempo eu disse – "Não há porquê". Hoje observei os operários de uma grande construção nos fundos de casa e me perguntei por quê. É suficiente.

Sinto que sou a única pessoa no mundo que não conhece o sentimento de irreverência tranqüila – portanto, o único louco no mundo –, o único peixe fora d'água. Todos os outros estão conectados perfeitamente com a vida pura. Eu não estou. Quero uma compreensão pura, e então vida pura. O que aquela mulher está pensando nos degraus de sua casa do outro lado da rua? Ela quer um marido. Para compreender o amor e a consciência do amor com ele? – para fazerem, juntos, uma conspiração com relação à eternidade?

Não – para transar na cama com fome e sem pensar; criar crianças sem pensar; e morrer sem pensar; e jazer em uma tumba que não pensa – *e deixar que Deus se preocupe com o resto.*

Não para mim.

Vou decidir isso por mim mesmo, nem que tenha de me queimar tentando.

Enquanto isso, sigo sempre espantado porque as pessoas na verdade não amam umas às outras. *Como podem fazer isso?*

(Então agora estou finalmente psicótico.)

Será possível que toda essa gente siga em frente todos os dias simplesmente porque isso permite a elas uma oportunidade de adular a si mesmas? – as mulheres com laços & paqueras, e os homens com ostentação, e as crianças com seus triunfos infantis, e os velhos com suas memórias vingativas?

Se for assim, se o mundo é assim, por quanto tempo sobreviverei nesse ar?

Eles são apenas animais?

Não importa o que alguém possa dizer sobre vida e alegria pura, não acredito que seja suficiente. Não acredito em coisa alguma disso... a despreocupação.

Então por que esses trabalhadores estavam cavando buracos enormes? – qual a utilidade dos velhos canais de Fausto quando ninguém se importa com as luzes mais distantes e a tristeza ao fim do canal.

Está claro que preciso me apressar e morrer. Não há lugar para mim em um mundo desses.

Ninguém ama, ninguém ama. Esses são os abrigos do amor.

E não agüento o desespero assim como não consigo respirar quando não há ar. Agora preciso mudar ou morrer...

Como devo mudar? Simplesmente não sei como mudar... como uma tartaruga das Galápagos, também, que encontra uma rocha em seu caminho e fica um ano ali empurrando. Melville diz, "Por qual espírito encantado?".

Então, quem está me enfeitiçando?

A Igreja de Roma tem uma resposta duas vezes mais absurda que a minha... seja lá qual for a minha. Você acha que o Diabo seria tão ativo para se importar em enfeitiçar suas melhores vítimas? Se o diabo *existisse*! Nada assim pode existir em um mundo sem graça, sensual e distraído, e as pessoas ririam dele.

E tudo o que nos resta são os detalhes – pfui! É por isso que digo que não ligo para o naturalismo, quero dizer, *por que devo escrever*. Não há coisa alguma sobre a qual escrever. O único homem que parecia se importar, George Martin, está morto e enterrado. Não lembro se Leo Kerouac era mesmo inteiramente assim.

Estava tudo em minha cabeça.

Não fale comigo sobre vida pura – é pura bobagem.

ENNUI

A vida não é suficiente.

Então o que quero?

Quero um propósito na eternidade, algo que me faça decidir e do qual nunca irei me desviar agora, em qualquer existência sombria ou outros seguimentos. E qual é esta decisão?

Uma espécie de febre de compreensão, uma visão, um amor, que una e transcenda dessa vida para as outras, uma visão do universo séria, definitiva, imutável. Isso é o que quero dizer com "quero olhos". (Olhos mortos vêem. – A. G.)*

---

* De "Stanzas: Written at Night in Radio City" (1949), de Allen Ginsberg. A citação completa é: *As so the saints beyond/ cry to men their dead eyes see* (Então os santos no além/ gritam para os homens seus olhos mortos vêem).

Por que eu deveria querer isso? – Porque não há o suficiente aqui na Terra para se querer, ou seja, aqui não há uma coisa sequer que eu queira.

Por que não quero vida na terra? Por que não é suficiente?

Porque não enche minha alma e deixa minha mente febril e me faz gritar por felicidade.

Por que você quer sentir?

Pela razão e o corpo dos fatos, ciência e verdade não me fazem sentir, e não levam à eternidade, e na verdade me sufocam como ar abafado, mofado.

ennui

Você já disse isso tudo
claro que eu disse isso tudo.
O que você quer?
Quero estar em chamas.
Por quê?
Porque sou inflamável. Eu
sou sério.
Você já disse isso tudo —
Claro que já disse isso tudo.
Você não sabe o que quer,
E diz que a vida não é suficiente.
Então o que é suficiente?
Sentir – ou eu morro.
O que irá sentir?
Chamas.
Então vá em frente e queime.
Mas a vida não está em chamas.
Então morra.
Corporeamente?
—
Sim*   <— *Petulância*

---

* *You've said all that/ of course I've said all that./ What do you want?/ I want to be on fire./ Why?/ Because I am inflammable. I/ am serious./ You've said all that —/ Of course I've said all that./ You don't know what you want,/ And you say life is not enough./ Life is not enough./ Then what is enough?/ To feel – or I die./ What will you feel?/ Fires./ Then go ahead and burn./ But life is not on fire./ Then die./ Corporeally?/ ———/ Yes.* Flippancy

Meu livro será um grande sucesso. Todos vão dizer "Qual o problema com esses escritores?" Lembro do suicídio recente do autor de Raintree County.*

Então agora você se importa com o que as pessoas vão dizer.

Isso significa que tenho de admitir que eu e o corpo da humanidade somos um só?

É isso que preocupa você? Que agora fala de auto-elogios.

Deixe-me em paz. Oh, infortúnio.

Oh, agora isso se deteriora em simples caso clínico? Por um momento pensei que você fosse uma chama verdadeira.

Então começa outra vez o tom de falta de seriedade e fatos sem graça. Oh, infortúnio.

Homens têm vivido de acordo com esse tom há muito tempo. Por que diabos devo me importar? Oh infortúnio.

Pensei que se importasse.

Eu me importo com o cuidado, não com a falta de cuidado.

Vá morrer em algum lugar. Oh.

Tente, faça-me. Oh, infortúnio.

Isso é tudo o que você quer fazer – lutar? Que tipo de eternidade é essa? Oh.

Uma vez acreditei no funcionamento, e criava ilusões conscientes para manter-me funcionando, o que fiz. Oh, infortúnio.

E agora até as ilusões enganam você?

Claro. Oh, infortúnio.

Está vendo, é um enigma de verdade, não só a palavra "enigma".

Sim

Lá. Oh.

AGO. 30 *ennui*

Seriedade

Para continuar: eis uma citação do incrível Balzac: –

"...Todo fenômeno elétrico (é) errático e inexplicável em suas manifestações... Homens de ciência reconhecerão o grande papel da eletricidade no poder do pensamento humano."

Quando não posso mais entender minha penosa compreensão do mundo, quando minha mente pára de trabalhar, quando meu coração pára morto e minha alma é eliminada, quando estou à beira do suicídio (como hoje),

---

* Ross Lockridge Jr., autor do romance de sucesso *Raintree County*, cometeu suicídio por inalação de monóxido de carbono em 1948, aos 33 anos de idade.

talvez seja apenas algo semelhante a uma queda de energia, porque eu perdi o *contato* com o todo do Universo? Por que eu perco contato? E por que, depois de anos de depressões e estados de ânimo como este, ainda não encontrei a resposta para isso?

A vida não é suficiente se você perde o contato com o outro mundo, que é simplesmente a perspectiva que nunca vimos, mas que nos informa sobre a intenção do universo como um todo – que é contato eventual entre todas as coisas, a união elétrica da verdadeira eternidade. O outro mundo – mencionado primeiro como a Palavra de Deus nas Escrituras, e designado pelo grande São Tomás de Aquino como além da razão e necessária ao homem. A perspectiva desse outro mundo, essa outra *compreensão* que nós não vimos, está além de toda a minha compreensão atual, mas suspeito que seja muito estranho e acho que quando nós finalmente o enxergarmos, vamos todos dizer, "Claro, claro, sim, sim!".

Quando digo que quero queimar e quero sentir e quero uma ponte desta vida para outras, isto é o que quero dizer: ir para o outro mundo, ou seja, manter contato com ele até eu chegar lá.

Será que agora estou muito sério por dentro? Acho que sim. Esta *lacrimae rerum*; minha felicidade, depende do reconhecimento do outro mundo enquanto ainda estou neste, ou não posso agüentar este aqui. Preciso estar em contato com o máximo deste mundo (por meio de variedade de sensualidade, i.e., experiência de amores de todos os tipos) e eu preciso estar em contato com os Furacões Sagrados que reúnem as formas esfarrapadas em uma Forma Inteira.

ennui

É por isso que a vida é sagrada: porque não é um acidente solitário. Portanto, de novo, devemos amar e ser reverentes uns com os outros, até o dia em que sejamos todos anjos olhando para trás.

Os que não são reverentes agora podem ser os mais reverentes então (em sua outra forma elétrica, espiritual).

Haverá um Dia do Juízo Final?

Não é preciso julgar os vivos e os mortos; só os felizes e os infelizes com lágrimas de piedade.

(Mas ainda não sou inteligente o suficiente para ir muito além com essas conjecturas e adivinhações.)

Como devo seguir vivendo?

Devo manter contato com tudo o que cruzar meu caminho, e confiar em tudo o que não cruza meu caminho, e esforçar-me muito mais por visões mais e mais extensas do outro mundo, e rezar (se puder) em meu trabalho, e amar, e tentar controlar minhas vaidades solitárias para fazer um maior contato com todas as coisas (e tipos de pessoas), e acredito que minha consciência da vida e da eternidade não é um erro, ou uma solidão, ou uma tolice – mas um amor terno e caro de nossos pobres apuros que pela graça de Deus Misterioso serão resolvidos e esclarecidos para todos nós no final, talvez só então.

De outra forma não posso viver.

E se isso é apenas uma ilusão, por isso é expelida, e ainda assim deve acontecer de alguma maneira estranha, irreal e provável.

De qualquer forma é impossível contar com o "conjunto dos fatos" nesse ponto da vida quando começo a ver a impossibilidade da mortalidade grosseira. Devo começar a usar meus outros sentidos para descobrir o que preciso.

Além do mais, seja como for, recentemente tive visões estranhas dos furacões em torno das cabeças comuns das pessoas. Não há como confundir um sinal tão grande como esse.

Mas mesmo assim o quebra-cabeças não está claro.

Exceto que minha "queda de energia" terminou e todas as luzes estão acesas de novo. Se por acaso forem apenas as eletricidades de um mundo animal, puro, grosseiro, que empurra, força e fervilha – sou uma delas, apesar da relutância — nenhum de nós é espírito, mas apenas carne de camponês suarenta, e comida para vermes –, mesmo então não irei acreditar.

É muito estranho, nesse momento crítico, ser confrontado por um homem rico, charmoso e inteligente, um lorde inglês ou algo assim, ou algum ator americano muito sofisticado, que me diz "Olha, meu velho, você se preocupa demais".

O que esse tipo de homem quer dizer? É outra vez a mulher calma e irreverente diante da porta de casa? Aposto que é, mesmo, velho.

– Eu digo, Jack, você aceita um chá? – ou ler o *Times* ou *algo*. Verdade, pobre amigo, você vai ficar maluco. Afinal de contas, você sabe.

– Afinal de contas *o quê*?

– Ah – só afinal de contas...

– E aí? – e sobre o "afinal de contas"? Afinal de contas é isso o que vai acontecer com nossas almas? Hein?

– Na verdade, seu maluco, estou bem satisfeito com minha mulher. Eu não me preocuparia com eternidade e esse tipo de coisa se fosse você.

A empregada entra. O homem charmoso tem a audácia de escolher vários bolos e tortas sem conseguir se decidir no limite de tempo.

– Por Deus, Roger – grito –, como você pode ficar tão tranqüilo em relação a isso.

— Na verdade, Jack, no fim das contas... é hora de comer. (Ele ousa comer um pêssego.)*

Ele suspira.

— Posso dizer uma coisa? Uma época, como você, lutei contra esses problemas até, claro, quase enlouquecer. Vi a inutilidade de tentar compreender o que é claramente um mau negócio e não é nem mesmo um mistério apropriado. Oh – eu simplesmente decidi viver... e deixar viver, se eu puder. Li Eliot. Acho que é o suficiente sobre o assunto. Entre os romances prefiro Trollope. Mas além disso, pobre Jack, por favor, *por favor!* Não é o tipo de coisa a fazer.

— Mas em que estará pensando na hora de sua morte? – grito, pulando e derrubando as coisas de chá.

Ele pára e começa a recolher as coisas com uma humildade estranha que me comove.

— Quando chegar a hora, meu caro, eu obviamente estarei pensando em uma coisa qualquer. Mas a hora ainda não chegou, espero. Suponho que quando chegar estarei apavorado com suas turbulências e quando você se der conta estarei morto. Bem morto.

— Isso devia responder a minha pergunta?

— Seja gentil, Jack, e faça seu fim de semana ser agradável para todos nós. Amanhã vamos de carro para Cannes para ver o mar, se você quiser.

— À noite?!!

— À noite. Qualquer coisa para agradar você, – velho. Você deveria mesmo conversar com Gwendolyn. Ela é louca pelo assunto. Ai, ai, você derramou quase todo o chá no tapete.

Ou se eu fosse a um velho funcionário da estrada de ferro em busca de uma resposta para meu apelo, ele diria:

— Alguns não valem nada, outros valem. É só isso.

— Mas e sobre a morte?

— Bem – todos nós morremos.

— Naturalmente.

— Sim. Naturalmente.

Ou a um cantor negro.

— Ei, meu chapa, o que vai acontecer quando a gente morrer? Para que serve a vida? Por que não nos amamos todos uns aos outros? Qual o problema? O que tudo isso significa?

— Cara – diz ele –, não vem me encher com essas suas perguntas. Quero só diversão e quando não puder mais me divertir, então vou estar *morto*. Certo, meu chapa? – E dá um sorriso.

---

* De "The Love Song of J. Alfred Prufrock", de T. S. Eliot: *Do I dare to eat a peach*? (Será que eu ousaria comer um pêssego?).

Enquanto isso caminho pela rua à noite, em total escuridão, e ninguém vai me ajudar a não ser meu próprio eu enlouquecido.

Agora está chovendo lá fora.

(Ah! – Só não quero ficar reduzido ao tipo de literatura que deixa a fatalidade implícita sem jamais mencionar isso de forma aberta.)

Estou falando sério sobre isso. Quero conversar sobre isso. Quero me comunicar com Dostoiévski no Céu, e perguntar ao velho Melville se ele ainda está abatido, e a Wolfe por que ele se deixou morrer aos 38.

Não quero desistir.

Prometo que nunca vou desistir, e que morrerei gritando e rindo. E que até lá vou correr por este mundo que eu insisto ser sagrado e vou puxar todo mundo pela lapela e fazê-los confessar para mim e para todos.

Assim vou realmente descobrir algo a tempo.

– Agora é hora de escrever, eu acho.

Mas melhor que tudo nessa filosofia pobre foi a noite em Denver no jogo de *softball*, onde, em uma febre de compreensão triste, vi além dos simples "porquês" e questionamentos como esses que ocuparam as últimas dezoito páginas.

Mesmo os detalhes aqui são caros:

LE COEUR ET L'ARBRE

Eu acabara de botar Bob Giroux no avião para N.Y. e caminhei & pedi carona para voltar do aeroporto pela gigantesca penumbra das planícies, eu, um ponto na superfície de terra vermelha e triste. Na noite lilás, cheguei no meio das luzes da esquina da 27th & Welton, o bairro negro de Denver.

Com Giroux em uma Central City bem vazia, eu tinha visto que me tornar um autor publicado seria apenas uma coisa triste – não que ele quisesse me mostrar isso. Apenas vi como ele era triste e, portanto, como o melhor e máximo que o "mundo" tinha a oferecer na verdade era vazio, sem alma; porque, afinal de contas, ele era, e é, um grande nova-iorquino, um homem importante, um sucesso aos 35 anos, um jovem editor famoso. Foi por isso que disse a ele que não havia "coroas de louro", i.e., o poeta não encontrou êxtases no sucesso e na fama mundanos, nem mesmo na fortuna & meios, em nada como elogios ou respeito, nada. Ele me disse de um jeito bem sensato que a coroa de louros só é usada no momento do ato de escrever. Claro.

Mas naquela noite meu sonho de glória tornou-se um fato triste, e andei pela Welton Street desejando ser um "crioulo"; porque vi que o melhor que o "mundo branco" tinha a oferecer não era êxtase suficiente para mim, nem vida suficiente, alegrias, diversões, escuridão, música, não era *noite* suficiente.

Eu me lembro: parei em uma barraquinha onde um homem vendia chili quente e vermelho em embalagens de papel. Comprei um pouco e comi circulando pelas ruas escuras e misteriosas. Também desejei ser um mexicano de Denver, ou mesmo um japa, Toshio Mori! Qualquer coisa menos um "homem branco" desiludido com o melhor de seu próprio "mundo de brancos". (E toda a minha vida eu tive *ambições brancas!*)

Enquanto caminhava, passei pelas entradas escuras das casas dos negros & mexicanos. Ali havia vozes suaves, e às vezes nas sombras uma perna de alguma garota misteriosa e sensual, e homens escuros que as possuíam; e criancinhas que estavam crescendo com a mesma idéia – a idéia de viver como se quer. Na verdade um grupo de negras se aproximou e uma das mais jovens afastou-se das anciãs com cara de mãe, veio até a mim e disse – "Olá, Eddy".

Como disse a Allen em uma carta, sabia que, na verdade, eu era Eddy. Mas isso não é verdade. Eu sabia muito bem que não tinha a sorte de ser Eddy – algum rapaz branco que curtia aquelas garotas negras. Eu era apenas eu mesmo.

Eu estava tão triste – na escuridão lilás, caminhando – desejava poder trocar de mundo com os negros alegres, honestos, extáticos negros dos Estados Unidos. Mais ainda, tudo isso me lembrava de Neal e Louanne, que conheciam este lugar tão bem e tinham crescido ali e nas redondezas. Como eu desejava poder encontrá-los! – Olhei pela rua de cima a baixo! – Como eu tinha sido enganado e alijado da vida verdadeira! – Como eu ansiava por me transformar subitamente em um Eddy, um Neal, um músico de jazz, um crioulo, qualquer coisa da área, um pedreiro, um arremessador de *softball*, qualquer coisa nessas ruas escuras, misteriosas e agitadas da noite de Denver – qualquer coisa menos eu mesmo tão pálido & infeliz, tão "branco de classe", tão apagado.

Então lá na esquina da 23rd & Welton estava acontecendo um grande jogo de *softball* sob a luz dos holofotes que também iluminavam parcialmente o posto de gasolina. Que toque cruel! – agora era a nostalgia dos garotos frentistas. E uma grande multidão ansiosa gritava a cada jogada. Os jovens heróis estranhos, de todos os tipos, brancos, de cor, mexicanos, índios, estavam no campo jogando com uma seriedade enorme. O pior de tudo: – Eles eram apenas moleques da favela uniformizados, enquanto eu, com minhas "ambições brancas", tinha de ir e me tornar um atleta modelo profissional da espécie mais alta, nos meus dias de faculdade.

Eu me odiava ao pensar nisso. Nunca em toda a minha vida fui inocente o suficiente para jogar bola desse jeito diante de todas as famílias &

garotas da vizinhança, à noite sob as luzes, perto do posto de gasolina, todos os moleques sabem – não, tive de ir e ser um vagabundo de faculdade, jogando diante de vagabundos de faculdade e universitárias em estádios, e entrar para fraternidades, e vestir agasalhos esportivos em vez de Levi's e suéteres.

Algumas pessoas simplesmente são feitas para desejarem ser o que não são, só assim podem desejar e desejar e desejar. Essa é a minha estrela.

Oh, a tristeza das luzes naquela noite! Sentei nas arquibancadas descobertas e assisti ao jogo. O arremessador se parecia muito com Neal. Uma loura entre o público se parecia muito com Louanne. Era a noite de Denver aqui nas ruas da verdadeira Denver, e tudo o que fiz foi morrer. Onde eu tinha ido e o que fizera com minha vida, fechando todas as portas para a alegria real, infantil e humana como essa, o que tinha me atormentado para me fazer lutar para ser "diferente" disso tudo.

Agora era tarde demais.

Um senhor negro estava sentado perto de mim e parecia que assistia a jogos todas as noites. Ao lado dele havia um senhor branco, em seguida uma família mexicana, depois umas garotas, uns rapazes – toda a humanidade, o conjunto. Do outro lado da rua famílias negras sentavam-se nas soleiras de suas casas e conversavam e olhavam para a noite estrelada através das árvores, apenas sentados na maciez, e às vezes viam o jogo. Muitos carros passaram pela rua enquanto isso, e paravam na esquina quando o sinal ficava vermelho.

Havia excitação e o ar estava repleto da vibração de uma vida verdadeiramente alegre que não conhece o desapontamento e os pesares "brancos", e tudo o mais.

O senhor negro tinha uma lata de cerveja no bolso do paletó, que ele abriu, e o outro senhor olhou invejoso para a lata e tateou em seus bolsos para ver se também podia comprar uma lata.

Como eu morri!

Lá em Denver, tudo o que fiz, em todo caso, foi morrer – nunca vi coisa alguma como isso.

Saí de lá e andei para as ruas burras do centro de Denver para pegar o bonde na esquina de Colfax & Broadway; onde fica o edifício idiota do Capitólio com seu domo iluminado e seu gramado marrom. Mais tarde caminhei pelas estradas negras como piche em Alameda e cheguei à casa onde gastara meus US$ 1.000 por nada, onde minha irmã e cunhado estavam sentados preocupados com dinheiro e trabalho e seguro e previdência e tudo isso... na cozinha de *ladrilhos brancos*.

Parece que tenho uma capacidade infinita de ser infeliz. Como posso ser tão burro para desperdiçar minha vida inteira sendo infeliz assim! O que vou fazer? Quando vou perceber que tenho uma grande vida só minha?

Bem, ainda há tempo antes que seja tarde demais...

(E eu não entendo isso.)

:———:

[De 30 de ago. a 5 de set. eu entrei num longo período de bebidas, música & pessoas em N.Y.C.. Conheci Lee Nevels, uma negra; fiquei no apartamento de Bob.]

O MISTÉRIO CONTINUA

Diário oficial de The Hip Generation

SETEMBRO DE 49   Richmond Hill
(*On the Road*)

TER. 6 – Tentei continuar com *The Hip Generation* ontem à noite, mas na verdade foi uma grande vadiagem ritual. Este é o novo título para *On the Road*, e também muda algumas idéias em relação a ele. *Uma Saga de Cidades, Ruas & as Noites de Bebop*. Não trabalho de verdade desde maio de 1948. Será que esqueci como se trabalha? Melhor ir em frente. Tenho o outono e o inverno, sete meses, e se fizer uma média de 25.000 por mês como costumava fazer, terei meu romance de 200.000 palavras em abril, quando quero ir para a França e a Itália e fazer o *Myth of the Rainy Night* ou *Doctor Sax*.

Mas não tenho mais coração para essas coisas. Não sofro... o... o...

Agora enquanto escrevo estou muito feliz e não tenho sequer um pensamento na cabeça. Arte é infelicidade (?) Ócio, ócio. – Estou lendo *La Vita Nuova*.*

QUA. 7 – Vamos ver se consigo escrever um romance, como eles dizem que posso.

: – CHUVA DE SETEMBRO –:

Hoje fiz **700 palavras** (novas), e escrevi uma página divina sobre Beatitude; e revisei o que tinha feito ontem; e meditei; e comi; e caminhei, e falei, e planejei muito contente outras páginas.

---

* *La Vita Nuova* (c. 1292), um poema menos conhecido de Dante.

QUIN. 8 – Trabalhei com Giroux na cidade. Semana que vem também vou trabalhar no escritório. Etc. Vamos deixar o mundano fora disso. Pensei em uma frase – A morte & as crises nervosas são sempre a mesma coisa, mas os materiais nunca são os mesmos. Será que as estações acham que eu não sei disso? Etc. Apenas sublime!

SEX. 9 – O que devo fazer esta noite? – esta crua noite outonal. Onde devo ir? Sinto-me tão bem esses dias (& meses) que não preciso fazer coisa alguma. Mas vou encontrar a turma – o nobre e audaz Neal, o louco Allen, o assombrado Lucien, o doce Seymour [Wyse], ou a sombria e querida Lee (a da noite de *bebop*). E onde está Clem das Chamas? Old Bull? Também vou escrever cartas. Também resolvi novas construções de trama para *Hip Generation*. Sigo em frente feliz.

Fiquei em casa e escrevi **1.300** *excelentes* palavras. São 3.000 em quatro dias, o ritmo que quero. Quando chegar às palavras já escritas (e numeradas na primeira parte deste diário em maio último), o ritmo vai se acelerar de uma maneira não-natural. Quero uma média de pelo menos 20.000 por mês – ou cerca de 150.000 até março, praticamente todo o romance. Encontro no trabalho em si os desdobramentos do romance, e na verdade de nenhuma outra forma, e isso é uma regra para as tramas – meu texto está bom. Também estou cuidadoso com as estruturas, e a Estrutura. Então estou no caminho.

Ei? Que Tom Malone?

J'ai lit la vie nouvelle, j'ai vue la vie nouveau. Veja os sons disso em inglês: –

JAYLEE-LAVEE-NOOVELL

JAYVUE-LAVEE-NUOVO... um cântico.

SAB. 9 – Fim de semana com Holmes, Seymour e Neal – música e conversa. Agora sinto conhecimentos maravilhosos crescerem dentro de mim o tempo todo. Alô?

SEG. 11 – Trabalhei no manuscrito no escritório da Harcourt-B. Com Bob. Escrevi 1.500 palavras para inserir em *Town & City*, o que foi um bom trabalho.

TER. 12 – Trabalhei no escritório. Outro texto de 700 palavras para inserir... escrito no estilo "T&C", e rapidamente e sem dor. Bob e eu comemos refeições pródigas, vamos a filmes franceses, tomamos boas bebidas em lugares como o bar do Plaza. Ele é ótimo.

QUA. 13 – Trabalhei no escritório. Estou trabalhando na sala de Alfred Harcourt. Lucien foi lá me visitar com Sarah... – Comi uma bela lagosta no jantar porque me sinto muito bem-sucedido ao gastar toda a minha grana, esta noite chuvosa.

QUI. 14 – Trabalhei no escritório. Vários trechos de 300 palavras para incluir durante toda a semana. Vi Neal no estacionamento.

SEX. 15 – Trabalhei no escritório – quase nunca em casa. Dormi umas vezes na casa de Seymour. Tenho dores de estômago repentinas... por vários dias.

SÁB. 16 – Trabalhei no escritório. À noite, festa na casa de John... todo mundo lá, inclusive Lee. Foi uma festa sórdida e sarcástica. As Belas Crianças aos poucos mostram seu olho tristonho. Dormi na casa de Seymour.

DOM. 17 – Trabalhei no escritório (quase terminado). Bob me deu um livro de Ouspensky. Fui para casa em Richmond Hill, vi mamãe e comi. Em casa escrevi trechos para inserir. Assim.

SEG. 18 – Hoje no escritório recebi um telegrama de Lucien: – "Sem disciplina Kerouac será pequeno. Erga-se, homem, não definhe nessas enervantes roseiras vagabundas".

O que é isso? – eu sei bem – Lucien está novamente certo. Ele está falando primeiro de meu trabalho, influenciado em demasia por idéias poéticas afetadas, e da sua falta de disciplina. Segundo, sobre minha existência... sobre o fato de eu "relaxar" na alma e ficar preguiçoso; de não disciplinar minha alma em nome da decência e da forma, um retorno à sua idéia antiga de minha "péssima reputação". Sordidez. Etc. Em qualquer caso, é estranho que ele pense em mim, apesar de eu não ter certeza do que ele realmente quer dizer. Quem tem?

Trabalhei na casa de Bob, escrevi um trecho de ligação para Kenny Wood, voltei para casa às 3h da madrugada.

TER. 20 – Oh ser o que todos querem que eu seja, ao mesmo tempo – assim não haveria qualquer estardalhaço exagerado em todo o meu redor. O que devo fazer para expiar meus pecados? – Eu me sinto triste, só isso. Esta tarde, fui à bela e ensolarada Jamaica e fiz algumas tarefas.

> O amor, que cura a barriga e a doença atrasa.

QUA. 21 – Depois de trabalhar um pouco no escritório, Bob e eu vestimos nossos smokings e fomos ver o balé russo no Met. É a arte mais exótica – e pode-se morrer um pouco após ver o balé pela primeira vez (apesar de eu não ter morrido). Fica apenas entendido. Observando dos bastidores, as garotas todas sob as luzes azuis são como uma visão; todas parecem orientais e russas, também. Bob e eu fomos visitar no camarim aquele que hoje é o melhor de todos eles, Leon Danellian. Em meio a aficionados por balé estranhos, [Alexandra] Danilova estava sentada em uma cadeira. Havia telegramas presos à parede, e o velho empresário funesto da companhia de balé que parecia um velho Joe Kingsland. Gore Vidal estava lá com a mãe. Todo mundo vive dizendo "Gosto mais dela que de Gore". É a moda entre eles. Nosso grupo consistia de John Kelly (um milionário das artes & Wall Street, eu acho), Gore Vidal e a sra. Vidal, Danellian e a irmã, um certo Don Gaynor, que parece um intelectual sinistro em festas nos filmes britânicos, e depois (após as dispersões) John La Touche* e Burgess Meredith (que é engraçado). La Touche também é engraçado, e muito adorável, ele ficou de ponta-cabeça para a gente. Conhece todo mundo, até [Greta] Garbo. Ele acabou de chegar do Congo. É como um cara de Lowell em um *saloon* da Mood Street. O dr. Shrappe de Columbia também estava com a gente, espirituoso, e solitário.

Gastamos US$ 55 no Blue Angel só com bebidas e um jantar. Passei uma cantada no francesinha da chapelaria e marquei um encontro com ela. Chama-se Berthy – que lindo. Mas esta noite aprendi que preciso mudar agora – como estou tendo muita "demanda" social é simplesmente impossível aceitar todos os convites para almoçar, e igualmente impossível tentar me comunicar com todo mundo, mesmo *concordar* com todos como sempre fiz apenas por diversão. Agora terei de começar a *selecionar*. Não é horrível? Mas é um fato que terei de encarar.

Parece que sou ingênuo demais. "Sim, sim!", digo para todos. "Claro, encontro você lá!" "Oh sim, eu telefono para você." "Legal, eu apareço por lá." E além disso paquero toda garota bonita que vejo (em meu *smoking*) marcando encontros que acabam entrando em estranho conflito com todo o resto... uma grande confusão. Finalmente, apenas vou para casa e durmo o dia inteiro. Não está terminado.

Ninguém me compreende. Eles acham que sou louco. Tudo o que quero é ser agradável e educado, e então seguir meu caminho como sempre. Não está acabado.

A visão de Neal é algo assim. E a de Tchelitchev**. De qualquer forma, muito engraçadas. Pensar nas centenas de pessoas que já conheço, e nas centenas mais que virão, e eu tentando vê-las todas e concordar com as teses de suas almas – e tudo praticamente ao mesmo tempo, porque há tão pouco tempo.

É melhor estar preparado... se eu puder.

---

* John La Touche (1917-1956), letrista de filmes e musicais da Broadway.
** Pavel Tchelichev (1898-1957), artista e pintor figurativo russo.

Berthy é uma parisiensezinha muito animada. Pelo menos vamos nos encontrar em Paris, já que agora ela está casada com um nova-iorquino, e em breve irá divorciar-se dele, e tem escrúpulos com lindos olhinhos escuros que quero devorá-los inteiros.

Cheguei em casa com uma dor de dente. Não fui aos coquetéis com Kelly e Vidal, como combinado, porque tenho de começar agora mesmo a retirar-me de uma cena agitada demais que iria apenas consumir meu tempo e talvez no final minha alegria. Estou falando sobre turbilhões – centenas de turbilhões dão início a isso.

Onde está aquele que caminhava sob as estrelas, à procura, sozinho?

Bem aqui, que Deus o ajude.

Uma coisa de cada vez.

SET. 22-28 – Nesse espaço de tempo, completamos a revisão do manuscrito e o entregamos à gráfica; e arranquei meu dente ruim. Fiquei dois dias doente; encontrei Ed no píer; vi Lee, vi Tristano; e acompanhei corridas excelentes. Hoje, dia 28, escrevi seis cartas. Estou pronto para retomar *On the Road*.

QUIN. 29 – Tenho de admitir que estou pasmo com *On the Road*. Pela primeira vez em anos NÃO SEI O QUE FAZER, NÃO TENHO A MENOR IDÉIA DO QUE FAZER.

        OUTUBRO   chegou outra vez,

        1949   outra vez,

                       outra...

O que vou fazer? Não consigo mais escrever.

SEG. 3 – Mas isso foi resolvido com facilidade. Uma rápida reflexão sobre o assunto. Concluí que não sou um dos *hipsters*, portanto sou livre e penso sobre eles com objetividade para escrever sua história. Tampouco sou Red Moultrie, então posso me afastar *para examiná-lo*. Não sou sequer Smitty, nenhum deles.* Estou apenas descrevendo um fenômeno evidente apenas em nome de minha salvação pessoal nos trabalhos, e a salvação e valorização da vida humana segundo *minhas próprias intenções*. O que mais pode existir de verdade?

---

* Ray "Smitty" foi companheiro de viagem de Red Moultrie no conceito original de *On the Road*. Anos mais tarde, Kerouac transformou "Ray Smith" em seu alter ego em *Os vagabundos iluminados* (1958).

Todo o resto na vida, com quem vou me casar, como será minha saúde, onde irei morar, quem amarei, é desconhecido e tem muito pouca importância para mim, já que pertenço a Deus e estou trabalhando cegamente sob seus desígnios reluzentes, segundo *Suas intenções*, que se manifestam ao meu redor, que são menores mas não menos destinadas e ordenadas.

Ademais, nesta vida não preciso de coisa ou, até agora, pessoa alguma, no que concerne à minha vida predestinada, que é a vida do trabalho simples e mais cedo ou mais tarde finalmente, a que segue pelo Caminho Iluminado do Adivinho Flamejante.

Isso não pressupõe que não morrerei de alegria. "O corpo chama isso de morte, o remorso do coração." De minha parte, chamarei isso de alegria, e como a alma está morta, posso apenas esperar.

Quando a graça baixar sobre mim, saberei reconhecê-la como tal, e conhecerei a Beatitude, mas não posso ir além disso, não posso me agarrar a mim mesmo para desembaraçar as samambaias emaranhadas do vale, e as vinhas, que são o resultado das Intenções Divinas que têm como objetivo mistificar e purificar nossos desejos corruptos na terra. Vejo que Deus não deseja que o homem agarre a si mesmo, só quer pisar obediente no caminho confuso que leva à Sua Luz Fulgurante, quando será compreendido que todas as coisas são o que são, o que são, e o que são, na perfeição do Desejo Incorruptível.

Qual a intenção de Deus? Que obedeçamos as torvelinho de Suas Ordens até que Ele proclame o descanso para todos.

Por que isso?

Apenas, acho, em preparação para um fim dessa natureza inquieta, que Ele fez para demonstrar o significado da Luz Contemplativa Absoluta, que Ele deseja guardar para sempre em seu peito. Um fim para *isso* – uma preparação para *o que nunca termina*.

Na verdade, o mundo não importa, mas Deus o fez assim, então importa em Deus. E ele tem seus objetivos, que não podemos entender sem a compreensão da obediência.

Não há nada a fazer além de louvar,

Esta é minha ética da "arte", e é assim mesmo.

TER. 4 – Fiz quase mil palavras, mas não estão datilografadas e "terminadas". Matriculei-me na New School, para ganhar a grana dos ex-pracinhas, em cursos às quintas e sextas. Vi Marian & John Holmes, Seymour, Lucien, Sarah Yokley, liguei para Bob, paguei contas e vi Tristano à noite; e voltei para casa pelas samambaias dos vales, sem roseiras.

QUA. 5 – Ouvi pelo rádio a grande disputa de arremessadores entre [Don]

Newcombe e [Allie] Reynolds no primeiro jogo da final.* Escrevi cartas; notas. Sentimentos de auto-suficiência continuam. Lembrei que há dois anos, a essa hora, estava andando pelos trilhos do trem em Selma, Califórnia, e também era uma final Dodgers x Yankees. Que desde então eu terminei *Town & City* e o vendi; viajei para a Califórnia duas outras vezes, comecei *On the Road*; fui para a escola; iniciei *Doctor Sax*, morei um verão em Denver, resolvi as coisas com minha mulher, Edie; fiz o bem, e procedi de maneira correta em contradição com meus trôpegos anos anteriores como 1945 e 1946.

Será que estarei satisfeito em outubro de 1951?

Então terei escrito *On the Road*, a imbecilidade de Natal e talvez todo *Doctor Sax*; e contos; e terei ganhado uma bolsa do Guggenheim, e viajado por toda Europa; deverei ter comprado uma casa, talvez um carro; talvez esteja casado; sem dúvida terei amado muitas mulheres bonitas em roupas desgrenhadas; deverei ter feito muitos novos amigos, e conhecido os grandes do mundo; terei decidido sobre livros futuros e melhores, e poemas; terei morrido mais além; estarei ainda mais perto de Deus, terei sobrevivido a doenças, trabalho e bebedeiras, e terei perdido cabelo, e ganhado rugas.

E terei sido atingido por mistérios.

E terei ficado sozinho.

E terei enlouquecido.

E terei sido pomposo.

E terei sido resignado.

E terei sido tolo.

E terei sido cruel, descrente e obtuso; e terei me excitado, e terei estado como rochas, frias, secas, trincadas, rachadas e terei sido engraçado, e estúpido; e terei me maravilhado, e me enfurecido, enraivecido, zangado, espremido, apertado, encolhido, tremido, amassado; e terei sido um osso, e terei sido uma moita: terei dormido, terei acordado, terei chorado, terei ficado zangado, terei sido chutado, refletido, rastejado; implorado, ansiado, contorcido, sorrido com afetação, tagarelado, ficado pasmo, erguido o pescoço, vou ter-me enchido – você sabe, tudo que eu faço e você faz e nada disso faz alguém ser mais tolo ou mais divino, apenas mais velho e, eu diria, engraçado, por causa de Deus.

Então acho que então vou ter me tornado um comediante.

Oh santos! Oh arlequins! Oh poetas! Oh monges! ! Oh dançarinos! Oh tolos!, Oh infortúnio, Oh-ho, Oh gemido, oh, oh, oh, oh, eu, oh-yo, oh, oh, vou, dou, Joe, cresça assim, Moe, não, vá, ôa, Beau, io-iô, vá brincar com seu próprio *Yo Yo*. Oh Moe!

---

* O primeiro ponto dessa final famosa entre os Brooklyn Dodgers e o New York Yankees só foi marcado no final da nona entrada, quando Tommy Heinrich venceu a partida para os Yankees com um Home Run.

(É preciso talento para ser um comediante. Então agora vou freqüentar a Escola de Comediantes, o arquivista é cômico e os cursos são loucos, e os alunos gemem.)

QUIN. 6 A DOM. 9 – Fui à escola e assisti a palestras. Ephraim Fischoff me fascinou e me fez pensar em uma escola como a nova Escola de Comediantes. Pense só numa escola dessas:

QUA. 6h30-8h00	W. M. *"BURROUGHS,* "COMO FALAR GROSSERIAS".
QUA. 4h20-6h00	*H. HUNCKE,* "O QUE FAZER QUANDO VOCÊ É *BEAT*".
QUA. 8h30-10h00	*JOAN ADAMS,* "A DOENÇA ATÔMICA E SUAS MANIFESTAÇÕES".
QUIN. 4h20-6h00	*N. CASSADY,* "COMO CURTIR AS RUAS".
QUIN. 6h30-8h00	*A. GINSBERG,* "POLÍTICA HÚNGARA".
QUIN. 8h30-10h00	*L. CARR,* "O BELO E O FEIO EM NOSSO MUNDO".
SEX. 4h20-6h00	*J. KEROUAC,* "ROSAS E ENIGMAS".
SEX. 6h30-8h00	*W. BURROUGHS,* "CONFUSÃO SEMÂNTICA".
SEX. 8h30-10h00	*A. GINSBERG,* "OS TIPOS E SIGNIFICADOS DAS VISÕES".
SEG. 4h20-6h00	*N. CASSADY,* "AMOR, SEXO E A ALMA".
SEG. 6h30-8h00	*H. HUNCKE,* "DROGAS MODERNAS".
SEG. 8h30-10h00	*JOAN ADAMS,* "O SIGNIFICADO DO VÉU".
TER. 4h20-6h00	*L. CARR,* "A VALORIZAÇÃO DO VALE".
TER. 6h30-8h00	*A. GINSBERG,* "SEMINÁRIO: POESIA, PINTURA, TIROS FATAIS E O DESCONHECIDO".
TER. 8h30-10h00	*W. BURROUGHS,* "O BARDO IMORTAL".
TER. 8h30-10h00	*N. CASSADY,* "NOVA PSICOLOGIA, NOVA FILOSOFIA, NOVA MORAL".
QUA. 4h20-6h00	*J. KEROUAC,* "O MITO DA NOITE CHUVOSA".

A matrícula se encerra nos próximos dias. Corra!!! O período da primavera na nova Escola de Comediantes será ainda mais louco!

H. HUNCKE, "MANIFESTAÇÕES DO FENÔMENO ELÉTRICO NO TEXAS E NO CARIBE".
W. BURROUGHS, "ELEMENTOS SOBRENATURAIS NA GROSSERIA".
A . GINSBERG, "OS DOMÍNIOS DOS DÓLMENS".
N. CASSADY, "VISÕES DA ERVA".
L. CARR, "BONECAS E GIRINOS".
J KEROUAC, "AS SAGRADAS TORMENTAS FINAIS".
JOAN ADAMS, "DICAS".

October 1949

THURS. 6 to SUN. 9 — Went to school and sat out several lectures. Ephraim Fischoff fascinated me and made me think of a school like the New School for Comedians. Think of such a school:—

WED. 6:30-8 WM. BURROUGHS, "HOW TO PLAY HORSES."
WED. 4:20-6 H. HUNCKE, "WHAT TO DO WHEN YOU'RE BEAT."
WED. 8:30-10 JOAN ADAMS, "THE ATOMIC DISEASE AND ITS MANIFESTATIONS."
THURS. 4:20-6 N. CASSADY, "HOW TO DIG THE STREETS."
THURS. 6:30-8 A. GINSBERG, "HUNGARIAN POLITICS."
THURS. 8:30-10 L. CARR, "THE FAIR AND FOUL IN OUR WORLD."
FRI. 4:20-6 J. KEROUAC, "RIDDLES AND ROSES."
FRI. 6:30-8 W. BURROUGHS, "SEMANTIC CONFUSION."
FRI. 8:30-10 A. GINSBERG, "THE TYPES AND MEANING OF VISIONS."
MON. 4:20-6 N. CASSADY, "LOVE, SEX, AND THE SOUL."
MON. 6:30-8 H. HUNCKE, "MODERN DRUGS."
MON. 8:30-10 JOAN ADAMS, "THE MEANING OF THE VEIL."
TUES. 4:20-6 L. CARR, "THE APPRECIATION OF THE VALE."
TUES. 6:30-8 A. GINSBERG, "SEMINAR: POETRY, PAINTING, DEAD EYES AND THE UNKNOWN."
TUES. 8:30-10 W. BURROUGHS, "THE IMMORTAL BARD."
TUES. 9:30-10 N. CASSADY, "NEW PSYCHOLOGY, NEW PHILOSOPHY, NEW MORALITY."
WED. 4:20-6 J. KEROUAC, "THE MYTH OF THE RAINY NIGHT."

E um seminário e um coral, regido por Adolphus Asher Ghoulens, todas as sextas-feiras à meia-noite na Gruta da Lua, entrada apenas com inscrições com Monsieur H. Hex*, Hoax Street**, Grampion Hills. Taxa: – Presentes, incluindo marionetes, baratas, rosas, chuva, meias, cebolas, dedais, rosbife, confissões e rãs.

Exigências: sessenta pontos em percepção básica, generosidade, ruína, pesar e amor mais verdadeiro.

Esta é a escola, com o corpo docente e os cursos. Será que alguém poderia aprender nesse lugar? Você acha que alguém poderia realmente aprender? Aprender algo que nunca aprendeu na escola?

Oh, *Arkansaw*!——

Seja como for, esta noite, eu sinto, será a minha noite de compreensão. Esta noite – 9 de outubro de 1949 – acho que estou finalmente alcançando um conhecimento puro. Não quero perdê-lo. Isso é conhecimento baseado em fato.

O que é preciso saber sobre os fatos é que eles são muitos, e de muitos tipos, e que ao lidar com eles uma pessoa não deve impor a timidez e suas disputas banais sobre a qualidade imutável e universal dos fatos... Essa qualidade é a qualidade da verdade. Fatos são verdade. São feitos para serem reconhecidos como verdade. Há fatos naturais e há fatos sobrenaturais.

Na literatura, portanto, não é apropriado enfrentar os fatos ou aferrar-se a eles pela sensação incômoda de ser "deixado de fora" ou algo assim. Junte-se aos fatos! É como juntar-se à humanidade.

Sobre alguém tão notável quanto Lucien ou Burroughs, ou Dostoiévski ou Cézanne, diz-se sempre, "Claro que não há outro como ele" – mas isso sempre é dito de personagens como esse; por isso agora vamos por fim perceber que não faz sentido continuar a dizer isso devido à sua própria burrice. Quando, por fim, você disser de si mesmo "Não há outro como eu, mas isso é o que sempre se diz de personagens como eu", então você se une à humanidade e reconhece algo sobre si mesmo... algo que, afinal de contas, não é tão indispensável, algo que só pode unir-se à humanidade e unir-se aos fatos. (Claro que isso é difícil de explicar, como é difícil de tornar agradável o fato de a ponta de meu lápis agora ter brilhado na página.)

É pureza.

---

* *Hex*, feitiço. (N. do T.)
** *Hoax*, fraude. (N. do T.)

Cézanne é Cézanne, mas sou eu também, e não sou mais do que os outros me deram e ensinaram. Não sou mais levado por aí pela mão, por esse enfeitiçado mistério da vida, do que conduzo outros pela mão. Todos sabemos o que estamos fazendo. Pare de negar! Pare a máquina! Junte-se à humanidade, que somos todos nós igualmente. Todos têm olhos e todos sabem ver, até as crianças. (É por isso que, apesar de tão trágico, o assassino Howard Unruh* disse que atirou "em alguém na janela" quando todo o tempo não passava de uma criança de dois anos naquela janela, olhando para ele; ou talvez só olhando pela janela; mas sem dúvida sabendo para onde dão as janelas, e para que servem as janelas, e o que são os olhos e a vida. "Trágico", digo, porque a criança está morta e o assassino, louco.)

Todos os loucos estão apenas sendo tímidos. Um dos maiores problemas em nossa vida é o problema do recato, ou da lascívia. Lascívia são todos os nossos absurdos mais solenes, como propaganda, guerra, chauvinismo, precariedade e afins.

A lascívia é a mais profunda das mentiras.

O conhecimento puro de todos os fatos, e eles são tantos, e de tantos tipos, agora é meu objetivo e minha seriedade. Devo parar de mentir até para mim mesmo, parar aquela máquina. Esses conhecimentos também são mantidos por milhares de anos de conhecimento, que culminam resumidos em nossos dias como antropologia, psicologia, teologia, sociologia da religião, psicanálise, semântica, e um apanhado geral do conhecimento só como podemos *conhecê*-lo. Portanto sinto que ainda pode ser possível para os homens saberem mais, e melhor, do que jamais souberam; e em meu campo, o romance, estão para ser escritas as maiores obras, de todos os tempos. Mesmo o *Novo Testamento* pode ser superado em todos os níveis – artístico, psicológico e espiritual, e com sabedoria popular – por um passo adiante definitivo, ou um passo *abaixo*, devido a visões e à aplicação de conhecimentos de nosso século e dos séculos vindouros.

Os homens ainda não começaram. Estão longe da decadência como um todo ou em suas culturas. Há algo que ainda não fizemos.

Também há um certo conhecimento da morte ainda insondado, que devo abordar em minha próxima palestra. *Não acredito que qualquer pessoa tenha realmente morrido, ou que os não-nascidos não estejam realmente entre nós.*

Simplesmente não há conexão entre os homens e o tempo. Os homens estão apenas envoltos no espaço e no tempo. Meu pai, por exemplo, não está mais longe de mim agora do que New Hampshire, primeiro; e o progresso de

---

* Em 6 de setembro de 1949, o veterano da Segunda Guerra Mundial de 28 anos, Howard Unruh, atirou em 26 pessoas de sua vizinhança em Camden, New Jersey, e matou treze delas.

sua corrosão, segundo; e seu lugar entre os turbilhões, por último. Reconheço que sua existência me assombra. Ele não pode estar morto. Nem Sebastian [Sampas]. Acredito que estou me comunicando com eles sem realmente sabê-lo, e também me comunicando com meus próprios eus anteriores ao nascimento e talvez à preexistência.

[É] por isso que nós, ao contrário dos animais, sabemos o que estamos fazendo quando *piscamos o olho*. Animais sabem rir, talvez (apesar de eu não acreditar muito) até *piscar*.

Quando alguém pisca para mim eu considero talvez uma invocação séria da memória de algum fato que nós dois experimentamos, e ainda o fazemos, por viver; e não há limites para o viver. Portanto a piscadela pode ser uma dica de séculos de idade entre nós, ou mais velha, com a intenção de me comunicar algo que esqueci devido à pura lascívia e à incapacidade de compreender ou me comportar.

(Por que meu lápis está brilhando tanto? A ponta, a ponta... e isso só acontece de vez em quando.)

Ainda recordo a velha vida simples, os fatos frios da existência comum; não estou tentando exagerar. Não acredito, porém, que deva explicar isso.

Tudo é verdadeiro, sério e simplório.

O conhecimento puro é importante para mim, mas também quero aplicá-lo em meu trabalho, onde é o lugar dele, em um sentido formal, portanto trabalharei agora em meu livro. Acho que talvez exista na natureza do naturalismo puro uma lascívia estranha, enganadora e profunda que eu não tinha notado antes... "enganadora" porque a face do naturalismo é muito *séria*, portanto mentirosa.

Há tantas coisas grandes sobre as quais gostaria de falar. Espero que esta noite não seja apenas um amadurecimento passageiro, mas a descoberta verdadeira do conhecimento puro que talvez nunca parta após ser conquistado com tanta dificuldade. Estou cansado da minha máquina, é claro.

É bom lembrar que os fatos são verdadeiros, mas isso não impede que eles também sejam *misteriosos*. Não tema o mistério.

Meu Smitty em *On the Road* tem um método simples, quase infantil, de alcançar o conhecimento puro do mundo. Ele fica de pé em algum lugar, em casa, numa esquina ou no metrô, e fecha os olhos. Ele encara a escuridão em seus olhos, então os abre bem abertos, olha, e diz "Por quê?". Tudo isso é uma coisa complicada. O efeito é fazer o mundo mostrar seu mistério, seus limites, como eram em um momento estranho e embaraçoso. O feitiço do mistério mostra sua presença. Lá está sua esquina, seus parentes vagando como fantasmas, suas luzes, escuridão, calçamentos... o que é tudo isso? Quem é isso? – ou quem é a fraude, qual o feitiço. Por que estão fazendo isso? *Por que a realidade é assim e não de outra forma?* O infantil Smitty exige uma explicação; ele está admirado diante do muro do mundo; quer que Deus *desça*. Arquetipicamente está apenas "invocando os deuses", apesar de sua razão talvez não servir para objetivos práticos como a colheita ou o sucesso na batalha. Só para razões de conhecimento puro e a essência do conhecimento. As essências nesse crânio não estão lá sem motivo; os turbilhões de sua alma errante e de sua cabeça não estão lá sem motivo. Ele não está exigindo *poder*, apenas amor, o que é o conhecimento puro do desconhecido.

Por que amamos? – porque o ser amado é desconhecido para todos *menos para nós*. Não é essa a sensação do amor? O que, se em nenhuma outra coisa, pensamos sempre que vemos o rosto adorado e sem precedentes de nosso amado, se não é "Por quê?" Esse é o Porquê mais profundo, o Porquê que não se queixa. O Porquê dos Porquês. Isso também acontece quando encaramos a face de Deus, sua "realidade" de uma esquina ou uma árvore, ou qualquer coisa.

Allen Ginsberg diz que o que ele quer dizer com "Olhos mortos vêem" é apenas essa "face do universo" com o conhecimento do Porquê. "É quando, finalmente, enxergamos", insiste ele, "com nossos olhos mortos; ou enterrados". – "O pedaço de cristal perdido" é esse olho morto; quase como um olho que não nos é permitido, de uma certa forma. "Vencemos os domínios dos dólmens". Então eu disse a ele que uma noite em 1946 eu vi, no céu, à noite, grandes máquinas esqueléticas de algum tipo, como equipamento de radar, em uma enorme massa que avançava lentamente por entre as nuvens com um zumbido distante como aviões em formação muito longe. Quase ninguém os teria percebido comigo, naquele sonho, eles eram tão naturais ali, e invisíveis. Também fiquei apavorado. Allen diz que esses são os domínios dos dólmens da eternidade, mas quando eu notei que máquinas são uma invenção recente, ele me instruiu que na eternidade as máquinas bem podem existir em qualquer momento, também todas as coisas anteriores ou posteriores, e as duas, e tudo.

Acho que vejo... como se sempre me estivesse prometido. É preciso aprender História e o estudo estúpido de causa e efeito, para entrar em uma compreensão da eternidade tão profunda quanto conheçamos. Causa-e-efeito também é uma lascívia da mente e da alma, porque exige respostas simples e superficiais para temas profundos, apesar de não caber a mim negar o direito do homem de construir pontes sobre vazios.

Mas por que caminhar sobre tal ponte; um elefante pode fazer isso; só um homem pode encarar o vazio e saber. Só um homem se importa, não os elefantes e os burros.

Deus espera por nós na eternidade árida.

Afinal de contas, sem dúvida em todo esse "misticismo" também não existe necessidade de brincar com números mágicos. Estou me defendendo.

Gurdjieff faz muito dos números 3, 7, 4, e Dante, do 9. Há *quatro* estações, mas elas se misturam e fluem uma por entre a outra. Existem *sete* mares, mas na verdade eles são a mesma água parcialmente desconectada pelos continentes. Há *três* unidades na genitália, mas é apenas um órgão. Ou *três* almas no homem – Pai, Filho, Espírito Santo – tudo também misturado. Há *sete* níveis de conhecimento, diz G., mas também pode haver 17, e eles se superpõem. Dante, que é um homem maior, escolheu o 9 apenas por causa do amor, afinal de contas... as eras de Beatrice.

Não ofereço palavrório matemático. É tudo a mesma coisa de sempre.

— — — — — — —

Lembrar para *On the Road*: Se você não consegue uma garota
                                                   na primavera
                                      Você não consegue
                                        garota alguma.

— —

Durante esse longo fim de semana vi todo mundo outra vez, mas valorizo a noite de sábado em especial quando Neal, Lucien, Allen e eu circulamos juntos... primeiro uma espécie de festa no St. Moritz* onde estavam umas pessoas "estranhas" de Denver, depois no apartamento de Lenrow, bebidas e música, conversa; então para a casa de Sarah para um rosbife às 4h da manhã. Eu estava admirado com esses meus quatro camaradas mais queridos, *todos me surpreendendo ao mesmo tempo.* (Eu sou um dos quatro quando estou com eles.) Dou graças a Deus por conhecer Lou, Neal e Allen. Eu olho para eles em busca de todo o conhecimento de que agora preciso. Sempre irei amá-los, cada um & todos juntos.

Só espero ter deles admiração e respeito. Confio neles. Não são maus porque conhecem o mal tão bem. São meus irmãos. Não teria vivido se não os conhecesse. Eu gosto demais deles, vou guardá-los para sempre como um tesouro, acredito neles. Fico admirado quando eles se viram e vêem que estou ali e pedem que eu fale. Quando eu falo, acho estranho que eles tentem compreender o que digo e prestem tanta atenção à minha alma. – Com o tempo ficaremos todos velhos, e casados, e por isso mais ou menos separados, mas sei que sempre continuaremos, para além dos turbilhões. Digo tudo isso só porque nunca fiz uma declaração formal do que sinto por Cassady, Carr e Ginsberg; e Carr, Ginsberg e Cassady; e Ginsberg, Cassady e Carr.

---

* St. Moritz, um hotel elegante no Central Park South.

God is waiting for us in bleak eternity.

After all, too, in all this "mysticism" there is certainly no need to play with magic numbers. I am defending myself. Gurdjieff makes much of the numbers 3, 7, 4, and Dante of 9. There are <u>four</u> seasons, but they merge and flow into one another. There are <u>seven</u> seas, but they are really the same water disconnected partially by continents. There are <u>three</u> units to the genitalia, but it is one and the same organ. Or <u>three</u> spirits in man — Father, Son, Holy Ghost — all that is merged too. There are <u>seven</u> levels of knowledge, says G., but there can be <u>17</u> too, and it all overlaps. Dante, who is a greater man, makes of <u>9</u> only because of love, after all... the eras of Beatrice.

I offer no shmathematics. It's all old shoe.

—o——o——o——o—

To remember for On the Road { If you can't get a girl in the Springtime
You can't get a girl at all.

⦵

Over this long weekend I saw everybody again, but particularly I shall treasure Sat. night when Neal, Lucien, Allen and I wandered together... first a kind of party in the St. Moritz when some "creepy" Denver people were (Lou's description), then Lenrow's apt. and drinks, music, talk; then Sarah's house for roast beef at 4 A.M. I was astonished by those four dearest comrades of mine, <u>all at the same time</u> astonishing me. (I am one of the four when with them.) I thank God I know Lou, Neal, and Allen. I look to them for all the knowledge I need now. I will always love them, each one & enmasse.

SEG. 10 – QUIN. 13 – Escrevi mais fundo nos obstinados domínios do trabalho. – Oh, busca e dor particulares, vergonha e escândalo de minha estrela, que é a censura das bestas, humildade doída – pesares de um ar importunado por barro. Dia lúgubre, lúgubre; pavor de anjos. Busca sem rumo entre as bestas, "nós, tolos da natureza" – porcos. Oh, espírito! – ou ornamento! Este ar, portanto, estremece, e não pode penetrar em sua própria ação resignada, alma morta, ar, estapeado por patas e comoção. Oh, bestas soturnas, secretas, de pálpebras vermelhas, vão embora. Tenho meus motivos desesperados. "O que é necessário é desencorajar os outros a se importarem com você. O resto é somente corrupto." (Céline). Especificamente, o mundo está repleto de bestas e eu não sou uma besta. Lembra de uma delas? Escuta.

"Estou morto, Horácio."*

SEX. 14 – DOM. 16 – Fim de semana longo na cidade. Vi Giroux, Meyer, Shapiro, Holmes, Seymour; Lucien, Neal; Muriel Jacobs. Jazz na 52nd Street e no Brooklyn; filmes de W.C. Fields; aulas na New School. Festas aqui e ali. Comida, bebida. Os trabalhos. Cheguei em casa arrasado ao meio-dia de domingo e dormi a tarde inteira.

Cheio de pensamentos.

Como admiro W.C. Fields! Era um grande sujeito das antigas. Não há outro como ele. Vou escrever algo sobre ele em breve, minhas idéias pessoais. "Você não tem um olho injetado?" "Você não era uma das velhas coristas?" "Eu o deixei numa sinuca de bico." "Esses Montes Grampianos." "Café Moca." "O empreendimento em que estou prestes a embarcar está repleto de perigo iminente, e não é apropriado para uma jovem senhora nos seus anos mais tenros." "Você não quer usar um vestido diáfano? E ter o suficiente para comer?" Com seu chapéu de paleta, os passinhos curtos, a barriga, o rosto maravilhoso escondido atrás de um monte bulboso de carne desgastada, a boca torta, o conhecimento da vida americana, das mulheres, crianças, companheiros de bar, e de morte ("o amigo no belo traje de noite"). A suprema falta de amor no mundo. Esbarrando cegamente em tudo. Fazendo todos rirem. A frase que ele mesmo escreveu, endereçada a ele: "Você é tão engraçado quanto um pedido de socorro". O jeito de soprar a espuma da cerveja, um velho Mad Murphy do tempo; como fica solitário entre pessoas tolas que não *enxergam* sua alma.

Shakespeare nunca foi mais triste.

Um velho maníaco depravado, um palhaço, um bêbado da eternidade, e "Homem".

---

* Hamlet para Horácio no ato V, cena 2, de *Hamlet*, de Shakespeare, após a morte de Gertrude, Claudius e Laerte – pouco antes da morte de Hamlet.

SEG. 17 – Na noite passada escrevi centenas de palavras de excelente qualidade. Ainda não dá para dizer que *Road* tenha realmente começado. Há 25.000 palavras fechadas, é certo, mas esse é o caso desde maio, desde a época em que eu estava escrevendo, mas também cortando e vadiando. E para falar a verdade, comecei mesmo *On the Road* em outubro de 1948, um ano inteiro atrás. Não tenho muita coisa para mostrar depois desse ano, *mas o primeiro ano sempre é lento.* Que tipo de trabalho cansativo e desnecessário é esse? Se o resultado for tão bom quanto T&C, terá valido a pena. Quero terminar até a próxima primavera, para ficar livre na Europa para só estudar e fazer anotações para *Dr. Sax* (enquanto, talvez, escreva a peça *Natal Imbecil.*) Quem sabe? E além disso, não ligo muito para a Europa. Agora estou mais interessado na 3rd Avenue. – Estou lendo a confissão de Thomas Merton. Também retornei à tese de Joyce sobre Shakespeare em *Ulisses** e estou lendo Hamlet fala por fala (também pensando em como eu as representaria). Também os sonetos de Donne, e os discursos magníficos de Ahab em Moby Dick. Muitos interesses. O romance também está prestes a começar a *andar.* Eu sinto. Red & Smitty agora estão totalmente desenvolvidos, prontos para surgir.

– Uma vez, quando minha mãe era uma menininha, ela ia obturar dois dentes e seu pai resolveu que as obturações deviam ser de ouro. Como ela via com alegria seu futuro com os dentes de ouro; "ouro nunca cai". Mas quando o filhinho dela [Gerard] morreu em 1926**, todos os dentes dela tiveram de ser arrancados por causa de uma doença, com ouro e tudo, e nunca devolveram o ouro a ela. Oh morte! morte! morte! (É isto que quero escrever, não lixo *estilístico.*)

QUA. 19 – Nada sei além de que partes fazem um todo. E apesar de o mundo ser povoado por bestas e ignorantes, ainda há, por aí, algumas pessoas por quem vale a pena viver. Porque partes fazem um todo, não posso mais ser jogado *para um lado ou para o outro* por qualquer parte, pessoa, acontecimento, idéia ou estação. É isso o que eles chamam de "paz", mas é apenas uma parte do todo, e tudo o que realmente sei *é o que não há.* O que há—???

> O amor é o que há, pobre amor.
> Amor! Bobagem! —
> Eu digo, seja razoável. É bom ter modos.

---

* Uma referência ao capítulo "Telêmaco" de *Ulisses*, de James Joyce, no qual Stephen Dédalos expõe suas teorias sobre a hereditariedade de Hamlet.
** Gerard Kerouac era o irmão mais velho de Jack. Ele morreu aos nove anos em, 1926.

QUIN. 20 – DOM. 23 – Fui para a escola na cidade e assinei presença sem assistir às aulas. Na noite de quinta, Holmes e Seymour e eu fizemos umas gravações de voz e música assustadoramente "proféticas" que soam como "*Intuition*" de Tristano. Fiz uns monólogos tristes e juvenis de Hamlet. No dia seguinte fui ao dentista, vi Allen, Muriel; e Cannastra, Hornsbein em San Remo. Voltei para casa e fiquei conversando com Allen até o amanhecer sobre meus cadernos e vários textos; mas de manhã minha mãe ficou ansiosa por ter um "marginal" em casa. Não posso nem vou tentar endireitar mais qualquer absurdo em lugar algum. O que representa Hécuba para mim?

Sábado à noite eu me permiti ler. Uma noite escura, profunda, plena – especialmente ao ruminar sobre os bárbaros saxões dos sonhos-gigantes e desolação sangrenta que repentinamente levaram ao doce e gentil Caedmon, o advento da Cruz*. Os poemas de Lorca sobre a Guarda Civil na Espanha também me lançaram em pensamentos pavorosos; e li sobre assassinos de tiras e sua eletrocução em Chicago.

Também li Taine sobre Shakespeare**; bastante coisa de Merton; e terminei a longa noite de leitura no Walpurgis de *Ulisses*. Tive, principalmente, visões adicionais de *Doctor Sax*. A "serpente mundana" está nos *eddas****, e escapou da destruição na enchente; reaparecerá em Snake Hill. Os magos medievais e assistentes de vampiros são todos que não compreendem o verdadeiro mal, pois *Doctor Sax* vai mais longe que a feitiçaria herética, volta aos abismos sangrentos de dragões e às grandes orgias de morte dos francos, de volta à fúria poderosa dos deuses da neve e do fogo em luta pela destruição de todas as coisas antes de Cristo. *Doctor Sax* será o maior livro que já escrevi. Posso fazê-lo antes dos trinta, ou passar minha vida inteira nele; ou os dois, em duas versões, jovem e idoso. Esses são os frutos da leitura... Eu devia ler mais. Digo que me permito um "prazer". Domingo fiz uma longa caminhada e pensei sobre a fome. Imaginei-me um vagabundo recém-chegado de Montana, faminto – essas coisas. Domingo à noite retomei o-trabalho-do-momento: *On the Road*. – E que contemplação longa, longa, eu tenho... Minha vida é como um rio de meditações. Fico sentado imóvel por uma hora inteira, vagando por minha mente como alguém que colhe frutas silvestres e as guarda em caixas apropriadas, tudo para algum tipo de "consumo posterior", ou as espreme nos tonéis de vinho de pensamento mais formal como o que acompanha o trabalho artístico! Pfffff!

E tudo isso por quê? O que é conhecimento? – O que é conhecimento?

---

* São Caedmon viveu no século 17 e escreveu poemas bíblicos conhecidos como *Caedmonian verse*.
** Hippolyte-Adolphe Taine (1828-1893), crítico e historiador francês.
*** Poemas nórdicos do século 12. (N. do T.)

Van Doren disse uma vez, "Conhecer algo é mais divertido do que qualquer outra coisa". As pessoas conhecem tão raramente.

SEG. 24 – QUA. 26 – Um período de "depressão" que procuro evitar indo para a cidade encontrar-me com os amigos. Vi Giroux, os Holmes; tive uma mulher; vi Neal e Dianne. Voltei para casa na noite chuvosa... tive compreensões bem definidas de quanto tempo eu gasto em "reflexões" por aí enquanto a vida se move em toda a minha volta. Li com atenção uma história do cinema americano que me mostrou como eram jovens e grandiosas pessoas como Valentino, Barthelmess, Mary Pickford, Chaplin, Gloria Swanson, Garbo, Leslie Howard, Gable, até W.S. Hart, Wallace Reid, Doug Fairbanks Jr. nos primórdios (claro); mostrou-me como estou desperdiçando minha juventude; longa conversa com Holmes sobre essa tristeza; leitura cuidadosa dos grandes provérbios (do Inferno) despreocupados de Wm. Blake que mostravam como se devia *viver*, especialmente um poeta, um adivinho, um profeta; uma mera fotografia ruim de Harry Truman mostrava como um presidente tem pouco tempo para ficar triste ou aborrecido e atormentar seus dias ruminando pesares; uma conversa com Neal, vendo como ele está excitado em relação à vida... Tudo isso, e a noite chuvosa, conspirou para me lançar em decisões sobre minha paralisia introspectiva – para sair dela, *e entrar no mundo ensolarado*. Parar de perder tempo! – Escrever e escrever! – Sair com mais mulheres! – Conhecer mais gente! – Caminhar à noite pelas ruas! – Comer... ver... sonhar... cometer excessos... não ligar para as restrições tristes e sem graça. – Algumas pessoas acham que seus dias são uma sucessão de eventos do coração, do corpo, da alma... a minha, já por muito tempo, tem sido uma sucessão de infortúnios meditativos. (Cheguei, assim, a algumas conclusões sobre Moultry em *On the Road*; imagine um Hamlet caroneiro, místico e sem um tostão.) Vou *parar, parar, parar* de chorar muito em breve! Já foi longe demais. Até Neal está preocupado. Eu devia estar delirando de alegria; vendi meu livro. Fui salvo. É uma morbidez insistente dez vezes pior que a de Francis Martin em T&C. Um desânimo com o mundo e de todos os mundos. É a queda de uma exuberância antiga, caindo mais fundo por estar mais pesado, quebrando com mais facilidade por estar mais frágil, acorrentado por sua própria desilusão o tempo inteiro.

De vez em quando, nesses dias sombrios, agradeço a Deus por visões repentinas de alegria.

Vou retornar aos meus velhos modos.

DIA SEGUINTE – Onde se localiza a alma? Em alguma parte da moldura de carne, e se manifesta pelo uso de dispositivos carnais pobres... a aparência do olho, a curva dos lábios, o balanço dos quadris e da cabeça sobre o pescoço.

A alma faz tudo isso. Ela usa o que tem, e o que ela tem somado ao que pretende é a imagem do abismo que estou tentando pintar. Pois apesar de a alma ser morta de maneira que é apenas um receptáculo de graça, por conseguinte, é também viva no momento de receber & se contorcer. Mas o Espírito dos espíritos está longe da morte, e longe destas palavras, palavras, palavras.

TAMBÉM: – Duas Regras

1) Nunca se importar com o feitiço e o mistério que enchem seus dias com prodígios dolorosos.
2) Nunca se importar com as preocupações pertencentes às estruturas interiores e aos planos substanciais interiores para seu trabalho. Regozijo nas coisas.

I.E., Pro inferno com isso; não se preocupe; apenas faça.

QUINTA 27 – A única coisa interessante é a ação de um homem que sabe tudo sobre inércia e infortúnio. (Nesse nível.)

SEX. 28 – Fui à escola ontem e hoje; assisti a palestras interessantes de Wm. Troy, Shapiro etc.; conversei com Holmes, Allen, e com Geo. Bowman na casa dele no Brooklyn; umas cervejas na antiga zona portuária do Brooklyn, putas espanholas, etc.; vi Ruth Sloane; peguei Muriel e fiquei atracado com ela por dois dias, uma garota doce; festa na casa de Neal e Dianne; encontrei Joe Killian lá; Neal e eu ficamos doidões, curtimos nossas garotas; almas; dia seguinte troquei novos livros feitos para os soldados por vários outros usados ótimos (*O vigarista*, *17th Century Lyrics*; *Sobre o amor*, de Stendhal, *Os possuídos*, alguns Proust, Tchecov, *As 1001 noites*, Turgenieff, *Oxford English Prose*, e guardei meus Hopkins e Yates). Minha biblioteca sempre será pequena, selecionada e útil.

Os últimos três dias foram deliciosos.

Além do mais, no sábado à noite tive o maior sonho, visão e transe desde maio passado, em casa em Richmond Hill, e o descrevi em um resumo de 2.000 palavras. "Uma estrutura do conhecimento da substância pura se transformando em espírito verdadeiro por meio de pequenos detalhes; por isso graças etéreas comungarão no Paraíso."

Sério e importante. Escreverei mais depois neste livro.

DOM. 30 de OUT. – O deleite na coisa em si, em tudo relativo à vida "pesarosa" na Terra, como todo artista que ama a sensação de seu pintar, ou o matemático que vê alma nos números, e também no caso do homem espiritual no próprio espírito... O verdadeiro espírito e os ornamentos da intercompreensão carnal... é aí que se deve chegar. Por que este deve ser meu livro de lamentos? O Livro Negro dos Lamentos.

Entre outras coisas, agora quero começar uma apreciação de como todos percebem a impossibilidade do contato e como indicam isso levemente. – Descansando e comendo. Assisti a um filme. Ainda não sinto que comecei *On the Road*. Entretanto, vou encontrar meu rumo no próprio trabalho. Enquanto sigo em frente (e especialmente durante o trabalho definitivo desta noite), acho que quero uma estrutura diferente assim como um estilo diferente neste trabalho, em contraste com T&C... Cada capítulo um verso que compõe o poema épico, em vez de cada capítulo como uma declaração ampla e fluente em prosa no conjunto do romance épico. É por isso que quero usar capítulos curtos, todos com um cabeçalho em verso, e muitos capítulos assim; desenrolando lenta, profunda e animadamente a história melancólica e sua viagem longa para dentro de um espaço estranho. E criar um ritmo para esses capítulos curtos até que fiquem como um colar de pérolas. Não um romance como um rio; mas um romance como poesia, ou talvez um poema narrativo, uma epopéia em mosaico, uma espécie de preocupação meticulosa... livre para afastar-se das leis do "romance" estabelecidas por Austens & Fieldings e entrar em uma área de maior vigor espiritual (que não pode ser alcançada sem esse recurso técnico, pelo menos por mim) onde habitam os Wm. Blakes & Melvilles e mesmo o Céline de capítulos curtos salpicados. Quero dizer coisas que apenas Melville permitiu-se dizer em "*O romance*". E Joyce.

Não estou interessado n'*O Romance*, mas naquilo sobre o que quero escrever. Quero, como em 1947, livrar-me da narrativa européia e penetrar nos capítulos que estabelecem a disposição e o estado de ânimo de uma "expansão" poética americana – se você pode chamar capítulos cuidados e prosa cuidada de uma expansão. Se isso não agradar ao público, o que posso dizer? Como um arquiteto, ainda assim verei que tudo nele é sólido. Veremos.

É terrível contemplar o fato de que editores como Giroux, com sua grande experiência de leitura são capazes de selecionar os aspectos do romance de melhor leitura, e portanto sentem sua consciência livre para retirar o que para o autor, em meio ao turbilhão das provações de sua imaginação, parece mais vigoroso, mas retardaria o leitor em seu desejo sôfrego de "querer saber o que vai acontecer".

Chegará o dia em que a excitação da narrativa será relacionada com seu parente e primo mais próximos, pornografia, e os autores de imaginação meticulosa estarão livres, como Joyce sentiu-se livre, lançando sudários melancólicos sobre o enigma da história que está sendo contada.

Não existe razão neste mundo para que eu não seja livre para fazer isso eu mesmo, mesmo agora.

Estou preparado para todas as necessidades ascéticas e a ruína do sucesso mundano se for tão tristemente necessário. Está me ouvindo, Bob? (Pfff!)

"Mortalhas
&
hesitações"

Cada capítulo uma finalidade esclarecedora, como um sonho; e com essa continuidade estranha de propósito que têm todos os nossos sonhos e todos os nossos dias, na vida processional. Cada capítulo uma estrela recém-percebida ao sereno... nos céus que ainda formam um Todo enevoado e leitoso. Tal romance... tal "trabalho do estado de ânimo", como já o chamei, ou trabalho da alma – ou história amortalhada ————— E que pena que todos aqueles que depositam suas esperanças na juventude, na humanidade do sucesso (como agora) se foram... Margaret (com quem, no verão, discuti o futuro sob a macieira), Edie – esposa de minha juventude; meu pai; e Sebastian. As mulheres tem sua própria maneira de morrer na vida de um homem. Agora, aqueles que me conhecem apenas em lúgubre humanidade reflexiva, acham que sou um estranho do vazio. Minha mãe foi a primeira e única pessoa que me conheceu inteiro. Quanto a Mary, Mary, muito pelo contrário, ela veste o traje enfeitiçado sobre meus olhos & acaba comigo direitinho... agora uma vadia obscena da noite da Rua da Melancolia, ouvi dizer. Além disso só pode existir uma repetição pálida, e o desabrochar do nutriente esquecido, como a pétala é só a fruta da terra abandonada.

Ainda assim não há fim para a alegria da doce, doce vida. A chuva de mel está caindo...

Há uma árvore neste peito. Sinto-a espalhar-se o tempo inteiro. É o início da primavera. Vou contar a vocês quando as folhas vão começar a cair. Elas nunca irão começar a cair.

Neste peito há uma árvore que nunca pára de crescer.

SEG. 31 de OUT – Um passeio de Halloween à noite; trabalhei.

NOVEMBRO

TER. 1º de NOV. – Trabalhei muito ontem à noite. Sentimentos de impotência inominável ao escrever. Entretanto, as provas de T&C agora começam a chegar no escritório, e amanhã vamos iniciar o trabalho final. O adiamento da criação de *On the Road* estraga o prazer da publicação de *Town & City*. Assim é minha natureza soturna. Posso fazer tudo bem, menos trabalhar, parece, agora. Costumava ser do outro jeito.

Mas ao ler as trabalhosas 10.000 palavras de outubro, vejo que este é mesmo um romance melhor que T&C! – a partir do que decido que terei de me acostumar à idéia de escrever mais devagar que antes... duas vezes mais devagar. *On the Road* é brilhante e caminha com brilho, com bastante profundidade em cada linha. Moultrie é um personagem magnífico que já mexe com os sentimentos como um verdadeiro George Martin. Também, a esfera do romance é um mundo em si mesmo, e não só isso, mas um mundo inevitável. Estou "fazendo isso de novo", é óbvio. Devo resignar-me ao ritmo lento do verdadeiro operário da prosa. Tudo bem.

Até abril, então, devo ter umas 100.000 palavras escritas e *resolvidas* – o que é o cerne do trabalho. Podem ser, também, 150.000, ou quase a coisa toda.

Então escrever fica mais difícil, mas melhor. Tudo bem.

Chuva à noite, chuva fria de novembro.

2 DE NOV. A 6 DE NOV. – Trabalhando no escritório da Harcourt nas provas do livro. Bob fez um trabalho de revisão esplêndido. Talvez no caso de uma história como T&C a trama seja mais importante que a poesia.

Como posso saber?

— EU DESISTO —

Tudo o que sei é que, à medida que envelheço, fico mais e mais esquecido das coisas que acontecem entra dia, sai dia. Na terça-feira esqueço do desgaste da segunda – totalmente – e, junto com ele, também dos anjos estranhos e da teoria etérea do domingo. Eu desisto.

Agora, desisti.

Tudo depende do Anjo...

Fatos? Detalhes? – festas este fim de semana, uma de Jay Landesman, cujo *Neurotica* foi proibido e todos os intelectuais estavam exalando alegria.* Briguei com Muriel e a vi mostrar os dentes quando viu minha profunda infidelidade do coração. Vi Allen, Neal, Seymour – Diane – visitei o Metropolitan Museum – vi Zorita no filme de terror com serpentes na Times Square.** O fotógrafo Elliot Elwitt, um garoto de uns dezenove anos, fotografou-me para a capa do livro.

---

* Jay Landesman (1919-), fundador do *Neurotica*, jornal de poesia feito "por neuróticos, para neuróticos".

** *I Married a Savage* (1949), estrelando a dançarina burlesca Zorita (1915-2001), que fazia um número de dança com uma jibóia, sua marca registrada.

Não sabia o que estava acontecendo em lugar algum.

Não sabia quem eu era.

Vi as obras de Deus. Ouvi o apelo por eternidade nas ruas. Ouvi a chegada de Deus. Vi o sinal de fogo no céu.

E desisti.

Meu novo epitáfio é o seguinte:

— ENGRANDECIDO PELA MORTE —

7 – 13 DE NOV. – Uma semana de muito trabalho nas provas do livro, e correndo por N.Y. para a escola, o escritório, o dentista, compromissos, bebidas, etc. Jack Fitzgerald me visitou. O incidente com a polícia do Brooklyn.

Resolvi mais coisas de *On the Road* – minha "nova idéia" está germinando... uma forma a meio caminho entre uma peça e um romance. Minha irmã e o bebê Paul estão com a gente. Delícia.

A verdade é que a vida são infortúnios demais e todos se sentem péssimos. Mas podem agüentar.

14 – 17 de NOV. – Pensamentos estranhos sobre arte nos últimos dias. Pensar que eu iria "começar tudo de novo" em meu campo. Será que ainda não dominei o romance narrativo? – (apesar de meu *Livro dos pesares* (o manuscrito original de *The Town and the City*, com 1.095 pág) ter sido editado agora em uma "boa obra de ficção".) O domínio é a arte de evocar as massas pelas massas. Agora quero evocar algo mais. A ação provará. E a lógica refutará, que combinar a intensidade de uma peça com o alcance do romance é possível. Qual é minha tradição? Na forma, o Melville de *O vigarista* & partes de *Moby Dick*; os últimos trabalhos de Joyce; poesia em monólogos & peças de Eliot. Na substância: tudo do que os olhos precisam, do início ao fim, de cabo a rabo. A substância sempre está lá, é o Caldeirão da História que muda, & o homem deve se ajustar a ele.

Talvez agora eu consiga amealhar uma fortuna humilde com meu *Town & City* (os sinais são favoráveis), como se Deus não quisesse que eu me preocupasse nunca com o pão, primeiro pela força da família e mais tarde pela ajuda de uma mãe viúva, e agora pelo Patrocínio da Conta Bancária, a quem devo dedicar obras futuras como Spenser fez com seu Senhor.

Uma mortalha de silêncio está baixando. Ou isso, ou estou enganado.

*

Mortalhas são necessárias

Epifania, advento primeiro.

"BLOOM: (Mete seu rosto corado na axila e dá um sorriso afetado com o dedo indicador na boca.) *'Oh, eu sei o que você está insinuando agora'.*"*

A versificação de fala comum em rimas "simples" de linguagem pura.

O que T.E. Hulme diz de "dizer qualquer coisa é dizer nada".

A brevidade é a alma da perspicácia, a epifania pode ser não apenas do personagem, mas da trama, da cena, de cada virada.

Tudo bem.

O LIVRO DOS SUDÁRIOS

Trabalhando em "Levinsky e os doidos" para uma revista sofisticada – na verdade, não estou trabalhando, mas editando o capítulo original. Só pela "diversão". As mulheres que lêem a *Vogue* vão se divertir com o doce Levinsky.

Incomodado outra vez pelo problema na minha perna (flebite).

Lendo O Cordeiro – Blake. Li *Aspects of the Novel* – histórias de Joyce – estou mesmo lendo muito. Passei dois dias deitado.

Espremo *On the Road* para extrair elixires.

Pensei em minha vida – o que escreverei e como viverei.

Passei outros cinco dias deitado. Li um absurdo.

---

30 DE NOV.

Estava lendo *O vigarista*, de Melville, quando de repente *Mort à Crédit*, de Céline, o tirou completamente de minha cabeça. Só agora lembrei que estava no meio de *O vigarista* há alguns dias. Não preciso de mais provas para saber que no sentido mais verdadeiro Céline supera Melville. Céline não é o artista, o poeta que é Melville – mas ele o afoga sob o grande peso da fúria trágica. Não há como evitar isso, de jeito nenhum. Cada frase bonita em *The Encantadas* não é mais que uma pérola pálida encharcada nas tempestades de Céline, de Shakespeare, Beethoven, Homero também.

Não são as palavras que contam, mas o ímpeto do que é dito.

As pessoas não lêem Spenser, não lêem Melville, não lêem Hopkins, não lêem E.M. Forster, não lêem James Joyce, não lêem Stendhal, não lêem Ouspensky, T.S. Eliot ou Proust – *elas lêem Swift, Tolstói e Twain, lêem Cervantes, Rabelais & Balzac.*

---

* Do capítulo "Circe" de *Ulisses*, de James Joyce.

Shrouds are necessary.

Epiphany, come on.
"BLOOM: (Bends his blushing face into his
   armpit and simpers with forefinger
   in mouth.) 'O, I know what
   you're hinting at now.'"

A versification of common speech into
   simple 'rhymes' of pure language.
What T.E. Hulme says of "saying anything
   is saying nothing."
Brevity being the soul of wit, epiphany
   may not only be of character but of plot,
   of scene, of very swirl.
   Okay.

THE BOKE OF Shrouds

Working on "Levinsky and the Geeks" for a
   sophisticated magazine — not working, really, it's
   but editing of original chapter. Just for "laughs." *
   Afflicted by my leg-ailment again (phlebitis.)
   Reading the Lamb — Blake. Read "Aspects
   of the Novel" — Joyce's stories — really reading
   a lot. Spent 2 days on my back.
   Squeezed On the Road for elixirs.
   Thought of my life — what I will write
   and how I will live.
   Spent still another 5 days on my back.
   Read prodigiously.

* Women who read Vogue will be amused by sweet Levinsky

Elas não lêem Donne, lêem Dickens; não lêem Gide, lêem *Céline*, não lêem Turgenev, lêem *Pushkin & Dostoiévski* & vêem *Tchecov*; vêem *Shakespeare*. Não vêem Congreve,* não vêem –

O que é arte? O artístico?

Não. Um meio fraco de evocar o que deve ser evocado, de exprimir a verdade.

Em minhas absorções recentes acerca de *Road*, enrolei-me em um sudário de palavras e projetos de pretensão artística. Isso não é vida – não como alguém se sente de verdade. Não é paixão!

Lá vai *On the Road* outra vez.

Grande Deus, quantas piruetas ainda terei de dar para voltar a mim? *Pfui!*

A experiência da vida é uma série regular de desvios que acabam resultando em um círculo de desespero.

Esses círculos também existem em pequenas doses diárias.

É um círculo; é mesmo desespero. Entretanto, a linha reta apenas levaria você direto para a morte. (Censurando meu otimismo frouxo e apologético.)

2 de DEZ. –

Mais uma vez de cama por causa da flebite. Estou tomando penicilina. Tudo sob controle.

Já que todo círculo tem um centro, o "círculo de desespero", formado por uma série de desvios a partir de tênues objetivos esquecidos, circunda mesmo assim uma *coisa* [*] sombria e assombrosa.

A coisa é...???

Para mim, "essa coisa é aquele Estranho Amortalhado com o qual sonhei uma vez. Está sempre presente e sempre na perseguição. Uma pessoa pode girar cada vez mais perto daquele sudário, *e talvez só possa ser* nosso sentido assombrado da *coisa*, que sempre é inominável e na verdade é nossa principal queixa... e como a queixa, também pode ser uma canção. *Ecclesiasticus*.

A coisa é central à nossa existência, e sozinha é nossa companheira eterna depois que pais e esposas e filhos e amigos vão desaparecendo. A "Irmã Solidão" de Wolfe, o "inescrutável" de Melville, os "portões da ira" de Blake, o "terceiro evento" de Emily Dickinson, a "natureza" de Shakespeare? – Deus?

É quase possível apontar com o dedo. Também é o "mistério" e o ser mais interior de todo homem. – Eu também encontro isso principalmente nas visões climáticas de L.-F. Céline enquanto ele desenvolve para Leon Robinson e de Pereires... O que resta depois que tudo o mais entra em colapso.

---

* William Congreve (1670-1729), dramaturgo inglês autor, principalmente, de comédias.

The experience of life is a regular series of deflections that finally results in a circle of despair.

FIG. 1

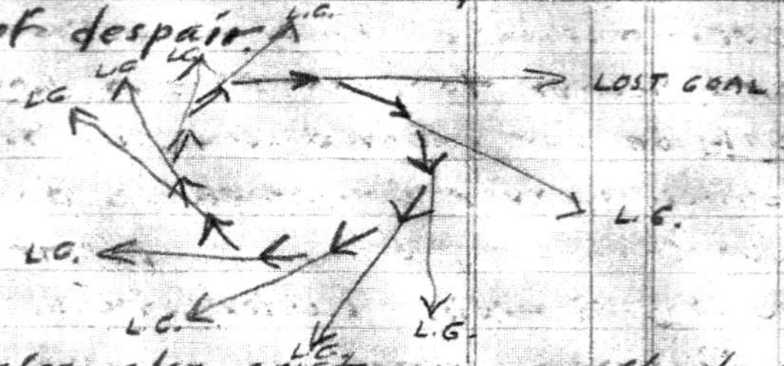

Such circles also exist in small daily doses.

[redacted] It is a circle; it is [redacted] really despair. However, [redacted] The straight line will take you only to death, at once
[Censoring my weak-kneed apologetic optimism.]

DEC. 2nd — Again laid up with phlebitis. Using penicillin. Things under control.

FIG. 2

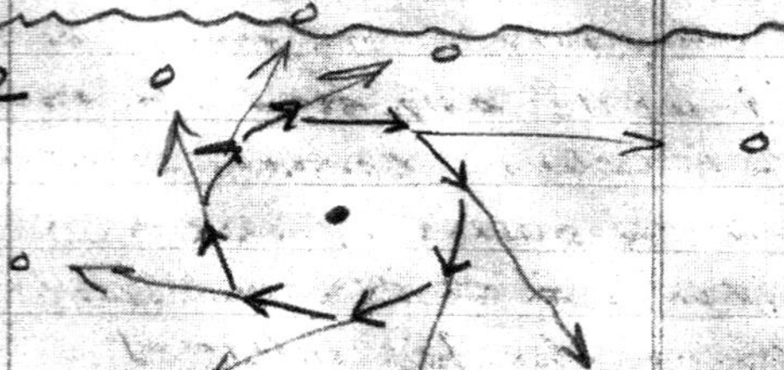

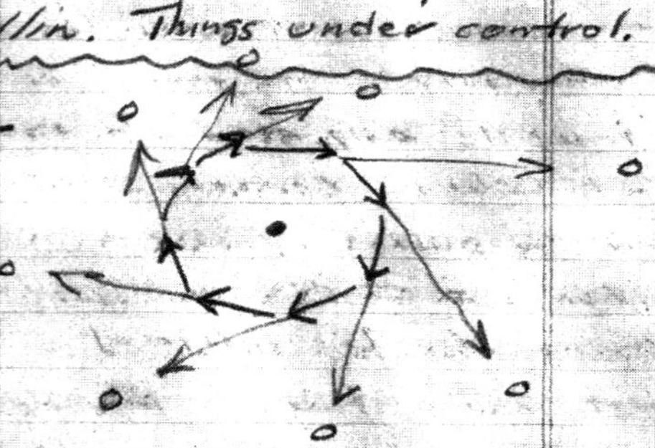

Since every circle has a center, the "circle of despair," formed by a series of deflections from pale forgotten goals [o], circumferentiates nevertheless one dark haunting *thing* [•].
This thing is ... ???

Na verdade é o "destino" de uma pessoa. Pois o destino nunca é o desejo de um homem tanto quanto o centro do seu "círculo" de vida... Esse maldito e inevitável foco de sua sorte.

Também "falcão" & "falcoeiro" de Yeats.

"O falcoeiro amortalhado"

Disparates e rosas.

O Céu & a Terra

— Tudo é sereno aqui no vale dos Ares, mas lá em baixo no vale de Gargalhadas parece muito mais divertido. Podemos descer? Está tudo bem se descermos?

— Não; é perigoso; você nunca vai voltar.

— Mesmo assim, este vale é sem graça – apesar de seguro. Qual o perigo do vale lá em baixo?

— A vida e a morte da terra, meu amigo.

— Quem dera pudéssemos estar seguros lá embaixo.

— Não.

UM ROMANCE

Meu nome, apesar de poder soar muito estranho para você porque sou um homem de cor, sempre foi Whitey White.* Esse é meu nome segundo a lei, e em minha certidão de nascimento e em todos os lugares que vou.

A primeira coisa de que me lembro é a noite de inverno no Brooklyn quando houve muito barulho lá embaixo na rua – carros de bombeiros, radiopatrulhas, uma multidão e meu tio sangrando algemado a um policial – e o choro de minha tia Lucy no quarto ao lado do meu, e todo mundo pulando no andar de cima. "Boca fechada!" disse minha mãe quando comecei a gritar.

† – Esse romance seria em um dos poucos dialetos no discurso americano, o Negro Urbano, ou harlenês, com elementos da história que o acompanham. Muito louco!!

"Ele estava lá em cima no palco tocando e tocando até o suor escorrer! Ele me diz, 'Hey!' E logo começa a pular e a pular lá em cima com aquele trompete velho e remendado."

Ritmo, também. "Ei agora, cara!"

* * *

---

* Algo semelhante a "branquelo branco". (N. do T.)

† NÃO SÃO AS PALAVRAS QUE CONTAM, MAS O FLUXO DE VERDADE QUE USA PALAVRAS PARA ALCANÇAR SEUS PROPÓSITOS; assim como um virtuose que ao tocar seu instrumento pode usar qualquer combinação de notas em um *beat* (a palavra) mas é a melodia do compasso que conta. Não o projeto, mas o retrato; não a curva, mas a forma. E assim por diante em comparações sem sentido...

Um artista não pode traduzir a intensidade apaixonada da vida sem trabalhar ele mesmo com paixão. O estudioso estuda, o crítico critica, mas o artista queima e bate e sopra e pula e corre. É tudo uma questão de virtude, isto é, virtuosidade. Que diabos! Merda não é cor de rosa.

Mais notas depois.

Essas coisas têm uma verossimilhança que depende do quanto parecem com o ritmo da vida.

OUTRA NOTA: –

As pessoas não estão interessadas nos fatos, mas em ejaculações.

– É por isso que o naturalismo radical falha em explicar a vida.

Uma arte como a de Balzac é uma ducha gloriosa de ejaculações fantásticas – uma fonte de vida, uma fonte que jorra, um jato incrível. Quem quer o velho "olhar fotográfico" de Dos Passos? – ou as sutilezas de Proust? Todo mundo quer IR!

Então o autor deve fazer isso, ignorar os pequenos detalhes, no calor de sua alma cansada, zangada desvelada e impetuosa, e IR!

Quanto mais fantástico, melhor, mais triste, mais verdadeiro em relação à vida.

Os romancistas devem escrever sobre pessoas racionais? – o *Middle of the Journey*, de Trilling? – escrever sobre intelectuais? A única vez em que vi Trilling ele vestiu a máscara mais absurda e irracional que tive a honra de observar: depois que Ginsberg foi expulso da faculdade, e eu me enrolei com o problema e acabei barrado do campus de Columbia, Trilling fingiu não me reconhecer na rua do jeito mais falso que já vi, porque foi tão solene, como se eu de repente tivesse pego lepra e fosse sua obrigação racional como um Iluminador Liberal de Intelectuais respeitar uma distância segura da área dos corrimentos purulentos de minhas feridas... Do outro lado da rua acenei animado para ele... Ele se apressou como se estivesse absorto em pensamentos. Finalmente ele me encontrou cara a cara no balcão de uma *drugstore* atrás do qual eu estava implacavelmente preso lavando pratos. Ele nada podia fazer; forçou um sorriso amarelo – eu o cumprimentei. Depois de pagar por seu café, ele o bebeu apressado; e foi embora o mais rápido que pôde. Mas as pessoas estavam obstruindo a saída, e não conseguiu sair rápido o suficiente... Ele escapou da *drugstore*, respirou aliviado; correu para suas tarefas racionais.

Isso foi o que eu o vi fazer. Não vou aturar coisa alguma de um cara desses sobre meu trabalho, especialmente quando não estou mais barrado naquele imaginário clube do campus deles.

Será que essa idéia fixa de racionalidade é apenas um outro truque para privar de privilégios todos os pobres piadistas do mundo que não têm uma oportunidade de se importar?

Sem educação, só ejaculação.

DOMINGO, 11 DE DEZ. – *Merde*. Agora eles me dizem que outros jovens artistas são "incorruptíveis"; uma antiga namorada minha quer me acertar na cabeça com um martelo; um rascunhador indigente me acusa de ser complacente com meu sucesso; eles pedem que eu colabore com revistas liberais; ficam fofocando, dizendo que eu me vendi; todos me olham de lado. Isso é o que se ganha por anunciar seu amor para o mundo.

De agora em diante, nada além de sudários.

Nem mesmo vou escrever um diário. Minha vida está em perigo. Tornei-me um rabugento. Meus amigos mais íntimos me acusam de alienar minhas lealdades. Muita gente insinua seus problemas...

O único amigo de verdade que tenho é Bob Giroux (em atividade). Meu irmão.

Apesar de não ser um tolo, você pode achar que eu era, por causa de toda essa bobagem.

Uma noite Neal, até Neal, de repente arrancou o lápis de minha mão para escrever um pensamento abrasador, como se o Lápis do Mestre não fizesse diferença para ele, *O Potencial*. Como eles esperam que eu fique cego? Não me importa nem um pouco as suas bobagens.

Pelo menos eu faço as minhas bobagens em particular.

Tchau, babacas.

O romancista nunca deve dar os fatos crus, mas transformá-los com uma razão que é inseparável do estado de ânimo do trabalho como um todo. Do contrário, é jornalismo.

13 DE DEZ – Esta noite sonhei que vagava pelos campos dos E.U.A. e cheguei em uma casa que era a minha, até que, lá dentro, percebi que já não era mais. Eu percebi pelo "projeto no quintal dos fundos", que não era meu tipo de projeto: – uma coisa grande, cheia de escapamentos, negra, como alguma espécie de chaminé-fornalha. E lá estava eu, no que tinha sido meu quarto, mexendo

com nervosismo em algumas ferramentas que achei serem minhas. Fiquei com medo. Naquele instante o homem da casa chegou. Era meu pai. Escondi-me na copa, recuei até o quartinho dos fundos. A mulher chegou. A criança estava no quintal. Assustado, saí pela janela, e quando fui descoberto, corri enlouquecido pelo gramado, driblando a mulher grande quando ela tentou barrar meu caminho a gritar: "Peguem ele" – e corri de volta através de um Estados Unidos pequeno até minha "lavra" em um vale tranqüilo.

14 DE DEZ. – Vi um show ótimo no Bop City. A banda agressiva de Lionel Hampton; e George Shearing ao piano. Estava com Neal, que tem um quartinho nos cortiços da East 76th St. e está escrevendo seu romance na máquina de escrever que peguei na Harcourt. Contei a Neal que eu tinha mudado muito no mês anterior. Fiquei surpreso porque, quando você muda, os outros também parecem mudar (!). Discutimos isso perto do fogareiro no barraco no estacionamento.

Hoje também comi um bife com o vendedor da Harcourt no almoço; uma bebida com Bob no Waldorf; um papo com Holmes na casa de Bickford. Escrevi tudo isso pela satisfação & pela *amplitude* deste dia, e mais tarde vou gostar de relembrar seus detalhes.

Enquanto isso, *On the Road* está na estrada, andando.

Quando você diz: "Vou mudar", e está falando sério, no início parece que não está mudando nem um pouco, mas em poucos meses, sem perceber, a mudança aconteceu. A vida é lenta e melancólica... e *prossegue* com sinceridade e convicção.

19 DE DEZ. – Se eu agora estivesse mantendo um diário de produção, diria: "Esta noite escrevi o equivalente a 3.000 palavras em uma página de 300 palavras".

* * * * *

Tudo no mundo pode ser racionalizado. Não é verdade? A razão é falsa? – a razão não é falsa? Não importa.

A vida é estranha, é estranha, é estranha.

"Criminosos ou crianças – assim é o homem." Mas há o mal inocente, e o bem experiente.

20 DE DEZ. ao amanhecer – Trabalho lento e difícil em *Road*. A lucidez deveria ser fluente.

*

A noite não é uma hora romântica para se escrever, como dizem os críticos-vespertinos, mas quando, incubado no sono inocente do mundo, o transe chega, com visões das possibilidades do coração, e no silêncio, altares a isso são decorados com cuidado e cinzelados com perfeição.

Para mim também é a noite *bebop*, quando correm os trens de carga; e eu totalmente imperturbável no sonho de minhas criações que vendem ao meio-dia (!), ao contrário da criação desses tais críticos... (Se eles querem falar de "romantismo".)

— * —

Coisas que todos sabem, mas que nunca falam

1) Dean aponta para o cartaz de uma atriz de cinema e diz "Olhe para aquela barriga!". Se fosse sugerido que ele realmente se encontrasse com essa mulher, como o jovem iria calar a boca aterrado com os terrores do mundo. E diria "Pense em tudo o que poderia rolar entre essa dona e eu! Milhares de pessoas, agentes, clubes, produtores, dinheiro, os contatos certos! Mas ainda assim eu a amaria, cada pedacinho dela! – como nenhum homem já *ousou* fazer! As pessoas nunca falam das coisas, do tempo e da noite e da grandeza que os separam. "Eu a amo mais que qualquer outro. Nunca irei vê-la. Tudo é confuso & horrível".

: – :

A vida não é estranha, não é estranha, não é estranha.

Ou se eu tão rude fosse –
Que quando a vida me negasse
Eu, da ira na pior digressão,
Faria da inocência opressão.*

19 DE MAIO DE 1950 – Cinco meses depois.

Todo o tempo que passei em Richmond Hill desde o último agosto, quando cheguei da Califórnia via Denver e tive a depressão terrível descrita

---

* No original: *Or ever that crude I'd be – / That, when life denys of me/ I, in ire's worst digressing,/ Should of innocence make oppressing.* (N. do T.)

nas páginas 23 a 46, parece uma massa amorfa de tempo... "nada aconteceu" – a depressão está mais viva em minha memória nesta manhã de maio que a publicação de *Town & City* – e eu me pergunto por que isso está acontecendo, quase como se *não houvesse tempo* na vida de Nova York. Mas mesmo assim aconteceram muitas coisas importantes, de todos os jeitos, dinheiro e mulheres, e viagens (a Boston, Poughkeepsie e New Hope, Pensylvania) e amigos, eventos, shows, refeições, sonhos, cerca de 75.000 palavras de escritos variados, e por aí vai. Talvez minha vida não esteja mais dentro dos diários. Parece estranho. De qualquer jeito esta é a manhã de minha nova partida para o Oeste e a Cidade do México, até setembro de 1950.

A noite passada foi fria, triste e chuvosa. Minha mãe passou minhas roupas; fizemos um lanche e conversamos. Às vezes, olhávamos um para o outro em uma tristeza furtiva. Talvez eu esteja escrevendo tudo isso para alertar todos os viajantes – a noite anterior à partida é como a véspera da morte. Eu me sentia assim. Onde vou, e por que motivo? Por que sempre preciso viajar de um lado para outro, como se importasse o local onde alguém está?

Por que sou um fracasso no amor? Porque se meu caso de amor com Sara tivesse sido bem-sucedido, "aqui" ou "ali" não importaria mais nem um pouco, mas do jeito que estão as coisas, não posso ficar em Nova York e "perder o prestígio" com os amigos dela, que aqui são muitos. Na verdade, viajo porque não tenho amor. Vou para uma outra vida, ao morrer assim.

Mas não estou triste. A verdade é que ainda preciso conhecer a verdadeira mulher da minha vida, e vou encontrá-la em algum lugar. Viajar é um sinal disso. Que disparates sem graça as pessoas dizem ao falar do coração mortificado? Sem poesia.

Mas ela era insolente demais para alguém como eu.

Nada sobrou nessa minha alma experiente exceto a repetição – logo o homem sábio & humilde em mim vai tornar-se um mestre do compromisso – e então eu estarei velho e comum. Nenhum problema nisso.

Deixe que eu me alongue mais, em francês traduzido para o inglês –

"Parto porque sou louco. É preciso trabalhar, não brincar. Você não sabe mais como trabalhar, é um idiota. Dê um jeito em sua vida e cale a boca. Você sabe muito bem que não vai trabalhar no México – em Denver não terá tempo. Está gastando seu dinheiro, e só. Pobre idiota. Um dia desses você não será mais capaz de fazer coisa alguma, e então será tarde demais. Se você não conseguir arranjar um meio de vida hoje, não vai encontrar amanhã. Pare de esperar e comece."

– Será que devo fazer essa viagem? – Tenho de ir, está tudo arranjado.

– Sim, vá. Vá embora. Faça o que quiser. Vá brincar, seja tolo. Quando voltar, estará mais velho, só isso.

– O que farei quando voltar?

– Vai trabalhar e ganhar sua vida. Encontrar uma mulher e casar. Ter filhos e calar a boca. Ser um homem, não uma criança.

– Onde vou morar?

– Onde quiser! Não faz diferença, seu tolo! Vá morar no campo, vá morar no depósito de lixo, tanto faz.

– Você não tem um conselho que não recrimine o que estou prestes a fazer?

Um silêncio triste... então:

– Conselho é o cacete. Você não precisa de conselho. Você sabe o que está fazendo. Nas circunstâncias de sua viagem, se algo acontecer, pare. Pare de correr como um camundongo pela face da terra. A vida não é longa e você não é jovem.

Essas são as palavras de meu "irmão mais velho franco-canadense", que apareceu para mim, quase encarnado, durante uma viagem de maconha há duas semanas, e tem estado comigo desde então. Suas palavras são fortes & certeiras.

Eu o escuto com medo & respeito. Ele me contou que era "*un ambassadeur du Bon Dieu*" na manhã em que apareceu em meu quarto, em pé no canto com uma expressão desdenhosa, com um olhar suspeito para a droga tola na cama. Naquela primeira manhã ele respondeu várias coisas que perguntei a ele – como, por exemplo, se Ginsberg & Meyer Shapiro & Kazin eram grandes homens porque não estavam tentando deixar de ser judeus & portanto eu não devia tentar deixar de ser francês. Simples assim. Ele me contou que Carr era um babaca; que Neal era legal mesmo não sendo "nada excitante"; ele me disse para dar um tranco na mulher que amo para *convencê-la*, e coisas assim, todas simples, diretas e verdadeiras. Ele chegou a me dizer para ir à igreja e calar a boca. Sugeriu que eu fosse para Lowell, ou o Canadá ou a França, e me tornasse um francês outra vez, e escrevesse em francês, e calasse a boca. Ele fica me mandando calar a boca. Quando não consigo dormir porque minha mente está ribombando com pensamentos & frases em inglês, ele diz "*Pense en Français*", sabendo que assim me acalmarei e dormirei na simplicidade.

Vou levar este irmão comigo na viagem para o México e verei o que vai acontecer.

Ele diz várias vezes, "Coma!", e eu levanto e como.

Acho que ele é meu eu original de volta depois de todos os anos desde que eu era um menino tentando me tornar "*un anglais*" em Lowell, com vergonha de ser um canadense; nunca tinha percebido que passara pelos mesmos sentimentos que qualquer judeu, grego, negro ou italiano têm nos Estados

Unidos, pois eu os havia escondido bem, até de mim mesmo, com tanta inteligência, e um talento triste e seguro, para uma criança. Escrevi um romance aos *onze*, "Peter"(!) Ele me recordou que meu pai tinha tentado o mesmo negócio a vida inteira, ao misturar-se com "*les anglais*", o que na verdade significa *não-francês*. Essas são verdades inequívocas. Logo vou solucionar isso anglicizando minha francesisse ou afrancesando meu inglês, o que for melhor. Há ciladas que terei de examinar, como voltar ao relacionamento simples com minha irmã, como quando éramos crianças. Isso tudo pode ser só material interessante, ou loucura, ou, como espero, um retorno definitivo às raízes de meu eu verdadeiro.

De qualquer forma, sete meses em Nova York, e parece que nada aconteceu e lá vou eu de novo. Estou levando o manuscrito de *Road* comigo.

Não há coisa alguma a dizer. Um dia todos estaremos mortos, e será que alguma coisa terá sido resolvida? – alguma coisa feita?

Vou me esforçar para isso, *mon frère*.

PARIS

Joyce comia no Fouquet e passava noites no bistrô de Madame Lapeyre na esquina da Rue de Grenelle & Rue de Borgognne.

O Rainey de Céline... e a Rue St. Denis era sua "rua-doentia".

Kerouac ia toda noite ao San Juan de Letran, e às vezes comia no La Cucaracha.

: – Sublimidades – :

SUBLIMIDADES A APRENDER*

Os grandes poemas de [Giovanni] Boccaccio *IL FILOSTRATO; LA TESEIDE*.
TROILUS AND CRYSEYDE, de Chaucer
THE RED BOOK OF HERGEST
THE BOOK OF BALLYMOTE
THE SPECKLED BOOK
SPOILS OF ANNWN, de Taliesin
The MABINOGION

---

* Segue-se uma lista de obras da literatura medieval e da Renascença. Provavelmente Kerouac interessou-se por elas por meio de *Epitome of Ancient, Mediaeval, and Modern History* (1905), de Carl Ploetz, que estava lendo na época.

THE PANEGYRIC OF LLUDD THE GREAT
THE BOOK OF THE DUN COW
The BOOK OF LEINSTER
The BOOK OF LECAIN
The YELLOW BOOK OF LECAIN
ANNALS OF THE FOUR MASTERS, do sr. O'Donovan
THE BLACK BOOK OF CHERMARTHEN
The MYRVIAN ARCHAEOLOGY
Os SONETOS, de Petrarca
OXIONENSE, de Duns Scotus
CIDADE DE DEUS; TRINDADE, de Sto. Agostinho
Poemas de Prudentius
LIFE OF LOYOLA, de Thompson

Expressões
O sorriso em seu trabalho...
O que fazer com a eternidade?
O belo estilo de sua arte afetuosa.
Você não sabe o que é um vale. A abelha do crepúsculo.
A última configuração do mundo.
Qual é o feitiço? Quem é a farsa?
Estou ficando mais estranho. Minha aparência desmorona.
Morte impassível. Olhe em minha chama.
As influências são fortes – (uma chave).
"Louco pelo vazio." – (ALLEN)
"O grande mundo gelatinoso." – (LUCIEN)
O *páthos* dos inimigos. A grandeza dos outros.
Emaranhado de engrenagens. Fale e namore também!
Natureza aborrecida. – Contemplar a calmaria dos meios-dias.
Vergonha e escândalo de minha estrela.
Uma frase é pôr um pensamento a serviço de alguém.
Pendure o chapéu num barraco de puta.
A mente de Ginsberg – uma mente sombria. A de Neal – uma mente reluzente.
Esqueleto comum. Nem olhar mais profundo.
Vale das Gargalhadas. Vale dos Ares.
Tudo caiu empilhado em meio aos ossos estilhaçados.
Água benta radioativa... use-a enquanto está quente.
Amanhecer de outubro: – orvalho sobre as folhas mortas.
Não vague por aí com seus portantos.
A calmaria do meio-dia & um cochilo doce, depois o alvoroço e o barulho.

J. Fitzgerald – "Esta escuridão fria e solitária."
O abismo vazio.

Peidar através da seda e cagar cor-de-rosa.
Os ricos peidam através da seda, os pobres cagam através da aniagem.

NOTAS DE FEVEREIRO DE 1950

On the Road é meu veículo com o qual, como um poeta lírico, como um profeta leigo, e como possuidor de uma responsabilidade com minha própria personalidade (o que quer que ela esteja louca para fazer), desejo evocar essa música triste indescritível da noite nos Estados Unidos – por razões que nunca são mais profundas que *a música*. É o verdadeiro som interior de um país.

Há santos, e há estudiosos; e a diferença está sempre presente. Absorta e ou evasiva.

No verão passado em Denver tudo o que fiz foi passar três meses contemplando as *planícies*, por motivos, motivos.

Há um ruído que escuto no vazio; há uma visão do vazio; um lamento no abismo – um grito no ar triste: o domínio é assombrado. *O homem assombra a terra*. O homem está na saliência de um rochedo falando muito de sua vida. O poço da noite autêntica. Deus paira no alto em seus sudários. Cuidado!

Mais que uma pedra em minha barriga, tenho uma cachoeira no cérebro; uma rosa em meu olho, um belo olho; e no meu coração não há nada mais que uma encosta de montanha, e o que está em meu crânio: uma luz. E em minha garganta, um pássaro. E eu tenho em minha alma, em meu braço, em minha mente, em meu sangue, em meu rim uma pedra de lamentos que tritura rocha na água, e a água é aquecida por chamas, e adoçada por elixires, e torna-se o lago de contemplações dos valores da vida. Choro em minha mente. Em meu coração, penso. Em meu olho, eu amo. Em meu peito, vejo. Em minha alma me transformo. Em meu sudário morrerei. Em meu túmulo mudarei.

Mas chega de poesia. A arte é secundária.

As lamentações são tudo.

(Em meu sono referi-me a mim mesmo, em francês, não como um "escritor", mas *arrangeur* – aquele que arranja assuntos; ao mesmo tempo, associei esta fração com comer um jantar (*manger*). Acordei para lembrar-me disso.)

RICHMOND HILL

1º DE FEV. – Uma noite na ópera com Bob & Kelly. Um banquete para 300 milionários. Gene Tunney estava lá. Depois no *Birdland* com Neal; champanhe no bar do Yale Club. O mês de janeiro foi uma loucura.... começando na noite de ano novo com aquela festa fantástica que, para mim, acabou em Princeton, N.J., e com os Lyndons. Mil coisas em torvelinho, todas não ditas.

7 DE FEV. – Esta noite trabalhei & refleti ao mesmo tempo sobre quatro projetos importantes... *Road*, *Sax*, *Simpleton* e um romance juvenil sobre futebol americano (este último talvez seja importante apenas em termos de $). (Apesar de os garotos de Lowell terem-no lido com avidez quando eu o escrevi aos 17 anos.) Ocupado dia & noite. Agora percebo que, se quiser, a qualquer momento posso começar a *refletir* e resolver ficar entediado & deprimido, só para variar. E isso é o que é, ou qualquer coisa. Esta noite escrevi o poema da "serpente do mal"... "Todos os três suspiraram o suspiro da vida, e a serpente avançou." Desnecessário dizer que também enchi ainda mais meu caderno de viagem "Chuva & Rios". Com isso são *cinco* projetos no total... No belo percurso de hoje. Um desses dias em que se vê ao longe, quando você é seu próprio grande estadista da história pessoal, e enxerga tudo como um protocolo profético... dentro da tristeza que parece um sonho.

10 DE FEV. – *The Mysterious Stranger*, de Mark Twain, é indiscutivelmente uma obra-prima. De algumas maneiras, é mais profundamente abrangente que o último trabalho de Melville (assim como THE STRANGER é de Twain) – Billy Budd. "A vida é um sonho", diz o belo Satanás de Twain, mas isso é dito em um contexto mais terrível do que qualquer outra pessoa experimentou antes. "Você não passa de um andarilho pensativo que perambula por eternidades sem limites." – e – *"Todas as marcas de sonhos estão lá."*

Ontem à noite – festa na casa de Varda, onde levei Adele [Morales]: mais tarde, festa nos Holmes, de onde saí e não vou voltar. Adele e eu passamos horas maravilhosas e quentes juntos. Na outra noite, na festa de aniversário de Neal, também tive vontade de não voltar. Mês que vem parto com meu mapa novo; não sei para onde.

18 DE FEV. – Em 12 dias meu T&C será publicado e as críticas vão surgir. Ficarei rico ou pobre? Serei famoso ou esquecido? Estou preparado para isso com minha "filosofia da simplicidade" (algo que una uma filosofia da pobreza com alegria interior, como estava em 1947 e 1948).

INÍCIO DE 1950

Caderno

Impor título em nome de modesta referência futura. O ano, na história pessoal e universal, também é um marco, por motivos óbvios.

SÁB. 18 DE FEV. – "*You oughta be out in the forest like a big old grizzly bear.*" "*Hou come you ain't out there?*" "*I'm a lady*" "*They got lady-bears out there.*" "*Aw baby...*"* Isso é *Double Crossing Blues*, que está tocando neste momento no rádio. A menina só tem treze anos. De repente a floresta assoma-se à noite ao seu redor. A grande arte simples sempre é repentinamente inexplicável e para sempre entendida; assoma-se, como a floresta.

Agora começo a trabalhar em meu Chad Gavin**... Fiquei em casa à noite, sábado à noite, sempre uma boa noite para trabalhar, e comecei lendo 50 páginas de *Os possuídos*. Então rascunhei o esboço do capítulo de abertura de Chad Gavin – andei seis quilômetros às 5h da manhã. Li 40 páginas de Cesar Birotteau [também conhecido como Balzac]. Há anos tenho remoído e remoído em minha mente a idéia de *On the Road*, mas quando Balzac alerta "não confunda as fermentações de uma cabeça vazia com a germinação de uma idéia", sinto que ele está se referindo a alguém como eu. Mas estou dando o meu melhor. Perdido em tal pensamento, não produzi palavras esta noite. Mas a trama de *Road* é rica por causa dos "anos" – não há outro motivo.

J. Kerouac
94-21 134th St.
Richmond Hill, N.Y.

DOM. 19 DE FEV. – Acordei às 4h30, li os jornais, comi, andei. Para, portanto, "começar do começo" – Uma noite esplêndida de trabalho de organização. Preparei 3.000 palavras para serem datilografadas, o capítulo de abertura-misterioso-explicativo-musical, que levei meses para desenvolver. Agora sigo para o capítulo Dois, a história do velho Wade. Não vou contar palavras até estarem datilografadas. Cem idéias me assaltaram à noite. Laura faz um *biquinho* de menininha quando Chad a beija, apesar de, normalmente, ela ser sonsa & estranha & distraída. Em um momento – no clímax – ela brinca com ele: "Não sou desse tipo de mulher". De repente responde: "Possua-me pela

---

* Tradução livre: "Você devia estar na floresta como um urso velho./ Por que você não está lá?/ Sou uma mulher./ Lá também há ursas./ Ah, garota..." (N. do T.)

** Chad Gavin era um conceito original de personagem para *On the Road*.

primeira vez! Possua-me pela primeira vez!". Mas tudo isso aparecerá nas páginas do manuscrito... bem mais tarde.

No início da noite estava passando mal do estômago e atormentado. Ainda assim o trabalho fluiu, & o trabalho salvou tudo como outrora. Ah que alegria ser capaz de fazê-lo outra vez. A determinação é a chave; levar a cabo apesar da relutância. É um desejo solitário e imbatível, contra o silêncio & a escuridão que não tem justificativa. Pelo modo como eu e meu material estamos organizados agora, posso ter mais de 50.000 palavras para mostrar a Bob quando ele voltar da Itália em 1º de abril – palavras publicáveis.

Devo adiar a viagem ao Oeste & fazer isso primeiro? (Humm!) Veremos. Devo acrescentar algo todo dia de agora em diante – isso vai funcionar como nenhuma outra coisa. A alegria é a certeza de desejar – o pesar é a incerteza de... outra coisa. Enquanto escrevo isso um assobio lúgubre, insistente e aflito sopra com o vento da noite lá fora. Ah máquina! Nada pode vos salvar! E os ventos fazem tremer de medo as vidraças. Mas aqui dentro de mim, estou bem. Isso não é mais que a habilidade da alma em sua astuta oficina.

SEG. 20 DE FEV. – Fui à escola num frio congelante para assinar presença; depois na casa de Adele para um papo, & andei até Times Square (2km), então fui para a casa de metrô com jornais. Uma reportagem sobre meu livro no Lowell Sunday Sun. Eu penso e penso com maldosa satisfação que posso ficar rico & famoso em breve, mas ainda assim continuo a circular no inverno com meu casaco e boné de caçador surrados – uma espécie de "jovem estudante" no metrô lendo *Os possuídos*; contando moedas & meditando se devo ir ao cinema à noite ou não... *quando o mundo é meu.* Não há sentimento maior e mais verdadeiro. O mesmo quando viajo de ônibus pelo país (em vez de pedir carona) e durmo em hotéis velhos como aqueles à beira do rio em St. Louis... os hotéis *interessantes*, e ônibus nos quais os passageiros são interessantes em vez de estereótipos da *Time & Life*. Isso explica de maneira apropriada por que meu jeito desleixado não é pose, mas uma forma verdadeira de me divertir & aprender. Como posso *aprender* e *ver* se fizer de mim um asinino viajante de avião & hóspede de hotel de convenções ("convenção" dos Grão-Alces)... e me lançar diante dos olhos do público.

T.S. Eliot, poeta e prêmio Nobel, viaja como "Tom Eliot" em navios velhos; por isso é o velho Tirésias... e eu, agora, devo ser o jovem Orestes*. Cheguei em casa à uma hora, comi ovos com bacon, e resolvi trabalhar um pouco. Mais cedo ou mais tarde todo mundo em Dostoiévski diz, "Humm" o tempo inteiro, no interior.... esta é a chave para sua visão do homem – "Humm"

---

* Tirésias e Orestes são personagens da mitologia grega: Tirésias é o adivinho cego, e Orestes, o filho de Agamemnon e jovem vingador de seu assassino.

(que mistérios?) (O que ele quer dizer com isso?) – Eu me pergunto se meu próprio som em T&C não foi "Hah"? A chave para minha visão – "Hah"? Como se para dizer, "Sei exatamente o que está acontecendo, mas vou fingir que nem escutei". Ao que Dusty responde, "Humm". – Qual o som de Balzac? Mais tarde vou tentar adivinhar. Talvez seja "Hup! Hup!" – todo mundo passando correndo por paixões e fortunas, loucamente. Em Céline é um juramento; em Melville, um silvo. Em Twain é a palavra "satisfeito". Em Céline é *Wah! Wah!"* – ou *"Hoik! Hoik!"*.

TER. 21 DE FEV. – Escrevi umas cem palavras, e resolvi descansar um pouco; e fui para N.Y. escutar *bop*. Em uma cafeteria na esquina de 50th com 8th Avenue fiz anotações sobre a "geração *hipster*" que é tão parecida com a geração niilista de Dusty, os possuídos, de certa forma; e de outra, tão diferente. Os *hipsters* não têm sociedades secretas, só as noites secretas de *bebop*. Mas é o espetáculo do abandono formal de uma geração da idéia de pessoas da geração dos pais. ... portanto vejo um paralelo no incômodo do velho Stepan com o guincho na voz de seu filho Pyotr Verhovensky, e o meu incômodo com o risinho de Levinsky e agora o "Vai!" de Dean Pomeray (especialmente sua ligação com o sentimento de Genet nos círculos *hipster*-criminais franceses, quando por exemplo ele vê uma foto de guerrilheiros atirando em pessoas nas Filipinas e grita: "Eles não dão mole lá fora!!") fez isso, em uma lavanderia automática na 3rd Avenue. Em Denver, eu perguntei também a Neal meio envergonhado se ele um dia poderia reconciliar o Cristo com o C——to preto do qual ele sempre fala e nega aos gritos. Meses depois, inesperadamente (em Nova York, em uma gravação), ele zombou de mim por perguntar isso. O "C——to de N*, deve-se ter em conta, é principalmente uma imagem sádica; à la Rimbaud, se quiser, mas já tive a minha cota de Rimbauds de Phillip Tourian. O "C——to" de N. não é o amor de Geo. Bouman pelas noites selvagens de Havana, mas violência, se necessário. Como você pode reconciliar "o rei que vem em um jumento, humilde", com *a ralé* (trocadilho intencional)**. Riam! Riam! – Acredito em minha própria seriedade estúpida, e não sou alheio ao que é charmoso, afinal de contas.

Ouvi Dizzy Gillespie no Bop City e atravessei a rua até o Birdland para ouvir Tristano, Miles Davis, Goetz etc. e tal. Lá, também, tive uma idéia: quando Tristano tocou sua versão abstrata, sem *beat*, tipo Bartok, de *Intuition*, um homem de cor na platéia gritou para ele, "Toque música de verdade!" –

---

* Um diálogo similar, gravado e transcrito entre Kerouac e Cassady, está incluído em *Visions of Cody* (1972).

** No original, *That King* e *that kind*. (N. do T.)

o negro da onda examinando com desdém o velho negro da pesada fora de moda. Mas concordo com o velho. *Toque alguma música*. Uma arte que expressa a mente da mente, e não a mente da vida (a idéia de vida mortal sobre a Terra), é uma arte morta. Uma arte que não se manifesta para "todos" é uma arte morta. Uma arte morre quando ela se descreve em vez de descrever a vida – quando vai da expressão do sentimento humano no vazio e torna-se uma simples descrição do vazio. Do teatro a linhas abstratas, uma arte pode expirar. Shakespeare, Homero, Rembrandt, Tolstói, Céline, Mark Twain são conhecidos por todos... em suas melhores obras. O Beethoven das sinfonias é maior que o Beethoven da música para um quarteto. As melhores óperas de Puccini em seu sentimento simples valem mil trabalhos abstratos de estudos musicais como os de Schoenberg etc. – 4h da manhã. Comi no Ham'n Eggs Heaven um grande desjejum. Voltei para casa.

Às nove da manhã recebi um telegrama.

"Caro Jack: Tom morreu em um acidente. (assinado) Benedict A. Livornese." Tio de Tom?

Como eu podia saber que era uma brincadeira – enviada inocentemente pelo próprio Tom? O relato completo desse incidente fantástico – como eu chorei o dia inteiro, como abandonei tudo por um pesar imenso, como saí para Lyngbrook na noite congelante (caí duas vezes no chão) e paguei uma missa em sua memória em uma igreja católica, como fui até o funeral levar meus respeitos e como ouvi *bebop* vindo lá de dentro e vi Tom correr para abrir a porta – tudo será revelado em uma história que escreverei para revistas. Tem algo do estado de ânimo triste de Mark Twain. E eu nunca fiquei mais feliz e em êxtase ao ver que Tom estava vivo. Quase não dormi desde então – mais sobre isso depois, na história. Agora é demais... é mesmo.

QUIN. 23 DE FEV. – Jack Fitzgerald conta que Edie ligou para ele de Detroit dizendo que quer vir para o Leste, mas Kerouac não quer deixar. Que outra história fantástica! A vida é cheia de tramas. Tantas que quase nem tenho tempo de escrever *Road*. Acordei às quatro da manhã de sexta-feira para trabalhar – tudo virado de cabeça para baixo, por tudo... e estou tão feliz por ninguém ter morrido, & feliz por tudo.

Sempre farei aquilo que amo.

SEX. 24 DE FEV. – Trabalhei a manhã inteira na preparação do meu capítulo do incidente de abertura, apesar de estar exausto pelo sono agitado... a mente muito afiada. Estou orgulhoso do resultado, especialmente de Chad e Laura. Este capítulo revela a alma de todos – estou aprendendo a escrever! Aprendi um grande segredo esta manhã mesmo, isto é, você estabelece relações entre as almas de todos os envolvidos, em todos os lados, e então usa o material naturalista com o objetivo de colocar as mencionadas relações em sua posição terrena. Porque a relação é "eterna". Como Kazin diz, é o "diamante sobre o qual repousa a existência". Um grande aprendizado para mim... como fazer, o segredo técnico. Por exemplo: primeiro estabeleço a relação de Laura com Chad, que é "silêncio calculado", e então uso o material naturalista (nesse caso os cavalos) para pôr em movimento e dramatizar o fato eterno de seu silêncio calculado, de forma que ela segue ao lado dele sem uma palavra. Até aqui.

Recebi um artigo maravilhoso de Alan Temko sobre mim na edição de 11 de fevereiro do Rocky Mountain Herald. Estou absolutamente maravilhado. E onde estará ele agora? Ele não escreveu uma palavra. Homem estranho, raivoso, radiante, triste. O artigo foi enviado por Justin Brierly, que também não diz uma palavra. Tramas por todos os lados! Estou tão feliz que vou me elevar com a fumaça. Bah!

À noite, a festa na casa de Tom onde – um cavaleiro triste – perdi minha bela Grace para ele (charmoso como um astro do cinema... "piano e coquetéis"). Fiquei bem triste... e fui embora. Mas essas coisas já me aconteceram antes... a posse de uma mulher não é a questão mais importante do dia. Qual a questão mais importante do dia? – a fertilização da dita mulher, e alguma decisão "eu-sei-como-viver" quanto ao rebento. Fitz foi à festa. Os Holmes & os Bowmans também estavam lá... vinho rosé, bifes, lutas na TV. No dia seguinte, Fitz veio à minha casa. Fomos a Poughkeepsie. Seguiram-se 30 horas de conversa.

SÁB. 25 DE FEV. – O fato triste sobre a cidade pequena americana moderna como Poughkeepsie é que não tem a força das metrópoles, mas tem sua banalidade. Fitzgerald é um mártir da noite culpada de Poughkeepsie, onde homens banais vagam se perguntando o que deu errado com suas almas. Fitz diz apenas "Eles estão mortos". Que ruas desoladoras... que vidas desoladoras... que falta de futuro & destino infeliz. Milhares de bêbados nos bares. Mas dessa ruína ergue-se um Cleo – um verdadeiro Cleophus – o "Neal Negro" que conheci ali este fim de semana – na verdade, é em essência um "Allen Negro". Ele diz que Cristo está nos ombros de cada um de nós, e tudo está bem. Pega um copo d'água e me ensina a *provar a qualidade da água* pela "primeira vez" – (claro que fiz isso como um menino me imaginando no deserto). O futuro dos Estados Unidos está na espiritualidade e na força de um Negro como Cleo... Agora eu sei... e em todos aqueles que o compreenderem e receberem. Os operários que moram em Larchmont e vão todos os dias para seus trabalhos já são coisa do passado. É simplicidade e força bruta, erguendo-se do *solo* americano, que irão nos salvar. Seremos salvos. Apenas os trabalhadores de Larchmont e os enjeitados de Poughkeepsie ("O que vocês estão tirando da vida? Ainda não têm um aparelho de TV?") estão desaparecendo em um beco sem saída *Time & Life & Fortune*... pobres tolos imitadores de uma sombra que reluz. Há muitos povos não descobertos nos Estados Unidos... como na Rússia. O garoto sem nome morto pelos tiras em uma rua do Brooklyn não desperta sentimentos públicos – porque ele é um "marginal" – mas em seguida ele ressuscita como o herdeiro de uma família rica, e essa família é a futura família da terra; haverá grande agitação. (Carl Sandburg: "Exclusivo é a palavra mais feia que existe". As nossas leis de classe vão desmoronar... do contrário os Estados Unidos desmoronarão... e os Estados Unidos não desmoronarão. Você sente isso nas ruas cheias, especialmente nos bares White Rose ao meio-dia quando trabalhadores estão comendo sanduíche de presunto no pão de centeio e tomando uma cerveja; o cigarro & a conversa; o ritmo das coisas; o som das coisas acontecendo; subindo... Allen G. escreveu: "Estamos acostumados a pensar de nós mesmos pensamentos poderosos de *Life & Fortune*, mas, na verdade, talvez estejamos inchados pelo orgulho desprezível e a História vai passar por nós (mesmo por mim e por você) no próximo meio século". A palavra-chave é ORGULHO. Allen se esquece que ele, e Cleo, são os descobridores de uma humildade que irá transformar os nossos dias –

Quanto aos Liberais – os "intelectuais" que escrevem sobre "criminosos" mas não querem Neals em suas casas –, Fitz diz: "Eles querem aceitar os intocáveis tocáveis". É o velho papo dos Liberais... Sempre Sr. & Sra. Em-Cima-do-Muro, sempre as reservas "respeitáveis". Não o medo fora de moda do "escândalo", mas um medo Liberal das "conseqüências". Os Estados Unidos vão desmoronar como Allen diz se a gente não escarnecer – encarar as merdas – expô-las – nada temer – seguir com os conhecimentos, os otimismos verdadeiros de Twain e Whitman (respectivamente) na direção de uma grande maldição bíblica fora de moda na Terra... um tratamento de choque... uma olhada temerária dentro do abismo... uma oração como um gemido... uma visão de nós mesmos... um pouquinho mais de coragem e menos esperteza cerebral. Juro por Deus que o grande símbolo da desintegração dos Estados Unidos é o programa de TV de Dave Garroway, de Chicago!* – que espetáculo sofisticado, tortuoso, caprichado, agradável, meio bicha, meio tolo ele apresenta... com todas as *insinuações* por trás. A palavra-chave é insinuação, não sei por que... Saberei depois.

---

* Dave Garroway (1913-1982) apresentou o programa de variedades produzido em Chicago *Dave Garroway at Large* antes de tornar-se o primeiro apresentador do *Today Show*, da NBC, em 1952.

Se uma bomba H caísse em Nova York e eu tivesse uma pílula letal no bolso, e estivesse preso em um túnel em meio a mortais gritando, ainda acho que não engoliria a pílula.

Isso é a insinuação? Também subentendida na cortês psicanálise vienense.

"Inchado com o orgulho desprezível..." Vamos, vamos ceder. "Estados Unidos da América! – apressem-se e cedam; pois hoje a salvação chegou à sua casa." As palavras de Jesus... trocando Estados Unidos por Zacarias. Vai chegar um dia em que a noite será a hora de dormir porque não precisaremos mais da noite para absorver nossas culpas.

SEG. 27 DE FEV. – Cheguei em casa num frio gelado num trem da N.Y. Central, sentado sobre bolsas de lona, trem quatro horas atrasado. Dormi à tarde. Escrevi à noite no frio, casa fria... Logo, porém, será primavera, e eu irei para o Oeste – sempre o Oeste. Este verão acho que vou arranjar um emprego em um jornal e um apartamento ou uma casinha em Frisco... também em breve, quero me casar. Quero minha própria casa para que ela represente o que eu represento.

Hoje cartas de Kelly, Ed White & Allen.

TER. 28 DE FEV. – Meus novos planos para março: – assim que pegar meu dinheiro, vou entrar para a academia na YMCA e fazer exercícios quase todos os dias. Além disso, café preto, sem creme ou açúcar; fazer barras na porta (que não tem lugar apropriado para segurar por isso só consigo fazer umas 10 ou 11 ou 12.); e *dormir menos*. Estou ficando gordo e preguiçoso. Hora de ação, hora de uma vida nova, para minha vida real. Farei 28 anos em duas semanas... uma idade apreciável. Duas refeições por dia em vez de três. Muitas viagens. Sem estagnação. Sem pesares formais! Sem mais temor metafísico! Ação... velocidade de produção... graça... transformam o mundo em um antigo conto de Saroyan, com propósitos & reflexões maduras. *Vá!* E uma escrita delirante a partir de pensamentos em vez de requentar os velhos... de idéias preexistentes. Também vou *expressar* mais e registrar menos em *On the Road* – vou apontar direções em vez de descrever caminhos. – Hoje vi uma foto de Bob Giroux em Portugal no *Daily Mirror* com os romeiros católicos que iam para Roma. Uau!— "Eles conclamam todos a seguirem em peregrinações."* Bob está em uma romaria na igreja do mundo, a jesuíta. A minha é uma romaria na igreja do Paraíso. Ela não tem nome. Da mesma forma nós buscamos juntos, e somos irmãos no espírito. "Que os elogios

---

* Do Prólogo de *The Canterbury Tales*, de Geoffrey Chaucer: "*So priketh hem nature in hir corages/ Thanne longen folke to goon pilgrimages*". Ou, em inglês atual: "*So Nature pricks them on to romp and range/ Then do jock go on pilgrimage*".

façam justiça a essa estrela Vênus." Alô! Alô! – Zuum! Não venha me falar do Estado Soviético... esses malucos estão mortos.

Não há vilões em Dostoiévski. Por isso ele é "o mais verdadeiro entre os verdadeiros". Ele vê tudo ao mesmo tempo; e comanda sua própria mente. – Você precisa acreditar na vida, viver a vida, antes de conseguir *realizar* qualquer coisa *a seu favor*. É por isso que os austeros diplomatas do Departamento de Estado, estilo Goethe, estudiosos, de almas racionais e horários regulares, nada fizeram pela humanidade. É preciso um Benjamin Franklin para trabalhos assim. ("Nem todo mundo é um Franklin?" Por que viver se não pela excelência? Que tipo de era é essa que lisonjeia sua própria fraqueza decadente em nome de conversa vazia de coquetel – e zomba da excelência.)

O que o velho chinês depois da esquina pensa? Acabei de passar a pé pela sua lavanderia, ao amanhecer, e ele já está de pé. Um homem de seis milênios de idade – nem odeia nem ama o mundo – trabalha para manter suas mãos ocupadas – olha para o homem com um olhar sem expressão – Mora sozinho, em esquinas – tem um enorme pesar e o pesar de sua raça antiga – está esperando que o mundo pegue fogo. Lá está ele ao amanhecer, rabugento, aquecendo chá num quartinho dos fundos miserável, preparando-se para outro dia de trabalho no calor. O que ele pensa do destino do homem? Tudo o que *ele* sabe é que seus ancestrais como ele eram pacientes, viviam longas vidas de silêncio, e observavam.

Tenho medo do oriental, do que consigo deduzir dele. Meu Billy Ling em *Road* será como esse Wong Lee da Tinturaria Lee, em Richmond Hill. – Descendo a rua, uma visão ainda mais estranha. Ao caminhar na penumbra antes do amanhecer eu pensava que Hemingway & Fitzgerald tinham construído suas vidas em torno de caçadas e animais mitológicos, e eram somente muito espirituosos*, vi um grupo de motoristas de caminhão da Krug que têm mulheres & filhos & casas com que se preocupar ao formarem um piquete diante da garagem. Com seriedade conciliadora, eles resolveram bloquear a entrada e convencer os outros motoristas a se juntarem à greve. Talvez mais tarde a violência irrompa. Krug é uma fábrica de pão. Resolvi naquele momento que eu preciso ser um Fundamentalista; mas nunca meto meu nariz onde não sou chamado, e segui em frente... presunçoso.

Hoje mais cedo fui a N.Y. e resolvi algumas tarefas domésticas. Agora estou exausto. Vou dormir. Amanhã serei outro homem. Todo dia é diferente. ("Hmm.")

---

* *Nunca mais vou dizer algo como isso!* (5 DE MAR. DE 50) (N. do A.)

: – NOTAS ESTRANHAS – :

MARÇO DE 1950

A noite expia os pecados do dia – nos Estados Unidos. Por isso eles querem "o fim da noite" – purgação total das ocupações decadentes e desleixadas do meio-dia. Só o operário da construção dorme à noite – o garoto propaganda da TV se embebeda. Chegou a hora de se ocupar do dia de maneira honesta.

* *

Acho que a grandeza de Dostoiévski está em seu reconhecimento do amor humano. O próprio Shakespeare não penetrou tão fundo sob seu orgulho, que são todos os nossos orgulhos. Dostoiévski é na verdade um embaixador de Cristo, e para mim, o moderno Evangelho. Seu fervor religioso vê através dos meros fatos e detalhes de nossa vida cotidiana, por isso ele não precisa concentrar sua atenção nas flores e pássaros, como San Francisco, ou em finanças, como Balzac, mas em qualquer coisa... as coisas mais comuns. Só aí está a verdade. Para um homem como Spengler, reconhecer que Dostoiévski é um santo é sua glória coroada.

A visão de Dostoiévski é a visão de Cristo traduzida em termos modernos. O fato de ele ser proibido na Rússia soviética indica a fraqueza do Estado. A visão de Dostoiévski é a de que todos nos sonhamos à noite, e sentimos de dia, e é a Verdade... meramente que amamos uns aos outros, gostemos disso ou não, isto é, nós reconhecemos a existência do outro - - - - e o Cristo em nós é o primeiro a provocar esse reconhecimento. Cristo *está* em nossos ombros, e *é* "nossa consciência na universalidade de Deus", como diz Cleo... ele é aquele em nós que reconhece. Sua "idéia" e.

O motivo pelo qual o garoto propaganda da TV se embebeda à noite, como acima, é só porque a natureza de suas buscas o afasta do amor dócil do homem, que é o que todos queremos. D. H. Lawrence é mera masturbação do eu.

1º de mar. de 50

Refletir: esta noite fui à casa de Lou, com aparência séria e cortês em meu terno, e "confessei" a ele meus novos planos. Ainda assim eu estava nervoso, e não consegui deixar de perceber sua melancolia pálida, mesmo quando sua mãe riu e conversou com a gente. Tudo o que contei a ele, tudo o que aconteceu – foi eclipsado pelo fato de que eu *sofri* diante desse homem (futuro-famoso-jovem-escritor sem se opor a ficar rico), além de um profeta-da-força-americana, sem opor resistência) e isso porque eu reconheci sua existência com amor e medo, e não pude agüentar a mortificação de meus próprios sentidos que recebiam a graça de seu ser. Lou é só a intensificação desse sentimento que tenho por todo mundo; é um exemplo teatral da humanidade. Ainda assim não agüento vê-lo todo dia, por medo do tédio, ou pelo medo do tédio – talvez medo de perder o medo & tremendo, o que é uma dramatização de minha existência. Quando fui embora, suspirei... "É sempre a mesma coisa... minha posição com alguém assim nunca vai mudar... Um relacionamento se estabelece para a eternidade... este mundo em que caminhamos é apenas o cenário, cenário temporal, de realidades eternas; esta calçada só existe para que as almas caminhem por ela".

Mais que uma "dramatização de minha existência" é que tal reconhecimento do amor e do medo – amor e medo em si mesmos – simplesmente o amor – é nossa existência, e minha também, e a sua, e tentamos evitá-la mais que qualquer outra coisa no mundo. Por isso, esta noite, lendo meus novos livros, descubro que Kafka o evita em um sonho de si mesmo; Lawrence o evita masturbando-se (a mesma coisa); e Scott Fitzgerald, apesar de mais próximo do reconhecimento do amor, apenas escreveu sua história para ganhar dinheiro e omitiu certas coisas (em *Crazy Sunday*). Então li Dusty e estava tudo ali. Não há verdade como a verdade do profeta terreno.

Quero tornar-me, e rezo para conseguir, um profeta terreno.

QUAR. 1º DE MAR. – À noite encontrei Frank Morley no bar do Hotel Chatham. Ele estava bêbado. Eu fiquei bêbado com ele. Terminamos tendo uma longa conversa com Artie Shaw e sua namorada Anne... na casa de Artie. Que noite! À meia-noite Lucien leu para mim, pelo telefone, a ótima resenha de Charles Poore sobre meu livro, então Tony Mannocchio repetiu tudo para Shaw.

Morley é um grande homem de muitas maneiras. Mais depois – devo encontrá-lo outra vez em alguns dias. (Eu me pergunto se devo prosseguir com este diário; há muito a contar, e talvez a maior parte disso seja insignificante. Para quem estou contando isto?) O surgimento de meu livro no mercado me abala muito... lançado em meio a milhares de outros livros bons e ruins. Um grão de areia em uma grande algazarra americana. Entretanto, uma palavra sobre *Letters from Editor to Author*, de Maxwell Perkins* (Bem, e eu falo algo com uma intenção séria, mas eles transformam isso em algo sem conseqüência. Bah! – Essa é a maldição das civilizações muito avançadas. O que está acontecendo nos Estados Unidos?) – De qualquer forma, Perkins alcança um tom de sinceridade pura, e uma consciência de sua própria inte-

---

* Cartas do editor ao autor. (N. do T)

ligência responsável, em suas cartas aos seus autores. Isso também não passa de um grão de areia. Não há padrões, mas isso porque a cena cultural está mudando de enfoque. Esses enfoques não passam de moda passageira, cada vez mais. Por que eu devo me preocupar com eles?

Porque por quatro anos abandonei as alegrias da vida normal da juventude para fazer uma contribuição séria à literatura americana, e o resultado é tratado como um primeiro romance barato – o que sem dúvida ele não é – (apesar de meu "sucesso" aparente) – que meu *Town & City*, fraco como é em alguns pontos, mas acima de tudo totalmente *sério*, não frívolo – devia ser elogiado por críticos frívolos que fazem a mesma coisa dia após dia sobre incontáveis romances de todos os tipos... Estou tão confuso que não me importo em terminar a frase. Parece que nada é "significativo" exceto um retrato deles mesmos enquanto resenhistas de classe média do subúrbio. Meu Levinsky é recebido como um louco inútil; assim como Alexander Panos; meu pai trabalhador, uma mediocridade "morte-do-caixeiro-viajante-de-lamentos-lacrimejantes". Mesmo Jack Fitzgerald considera meu pai insignificante porque não está em posição de grandeza mundana... Deve haver algo corrupto nos Estados Unidos para que isso aconteça. John Brooks, de certa maneira, fez a resenha mais compreensiva – e eu, ao contrário, enganei-me e em vez disso escrevi o oposto (para Justin em Denver) sobre essa resenha de 5 de março no *Times*. Ele vê os personagens como *representações*, pelo menos, dos tempos modernos... (e compreende como).

Como um rapaz caroneiro vagabundo vai significar alguma coisa (em *On the Road*) para Howard Mumford Jones, que quer que todos sejam como ele (intelectual de classe média "responsável") antes que os aceite? Será que Dostoiévski faria suas figuras Raskolniks do *lumpemproletariado* para um cara desses nos dias de hoje? – para tal classe literária? – como nada mais que um vagabundo.

O grande conflito, não somente de classes, mas de grupos, e *tipos*, nos Estados Unidos é melhor que a uniformidade imposta por Estados policiais; ainda assim também há violência desnecessária no conflito. Não! – Deixe-os entrar em conflito! Eu posso lutar tão bem quanto qualquer um. De qualquer maneira, T&C está repleto de divisões conflituosas. É todo verdade. Vou parar de ser criança e aceitar o mundo competitivo, o mundo louco.

E o que é um livro?

Preciso escrever um melhor. O Amor Universal, de todo modo, é um monte de lavagem... no "mundo do dia", claro.

Em todo caso, comemorei. Uma rodada de *bourbon* em uma livraria (com Goldman) serviu como minha primeira festa de lançamento. Vi os Lyndons, Stringham e George nos Holmes; bebemos cerveja, tocamos *bop* na tarde escura e sombria de uma sala escondida do sol; não patinamos como os Scott Fitzgeralds dos "decadentes" anos 20.

Mas principalmente estive com a linda Sara, e praticamente me apaixonei pela primeira vez em anos tristes e abatidos. Uma mulher... uma mulher... de beleza incomparável.

Que enigma é uma mulher!
Como eu as amo!
Quem não ama?
Por que escrevo este diário?
Agora leio *Sobre o amor*, de Stendhal... e também Perkins.

SEG. 6 DE MAR. – Melhor voltar aos detalhes em vez de ficar gemendo por aí, ganindo exuberâncias falsas. No dia em que o livro saiu fui almoçar com Ed Hodge, Tom Humason & Bob Hill ao meio-dia; treze horas mais tarde, Tom fechou o que ele chama de "o trem dos bêbados". Durante a tarde ficamos bêbados e visitamos algumas livrarias. À noite fomos ao Alexandra's, um bar cínico do mercado editorial; onde Treviston (sujeito muito engraçado, vendedor da Scribner) me deu o livro de Perkins. Fiquei triste pelo meu dia de publicação sem muita graça, mas fui bem consolado pela presença desses bons amigos. No dia seguinte, sexta [3 de março], fiz uma noite de autógrafos na escola e depois jantei com Sara Yokley, da United Press, uma garota linda e adorável. Ela está preocupada com sua separação de Lou, que voltou para B. Hale. – No dia seguinte, caminhei à beira do rio, vi um velho com seu cachorro sentado nos degraus dos fundos de sua casa flutuante. De lá andei até o centro da cidade e as livrarias chiques, olhando para meu livro, que não é notado por pessoa alguma, e por que iriam notá-lo mais que outros mil romances? À noite voltei para Sara com um pouco de *cognac*. Domingo de manhã voltei para casa e fiquei enrolando. Segunda-feira de manhã acordei às 6h30 e fiz planos para um grande dia e os cumpri quase à perfeição: incluindo o depósito de meu adiantamento de US$ 750 no banco. À tarde comi uma refeição chinesa com Holmes. À noite enchi a cara de cerveja com a linda Grace. Mas acho que sou fiel a Sara porque eu nada fiz – na verdade nós dois estávamos tristes. Cheguei em casa às sete da manhã e passei o dia de terça-feira inteiro respondendo inúmeras cartas.

Todo esse turbilhão interrompeu o trabalho que eu estava fazendo em *Road*. Mas estou aprendendo tanto com o lançamento de meu livro que ainda estou revisando algumas das suas idéias principais. Aprende-se tanto ao ser publicado – sobre a cena cultural e as pessoas do mundo preocupadas com ela. Creio que minha visão precisa se ampliar, como a "janela do leito de morte" de Tom Wolfe, talvez à visão aérea definitiva de mundo e de tempo.

Que é como a de Mark Twain em *The Mysterious Stranger* e como algo mais que aos poucos estou formulando em minha mente.

QUA., 8 DE MAR. – Escrevi um pouco de manhã. Minha mãe ficou em casa com uma gripe forte. Preocupei-me o dia inteiro com problemas de dinheiro... não por mim, mas por ela: ela não pode trabalhar para sempre. Fui ao ginásio da YMCA à tarde e joguei basquete. Voltei para casa. Não consigo escrever. Vou tentar ler. Talvez exercício físico, do tipo pesado como esta tarde, seja inimigo do exercício mental?

Uma crítica muito elogiosa na *Newsweek*. Evidente que é de Robt. Cantwell? Sinto-me melhor.*

Resolvo usar Tony Smith em *Road* – o que completa a sua concepção.

"O diamante sobre o qual repousa a existência" é um diamante selvagem e fibroso – e em vez de indicar, agora posso dizer quais são as partes que o compõem, todas. Um aspecto, o mais importante, é que a maneira como uma pessoa fala de outra depende de *para quem* ela esteja falando, e é totalmente diferente em todos os infinitos casos – então "fibroso" é a palavra precisa para descrever este mundo, com seu toque de unidade orgânica.

Quero a verdade, mas não nas mulheres... (um ditado meu). Quero S., não E. Mais depois. Na verdade, a Mulher baseia-se na falsidade, de outra forma não haveria a maternidade; a raça se extinguiria.

O "diamante fibroso": pergunto a X o que ele acha de Z. Ele dirá uma coisa a você, outra a Y, e outra ainda para si mesmo, e ainda outra para uma multidão, e outra para A, outra para B, para C, D, E, F e assim ao infinito. *Este é o segredo de Dostoiévski* e também da existência humana em suas maiores e mais básicas relações formais, o que Dusty às vezes chama de "posição".

Estou escrevendo uma história de 3.000 palavras para Jay Landeman, "Hipster, Blow Your Top.", por US$ 30. Vou fazê-la muito louca.

Quero a verdade, mas não nas mulheres.

SEX., 10 DE MAR. – Vou fechar o diário por alguns dias – talvez por estar muito feliz com Sarah? Quanto ao mais, recepção fraca do livro, *pfui*!! Seg., 13 de mar., vou a Boston & Lowell. Mais depois... Neste mundo caolho. Em 11 e 12 de mar. escrevi meu "Flower That Blows in the Night", que é isso.

---

* Em sua resenha de *The Town and the City*, a *Newsweek* chamou Kerouac de "o melhor e mais promissor dos romancistas cujos primeiros trabalhos foram lançados recentemente".

11-20 DE MAR. – Fui a Boston & Lowell; vi o sempre grande John MacDonald; fiz uma sessão de autógrafos em Lowell; vi Jim O'Day, Louis Eno, Salvey, os Georges. Roger Shattuck e eu ficamos logo amigos.

3 DE ABR. – O LIVRO NÃO ESTA VENDENDO MUITO.
    Não nasci para ser rico.
    Agora estou tentando fazer o que parece impossível.

Chuva e rios

· R·A·I·N A·N·D R·I·V·E·R·S ·

The marvelous notebook presented
to me by Neal Cassady
in San Francisco
:— Which I have Crowded in Words —:

Standard Blank Book

No. 37⅝

Journals Double $ and Cts. no Units
S. E. Ledgers   "   "   "
D. E. Ledgers Full Page Form   "
Records with Margin Line

In 150 and 300 Pages

Made in U.S.A.

TO REORDER THIS BOOK, SPECIFY
NUMBER, RULING AND THICKNESS
AS INDICATED ON BACKBONE OF BOOK
A BOORUM & PEASE PRODUCT

John Kerouac
Jan. 31, 1949
(Begun) 'Frisco —

Este diário descreve viagens por todas as regiões dos Estados Unidos – a primeira em 1949, a última em 1954 –, saindo de Nova York, atravessando o Sul e o México, até a Califórnia e o Noroeste e, então, de volta a Nova York e Massachusetts através do Meio-Oeste. Kerouac acrescentou um cabeçalho em todas as páginas para indicar a região onde estava ou sobre a qual escrevia.

A maioria das viagens e observações neste diário estão em *On the Road*. Perto do fim, Kerouac começa a referir-se a seu "*On the Road* de 1951, de Dean Moriarty e Sal Paradise", ou "O Romance de Sal Paradise 'geração *beat*' (originariamente intitulado *On the Road*)", o que sugere que ele o escreveu enquanto mantinha este diário.

O diário em si é identificado na capa como "DIÁRIOS 1949-50". Em sua primeira página lê-se:

        CHUVA E RIOS
      O caderno maravilhoso que me
    foi presenteado por Neal Cassady
         em San Francisco
    : – O qual enchi de palavras – :

No canto inferior direito está escrito:

                John Kerouac
                31 de jan., 1949
                (Início) Frisco –

As últimas páginas de "Chuva e rios" contêm com um catálogo alfabético de nomes, que não foi incluído aqui. Na conclusão desta seção foram inseridas as melhores páginas dos cadernos de trabalho de *On the Road*, de Kerouac.

"CHUVA E RIOS"

A Saga da Bruma –
Viagem de Nova York para San Francisco, 1949. De N.Y. atravessamos o túnel para New Jersey – a "noite de Jersey" de Allen Ginsberg. Estávamos muito satisfeitos no carro, batucando no painel do *coupé* Hudson 49... rumo ao Oeste. E eu atormentado por algo que ainda preciso lembrar. E uma noite chuvosa, enevoada, com reflexos das luzes na estrada, outra vez. Uma grande placa branca diz: "Oeste"———> "Sul" <————————— nossas alegres opções. No caminho, enquanto acelerávamos, Neal e eu e Louanne conversamos sobre o valor da vida, em pensamentos como "Onde vais tu, América, em teu carro reluzente pela noite?". Aproveitávamos o simples fato de estarmos juntos sob tais circunstâncias chuvosas conversando abertamente. Poucas vezes experimentei tanta alegria de viver. Paramos para abastecer no mesmo lugar onde Neal e eu havíamos parado na viagem para a Carolina do Norte três semanas antes, perto do restaurante Otto's. E lembrei-me dos acontecimentos estranhos ali. Então partimos com *bebop* tocando no rádio. Mas o que estava me assombrando? Era gostoso sentar ao lado de Louanne. No banco de trás, Al [Hinkle] e Rhoda fizeram amor. E Neal dirigiu empolgado no ritmo da música.

Fomos conversando assim por toda a Filadélfia e além. E, às vezes, um de nós cochilava. Neal se perdeu perto de Baltimore e acabou enrolado

MARYLAND – WASHINGTON

em uma estradinha asfaltada ridícula de tão estreita no meio da mata (ele estava tentando encontrar um atalho). "Isso aqui não parece ser a Rota 1", disse chateado, e era tão óbvio para todos que soou como uma observação muito engraçada (agora esqueço completamente o motivo). Chegamos em Washington ao amanhecer e passamos por uma grande exibição de máquinas de guerra montada para o dia da posse de Truman – aviões a jato, tanques, catapultas, submarinos e, no fim, um barco a remo que chamou a atenção pesarosa de Neal. Às vezes ele é "grande" e fascinante desse jeito. Então, fomos procurar café em Arlington, Virgínia. Indicaram-nos o caminho de uma via expressa que nos levou, independente de nossa vontade, a uma cafeteria que não estava aberta. (A grandeza de Neal é que ele sempre se lembra de tudo o que aconteceu, incluindo isto, com grande conotação pessoal.) Fizemos a volta e voltamos para a auto-estrada e encontramos um restaurante, onde tomamos nosso desjejum ao nascer do sol. (Lembro-me da cara do jovem dono quando Big Al roubou um bolo de café. Rhoda voltou para Washington num ônibus local; e Al pegou o volante, enquanto Neal dormia, até ser parado por excesso de velocidade perto de Richmond. Quase acabamos todos na cadeia por vadiagem agravada por causa do Mann Act* – mas pagamos uma fiança de US$ 15 e fomos soltos. Havia um caroneiro com a gente. Neal estava enfurecido com o policial que nos prendeu, a quem ele adoraria matar. Perto de Emporia, Virgínia, pegamos um caroneiro maluco que disse ser judeu (Herb-

N.Y. a N.O. – VIRGÍNIA – CAROLINA DO NORTE

ert Diamond) e ganhava a vida batendo nas portas de casas de judeus em todo o país para pedir dinheiro. "Sou judeu! – me dêem dinheiro." "Que onda!", gritou Neal (por que o mundo tem sempre de privar Neal de suas ondas – e a mim também?). O peregrino judeu sentou-se atrás com Al e o outro caroneiro e leu um livro de bolso enlameado que encontrara em algum buraco no mato – um romance policial, que lia como se fosse a Torá. Em Rocky Mountain, Carolina do Norte, nós indicamos a ele uma casa de judeus que conheço, os Temkos, joalheiros (tio de Alan Temko), mas ele nunca voltou. Enquanto isso, trouxemos, em júbilo, pão e queijo, e comemos no carro na Main Street. Eu já tinha me sentido assim antes, em Rocky Mt.? – e não era o local de onde eu escrevera uma carta melancólica estranha para Neal, e de onde Ann foi embora, e onde ficava o parque de diversões triste? E onde minha irmã quase morreu e onde eu vira a Floresta das Ardenas em um depósito de fumo? Portanto, são esses mistérios na terra doméstica e comum que me convencem da verdadeira existência de Deus (sem palavras). Pois, afinal de contas, o que é Rocky Mount? *Por que* Rock Mt...?

Em Fayeteville nosso caroneiro não coçou o bolso como esperado (na verdade em Dunn), por isso seguimos sem ele, eu dormindo. Então entrei dirigindo na Carolina do Sul, que também era plana e escura à noite (com estra-

---

* Lei de combate à prostituição, tornava crime o transporte de mulheres menores de idade para outro estado.

das que refletiam estrelas, e a lerdeza sulista em algum lugar). Dirigi além de Macon Geórgia, onde já era possível começar a sentir o cheiro da terra

CANÇÃO DESTA NOITE: *BEWILDERED*, DE ECKSTINE.
GEORGIA – ALABAMA – MISSISSIPPI – NEW ORLEANS

e ver as plantações no escuro. Acordei perto de Mobile, Alabama, com os doces ares de verão (em janeiro). Brincamos cheios de júbilo como sempre e conseguimos atravessar o continente (Neal & Louanne transando, etc.) Em Gulf Port, Mississippi. Comemos como reis em um restaurante à beira-mar com nosso último dinheiro até chegarmos em New Orleans. (O que nos salvou foi Neal ter roubado um tanque de gasolina; em minha opinião, um furto divino, pelo menos prometéico.) Começamos a escutar no rádio rumores de New Orleans e programas regionais de *bebop* tipo "galinhas, jazz e gumbo*", com muito jazz louco, autêntico e sincopado; por isso gritávamos felizes no carro. Deitei no banco de trás e, enquanto seguíamos, fiquei olhando para o céu cinzento do Golfo – como estávamos felizes!, depois de termos passado por um julgamento e fome. (Viajar é um parto.)

"Sinta o cheiro das pessoas!", disse Neal sobre New Orleans; e o cheiro do grande rio (que Lucien tinha caracterizado recentemente como "feminino", porque sua lama vem do masculino Missouri). Esse cheiro das pessoas, do rio e do verão – "o verão do sul dos Estados Unidos", como eu previra – e o cheiro de argila, pétalas e melado, como em Algiers, onde esperamos em um posto de gasolina antes de ir para a casa de Bill. Nunca vou me esquecer da expectativa louca daquele momento – a rua de poucas casas, as palmeiras, as imponentes nuvens do fim de tarde sobre o Mississippi; as garotas que passavam, as crianças, os suaves haustos de ar que pareciam odores, não ar, o cheiro de pessoas e rios.

E então a casa velha e trágica de Burroughs no campo, e Joan Adams na porta da cozinha, nos fundos, "procurando um fogo". Deus é o que amo.

A barca também, é claro –

NEW ORLEANS

Atravessando a balsa de Algiers –

O que é o rio Mississippi? Perto de Idaho, perto de West Yellowstone, perto do rincão mais distante e obscuro do Wyoming, é lá que as cabeceiras do Missouri, modestas como um riacho, começam – Um tronco rachado por

---
* Cozido de frutos do mar típico da culinária crioula do estado da Louisiana. (N. do E.)

relâmpagos elementais aqui nos cantos selvagens dos estados selvagens... desce agitado e incansável os meandros do rio. Troncos e uma mata fechada nas margens (mais fechada do que as que existem no Hudson, que é como o Avon) são iluminados pela luz do norte enquanto o tronco prossegue. Um alce perdido nas alturas dignificadas observa (aborrecido) com olhos dignificados. ("Se eu tivesse um olho as árvores teriam olhos" – Allen Ginsberg.)

Bozeman... Three Forks... Helena... Cascade... (Nunca estive lá; e agora eles têm usinas elétricas e indústrias químicas ao longo dessas margens onde Jim Bridger ficou selvagem, poético e vigoroso com a liberdade, onde foi santificado pelas adversidades)... Wolf Point... Williston Dakota do Norte, e Mandon... As neves de inverno... Pierre... Sioux City... Council Bluffs (estive lá em um amanhecer cinzento, e não vi um conselho dos chefes de caravana, nenhum barranco, só casinhas de subúrbio... Kansas City.

O Missouri desemboca enorme nas águas do Mississippi em St. Louis, levando o tronco em sua odisséia dos ermos de Montana até

ALGIERS, LOUISIANA

as noites e as margens de Hannibal, Cairo, Greenville, e Natchez... e passamos pela velha Algiers, de Louisiana (onde, agora, está Bill Burroughs). "Uniões! ... É isso o que são! – Uniões!"

Minha balsa singra as águas marrons até New Orleans; olho por sobre a amurada; e lá está aquele tronco de Montana passando... Como eu, um andarilho em obscuros leitos de rio, movendo-se lentamente com satisfação e eternidade. À noite, na noite chuvosa...

Mas o Mississippi – e meu tronco – passa em sua jornada por Baton Rouge, onde, quilômetros a oeste, algum fenômeno subterrâneo sobrenatural criou os *bayoux** (quem sabe?) – a oeste de Opelousas, sudeste de Ogallala, sudoeste de Ashtabula – e lá nos *bayoux*, também (e portanto), através do paciente olho de minha alma flutua o espectro das brumas, o fantasma, a feiticeira do pântano, a luz na noite, o sudário de névoa que cobre o Mississippi e Montana e toda a terra assombrada; para trazer-me a mensagem do tronco. Espírito por espírito essas formas de *bayoux* nadam pela noite pantanosa, de palácios musgosos, da mansão da serpente; e li o manuscrito extenso e elaborado da noite.

E o que é o rio Mississippi? É o movimento da noite; e o segredo do sono; e o mais vazio dos rios americanos que carregam (da mesma forma que o tronco é carregado) a história de nossa fúria mais verdadeira: –

---

* Pântanos e regiões alagadas da Louisiana. (N. do T.)

O GOLFO DO MÉXICO

a fúria da alma mortal e nociva que nunca dorme... E diz à noite, "Sabe que isso é o que sempre sinto?" Eu sei? Você sabe? Quem sabe? Mas isso é vago... mentiroso. (Um aperto no estômago.)

O rio Mississippi termina na noite plausível do golfo (chamado de México): e meu tronco rachado e errante, encharcado, parcialmente afundado e virado pelo peso da água em seu interior, flutua para o mar... ao redor dos recifes... onde o barco oceânico (como uma balsa eterna) passa uma vez mais por seu estranho destino como um espectro. E o velho Bill está sentado sob a luz (lendo os diários de [Franz] Kafka), enquanto eu, um poeta descuidado, um olho, um homem, um espectro, um vigia dos rios, da noite; panorama e continentes (e de homens e mulheres); rabisco em San Francisco.

Pois a chuva é o retorno do mar, e do rio – não do lago –, é a chuva tornando-se noite, e a noite é água e terra, e não há estrelas que mostram à amortalhada terra suas curvas e dobras em outros mundos que nao precisamos mais: eu sei (e escrevo).

E a noite chuvosa, um rio, é Deus, como o mar os rios e chuvas ocultam. Tudo é seguro. E garantido.

Irei um dia ver meu mar na curva do rio? Ou apenas rolarei para ele à noite, em silêncio: o golfo do México é uma eternidade.

RICHMOND, CALIFÓRNIA – FRISCO

DESCOBERTAS DE MACONHA (voltando para Frisco de Richmond, Calif., em uma noite chuvosa, em Hudson. Encharcado no banco de trás.)

Não fique preso em descobertas difíceis e miseráveis sobre seu "eu verdadeiro" – em vez disso, aproveite e divirta-se (e assim evite esses autoconhecimentos). Neal não tem. Mas oh, as agonias da viagem! A espiritualidade do haxixe!

OH, que revelação descobrir que nasci triste – que não houve um trauma que me deixou tão triste – apenas Deus: – que me fez assim.

Também vi que Neal – bem, eu vi Neal ao volante do carro parecendo Allen Anson e mais, uma maquinaria selvagem de ondas, goles, baratos e gargalhadas maníacas, uma espécie de cão humano; e então vi Allen Ginsberg – poeta do século 17 em vestes escuras de pé contra um céu escuro de Rembrandt, uma perna fina à frente da outra em meditação: então eu mesmo, como Slim Gailland, meti minha cabeça para fora da janela com olhos de Billy Holliday e ofereci minha alma ao mundo inteiro, grandes olhos tristes... (como as putas do *saloon* num barraco enlameado em Richmond). Também vi quanto gênio eu tinha. (Visto que eu podia me derrubar com ele?) Conhecer o gênio, portanto, as preferidas *solidão & decências*. Vi como a séria e vazia *Luanne* me odiava (sem temer-me como teme & quer subjugar Neal). Vi como eu não era importante para eles; e a estupidez de meu desejo por ela, e minha traição dos amigos homens em relação a suas mulheres (Neal, Hal, G. J. [Apostolos], mesmo a Beverly de Ed, &, é claro, Cru, e várias outras em outras vidas).

VELHA FRISCO

A estranha visão dickensiana em Market Street.

Estava andando para casa vindo de Lark & Geary onde Louanne me traía de maneira tão estúpida (detalhes em outra ocasião), na noite primaveril da Market St. – outra vez, estranhamente, como sempre em San Francisco, com angústias morais e preocupações e decisões morais; e caminhando dois quilômetros até Guerrero e então para Liberty St. (apartamento de Carolyn) – onde passei por uma estranha casa em ruínas perto, ou depois, da Van Ness, do lado direito da Market – capturado pelo letreiro de "Peixe & Fritas". Olhei faminto lá para dentro (apesar de ter acabado de comer mexilhões no vapor e sopa quente num bar da Geary St. enquanto esperava por Louanne) – Lugar cheio de comedores famintos que não têm muito dinheiro para gastar. O proprietário era uma espécie de grego forte, taciturno, de braços cobertos de pêlos grisalhos; e sua esposa, uma inglesa ansiosa de faces rosadas (tão inglesa quanto em qualquer filme). Eu tinha acabado de deixar a companhia de putas & cafetões & alguns ladrões, talvez mesmo salteadores de estradas, e estava vagando pela rua com fome, sem dinheiro, atento. Essa pobre mulher olhou para mim ali de pé nas sombras do lado de fora, com uma espécie de ansiedade horrorizada. Algo me atravessou, um sentimento definitivo de que em outra vida essa pobre e boa mulher tinha sido minha mãe, e que eu, como um Dickens vagabundo de estrada, estava voltando após muitos anos nas sombras das masmorras, nas prisões inglesas do século 19, seu filho andarilho e canalha...

MARKET ST., FRISCO

Louco para enganá-la uma vez mais (apesar de não agora). "Não", ela pareceu dizer ao lançar aquele olhar apavorado para mim (será que eu estava com uma expressão maldosa?), "não volte para atormentar sua mãe honesta e trabalhadora. Você não é mais meu filho – e como seu pai, meu primeiro marido, há um tempo este grego gentil teve pena de mim, você não é bom, bebe demais, só anda com gentalha e é o ladrão desgraçado dos frutos de meu trabalho humilde no restaurante. Oh, filho! Você nunca se ajoelha e reza pela absolvição e libertação de todos os seus pecados e vigarices! Um rapaz perdido! – Parta! Não atormente minha alma, fiz muito bem em esquecê-lo. Não reabra as feridas cicatrizadas: finja que nunca voltou e olhou para mim – para ver a humildade de meu trabalho, minhas poucas moedas gastas – filho de minha carne faminto para agarrar, rápido em tirar, taciturno, sem amor e de mente má – Por favor, vá! Por favor, não volte! E veja o meu doce grego, ele é justo, ele é humilde... Filho! Filho!" –

Segui andando repleto de memórias perfeitas do mundo da noite, todas elas de alguma forma tão marcantes & milagrosamente *inglesas*, como se eu tivesse mesmo vivido tudo aquilo – (Fiquei abobado, parei em êxtase na Market St., para tentar reconstruir os eventos que devem ter ocorrido entre minha filiação anterior a essa pobre mulher na Inglaterra e este

FRISCO PARECIDO COM LOWELL

momento assombrado em San Francisco, Califórnia, em 1949.) Eu não estou gracejando, mas não há nada mais que isso. Agora me refiro ao incidente do "grande estouro" com Burroughs na Louisiana (na casa de apostas) e sua crença em outras vidas. Página 79 (ref.).*

Sem querer fui do restaurante que servia peixe com fritas até o apartamento de Carolyn Robinson Cassady na Liberty St. e percebi, ao subir os degraus íngremes no quintal, que só em San Francisco e Lowell, Mass., há degraus assim, noites tão estreladas e escuras [Hendrik] tão goudtrichianas** quanto "Farewell Song, Sweet from My trees"*** – noites frescas que fazem silvar as árvores – tão espirituais, tão cheias de lembranças minhas, de mim; e sugestivas do "futuro".

San Francisco me parece tão familiar; e acho que um dia vou morar lá.

---

* Referência à página chamada "Referências às viagens escritas".
** Hendrik Goudt (1583-1648), pintor holandês barroco.
*** "Farewell Song, Sweet from my Trees", um conto escrito por Kerouac ao redor de 1940. Permaneceu inédito até o livro de 1999, *Atop an Underwood: Early Stories and Other Writings*.

HISTÓRIA DE NEW ORLEANS

NEW ORLEANS – O SUICÍDIO DA GAROTA

Na noite em que atravessamos de balsa, doidões, pouco conhecíamos, & simpatizávamos com os pensamentos da alma, de uma garota que talvez então estivesse planejando pular na água. Talvez quando Neal & eu conversávamos animados sobre a forja de Vulcano do barco, a fornalha que brilhava – com um vermelho fechado na névoa marrom da noite no rio; ou talvez quando Louanne & eu nos apoiamos na amurada e ficamos olhando a forte corrente marrom; – ou quando, alegres, rimos; e observamos os cargueiros aportados em New Orleans do outro lado do rio, os velhos barcos de pás com sacadas espanholas & limo, envoltos na neblina; a própria bruma misteriosa da água; a intimação e revelação de todo o rio Mississippi, enroscando-se para o norte, para dentro da noite do centro dos Estados Unidos (com toques de Arkansas, Missouri, Iowa); e a própria New Orleans alaranjada à noite. Em que a garota estava pensando? De onde era? Será que seus irmãos em Ohio gritavam muito quando algum homem no ponto de táxis falava com ela? Ela andava para casa à noite pelas ruas geladas do inverno, encolhida em um casaquinho comprado com as economias de seu trabalho? Ela se apaixonou candidamente por algum trabalhador de construção alto e de cabelos castanhos, que nunca estava disponível e às vezes a procurava em seu casaco de noite bem passado e seu Ford *coupé*? Ela dançou com ele nos salões de baile tristes e cor-de-rosa? E fez piadas com a lua? E suspirou & gemeu & chorou em seu travesseiro? Que horror havia ali na musgosa New Orleans, que horrível tristeza final ela teria visto? (À noite nas ruas do Latin Quarter.)

No jornal do dia seguinte lemos sobre o suicídio dela, e nos lembramos; e pensamos nele.

COISAS DE NEW ORLEANS

NEW ORLEANS – Balsa de Algiers, Canal St., Mickey no mercado ("Será que vocês gostam de *bop*?"); Newton St., Wagner St., a barragem no fim da estrada, os crepúsculos; Basin St., Rampart St., a Bourbon; Dauphine St., Latin Quarter; viajando nos trens de carga com Neal & Al; doidão de erva; parque Andrew Jackson; – Joan, Julie, Helen; joguei bola, fiz prateleiras; "Grande estouro" na casa de apostas em Gretna; mercado e as bolas de Joan; arremessamos facas; treino com pistola de ar comprimido na sala; crepes; bagulho; – o programa de rádio Frango, jazz & gumbo; o "homem" da carrocinha de sorvete – a sala da frente com uma cama de armar e almofada; Louanne, a srta. Lou no umbral de treliça... as nuvens do grande vale do Mississippi à tarde; as noites abafadas; domingo no quintal fresco, Bill fica o dia inteiro sob sua luminária (com as persianas descidas); e cheio de morfina ele cochila ou fala, dá no mesmo. O quarto e a cama estilo *plantation* de Helen; a geléia com café no quarto da frente; vidros de benzedrina estilhaçados; o quintal dos fundos desmazelado; e a grama não-cortada; o cheiro de mijo e rios; a chuva do golfo; a Canal Street como a Market Street, como toda rua, Rua Imortal que leva à ambigüidade da água universal seja do Mississippi ou do Pacífico.

FONTES DE NEW HAMPSHIRE

CURSO DO MEU RIO MERRIMACK (na Nova Inglaterra)

O Pemigewasset é seu braço principal e começa no lago Newfound a noroeste de Laconia, em Hebron, N.H., a apenas 130 quilômetros de Lowell Mass. Mas abaixo de Hookset N.H. esse rio Merrimack começa a tomar a profundidade, força, personalidade e solidão de um grande rio americano, até que, quando ruge e corcoveia sobre as rochas de Pawtucket, ele já acumulou um poder de água terrível de se ouvir. (Isso foi confirmado por Hal, que é do Colorado, e ficou impressionado.)

Eis o curso, e alguns dos afluentes marcados no mapa:

O lago Newfoundland é alimentado por riachos que descem do monte Crosby e talvez pelo rio Baker das montanhas White. O Winnipesaukee fica a leste. O Pemigewasset desce e passa por Bristol; Hill; (OESTE DE LACÔNIA) até Franklin. No caminho as cachoeiras Franklin e as represas de Eastman Falls – seguindo, então, por Webster Place, perto do local onde nasceu Daniel Webster* – até Gerrish e Boscawen: aqui recebe águas do reservatório Blackwater e do lago Sanborn, e inúmeros riachos sem nome. Depois de um tal Pittsfield Creek, o rio é mais alimentado, e passa a chamar-se Merrimack. Segue para Penacook, Concord (e o lago Penacook) – até Bow (Turkey Pond), Pembroke; Hookset (SHINGLE PONDS e BEAR BROCK) – Manchester e o lago Massabesic, e um riacho que vem de Weare e, assim, das cachoeiras Goff, e passa por uma caverna na rocha antes de chegar a Reeds Ferry, Merrimack; Thorntons Ferry – até Nashua e Hudson (alimentado pelos lagos Hollis e Canobie), e pelo rio Nashua. Segue para Tyngsboro (o lago LAKEVIEW de Tyngsboro e o riacho de Pepperell). Então *Lowell* – alimentado pelo lago Long (Pine Brook) e o rio Concord, de Thoreau** – até o Atlântico em Newburyport & Plum Island.

---

* Webster nasceu em Salisbury, New Hampshire.
** O primeiro livro de Thoreau foi *A Week on the Concord and Merrimack Rivers* (1849). Ele descreve uma viagem de barco feita por ele e seu irmão em 1839, de Concord, Massachusetts, até Concord, New Hampshire, e depois de volta.

Liberty Street, 109, Frisco   MISTERIOSO E INCOMUNICATIVO

O segredo do tempo é o momento, quando correm ondas de grande expectativa – ou o próprio momento da "elevação" quando tudo é resolvido. Conhecemos o tempo. O conhecimento de Slim Gaillard do tempo.

É claro que *Dinah*, de Danny Kaye, lembra Sebastian... "Toquei aquele disco muitas vezes no Pólo Norte em 1942". (Eu disse.)

As ondulações engendradas por muitos acontecimentos subjacentes ligados a minhas lembranças de Sebastian (e seu mundo de "mulheres maravilhosas") acabaram desembocando em um riacho rápido quando ouvi e pensei nisso. Isso explica minha busca permanente por momentos de visão quando tudo está tranqüilo... as árvores grandes visíveis no deserto branco e os passos leves de minha aproximação deles. "Conhecemos o tempo." E antecipamos o futuro quando tomamos nossas ondulações à medida que seguimos adiante, conhecendo a solução alegre que chegará no momento certo. Esse não é um pensamento muito claro?

SOBRE A CALIFÓRNIA

"A CALIFÓRNIA DE NEAL"

Por si só, um conceito, & um mundo, totalmente novo. Ele explicou tudo sobre as divisões da estrada de ferro South Pacific assim que entramos no estado: nas bordas do Mojave, perto de L.A., em Tehatchepi, e depois em Bakesfield. Ele também me mostrou (lá no alto do vale San Joaquin) as casas móveis onde ele ficava, os restaurantes onde comia; mesmo nas baldeações onde ele descia do trem para pegar uvas para si mesmo e para os outros guarda-freios. Em Bakersfield, bem do outro lado dos trilhos onde eu bebera vinho com Bea à noite em 1947, ele me mostrou onde vivia uma mulher com quem ele tinha transado – lugares onde nada tinha feito de mais espetacular que sentar e esperar. Ele se lembra de *tudo*. A sua Califórnia era um lugar vasto e ensolarado cheio de estradas de ferro, uvas, jogo de *pinocle** em vagões de serviço, mulheres em cidades como Tracy ou Watsonville, restaurantes chineses & mexicanos à beira dos trilhos, grandes extensões de terra – quentes, suarentas, importantes – E ainda por cima ele é um verdadeiro californiano, no sentido de que todo mundo na Califórnia é um ator, isto é, belo e decadente, meio Casanova. Onde as mulheres gostam muito de experimentar várias camas. Particularmente em Frisco, Neal se encaixa perfeitamente no tipo da Califórnia... onde completos estranhos falam com você na

---

* Variante norte-americana do besigue, jogo de cartas com dois baralhos de 48 cartas. (N. do T.)

rua com a maior das intimidades. A Califórnia é como uma terra onde *amantes* solitários & exilados & excêntricos vêm para se reunir. Como as aves. Todos são devassos, totalmente (de alguma maneira). E lá está aquele visual fora de moda da terra & das cidades (*não* em L.A., mas mais para cima) ainda remanescentes do Velho Oeste Dourado Americano que imaginamos. As noites são "insuportavelmente românticas" & e mais tristes que as do Leste. [MAIS DEPOIS]

RUMO AO OREGON
ESCRITO NUM RESTAURANTE MEXICANO EM PORTLAND

De San Francisco a Portland (1.123 quilômetros) *4 & 5 de fev. de 49*
Despedida boba e sem graça com Neal e Louanne depois de uma noite em Richmond, Calif., num bar de putas e jazz selvagem com Ed Saucier & Jan Carter (baterista) – (a maconha; Pip jogada na cadeira; as garotas parecidas com Billy Holliday; e "Cale a boca!"). Adeus na rodoviária da 3rd St. – Greyhound. Oakland. Dormi por todo o vale de Sacramento, passando por Red Bluff etc. (O mesmo que San Joaquin?) Acordei às 7h em Redding. Frio – morros com arbustos brancos por toda parte; ruas vazias... Subi pelo lago Shasta, passando por Buckhorn & pelas montanhas Hatchet – uma paisagem espetacular do Nordeste, com muitas árvores e neve... (Hal uma vez disse que era igual ao Colorado.) O fantasmagórico monte Shasta à distância... Lagos nas montanhas; o céu azul altaneiro dos ares de montanha. Lamoine... barracos ao longo da ferrovia; espaços abertos. Atravessei montanhas espetaculares e cristas cobertas de florestas até Dunsmuir – cidadezinha madeireira com estação ferroviária nas montanhas (monte Shasta e as neves andantes). O Shasta namorado pelas nuvens – uma estreita cidadezinha na encosta, & neve. A visão de um menininho; quadra de basquete na escola, pai funcionário inferior da ferrovia deprimido; noite de Natal; o vagar dos fantasmas da neve de Shasta; o espírito do Grande Xamã Tolo que o leva à mulher amortalhada de branco na encosta. (Como os espectros fantasmagóricos exibem-se sem vergonha em pleno dia azul, lá em cima, não esperam sequer pelo cair da noite. – Mas a NOITE também *chega*...) Seguindo para o monte Sasha (uma jovem esquiadora tola). E então uma vegetação assustadora... "O que ele faria lá?"* O grande albergue diante de espaços vazios ao norte e dos trens cargueiros cheios de carvão, neve & frio – Homens no hotel. Pinheiros da montanha. Cidade desolada e soturna.

---

* Referência a *Ratos e homens (Of Mice and Man,* 1937), de John Steinbeck (*What'd he do up in weed?*).

NORTE DA CALIFÓRNIA

Acima da vegetação (a grande rocha negra solitária na neve) as grandes nuvens sobre a cordilheira Cascade e Siskyous, no Oregon (nuvens da trilha do Oregon). Então Dorris, Calif., e a intimação das cavernas de gelo distantes ao leste, profundos corredores de neve... Depois Klamath Falls, às margens do rio Klamath; cidadezinha americana coberta de neve e alegre pela manhã; "assuntos na cidade ensolarada; inverno; Geo. Martin, becos de tijolos vermelhos como Lowell de Duluoz". Uma caminhada no ar tocado. Crianças debruçam-se na ponte, fumegante rio Klamath, distantes Sierras Nevadas da Califórnia (Norte). Três cidades: *Dunsmuir*, parecida com Lowell, medieval, alpina, *à la Dr. Sax* – e *Weed:* – triste, no estilo do Oeste, parecida com Oxbow (Nevada), xerifes e rancheiros durões – E *Klamath Falls*: ensolarada, coberta de neve, alegre, ressonante e familiar.

Lá em cima, perto do grande lago Klamath, na crista oeste das montanhas cobertas de florestas que levam às crateras do leste do Oregon, aridez, espaços abertos e a junção misteriosamente desconhecida de Oregon, Idaho e Nevada (a leste de McDermitt.) Terra que no passado foi dos shastas – agora terra dos modocs, índios do lago. Modoc Point. Agency Lake. A longa e agradável Sun Pass. Lago em cratera vulcânica; e um pico alto e íngreme sobre o qual Deus não ousaria sentar-se (pico do lago Diamond?) Grandes rochas cobertas de neve no ar do nordeste, e florestas, florestas....

(O monte Shasta assombra a pobre Dunsmuir, a pobre Weed, e agora até a mim; um monte fantasmagórico, amortalhado e zombeteiro.)

Grande passo de Pengra... mais de um metro de neve. Grandes sequóias envoltas em neve, inclinadas, oscilantes, balançantes, eretas, cerradas, lúgubres, aprumadas e orquestrais na neve, arpejos inteiros de sequóias nevadas, & abóbadas de céu azul entre elas.

PENGRA & WILLAMETTE NO OREGON

(As árvores crescem diretamente sobre as encostas tortuosas.) Os penhascos cobertos de vegetação inclinando-se sobre de nós. Passei pelo passo Pengra (dormindo quase o tempo inteiro) até Oakridge...

O pequeno vale do Willamette, uma faixa estreita de fazendas pobres assombradas por crateras vulcânicas distantes ao anoitecer. Pleasant Hill? Fundada em 1848? – como os pioneiros eram burgueses! (O cemitério ali cheio de pioneiros do Oregon). Região subdesenvolvida. O Oregon é uma região bravia onde as pessoas têm de viver em vales pequenos e pobres como o do Willamette e ainda ser assombradas (enquanto tiram o leite de vacas dóceis) pelas Encantadas do Oeste destroçado... As neves derretem em Pengra e o pequeno Willamette inunda Eugene, Albany, Junction City, Oregon City, Salem (mostra a eles quem é pequeno, e valoriza os vulcões impotentes e estéreis paralisados em fúria por lá).

Ah! – para as enchentes há o Columbia, que se une ao Willamette (e ao Big Snake) para inundar outras cidades. Eugene, uma cidade universitária parecida com Durham... como Corvallis? E Albany & Salem Oregon. Mas Oregon City, cidade do Willamette agora grande e caudaloso, a cidade de Holyoke das Fábricas de papel & tanques de gasolina, e serras encimadas por casas, e putas no beco de tijolos vermelhos: uma cidade bem-definida.

Portland, como postos de gasolina, *hipsters* e cidades do tamanho de Portland, é igual a qualquer outra cidade do mesmo tamanho nos E.U.A., como todos os postos de gasolina & *hipsters* em toda parte. Uma neve chuvosa aqui.

OS PENSAMENTOS DE PORTLAND

Cruzamos o escuro Columbia pela ponte. O rio que em uma época era o pulso aventureiro & comercial de Portland agora esta interditado ao "público" pelo trabalho dos rebocadores, bases navais etc. etc., da mesma forma que o rio Mississippi é interditado em Algiers, La., com cercas de arame. Muitos restaurantes chineses em Portland, como em Salt Lake City (!!). Antecipei uma neve chuvosa na história "repleta de sofrimento" escrita em 1945, sobre uma pensão em Portland. Os mistérios do naturalismo & do sobrenaturalismo se encontram.

Muitos pensamentos esta noite... comi chili em um restaurante na Broadway (Portland)... o O'Flannery's. Sábado à noite em Portland, Oregon... encontros de meninos-e-meninas.

O *páthos* da distância agora suaviza a raiva que estava sentindo de Neal & Louanne. Somos o que somos – (e em Frisco algumas vezes vi horrorizado o que eu era). Ah, bem... A moralidade de Neal ainda vale, mas não como um fim em si mesma. Mais sobre isso em páginas apropriadas.

Esta noite dormi enquanto atravessava o vale do Columbia. A próxima parada para escrever é Butte, Montana. Deus abençoe a todos nós. Pois o pagamento dos pecados *é* a morte, e de alguma forma a vida eterna ainda nos pertence. Assim são Neal & Louanne. Quanto a mim, devo ser eu mesmo como fui feito (não resta qualquer psicologia, e qualquer filosofia). Não há além atrás de meu além, e não há atrás além de meu atrás... todos dizemos isso, não?

VAGABUNDOS EM PORTLAND

De Portland a Butte (Escrito em Spokane, em 6 de fev.) [Agora chegarei ao âmago da noite chuvosa: A Neve – Norte, o Oeste que faz mississippis – que faz a nossa noite chuvosa que atravessamos em estradas torrenciais... Agora eu vou me aproximar e tocar a fonte disso tudo – e então, talvez, o que Wolfe quis dizer com "Montanas desconhecidos".

Dois vagabundos pedintes nos fundos do ônibus que saía à meia-noite (dois "valentões"); disseram que estavam indo para Dalles apostar um ou dois dólares. Bêbados – "Que droga, não vá dar um jeito de a gente ser jogado do ônibus em Hood River!" "Vamos dar um pau no motorista!" Rodamos pela grande escuridão do vale do rio Columbia em meio a uma tempestade de neve. Não via nada além de grandes árvores, escarpas, escuridão assustadora – e as luzes do outro lado do grande rio (grande o suficiente para ter seu cabo Horn, o cabo Girardeau do Mississippi). Vancouver Wash, através da escuridão nevada, na margem...

Pensei em Hood River e em como seria melancólico ser deixado ali – na noite encapuzada, à margem de águas turbulentas, em meio a troncos, pedras... despertei de um cochilo e conversei com o vagabundo ("Fui criado em Kansas City, condado de Jackson", e "meu lugar de origem é o Texas" – ou Bakersfield, ou Modesto, ou Delano – ele não conseguia decidir qual mentira era mais adequada. Disse que teria sido um fora-da-lei dos velhos tempos se J. Edgar Hoover não tivesse tornado roubar ilegal. Disse que estava indo a Dalles para roubar – uma cidadezinha de fazendeiros e lenhadores, disse ele –

O GRANDE VALE DO COLUMBIA

WASHINGTON

Adiante na noite assustadora no vale do Columbia. Menti e disse que tinha dirigido um carro roubado de N.Y. a Frisco. Ele disse que acreditava em mim irrestritamente – então, depois desse papo, dormi e acordei em Tonompah (?) Falls –

Um fantasma branco mascarado vertia água de sua enorme fronte gelada (que eu não conseguia ver na totalidade sob a luz lúgubre). Então *Dr. Sax* também tinha passado por aqui... em sua noite encapuzada do Columbia. A água caía (daquele buraco em forma de boca) de centenas de metros de altura, acima dos penhascos rochosos gastos em camadas pelo paciente e assustador rio Columbia, acima dos baixios congelados, e durante a queda evaporava-se em bruma. Agora parecia que estávamos no fundo do vale, olhando para cima, para as antigas margens rochosas. Eu estava assustado porque não conseguia ver o que havia na escuridão lá em cima & além do capuz de gelo, as cachoeiras – que horrores temíveis? Que noite escarpada (sem estrelas).

O motorista do ônibus seguiu em frente por sobre as cristas loucas das montanhas... dormi ao passar por Hood River, Dalles.

Acordei e vi Walula, local do velho forte de 1818 (Forte Walla Wall – em um planalto escarpado) – em uma região de planaltos cobertos por artemísia e planícies onde o Columbia seguia para encontrar-se com o Snake (nas planícies marrons de Pasco) e com o Yakima um pouco depois. No horizonte, as montanhas enevoadas chamadas de Horse Heaven; e para o sul (Oh, Oregon!), o Parque Nacional Whitman.

Então para noroeste, passando por Connell, Lind, Sprague, Cheney (terras de trigo e gado como o leste do Wyoming).

LESTE DE WASHINGTON – IDAHO

Fui em uma explosão de nevascas até Spokane – uma cidade grande e coberta de neve em uma tarde de domingo. (Andei na neve para recuperar minha velha e respeitável jaqueta preta.) Sprague é uma cidade de tijolos vermelhos e silos de trigo parecida com Nebraska.

De Spokane (talvez seja mesmo, afinal de contas, um lugar de meditação para minha tia-freira Caroline) para Idaho – Coeur d'Alene –

(Mas ah, aquela terra escura do Columbia!) (Vejo, entretanto, como o rio Snake tornou-se um rio que se dirige para o leste, para as entranhas do Mississippi – como ele se origina a dois quilômetros do Divisor de Águas Continental em Jackson Hole, Wyoming; mas o Columbia ganhou, em Pasco; e o território do Oregon ficou muito mais preservado – apesar de o Columbia dar conta disso, serpenteando desde o Canadá até a boca do Astoria.) (Portanto o noroeste tem sua noite chuvosa, como Lowell tem o Merrimack, e Asheville, seu Broad, e Harrisburg, seu Susquehanna.) Há alguma conexão entre o "espírito do Susquehanna" e os "vagabundos de Hood River?" Claro, mas vamos para Idaho...

7 DE FEV. – Dormia quando passamos por Coeur D'Alene (ah, bem) – mas não importa. Vi nada menos que os lagos e as montanhas, e não pude evitar: eles rumavam para o leste, e Coeur d'Alene, como Spokane, ficava em uma área plana. Mas logo subimos uma grande serra que acompanhava o lago nevado e assomava às grandes altitudes. O passo Fourth of July; e a neve impressionante sobre os pinheiros, acima do lago Coeur d'Alene. As ladeiras eram íngremes. Pensei nos índios em Coeur d'Alene e em tudo isso que eles tinham.

Seguimos e descemos até o leito do

A NOITE NAS BITTERROOT

rio Coeur d'Alene, até Cataldo. Lá vi um monte de casas, sítios nas cavidades das montanhas selvagens. Havia um carro preso; um homem grande e jovial estava correndo em busca de ajuda; os cachorros latiam, fumaça saía das chaminés, crianças, mulheres... toda a alegre vida do norte em que às vezes penso, como no Maine, com crepúsculos vermelhos congelados, neve, fumaça, cozinhas de Idaho, lar. Então para Wallace... umas minas enormes... Depois Mullan, no coração das grandes encostas íngremes que se erguiam próximas. Aqui pensei em Jim Bridger, e como, quando caminhava pela manhã na no fundo do vale onde hoje está Mullan, ele olhou para a frente, para onde o leito do rio o levava sem resistência – através das terras rochosas que ele, então, possuía. Não o vi subindo as ladeiras, como muitos de nós fazemos na civilização, mas seguindo a eternidade dos leitos dos rios: sob os pinheiros altaneiros, sob as estrelas nevadas. O homem que escrevera um poema:

"Vi um pássaro petrificado em uma árvore petrificada,
A cantar sua música petrificada."   (Em Floresta Petrificada.)

O desconhecido Jim Bridger, um dos verdadeiros poetas americanos; moía seu café, fatiava o bacon e fritava a carne de veado nas sombras invernais das desconhecidas montanhas Bitterroot. O que ele devia pensar? E o homem que era, um solitário que se deitava com índias?

Fiquei deprimido e passamos pelo passo Lookout nas Bitterroots à noite. Subimos às grandes alturas no cinza nevado; e lá embaixo na ravina brilhava uma única luz de um barraco – mais de um quilômetro abaixo. Dois rapazes em um carro

A ENTRADA EM MONTANA

quase caíram pela ribanceira quando desviaram de nosso ônibus. Em silêncio, enquanto observávamos o motorista ajudá-los a retirar a neve, eu vi e ouvi o segredo das Bitterroots... (Eu já sabia essas coisas antes.) Lá do passo até Deborgia, Montana, e depois para Frenchtown e Missoula. Seguimos o leito do rio Bitterroot (começa perto de Butte e corre por aquelas montanhas muito solitárias até o lago Flathead, ao norte). Em Deborgia comecei a ver como era Montana: e nunca vou me esquecer disso. É algo que agradaria a alma de qualquer homem (que, de alguma forma, seja sério). Rancheiros, lenhadores & mineiros em um barzinho, jogavando cartas & em caça-níqueis, enquanto lá fora estavam envoltos pela noite de Montana de ursos, alces & lobos, de pinheiros, & neve, e rios desconhecidos, e as Bitterroots, as

Bitterroots... Uma pequena luz onde eles estão & a mais imensa escuridão, cheia de estrelas. O conhecimento do que os homens jovens pensavam de seu estado de Montana (e em 1870?) – e do que os velhos sentiam nele. As mulheres adoráveis escondidas. Mas isso era apenas o começo.

Não gostei de Missoula – uma cidade universitária de esquiadores (pelo menos o que vi perto da rodoviária).

Dormi a caminho da grande Butte.

E por que Butte – sobre o divisor de águas, perto de Anaconda, e Pipestone Pass – é maior? Bem, veja os nomes que a cercam. Antes de chegar em Montana pensei em parar em Missoula, para descansar & ver; porque tinha ouvido tantas menções a ela por vagabundos (em 1947 no Wyoming, por exemplo). Mas ela é apenas um

A NOITE DE BUTTE

grande entroncamento ferroviário... De qualquer forma, só olhar para o mapa, e ver Butte nas geografias rústicas do divisor de águas, é pensar na Nevada de Twain (para mim). E é assim – Em Butte guardei minha mala em um guarda-volumes. Um índio bêbado queria que eu fosse beber com ele, mas, cuidadoso, recusei. Mas uma caminhada curta pelas ruas íngremes (em uma temperatura de quase -20° à noite) mostrou que todo mundo em Butte estava bêbado. Era uma noite de domingo – esperava que os bares ficassem abertos até, pelo menos, eu beber a minha cota. *Eles fecharam ao amanhecer*, se é que fecharam. Entrei em um antigo *saloon* dos velhos tempos e tomei uma cerveja gigante. Na parede dos fundos um grande letreiro elétrico com números de apostas piscando. O balconista me falou sobre isso e, como eu era um principiante, permitiu-me escolher os números na esperança que eu tivesse sorte de principiante. Não tive... mas ele me contou sobre Butte. Chegara lá 22 há anos, e ficara. "As pessoas de Montana bebem demais, brigam demais, e amam demais." Observei os personagens maravilhosos ali... velhos garimpeiros, jogadores, putas, mineiros, índios, cowboys, & turistas que pareciam diferentes. Outro *saloon* de apostas tinha riquezas indescritíveis: grupos de índios sérios (pés-pretos) bebiam uísque no banheiro; centenas de homens de todos os tipos jogavam cartas; e um velho jogador profissional da casa que partiu meu coração por lembrar-me muito meu pai (enorme; viseira verde; lenço saindo do bolso de trás; rosto grande, rude, angelical e com marcas de varíola (diferente de meu Pai), e a grande...

DE BUTTE A THREE FORKS, MONTANA

tristeza asmática e laboriosa de homens assim. Não consegui tirar meus olhos dele. (Toda minha concepção de *On the Road* mudou & amadureceu enquanto eu o observava.) (Explicado adequadamente em outra parte.) Todo o significado estava lá para mim, e, especificamente, era como se eu estivesse descendo de preocupações "chuvosas" metafísicas para o doce lar outra vez... de todas as maneiras, escrevendo & sem escrever... (agora tendo escapado da *mystique de haschisch* compulsiva de Neal.) Outro velho, com uns 80 anos, ou 90, chamado de "John" por homens respeitosos, jogou cartas friamente até o amanhecer, com olhos cortantes; e me impressionou sobremaneira que ele estivesse jogando cartas na noite dos saloons de Montana, com escarradeiras, fumaça & uísque desde 1880 (dias em que manadas de gado eram levadas para o Texas, e de Touro Sentado). Outro velho com um cão pastor velho e amoroso (todos os cães, como no Colorado, são pastores peludos) saiu para a noite fria da montanha depois de satisfazer sua alma com as cartas. Era como o velho mundo de jogatina meu pai, mas na noite de Montana, & de alguma forma *com mais intensidade*. Ah, meu pai querido. E os jovens vaqueiros; e mineiros; e mulheres bravias. Mesmo os gregos, que são como os gregos de Lowell... só que *ainda mais*, em Montana. Como explicar? Por que se preocupar. Até os *chineses!*

Ao amanhecer tomei o ônibus. Logo estávamos descendo a montanha e, olhando para trás, vi Butte, ainda como uma jóia, reluzindo na encosta... "Gold Hill" – e o amanhecer azul do norte. Novamente rochas & neves & vales & espaços abertos & florestas & artemísias selvagens. Em pouco tempo estávamos em Three Forks... onde o Madison & o Missouri, em estranha confluência, atuam; onde o Missouri, no...

VALE DO YELLOWSTONE

meio do inverno fica cheio & congelado, coberto de neve, por muitos hectares de ranchos: – vestígios de enchentes nos seixos do Natchez a mil quilômetros de distância, vestígios barrentos de plantações arruinadas lá longe, em torno e sobre, & descendo, a trilha do Missouri (que segue para o sorte) e o Mississippi (rio de impulso para o sul) na distante Louisiana. Em Three Forks, em um amanhecer estimulante, vi a rua velha, os passeios de tábuas, as lojas antigas, os cavalos, os carros velhos – e as distantes montanhas Bitterroot & Rochosas cobertas de neve: e os rapazes, todos parecidos com jogadores de futebol americano ou vaqueiros; as mulheres escondidas, deliciosas e desconhecidas. Em Bozeman vi os limites do mundo outra vez, as Tetons do Wyoming, o pico Granite; e as Rochosas & as Bitterroots, & algo parecido com uma *geleira* distante do norte do Canadá por todos os lados, de alguma forma. É como olhar para o fim do mundo no Wyoming, no Arizona, no Texas (antes de El Paso), no Oregon em Mevrill, e muitos outros lugares do Oeste. Subimos as Rochosas – entre fazendas na montanha & carneiros – e descemos até Livinsgton, no vale do Yellowstone. O vale do Yellowstone, como o do Plate em Nebraska, como o do Nilo, é um dos grandes vales do mundo: nas vastidões vazias nevadas as árvores do vale estendem-se ao infinito, protegendo ranchos e fazendas. Sempre, em Montana, a grande sensação das distâncias do norte, no Canadá, ou no Wyoming ao sul – e a leste para ... *Dakota*. É um dos lugares mais isolados do mundo. Bigtimber, Montana, que eu amo, é legal, mas é um mundo de terras selvagens até Denver ou... Bismarck? Boise? Onde? Montana está escondida desse jeito, e isso explica por que é o único estado da União que tem personalidade própria, & o único verdadeiro estado do Oeste no Oeste.

BIGTIMBER, MONT.

De Butte a Minneapolis

Montana é "protegida" deste mundo tolo por Dakota, Wyoming, Idaho, e o estranho Saskatchewan! – todo poder a ele! – (e ao mesmo tempo, recordo, é a *verdadeira* fonte da noite chuvosa). O berço lamacento Grande Lamacento.

Bigtimber. Lá vi uma cena, uma coisa: um monte de velhos sentados em uma velha hospedaria aos pedaços, ao meio-dia (no meio da pradaria coberta de neve), jogava cartas perto de fogões antigos: *mesmo ao meio-dia*. Montana é a terra da vida masculina, de absorções masculinas, e principalmente preguiça! E um garoto de vinte anos, sem um braço, perdido na guerra ou no trabalho, olhava triste para mim, perguntando-se quem eu era e o que eu tinha feito no mundo. Ele estava sentado no meio dos velhos, os seus anciãos tribais, olhando para o estranho, o estrangeiro, o Poe ou Lafcadio Hearn secretos como eu me sentia, então. Como era triste! – e como era belo porque nunca mais podia trabalhar, e devia sentar-se para sempre com os velhos, e preocupar-se como seus colegas estão conduzindo vacas e fazendo bagunça lá fora. Como ele é protegido pelos velhos, por Montana. *Em nenhum outro lugar do mundo eu diria que estaria tudo bem para um homem com apenas um braço*. Está vendo? Nunca vou me esquecer também da grande xícara de café que bebi naquela hospedaria, por 5 centavos; nem aquele pobre e belo rapaz, que, apesar de triste, parecia ter consciência de que estava *em casa*, mais do que eu posso dizer com todos os meus braços. – O ônibus então seguiu viagem, por colinas rochosas, ranchos, as árvores de Yellowstone, por desfiladeiros distantes & fendas, por Montana...

Em Billings, em torno de 2h da tarde, fazia pelo menos 25º negativos. Vi três das garotas mais bonitas que já vi em toda a minha vida, todas em poucos minutos, comendo em alguma espécie de refeitório de escola com

"YELLOWSTONE RED"

seus namorados sérios. Ame, Montana... Seguimos em frente. E chegamos à outra grande cidade de Montana que nunca esquecerei, & visitarei outra vez... *Miles City*. Aqui, ao anoitecer, fazia cerca de menos 30. Dei uma caminhada. Tinha visto ranchos esplêndidos próximos ao leito do Yellowstone por todo o caminho, e agora aqui estavam os próprios rancheiros, com suas famílias, na cidade para comprar provisões. As mulheres faziam compras, os homens estavam nos salões de jogos magníficos. Na vitrine de uma farmácia vi um livro à venda – tão bonito! – *Yellowstone Red*, a história de um homem nos primeiros dias do vale, & seus problemas & conquistas. Não é uma leitura melhor para Miles City do que a *Ilíada*? – seu *próprio* épico? – Havia muitas lojas de selas excelentes, pois havia uma antiga firma de selas na cidade, e uma fábrica de couro no limite leste. Os salões de apostas, claro, lembravam os de Butte e Bigtimber. Apesar de as pessoas parecerem mais prósperas e de ser de tarde, quase hora do almoço. Um homem em um traje velho, cansado das cartas, levanta-se de uma das mesas (à frente de uma parede coberta de fotos antigas de rancheiros e galhadas de veados), senta-se mais perto do bar e come um bife grosso e suculento. Então sua mulher e sua filha bonita chegam para buscá-lo, e comem com ele. Os filhos, todos calçando botas novas, entram para fugir do frio em seus casacos de pele de cordeiro de Montana, e comem. Então, depois de mais algumas horas na cidade, eles guardam suas coisas no carro e voltam para o rancho no vale do Yellowstone, onde o gado permanece na pastagem de inverno, protegido do inverno mais rigoroso do Oeste. É frio demais em Montana, mas em

MILES CITY, MONTANA

lugar algum as pessoas se vestem com tanta elegância contra o frio – para que a dureza do clima seja anulada pelo bom senso prático. A maioria dos homens usa orelheiras – quero dizer, bonés com pala & orelheiras, como os dos caçadores. No mês passado, vi muitos cowboys no alto do platô do Texas perto de Sonora, a cavalo, usando bonés como esses. A última coisa que amei muito em Miles City foi a unidade & significados perfeitos de sua existência.

É uma cidade (no sentido original dessa palavra) destinada à preservação, valorização & continuação da vida humana. Não há "decadência", nem mesmo a decadência inocente representada pelos vagabundos. As pessoas têm sorte em Miles City, vivem bem, respeitam uns aos outros, ficam unidos & suas vidas são uma crônica rica de reflexões, considerações interessantes & alegria solene – sem histeria, nada é "forçado" – uma reunião suave de pássaros suaves. Vivem o inverno e o verão com a mesma força suave. A vida é alegre... e ainda assim também é perigosa, ali: onde quer que estejam os homens, há perigo; mas considero os perigos de homens dóceis o único perigo humano que não devo receber bem. Acredito que em Miles City eu me preocuparia com meus próprios assuntos. E acredito que os outros fariam o mesmo, também. Você pode ter suas orgias utópicas: pelo menos, se chegar ao ponto de uma orgia, prefiro uma orgia com gente de Montana, por essas razões.

Agora uma parte ainda mais *tocante* da viagem estava para chegar... uma descoberta do impressionante espírito do Oeste moderno, na mais "sombria" Dakota do Norte. Sim, em Dakota ao Norte, há pessoas que valorizaria mais que todas as outras em geral, de Nova York e de toda Europa – e eu escolheria especificamente essas pessoas de Dakota do Norte. Se eu quisesse contar com o sangue de homens & mulheres, iria para Dakota do Norte, e nenhum outro lugar.

"EM CASA NA VELHA MEDORA..."

DAKOTA DO NORTE – A NOITE NAS TERRAS BRAVIAS

Na noite de inverno amarga das planícies cobertas de neve, rodamos até Terry e depois Glendive, Mont. Eu estava dormindo. Alguns passageiros subiram nessa última parada em Montana, e logo estávamos em Beach, Dakota do Norte. Que noite melancólica e amarga – com uma lua fria. Para minha surpresa, em Medora, o incalculável Missouri tinha escavado um desfiladeiro na rocha e ele era o coração das terras bravias. O que o Missouri não faz? – Que terras? – Rocha? Aluviões? Você tem grandes extensões congeladas, ou desfiladeiros negros, ou vales de Iowa, ou *deltas*? Ao luar de janeiro, nessa parte mais ao norte dos Estados Unidos, as fantasmagóricas colinas rochosas e cobertas de neve erguem-se em formas protuberantes e assombradas... charnecas ambíguas para bandidos barbados em fuga da lei dos povoados. Medora era uma cidade assim como Belfield... o grande Oeste americano que se estende de tão longe quanto Pasco, Washington, até lugares ao norte de Oshkosh, Nebraska. Não há mais "bandidos" – não a cavalo – mas o mesmo mundo rude e incontestável para uma emoção rude e incontestável. Assim mantinham-se meus pensamentos (que também estavam assombrados pelas rochas & neve lunares do desfiladeiro das terras bravias) quando, perto de Dickinson, o motorista de ônibus louco quase saiu da estrada em uma súbita nevasca baixa. Ele não se incomodou com isso até que, a uns dois quilômetros de Dickinson, deparamo-nos com nevascas impenetráveis, e um engarrafamento na negra meia-noite de Dakota vergastada pelos ventos das charnecas da planície de Saskatchewan. – Havia luzes, e muitos homens vestidos em pele de carneiro trabalhavam em confusão com pás – e o frio mais cortante lá fora, uns 30 negativos, em um cálculo conservador. Outro ônibus

DICKINSON, DAKOTA DO NORTE

a caminho para o Leste estava parado; um caminhão e muitos carros. A principal causa do congestionamento era um caminhãozinho que levava máquinas caça-níqueis para Montana – de forma que o grande comércio estava interrompido pelas caça-níqueis tão desnecessárias nas estepes de Dakota. De Dickinson, a cidadezinha típica do Oeste próxima, vinham equipes de rapazes dispostos com pás, a maioria deles usando bonés de beisebol vermelhos (ou bonés da força aérea, como os usados por dois garotos de Dakota do Sul que conheci na estrada em 1947). E jaquetas pesadas, botas, orelheiras – liderados pelo xerife, também um rapaz forte e alegre de uns 25 anos. Eles se atiraram ao trabalho – era uma noite ártica tempestuosa e cortante: eu pensei nas mães e mulheres deles esperando em casa com café quente, como se o engarrafamento na neve fosse uma emergência que atingia a própria Dickinson. Este é o meio-oeste "isolacionista"? Onde no Leste de idéias estéreis os homens trabalhariam para outros, por nada, à meia-noite em meio a um vendaval uivante congelante? A cena além dos homens e das luzes era a própria Desolação... A camada de gelo da Groenlândia na escuridão. Nós, no ônibus, observávamos. De vez em quando um desses rapazes vinha se esquentar um pouco... disseram que fazia menos de 40° negativos, não sei. Alguns dos rapazes tinham quatorze, até doze anos. Finalmente o motorista do ônibus, um homem bom e maníaco, decidiu encarar a estrada. Ele acelerou o motor diesel e o ônibus grande que trazia o letreiro "Chicago" seguiu em frente, incerto, em meio à nevasca. Demos uma derrapada e batemos no caminhãozinho: acho que tiramos a sorte grande. Então derrapamos e batemos em

AS PESSOAS DE DAKOTA

um Ford 1949 novinho. Bum! Bum! Finalmente estávamos de volta a solo seco depois de horas de atribulações. Para mim foi apenas um bom espetáculo, eu não tinha botas para sair do ônibus e ajudar. Em Dickinson, o café estava cheio de gente e da excitação da madrugada de sexta-feira – principalmente por causa do engarrafamento provocado pela neve. Por todos os lados, havia nas paredes fotos de velhos rancheiros e mesmo de alguns personagens e bandidos lendários. Os rapazes de Dickinson de linhagem menos robusta jogavam um bilhar caseiro nos fundos. As garotas bonitas estavam sentadas com seus maridos e famílias. Café quente era o grande pedido. Homens entravam e saíam da meia-noite das terras bravias uivantes com notícias sobre o andamento dos trabalhos. Ouvimos dizer que o trator do Rotary Club tinha batido no Ford novo e arrancado sua traseira de um jeito que pareceu uma explosão – as peças do carro novo foram arremessadas por todos os lados da área coberta de neve. Ou será que a máquina estava apenas semeando? De qualquer forma, eu odiei deixar essa atmosfera maravilhosa, essa cidade *de verdade*, onde a Natureza & os costumes acharam uma grande maneira de se encontrar e unir forças. Homens trabalham contra os outros apenas quando é seguro abandonar os homens – apenas então e onde. As pessoas de Dakota não prestavam a menor atenção em nós agora que estávamos seguros; precisamos deles, eles vieram, mas eles não precisavam de nós, espertalhões de "Chicago" que éramos, na verdade. Dei uma última olhada no lugar, e nas fotos nas paredes, e nas pessoas, e desejei ter nascido & crescido & morrido em Dickinson, Dakota do Norte.

CHEGA DE DAKOTA

Ficamos outra vez presos na saída da cidade, mas lá estavam os rapazes outra vez com a máquina de limpar neve. Um grande caminhão reboque ficou atolado; o motorista estaria perdido naquela região sem eles. Içaram correntes e quebraram gelo e gritaram, tudo como se gostassem de estar salvando a situação. No Leste teríamos entrado em desespero. Saímos e corremos através de Dakota. Dormi nos fundos, depois de uma interrupção, quando o motor pegou fogo. Enquanto eu dormia, o ônibus parou em Bismarck, em um amanhecer congelado; todos os passageiros desceram porque o aquecimento estava com problema e fazia uma temperatura de quase -20ºC dentro do ônibus. Eles se juntaram para comer. O ônibus foi levado para uma oficina e consertado. Durante tudo isso eu dormi calmo, um sono maravilhoso, e tive sonhos agradáveis, de Dakota em junho, ou de verões encantados em algum lugar. Acordei renovado em Fargo (não soa frio, esse nome?). Fazia -35ºC.

E então a viagem através do plano, nevado e ensolarado Minnesota de fazendas e campanários de igrejas seguiu sem incidentes, exceto por uma estrada perto de Moorhead que tinha sido projetada, obviamente, por um arquiteto muito malvado para fazer com que os estômagos se embrulhassem em intervalos matematicamente calculados. Não importa.

E como foi chato chegar novamente no Leste... sem mais esperanças cruas: tudo estava decidido e satisfeito aqui. Conversei com um senhor distinto que ia para St. Cloud, seja como for, que se lembrava de Minnesota no século 19, "quando os índios estavam perto em Alexandria" (alguns quilômetros

MINNEAPOLIS – ST. PAUL

a oeste de Osakis Lake). Nada errado com Minnesota exceto por sua classe média... que afinal de contas está arruinando toda a nação. Em St. Cloud, o grande Pai Mississippi corria por sobre um profundo leito de rocha e passava por pontes que lembravam as de Lowell; e nuvens enormes, como no destino em New Orleans, pairavam sobre este vale do norte. Tenho apenas uma objeção a fazer sobre Minnesota, a saber: não é Montana. Essa é a objeção de um homem apaixonado – pelo Oeste Americano. Seguimos até Anoka e então St. Paul.

Esse famoso porto fluvial ainda tem sua velha zona portuária de tijolos vermelhos de 1870... agora cenário dos grandes mercados de frutas e atacadistas, como em Kansas City perto da margem em declive do Missouri. St. Paul é menor e mais velha e mais esquálida que Minneapolis, mas há uma depressão cinzenta parecida com Pittsburg sobre ela... mesmo no alegre inverno nevado. Minneapolis é uma cidade sombria e extensa que espalha *comunidades brancas* por toda planície monótona. A única beleza com alma ali é apresentada pelo Mississippi e também por um toque desesperançado de Mille Lacs e a região dos rios de chuva ao norte. As pessoas são gente de cidade do leste (mas, é claro, são do chamado "Meio-Oeste"); com suas *conversas & aparências* e *interesses* correspondentes. A culpa é minha; detesto quase tudo. Teria gostado de ver Duluth apenas por Sinclair Lewis e o lago Superior.

Essas são minhas opiniões melancólicas.

Então, depois de uma refeição em um restaurante de Minneapolis e uma caminhada congelante pelas ruas e

WISCONSIN – CHICAGO – MICHIGAN

uma conversa rápida com um rapaz na rodoviária que tinha uma chama fenomenal em seus olhos e que terminou me dando trechos religiosos (um mais envolvente & de pensamento mais livre do que o outro, projetado para pessoas estúpidas), o ônibus seguiu para Wisconsin e para a charmosa escuridão fluvial de Eau Claire.

Eau Claire pertence a um tipo de cidade americana que sempre gosto: fica às margens de um rio, é escura, as estrelas reluzem muito brilhantes, e há algo *exagerado* sobre a noite. São assim as cidades de Lowell, Oregon City, Holyoke Mass., Asheville C.N., Gardiner Maine, St. Cloud, Stuebenville Ohio, Lexington Montana, Klamath Falls Oregon, e por aí vai – claro, mesmo Frisco.

Depois de Eau Clair e de uma olhada na noite plana de pinheiros & brejos de Wisconsin, dormi e fui deixado em Chicago ao amanhecer.

As mesmas ruas esqueléticas nas alvoradas sujas... novamente as metrópoles do Leste... operários negros esperando pelos ônibus para o trabalho; o primeiro tráfego dos carros; a grande cidade entulhada se espalhando por todas as direções como um quebra-cabeças, uma maldição e um enigma. Era a mesma Chicago de 1947... mas desta vez não parei para examinar a "cena noturna barulhenta e agitada" do *bop* no Loop; e feijões em jantares famintos.

Odiava Gary, odiava até South Bend (terra de vendedores de carros e uma desolação fúnebre): o que iremos fazer?

Então as adoráveis fazendas de Indiana e Ohio que eu já vira muitas vezes antes; finalmente Toledo (Santa Toledo!) – onde saltei para pegar carona até Detroit e andei cinco quilômetros para sair da auto-estrada.

ABATIDO EM DETROIT
(Sentado sobre minha bolsa no chão do banheiro dos homens.)

DETROIT, 9 de fev. de 1949

Desci do ônibus em Toledo com um desejo louco de ver a ex-mulher, ex-amor, ex-alegria Edie... Peguei carona para Detroit à tarde. Cheguei em três caronas de três homens simpáticos (um jovem estudante de direito de Monroe, Michigan; um mecânico de Flat Rock, Michigan; e outro cara que pouco falou sobre si mesmo). Mas liguei para a mãe de Edie e Edie não estava. Vaguei pelas ruas (com meus últimos 85 centavos) mais arrasado que nunca – (exceto em 1947 em Harrisburg e há 2 semanas nas ruas Ellis & O'Farrell com Louanne). E fiquei com raiva, uma raiva horrível. Ainda estou assim esta noite (mas um pouco menos desde que descobri que posso voltar a Toledo e de lá para Nova York com minha passagem). Mas agora só tenho 25 centavos, e a família Parker falou comigo pelo telefone como se eu fosse um vagabundo e a mulher de Parker recusou-se sumamente a me emprestar 3 paus para comer. Maldita droga de mundo ordinário. Descansei na biblioteca lendo Jim Bridger, Montana, e a Trilha do Oregon... por minhas próprias razões. Cansado e com fome como estou, preocupo-me menos com comida e sono do que essas pessoas que não podem me emprestar US$ 3 – e que no passado foram meus parentes. Queria que Edie estivesse aqui. Falei melancólico com sua mãe por uma hora ao telefone. E com esse sentimento coincide um dissabor crescente com a raiva vã que senti por Neal em Frisco há cinco dias. A vida é tão curta! – partimos, vagamos, *nunca* voltamos. Morro aqui.

RIO DA NOVA INGLATERRA

Mais informação sobre meu Merrimack.

É um nome indígena, que dizem significar Água Rápida. A ortografia com o "K" é "usada em lugares ao longo do rio acima de Haverhill". O Merrimack com seu maior afluente tem 294 quilômetros de extensão. É formado em Franklin, pela união dos rios Pemigewasset & Winnipesaukee. (As cachoeiras Amoskeag têm 17m de altura em Manchester; as Pawtucket, 10m). Navegável a partir de Haverhill. A boca do rio em Newburyport é um estuário que se encontra com a maré e forma um banco de areia que muda de lugar. Sua bacia tem uma área de escoamento: 8.000 quilômetros. O vale foi formado antes da chegada da geleira e seu recesso: "a planície alagada alta é escavada & aplainada"; onde o novo canal não coincidiu com o canal préglacial (o vale encheu-se de sedimentos depois que o gelo recuou), o rio chega em estratos de rocha mais resistentes que o sedimento abaixo, "isso resultou nas cachoeiras".

Thoreau, por outro lado, escreve que o significado indígena de Merrimack é ESTURJÃO (o que acho mais provável.) Os enciclopedistas ingleses tendem a concluir que os "selvagens" da América acham que todo rio se chama Águas Rápidas, com uma espécie de estranheza britânica –

NOITES DE NOVA YORK

A CENA DE NOVA YORK

A noite de 14 de março, quando Willie, o menininho de Jack, de repente apareceu em York Avenue (na casa de Allen) e informou a ele que tinha sido alcagüetado e que o FBI estava procurando por ele. O pequeno Jack manda Hunkey "ver como está a barra" pela cidade; e a noite melodramática de especulação misteriosa; & ansiedade pelo paradeiro de Vicki; e contando histórias (enquanto aquele velho estava batendo em Catherine lá em cima, e ela veio a nós em busca de refúgio). A atmosfera "sinistra" que Hunkey sempre enfatiza, caindo sobre nós.

Finalmente, ao amanhecer, Hunkey voltou, ostensivamente cheio de informações pertinentes, mas primeiro fez um longo e elaborado rodeio, quase shakespeariano... provavelmente, quando entrou, resolveu fazer isso (pensando que o Pequeno Jack não ia querer Allen & eu na jogada), pois quando Jack disse "Quais as notícias?" Hunkey abriu seu exemplar do *Daily News* e leu manchetes e subtítulos em um tom debochado... às vezes com um toque tímido, às vezes um pouco entediado, às vezes pseudoteatral (etc.), mas sempre *com inteligência*. Algo sobre "um marinheiro morto" tinha sua dupla conotação (toda vida é dupla, tripla) – pois Hunkey já tinha sido marinheiro, & se considera "morto". A coisa toda foi profundamente rica (aprendi uma lei da dramaturgia: a dramaturgia é principalmente um perigo ambíguo interrompido por coisas engraçadas, & coisas como o número de Hunkey.) (Foi incrivelmente indescritível.)

TRENS NO BROOKLYN   *NOTAS*

Não muito depois, na noite de 16 de março, uma negra no trem em Lefferts citou São João para nós "Ei-Lo que vem sobre as nuvens e todos os olhos O verão!"* – e então, gesticulando na direção de meus pés, gritou: "Este lago de fogo é a segunda morte!"** – Um homem com uma pasta grande, não [sei] se era um advogado ou um maluco, disse que acreditava no Céu, mas esperava que houvesse flores e árvores lá em cima. Ela disse que todos seríamos anjos, sem necessidade de árvores & flores; disse que teríamos asas. Mas ele disse, "Não sei, espero que haja árvores e flores, porque eu gosto muito de árvores e flores".

Para mim, quando saí, ela disse "Boa noite querido".

Ela tinha me dado um sermão ao dizer, "Com que recursos deve um jovem abrir seu caminho? Prestando atenção e vivendo segundo Sua palavra".

Mas não sou jovem, e meu caminho está aberto no lago ardente. Já vi o Firmamento & Ouro, e eu os ouvi cantar; mas usei essas cordas para me puxar de volta.

A mulher é uma rosa crepuscular que reluz sob a chuva dourada.

———— ————

Parece-me que durante toda a noite ouço uma palavra em algum lugar lá fora onde a chuva é um murmúrio tão lúcido, tão próximo, tão choroso nas vidraças da janela: Ah, é Deus me dizendo como somos queridos, como estamos errados. Deus paira acima das pancadas de chuva.

———

* *Apocalipse* 1:7.
** *Apocalipse* 20:14.

ZORRO SOMBRIO DA NOITE DA CALIFÓRNIA

MAIS NOTAS SOBRE A CALIFÓRNIA (DE NEAL)

Minha visão da Califórnia, quando a vi & a abracei pela primeira vez em 1947, está inextrincavelmente ligada à visão de Zorro cavalgando por uma estrada de terra ao luar, sob velhas árvores densas e escuras... uma espécie de visão *mexicana* tão antiga quanto as missões – o Camino del Real & as estradas de flores – pois, na verdade, praticamente todos os filmes de faroeste são feitos na Califórnia, e qualquer filme com locações externas, e as pessoas crescem vendo as estradas e árvores da Califórnia, muitas e muitas vezes. Quando cheguei lá (especialmente nas noites em que caminhei por um vale florido para trabalhar, sob o luar), *reconheci* tudo – (em 1947) – as árvores escuras e tudo.

A Califórnia de Neal se encaixa na minha, mas a valoriza com muita beleza – para incluir os "amantes alquebrados", e as velhas estradas de ferro ensolaradas dos Estados Unidos, e os bares onde garçons, *barmen*, proprietários e fregueses, TODOS parecem personagens de cinema, com coadjuvantes, dublês, figurantes... nunca o herói. No Leste você vê o maldito herói o tempo todo. Por isso a Califórnia é comovente. Suas noites patéticas são como a tristeza "de fim de continente"... também são *engraçadas*.

Também acho que a Califórnia é investida de uma espécie de "classe" pela presença dos mexicanos, que são descendentes dos altivos espanhóis, & sabem disso. A visão do Zorro (com a capa mexicana), voando ao luar em seu cavalo, sob as velhas árvores da Califórnia – por bosques de limões, uvas e castanhas – por velhas minas – seguindo a poeirenta estrada prateada – a visão dos meninos pensando nisso – o mar em Monterrey – e Neal.

VISÕES DA CALIFÓRNIA

Em uma noite especialmente intensa, eu estava sentado em uma cadeira giratória com meu uniforme azul, cassetete & revólver (emprego como segurança em Sausalito, em 1947) lendo uma história sobre o Oregon... que me levou a uma "visão" do norte da Califórnia. Weed-Klamath-a região de Modocs-Oregon-Portland: – Esse é na verdade um outro assunto. Uma espécie de visão do noroeste (não como uma noite doce e mexicana) – mas o desfiladeiro pela manhã – claro, nítido, com florestas; com noites brutas, homens impiedosos, Weed, Redding, lenhadores, Shasta, ranchos; lobos.

Existem *três* Califórnias nessas minhas visões esotéricas pessoais: a região "Noroeste" da Califórnia; a Frisco parecida com Lowell, enfeitada de jóias, romântica, como a noite, e cercada pela baía (com suas velhas ruas ricas de Boston); e o doce sul da Califórnia de Hollywood.

É curioso que o vale se estenda pelas três Califórnias.

Os pontos divisores estão em Redding & Bakersfield. Mas Sacramento, tão espanhola, quente & ensolarada, estaria ao sul de Bakersfield se a justiça tivesse arte. Ainda assim, são divisões *definidas*, como vou continuar a mostrar. O valor de uma preocupação tão inocente está envolvido com aquele tipo de inteligência que informa a variabilidade européia... Um de nossos mais valorizados segredos para o conhecimento do homem ergue-se da maravilhosa variedade européia, que é tão dramática: os franceses, os alemães, os ingleses, os holandeses, os suíços, os italianos *et cetera*. Vou mostrar diferenças similares *dentro* de um estado dos EUA, em nome da poesia da vida. O xerife de Weed, o jogador de Frisco, & o mexicano de Bakersfield... etc. Essas coisas se explicam por si só.

LONG ISLAND

A NOITE CHUVOSA

Deixe-nos saber, então, pela noite chuvosa, dádiva de Deus, que todos os nossos infortúnios são poeira e todas as lamentações, lascas de mármore... Mas deixe-nos ver, de verdade. Não devemos mais lutar, ou pechinchar sobre o preço dos favores e buquês, nas domesticidades enredadas de maneira errada: – desaprovando, chorando, abrigando, tagarelando, gritando, pelejando: –

A noite chuvosa, doce dom, dádiva de Deus, em que todos os nossos infortúnios são água – água por baixo da ponte – e quedas d'água.

Quanto a mim, oh, Deus, deixe-me ser prosaico e verdadeiro.

Deixe-me dizer com arte, aos prantos, de peito aberto no calor da verdadeira inteligência e cuidado real:

Oh, irmãos, irmãs, mães, pais – parem! A noite chuvosa nos cerca caindo suavemente, como nada, existe para nós – como o mar diz "Shhh" – Oh, inquietação e preocupação tossindo na noite, fim.

Porque a chuva, em abril a chuva, é uma mensagem da noite, que conta sobre pó e pedra, o fim da respiração impaciente em haustos servis: por favor por favor por favor desistam e parem, não constituam-se mais de tormentos loucos e preocupados; constituam-se em vez disso de flores, da chama e do fogo inflamado pela alegria momentânea, perceptiva, toda sombria; pelo contentamento... *Pater Nostrum*! – olhos, olhos! *Mater Nostrum*:! – Beijos! Só a um passo de distância, você, em expectativa, me observa.

O que poderia	Quanto tempo a escuridão?
Ter sido um	Quanto tempo de espera?
Sinal – mas que	Por que tão tolo?
É só um rabisco	O que tão tolo?

Tolo, não um macro- cosmo – um peixe*	O que tão grande? Quando escutamos? O que foi feito?**

— O que está acima é o resultado de emoções provocadas pela soma de sentimentos nascidos dessa longa preocupação com chuva & rios, e toda a chuva & os rios em todo o continente da América: a incoerência que se deve ao ato de evitar o verdadeiro detalhe, em um grito geral sem função real, construída, é uma lição de arte, aquela arte, como a vida, é um todo orgânico de detalhes, sem suspiros... Além disso, o Sinal do Peixe, enquanto uma tentativa exemplar de escrita automática e inconsciente – em forma imagística, ainda é apenas um rabisco, uma garatuja, um garrancho enquanto não brota do transe real (sem suspirar).

É melhor continuar com os fatos, cuja poesia fala por eles, e *freqüentemente* o suficiente, enfim, para empilhar, na soma, uma espécie de epopéia. E esperar por um sinal, um transe, uma visão de ouro – e através do trabalho.

LONG ISLAND

O TRANSE EM MINHA CASA ESTRANHA

Noite de eclipse lunar, 23h, 12 de abril de 1949, tive um sonho e um transe, em minha casa estranha em Ozone Park... quero dizer, de repente era a mesma casa ambígua de meus sonhos, com muitos significados e existências, como um mundo bem colocado em um verso ou numa frase. Foi naquela mesma casa que às vezes chacoalha... e está na beira do mundo em vez de no Crossbay Blvd.

Hoje mais cedo aquele cara conhecido pelo nome de Allen Ginsberg, e eu, discutimos o "estranho amortalhado". Isso surgiu de um sonho que tive de Jerusalém e da Arábia muito tempo atrás. Eu viajava por uma estrada poeirenta no deserto branco, indo da Arábia para a Cidade Protetora, vi que estava sendo inexoravelmente perseguido por um viajante amortalhado com um bastão que aos poucos ocupou e atravessou a planície às minhas costas, enviando lentamente um sudário de poeira. Não sei como soube que ele me seguia, mas se eu conseguisse chegar à Cidade Protetora antes que ele me alcançasse, sabia que estaria seguro. Mas isso estava fora de questão. Esperei

---

* *What Might/ Have Been a/ Sign – but Which/ Is Only a Dumb/ Doodle, no Macro-/ cosm – a Mackerel.*

** *How long dark?/ How much wait?/ Why so dumb?/ What so dumb?/ What so big?/ When we hear?/ What was done?*

para abordá-lo de surpresa em uma casa ao lado da estrada, com um rifle: mas eu sabia que nenhuma arma me salvaria. Allen queria saber quem era ele, e o que aquilo significava. Eu sugeri que era

"AO LONGE EM UMA PAISAGEM PERDIDA"

o próprio eu de alguém usando um sudário. O que isso significa. Será explicado.

No sonho sonhado durante o eclipse da lua vermelha crescente esta noite, enquanto a terra girava cheia de significado, eu estava na Costa Oeste americana: nos Estados Unidos reais e verdadeiros, o misterioso país sino-egípcio com o qual sonhamos. Acho que foi Santo Agostinho transposto para Los Angeles... em uma terra que, na verdade, nunca visitei, em todos os meus 45 estados. Aqui, em uma espécie de campus da Denver University, onde muitos jovens se envolviam em alguma espécie de Produção Universal (uma Hollywood eterna). Deveria ser um musical. Havia compositores, letristas, cantores, garotos, garotas – todos vagando na noite suave e enluarada no campus e em Lanchonetes Imortais. Uma garota cantava a mesma música repetidas vezes. Os escritores continuavam sorrindo para mim, perguntando: "Bom?". Todos queriam minha opinião. Mas eu estava muito infeliz. Queria voltar para casa em Lowell (uma Lowell imortal que nunca vi), onde, na casa de minha mãe, vivi de costas, apoiado sobre os dois cotovelos (a percepção dos cotovelos foi a coisa mais profunda e difícil de lembrar no sonho). Essa Lowell, ao longe em uma paisagem perdida (que ainda assim estava a uma distância que podia ser percorrida a pé) assombrava-me pelo fato de haver tantos assuntos não resolvidos, lá... em relação a G.J., Scottye, lanchonete de Page, os

UMA HOLLYWOOD ETERNA

saloons estranhos, minha mãe, meu pai *louco*, e ruas íngremes e estranhas como Mt. Vernon ou Lupine Road, etc. – Eu estava infeliz nessa Califórnia espectral, principalmente porque teria de trabalhar para voltar... pedir carona, por aí; e em meio aos cantores e compositores, não é que eu não estivesse preocupado se eles gostavam ou não de mim, mas apenas que eu pudesse estar feliz ou infeliz em relação ao arranjo, o próprio arranjo montado do mundo. Que direito tinha eu, então, de presumir algo sobre a sabedoria de Deus, hein? Na verdade, os jovens pareciam gostar de mim. Eu digo *pareciam* só porque não tinha certeza se eu gosto de alguém lá ou não, ou de qualquer pessoa no mundo; além do mais, a mim parecia que... no transe que se seguiu, também... que era impossível gostar de qualquer pessoa nesse outro mundo que assombra nosso sono como o estranho amortalhado – uma atmosfera maligna e infernal e irremediável onde fica claro que a insanidade está na natureza das coisas, é real, inexorável, enquanto a falsidade é a única possibilidade... a um ponto que o pensamento mecânico de uma pessoa sobre falsidade e insanidade começa a mudar. O mundo está de ponta-cabeça, mas o fundo do mundo é mesmo de ouro? De qualquer forma, minha falsidade com os jovens era algo mais, de repente, com um nome diferente, e minha insanidade... bastante, bastante universal.

Caminhei com um jovem que me confiou seus planos em relação à canção

NO ABISMO DA NOITE

que tinha escrito. Mas pouco antes da conferência de compositores começar eu soube com uma garota esperta que aquela canção tinha sido praticamente roubada, em parte, de uma famosa melodia semiclássica. Esqueci o nome do compositor; penso nos nomes Buxtehude e especialmente Belzebu. Então entro no auditório armado com uma longa lança de cavaleiro, para usar nessa informação sobre a canção, apesar de rapidamente eu largar a lança por estar "indo longe demais". Tentei, então, pensar em outro objeto, sem sucesso. Triunfante, encarei todos os seus rostos; eles sentiram que eu tinha chegado com algo para contribuir, e sorriram para mim. O que tinha o sorriso mais largo era o mesmo jovem coitado que eu obviamente estava prestes a desacreditar... apesar de (esta é a questão do sonho) não ser tanto por que eu o "traía", mas simplesmente porque eu era louco demais para entender que ele, sendo o mesmo jovem, seria "traído" por minhas descobertas, minhas contribuições... que eram afinal apenas o tipo de contribuição que o mundo recebe de críticos e pessoas assim... ele, sendo o mesmo jovem, parecia não causar em mim qualquer impressão, porque eu queria dirigir-me a toda a companhia como um *corpo* – e com esse propósito eu poderia ficar cego a ele individualmente. Olhei sem expressão em seu *rosto igualmente sem expressão*.

O que isso significou? O tempo todo, ele também era falso e insano – não tenho dúvida disso

O QUE SIGNIFICA O BEBÊ?

agora – e se o sonho tivesse continuado...?

Mas comecei a cair no meu transe do despertar com o objetivo de me lembrar e captar essas coisas. Sou um trabalhador em um agasalho comido por traças, reclamando, suando, correndo para pegar o sonho fresco – um escritor, um pescador das profundezas – mas um dia vestirei túnicas brancas folgadas e escreverei com uma caneta dourada de fogo.

Em meu transe, sentado lá, meio acordado nessa casa estranha, vi que definitivamente existe um outro mundo... o mundo que aparece para nós, e no qual temos nossa outra existência, enquanto sonhamos. Essa é nossa existência amortalhada. O que isso significa?

Quaisquer que sejam as intenções ambíguas que cada um de nós tem por estar vivo – pois por que devemos viver? – estão enraizadas em nossa existência amortalhada. Cada bebê recém-nascido é uma nova ambigüidade para esse mundo estranho. Que segredos tem o bebê? – o que ele significa? – o que ele quer? – o que ele sabe? – o que ele vai admitir? Apenas uma Língua Celestial pode dizer. Entretanto eu sei que todos nós nascemos na escuridão, mas morremos na luz. Tenho algumas dúvidas sobre a extensão disto: será a escuridão de onde viemos o inferno? E a terra em que levamos nossa existência é o paraíso? – ou o purgatório? Acredito que vivemos no paraíso, e que quando morremos somos enterrados aqui no paraíso para sempre. – É do inferno que viemos. Qual é o Sonho Amortalhado? É a visão do inferno de onde viemos, e de onde rumamos, na direção do paraíso, aqui, agora.

EMARANHADO DE MORTALHAS

Isso necessita de mais explicações, e é o assunto mais sério que posso pensar.

O amor, por exemplo, em particular o amor verdadeiro e apaixonado em um jardim, é o encontro de duas Existências Amortalhadas em um emaranhado de mortalhas. É o momento em que um homem e sua companheira vêem o inferno nos olhos um do outro, o inferno de onde vieram, e de onde rumam para a LUZ da vida paradisíaca. Não conseguimos admitir que o outro mundo seja qualquer coisa além de impotente (sem desejo), mau (sem amor), e infernal; um abismo sobre o qual pairamos como pombos com as asas abertas; uma paisagem perdida e plana em nossas costas nos dois cotovelos. Se *reconhecermos* esse mundo, esse outro mundo, como nossa própria intenção ambígua, nós – nós não existimos vivos, mas mortos. Mas tolero minha esperança tola...

Digo que, sendo Crianças Amortalhadas nascidas nas trevas, chegamos, ambíguos & secretos, no mundo real, com uma missão, uma missão pessoal sagrada de luz, que é exteriorizada de um jeito ou de outro. O sonho nos lembra das trevas, do Estranho Amortalhado que nos persegue *até* o paraíso que é a grande vida na Terra; e se nós nos atrasarmos, ele pode nos pegar e nos atirar nas trevas outra vez.

Mas espere. Primeiro... Eu acredito em Deus em um nível, sem dúvida acredito. Vejo Deus no coração preocupado e na noite chuvosa; mas em outro nível, no Plano da Falsidade e da Insanidade como naquele sonho, naquela atmosfera irremediavelmente má,

SIM, UM SONHO DE OZONE PARK

acho que nada desse tipo tem permissão de existir. Portanto deve ser verdade que Deus não tem a menor possibilidade de existir. Ele não existia no sonho... Não havia coisa alguma. Mas quando acordei percebi que tudo o que fazíamos era tentar fazer o melhor em qualquer dos mundos que nos encontrássemos. Em um sonho? – organizando e reorganizando de um jeito tolo memórias de outros sonhos, outras existências, como fichas de arquivo, e por aí vai – Que estupidez, agora!... todos os segredos me estão escapando, não derramei ouro, & é tarde demais. Mas espere... No mundo real? Bem, as pequenas obrigações e envolvimentos, algo sobre o que um bebê grita primeiro (ou Hunkey reclama), apesar de o bebê saber muito bem que tem uma Existência Amortalhada.

Supondo, caro leitor, que os Sete Místicos se aproximem de você, que o cerquem, e em coro perguntem – "O que você quer dizer com sua existência?"

E o que Deus quer dizer ao nos colocar nesta situação em que não podemos ter certeza de coisa alguma, mesmo de Sua Existência? O que Ele está tentando dizer? Hein? "Cuidado" é apenas uma preocupação por este fato, que o mundo é mau e talvez sem amor (mas eu mencionei a mudança no pensamento) – ainda assim o que é cuidado? Só uma velha reclamação típica minha, & o totem da minha família devia representar apenas essa rotina sem graça e embotada sob um sol cheio de alegria... uma bugiganga tola e muito desagradável e má, nada do dourado de Lucien. Meu velho e eu, resmungando e reclamando.

TUDO SOBRE A EXISTÊNCIA AMORTALHADA

Mas o que meu pai sabe agora que está morto? Há luz infinita encarnada em seu cadáver, seu cadáver plantado, embolorado, rachado que se desintegra sob a terra? Ele veio do inferno e agora está plantado no paraíso? – ou existe mesmo um paraíso celestial encarnado no céu?

Tudo isso é um quebra-cabeças, como meu sonho, um arranjo de peças soltas, e gritos: "O que *aquilo* significa?!!". "E *isto?*"

O Estranho Amortalhado é naturalmente do inferno.

Jethro Robinson ficou com raiva de Allen Ginsberg porque a Existência Amortalhada (seja lá o que isso signifique) o assusta de verdade e ele não quer brincar com isso.

O que é essa ambigüidade da existência, de intenção, de significado, ela comunica *o que* das profundezas infernais? O que é esse gênio do mal daquele sonho, só meu.

Oh Pérola Imemorial!

Quanto mais homens nascem, mais morrem, mais luz é dispersada de seus túmulos, portanto precisamos saber mais agora que antes, e assim por diante. Mas por que os egípcios parecem silenciosos? *São* mesmo?

A música insinua a Existência Amortalhada, mas não apenas a música, – a linguagem musical, é claro; a Língua celestial... que o santo Dostoiévski tinha.

Qual a intenção de Deus ao nos dar esse tipo de mão? Pois sem dúvida ele está jogando com a gente, esse jogo de luz e trevas.

Um coro dos Sete Místicos:

Allen, Bill, Hunkey, Neal, Lucien, Hal e eu.

Saem por aí perguntando "O que você está querendo dizer?" – o que

SONHO, SONHO

seria a pesquisa de opinião mais importante do mundo. Ou Eliot, Van Doren, Empson, Merton, Auden, Spender e Dylan Thomas.

Ou melhor – Dostoiévski e outros como ele.

Nossa vida na Terra é o paraíso se comparada a essa outra existência infernal que nos assombra.

Oh viajante insensível que toma todas as suas notas! (Mas agora uma necessidade, até que eu comece a jorrar ouro.)

O "*hip* não *hip*" que pensa mais sobre a consciência do que sobre a beleza dela. Por isso Allen é grande. Hoje ele disse, "Gostei muito dele no Queen Mary" – e então mordeu o lábio porque era algo tão estranho e belo para alguém dizer. Isso, pelo menos, é o reconhecimento da beleza do *que nós significamos*. Em meu transe recebi mensagens (pessoais?) da grande mente de Allen. Talvez ele mesmo as tenha enviado? – "morder o lábio" também é o reconhecimento do horrível-e-belo, inferno-e-paraíso. Portanto precisamos ser terrivelmente imortais, para reconhecer, aconteça o que acontecer, que algo está sendo *feito* para nós. Oh, inferno terrível! – Oh, belo paraíso!

Em *Town & City*, George Martin chega à "noite agitada e brilhante da Times Square, um viajante sujo e maltrapilho do deserto da noite". E então vai ver um filme ambíguo, sobre um mundo triste e pessoas estranhas sob um telhado retorcido. Ah.

E minha mãe não quer ser escondida como uma "avó", quer misturar-se no ambíguo desfile de Páscoa, onde está a rainha de maio.

A LUA

Ter este sonho & transe esta noite durante um eclipse da lua tem uma grande conexão não só com assuntos astronômicos, mas com outros muito mais estranhos.† O mundo gira.

Ser santificado é estar em contato com o outro mundo, com uma confiança ingênua?

Finalmente, a própria noite chuvosa é uma mortalha; e chuvas e rios explicam, em um épico de água, de onde vêm as noites chuvosas; uma vez que chega, e com todo o seu significado, uma noite chuvosa pode contar tudo... e deve contar tudo, antes que este livro esteja cheio.

NOTA† Não muito tempo depois, a Lua provocou um terremoto no estado de Washington.

: = : = : = : = : = :

"A lua se alimenta de vida orgânica na terra." – Gurdhieff*

Portanto, quando eclipsadas, visões da vida eterna são mais propícias.

Não tive uma visão comparável a essa até 20-30 de outubro deste ano, por volta da meia-noite (registrada em um caderno de folhas soltas) quando uma neblina pesada, rara em N.Y., obscureceu as vizinhanças de Richmond Hill e, talvez, tenha parcialmente refletido a lua. Essa visão, por acaso, excedeu e suplantou a que acabo de descrever, e foi exatamente no mesmo (sem lua?) nível de apreensão.

---

* G.I. Gurdjieff (1872-1949), místico greco-americano, fundador do Instituto para o Desenvolvimento Harmônico do Homem.

MASSACHUSETTS

UM COMEÇO PARA *DOCTOR SAX*

"Uma vez viajei de carona ao longo do rio Merrimack por New Hampshire e Massachusetts; e cheguei, à noite, em um lugar escuro à beira do rio, onde começou a chover, e tive de abrigar-me sob as árvores frondosas da margem, onde havia pilhas de folhas ainda secas. Sentei-me ali, aquecido em meu suéter velho, na escuridão triste e opressora de abril, ao lado de águas reluzentes. Não havia luzes que não as da estrada deserta que marcava os limites da cidade – halos enferrujados pendiam de postes sem graça, brotando em vão em meio à Escuridão Infinita que me rodeava e cobria – eu estava abandonado na floresta, perto do rio chuvoso, nas reviravoltas e sombras da noite.

"Houve o brilho de um raio e oh! Do outro lado do rio, entre as árvores, erguia-se um castelo com torres que eu nunca tinha visto antes. Ficava em uma colina bem acima da água, um presbitério estranho com telhados retorcidos, e muitas janelas dolorosas, e hera.

"Nunca voltei por aquele caminho. Mas desde então aprendi toda a história daquele castelo. É chamado de Mito da Noite Chuvosa."

O Merrimack podia muito bem ser o *Susquehanna* em Harrisburg; ou o *Willamette* no Oregon; ou o *Chippewa* em Eau Claire, Wisconsin; ou o *French Broad* em Asheville; ou o *Kennebeck* em Gardiner, Maine, ou o *Tennessee*; ou o Mississippi em St. Cloud; ou o *Missouri* em Jefferson City; ou o *Red*, o *Arkansas*; ou o *Sabine* em Logansport, Louisiana; ou o *Columbia*, o *Colorado*, o *Bitterroot*; o *Humboldt*, o *St. Mary*, mesmo o *Merrimack* do Missouri; ou o *San Joaquin*...

O VELHO DOS RIOS

DE NEW ORLEANS A TUCSON – JAN. DE 1949

Partimos ao entardecer – acenando para Bill e Joan e as crianças, Jullie e Willie; para o alto e triste Al Hinkle e sua esposa Helen. Só Neal, Louanne e eu no grande Hudson; rumo à Califórnia a 3.000 quilômetros de distância. Passamos por Algiers em meio à velha luz opressiva – mais uma vez cruzamos na balsa dolorosa até New Orleans. Passamos por navios amontoados nas docas sujas de lama do rio, pela corrente volumosa do Velho dos Rios, e para o cais antigo no pé da Canal Street.

Neal e eu ainda estávamos em um estado que parecia de sonho, incertos se era a Market St. em Frisco ou não – em momentos assim, a mente ultrapassa a própria vida. Mais será dito e deve ser dito sobre o pequeno e doce lago da mente que ignora Tempo & Espaço em um sonho de vida pré-natural e metafísico... Seguimos pela escuridão violeta e subimos até Baton Rouge por uma auto-estrada de pista dupla. Neal estava implacável ao volante enquanto a loura cochilava. Eu sonhei.

Em Baton Rouge procuramos pela ponte sobre o rio.

E oh!, amigos, finalmente atravessamos o rio do Mito da Noite Chuvosa em um lugar magicamente conhecido como Port Allen, Louisiana. Oh, Port Allen! Port Allen! – meu coração em sua rodovia torrencial espalha-se daí e cai como chuva, com amor e inteligência na forma das mais suaves gotas de chuva. Oh, luzes! – luzes no cabo do rio e no porto; velas quentes, doces e

POEMA DE CHUVA & RIOS

misteriosas queimando aqui no local dos locais onde está o gozo da chuva carnal. Pois a chuva está viva e os rios também choram, também choram – Port Allen é como Allen pobre Allen, ah, eu.

Não, não – atravessar o Mississippi à noite na Louisiana violeta, Oh Louisiana inviolada, para ligar a Ponte das Pontes – ter por certo de uma vez o conhecimento caro e sombrio de um legado que ainda não tem nome e do qual, pobre legado, nunca falamos em voz alta, e não é necessário falar.

Oh, o que é o rio Mississippi?

É a Água da Vida, a Água da Noite, a Água do Sono – e a Água, suave Água da Terra Marrom. É isso que tem e tudo recebe – nossa Chuva, nossos Rios, nosso Sono, nossa Terra, e a Noite Branca das Almas... o Cordeiro que verte Lágrimas Brancas.

E o que é o rio Mississippi?

É o rio que todos conhecemos e vemos. É para onde vai a chuva, e a Chuva nos conecta a todos suavemente, e nós, juntos, nos dirigimos como Chuva ao Rio-Total da União para o Mar.

Porque vivemos em terra mortal, e o Rio das Chuvas é como são nossas vidas – o solo lavado na noite chuvosa, um murmúrio suave das margens arrastadas do Missouri, uma dissolução (Ah – um aprendizado!), um espalhar, um cavalgar

"A GOTINHA DE CHUVA QUE EM DAKOTA CAIU"

a torrente descendo o leito d'água universal, uma contribuição às águas escuras espumantes; uma viagem por terras & árvores & folhas imortais sem fim (pois as cidades recusam a inundação, constroem mMuros contra a realidade lamacenta, as cidades onde os homens jogam golfe em gramados cultivados que antes eram terra alagada sob nossa enchente) – e vamos descendo entre as margens real e artificial – passando por Memphis, Greenville, Eudora, Vicksburg, Natchez, Port Allen, e Port Orleans, e Port of the Deltas (perto de Potash, Venice, e a noite do golfo dos golfos), seguindo, seguindo, enquanto a terra gira e o dia sucede a noite de novo e de novo, na Veneza dos deltas e no rio Powder das montanhas Big Horn (cite a sua humilde nascente), descendo, descendo – e saindo perdido no golfo da mortalidade em eternidades azuis.

Assim as estrelas brilham quentes à noite no golfo do México.

Então do Caribe suave e tempestuoso chegam marés, rugidos, eletricidade, fúrias e iras do deus da chuva que dá a vida – e do Divisor de Águas Continental chegam turbilhões da Atmosfera e chamas das neves e ventos do arco-íris das águias e o grito dos espectros de parteiras – então há movimento sobre as ondas lentas – e gotinhas que em Dakota caíram e no Missouri juntaram terra e lama mortal, a própria gotinha indestrutível – Levante-se! Ressuscite nos golfos da noite e voe! Voe! Voe! Pelo mesmo caminho por onde veio – e viva de novo! Viva de novo! – vá

A NOITE NO RIO MISSISSIPPI

juntar rosas enlameadas outra vez, e desabroche nas ondulações do Leito do Rio, e durma, durma, durma...

Deus abençoe a Vida, oh, Deus abençoe a Vida.

Então, com o rádio ligado em um programa misterioso (e quando olhei pela janela e vi um letreiro que dizia "USE TINTAS COOPER" e respondia: "Está bem, vou usar.") – então rodamos pela noite eEnganadora dos baixios da Louisiana até Opelousas – e rumo aos igarapés em DeQuincy e Starks; onde estávamos para ler o Manuscrito Chinês da Noite Americana.

Mas antes paramos para botar gasolina em Opelousas.

Nas ruas raquíticas da noite suave & florida de janeiro na Louisiana, entrei em um mercado e saí com um pão e um pote de queijo. Cada *centavo* contava se quiséssemos chegar a Frisco. Não havia qualquer pessoa na loja assombrada. Rodamos pelas planícies de pastagem do sul do delta; o rádio tocando mais programas misteriosos.

Passamos por Lawtell, Eunice, Kinder, Ragley e DeQuincy... cidadezinhas esquálidas do oeste da Louisiana que se tornavam cada vez mais como a região dos igarapés de Sabine; até que, finalmente, entre Starks e Deweyville, passamos por uma estrada de terra que cortava os igarapés selvagens. Uma estrada elevada, com árvores musgosas dos dois lados, e indícios da mais escura água do pântano, e sem iluminação... o escuro puro e infestado de cobras. A mansão da serpente cabeça-de-cobre, da mocassim e de várias cobras sem veneno, das trepadeiras pendentes, do silêncio; estrelas brilhando por entre as samambaias escuras, e os juncos do lamaçal. Neal parou o carro e apagou as luzes.

Ficamos no silêncio daquela escuridão arrastada e enlameada.

OS IGARAPÉS DA LOUISIANA

Uma luz vermelha... o olho vermelho solitário no pântano da escuridão. Louanne tremeu e gritou. Neal acendeu os faróis outra vez, mas eles não iluminavam mais que uma parede de trepadeiras vivas.

Então cruzamos o rio Sabine por uma ponte nova e zunimos sobre os Nechez (esses rios secretos dos pântanos da noite do Sul Profundo) e chegamos na escura e misteriosa Beaumont, Texas, com seu cheiro de óleo, pontinhos brilhantes e uma vastidão e enevoada. (NOTA: Ao norte de Eunice fica *Ruston*, a pequena cidade natal de Big Slim, seu lar na Louisiana; pensei nisso em Eunice. "Mãe, um dia quero ser um vagabundo", Wm. Holmes Big Slim Hubbard disse à sua mãe quando era uma criança em Ruston).

Mas agora o Texas, os campos de petróleo do leste do Texas; e Neal dizendo: "Vamos *dirigir* e *dirigir* e ainda vamos estar no Texas a essa hora amanhã à noite". Pelo início da Grande Noite texana, cruzamos o rio Trinity em Liberty, e seguimos para Huston e mais indícios da escuridão de Bayou.

Lembranças da velha casa de Bill, aqui, em 1947... de Hunkey, Joan, Julie, Allen & Neal; e os tatus. E Neal dirigindo o carro à noite pelas ruas assombradas de Huston às 3h, lembranças da antiga aventura *beat* com Hunkey, naquela esquina, naquele bar, descendo aquela rua. O bairro negro pobre. As ruas comerciais do centro. Um valentão de Houston passou de repente rugindo em sua motocicleta com sua garota... um poeta da noite do Texas, cantando: "Houston, Austin, Dallas, Fort Worth... e às vezes Kansas City, às vezes a velha San Antone". Neal cantando: "Olhe para aquela gostosa com ele! Uau!".

Botamos gasolina e seguimos em frente, agora para a imensidão do Oeste que anseio tanto por ver outra vez... para Austin... passando por Giddings e Bastrop. Durmo quando passamos por Johnson City e acordo em Fredericksburg. Louanne está

A NOITE CHUVOSA DO TEXAS

dirigindo, Neal está dormindo. Eu e Louanne conversamos. Está frio; as colinas gramadas estão cobertas de neve. É o pior inverno na história do Oeste.

Assumo o volante em Fredericksburg e dirijo com cuidado por estradas cheias de neve, passando por Harper, Segovia, Sonora, uns 300 quilômetros enquanto eles dormem.

NOTA IMPORTANTE: Acabei de dizer que dormi de Houston a Auston. Tinha me esquecido que dirigi naquela noite durante uma chuva forte enquanto eles dormiam. Em Hempstead, perto do rio Brazos, em uma cidade esquálida de gado vergastada pela chuva, um xerife de chapéu de cowboy e capa de chuva estava montado em seu cavalo (o único humano na rua na noite enlameada abismal) e me indicou o caminho de Austin. Saindo dessa cidadezinha, na noite louca e chuvosa, um carro veio em minha direção, com as luzes acesas. A chuva estava tão forte que a estrada não passava de um borrão. Os faróis estavam vindo reto em minha direção, ou do meu lado da estrada, ou eu é que estava do lado deles da estrada. No último momento impossível dessa colisão de frente borrada, desviei para fora da estrada e atolei na lama profunda. O carro deu ré. Tinha me tirado para fora de minha própria pista. No carro, havia quatro homens sinistros, bêbados, mas sérios.

"Qual o caminho para Houston?" Estava assustado e com medo demais para pedir que me ajudassem a sair da lama. Também não queria mexer com eles naquele lugar selvagem e escuro. A noite chuvosa no Texas, e no passado selvagem dos Estados Unidos, não é totalmente protetora, mas a maior das ameaças.

Eles seguiram para Houston seguindo minha indicação muda.

Então acordei Neal e por meia hora, enquanto Louanne estava ao volante, nos ajoelhamos na lama sob a chuva torrencial e empurramos... empurramos a própria noite.

PENSAMENTOS TEXANOS

Finalmente livramos o atormentado Hudson, e ficamos todos molhados e enlameados, e com frio e miseráveis, e só então eu dormi, para despertar nas neves de Fredericksburg. Neal deixa Louanne e eu dirigir porque sabe que nós sabemos exatamente o que fazer ao volante, apesar de negarmos isso, e "tudo toma conta de si mesmo, tudo está bem". (NOTA DENTRO DA NOTA: Quando fui para Frisco outra vez em agosto de algum ano, os sapatos de Neal no armário ainda não tinham sido limpos, estavam como um bolo de lama texana daquela noite.)

Em Sonora, para voltar ao dia seguinte, comemos pão e queijo cremoso, e Neal então assumiu o volante pelo resto do Texas. Dormi um pouco e acordei na região do desfiladeiro de Pecos, alaranjado, rochoso, coberto de artemísia, sob a luz dourada da tarde. Conversamos animados sobre muitas coisas, enlouquecidos, e os três acabamos tirando a roupa para desfrutar o sol em nossas barrigas enquanto dirigíamos rumo oeste a mais de 100km/h.

Ozone... Sheffield... Fort Stockton. Contei a eles minha idéia de um filme de faroeste que usasse todos nós em uma cidade de gado épica e nossas prováveis transformações em tal atmosfera: Neal, um pistoleiro fora-da-lei; Louanne, uma dançarina no *saloon*; eu, o filho do editor do jornal que às vezes cavalgava pelas pradarias; Allen Ginsberg, o profeta das montanhas; Burroughs, o recluso da cidade, um coronel confederado aposentado, tirano familiar, comedor de ópio e amigo dos chineses; Hunkey, o vagabundo da cidade que morava no beco chinês; Al Hinkle, o espectro das mesas de jogo... e por aí vai. (Boa idéia para um roteiro, um dia.) Visitamos as ruínas de uma antiga igreja espanhola de pedra em meio às artemísias, nus por baixo de nossos sobretudos.

Então rumo a El Paso e Tucson.

"AS AVERMELHADAS MONTANHAS DO MÉXICO"

NEW ORLEANS A FRISCO VIA TUCSON – JAN. DE 1949

Estava dormindo quando passamos por Ft. Stockton e Van Horn e acordei em Ft. Hancock, perto do rio Grande. Outro rio! Era o final da tarde, descemos, como digo na pág. 44, do planalto do Texas para o grande vale do mundo que separa o Texas do México. Rodamos sob as árvores do vale passando por Fabens, Clint, Ysleta, com o rio e as montanhas avermelhadas do México à nossa esquerda. Neal me contou uma história comprida sobre uma estação repetidora de rádio em Clint inacreditável, cujo programa ele costumava ouvir em um reformatório do Colorado. Só discos, mexicanos e de cowboys, com a repetição de anúncios para um "curso secundário por correspondência" para onde todos os jovens durões do Oeste pensaram um dia em escrever... porque, mesmo sem educação, achavam que precisavam de alguma espécie de diploma.

Chegamos a El Paso ao anoitecer. Um ano e meio mais tarde eu e Neal faríamos o fantástico salto do Texas para a terra indígena do México. Mas agora nossos olhos estavam voltados para Frisco e a costa. Entretanto, estávamos tão duros que resolvemos fazer alguma coisa em El Paso. Para ser honesto, pensamos em algum golpe, de uma maneira inocente, com aquela loura atraente, mas nada saiu daí. Fazia um frio de outono em El Paso, e ficou escuro. Passamos pelo centro de informação turística, mas ninguém estava indo para o Oeste. Circulamos pela rodoviária tentando convencer algum futuro cliente dos ônibus da Greyhound a trocar o ônibus por nosso barco moroso para a China. Na verdade, estávamos muito tímidos para nos aproximar de alguém,

O GAROTO A CAMINHO DO OREGON

nem mesmo o universitário que olhava tão alvoroçado para Louanne (ela estava dando bola para ele só para se exercitar). Neal acabou se encontrando com um "amigo" – algum moleque estúpido do reformatório que disse "Vamos esmagar a cabeça de alguém e pegar a grana". Neal o fez falar e riu, e se divertiu, escapou com ele por cinco minutos, enquanto L. e eu fizemos uma espécie de festa no carro. E assim foi, nas ruas laterais escuras de El Paso e com todo aquele deserto adiante de nós e nenhum dinheiro para a gasolina. Neal acabou voltando e resolvemos arriscar em Tucson, Arizona, de qualquer maneira, porque meu amigo Harrington podia nos dar uma refeição e me emprestar a grana da gasolina. A caminho, Neal disse: "Vamos pegar caroneiros e cobrar meio dólar com cada um, isso dá uns 10 litros e uns 60 quilômetros". Bem, na saída de El Paso, depois de margear o rio Grande em sua noite de Juarez, toda brilhante, espalhando-se ao longe, e chegamos em uma estrada principal, lá estava nosso primeiro (e último) caroneiro. Esqueci o nome dele, mas tinha uma mão embrionária e inútil, uns 18 anos, era quieto e de boa natureza, e disse que estava indo do Alabama ao Oregon sem um centavo... o lar era o Oregon, pobre garoto. Neal gostou tanto da suavidade dele, e dele também, que lhe deu carona assim mesmo, só pela diversão, e essa é a bondade de Neal. Partimos rumo a Las Cruces, o que Neal tinha negociado antes quando estava a caminho de nos encontrar na Carolina do Norte, e agora tínhamos, na verdade, "outra boca para alimentar". Dormia quando passamos por Las Cruces, no banco traseiro, e acordei ao amanhecer para encontrar o carro parado em uma encosta coberta de arbustos, todos dormindo, Neal ao volante, o garoto ao lado dele, Louanne no banco de trás, e uma névoa fria nas janelas do carro. Saí para

REFERÊNCIA FEITA ÀS VIAGENS ESCRITAS

esticar as pernas e ver o Oeste. Estava muito, muito frio. Mas que cenário viram meus olhos quando a bruma da manhã se dispersou e o sol surgiu de repente acima das montanhas. Eu não sabia onde estávamos, mas era nos arredores de Benson. Cactos cobertos de sereno, alvoradas de ouro vermelho, brumas gigantes, uma pureza tão intensa que um homem da cidade precisa de um esforço dobrado para compreender o que está vendo & cheirando – e ouvindo dos pássaros. Caminhões lá embaixo da montanha rugiam pela estrada molhada de orvalho.

(O resto dessa viagem está totalmente registrado com cuidado no *On the Road* de 1950 de Dean Moriarty e Sal Paradise – soldado em Benson, a estada em Tucson, o caroneiro pobre de Oklahoma na saída de El Paso, a viagem pelo passo Tecatchapi & Bakersfield & Tulare antes de Frisco, onde tive a visão de Market Street.)

- - - - - - - - - - - - - - - - - - - -★- - - - - - - - - - - - - - - - - - - -

VIDA, VIDA

NOTAS BASEADAS – Eis como eu acho que olharmos uns para os outros & conhecer uns aos outros nesta nossa estranha existência (Não é estranho?) Todos sabemos o que um certo alguém é quando está sozinho, temos nosso retrato pessoal dele, às vezes mesmo uma imagem montada adorável. (Como essa "imagem adorável" pode ser abalada quando vemos alguém que mudou ao longo dos anos.) O retrato particular de alguém é tão engraçado, tão horrível, tão lindo: especialmente de alguém que amamos – ou seja, alguém por quem somos loucos? – DESTA única maneira, quando vi o rosto vermelho, macilento e esburacado de Joan depois de um ano – e ela fora tão bela, tão carnuda e germânica – a "imagem adorável" que eu tinha dela passou por uma espécie de difamação. É sério assim.

Mas o principal, aqui: quando alguém de quem gostamos se volta para nós de sua postura solitária imortal e procura falar conosco, se comunicar, mendigar, contestar, recomendar, convencer, ungir e impressionar, com expressões e aparências apropriadas, vemos, no lugar da imagem adorável, uma espécie de nova revelação horrorosa da realidade; existente tão repentinamente, e para sempre, tão impossível de erradicar, e medo por nós mesmos e nossos pobres retratos e noções particulares; estremecemos; mas ao mesmo tempo, em uma espécie de simultaneidade *redentora*, (e a vida é tão cheia de redenções que nunca reconhecemos!), também vemos a preciosa "rotina" dessa pessoa, sua maneira de "revelar-se" a nós, essa mistura lamentável de orgulho, mentira, timidez & cuidado verdadeiro latentes, esperança branda, e tudo, que é visto como já existente antes, de qualquer jeito, e é comparado e observado em relação a outras revelações, & relacionado novamente à imagem adorável – novamente – e novamente.

SÓ NA ESTRADA EM ALGUM LUGAR

Tive o prazer de perceber isso na maneira com que Louanne olhava para Neal durante muitos dias & noites ao volante. Primeiro, ela observava calada e arrependida a postura rígida dele ao volante enquanto dirigia; as pequenas demonstrações de ímpeto & vigor na maneira com que ele conduzia o carro pelas curvas; e, principalmente, seu assombro de cair o queixo quando repentinamente esquecia que não estava sozinho e mergulhava em sua "eternidade", com um silêncio triste. Ela ficava ali, sentada, olhando, apaixonada por seu ar de auto-suficiência sério, sua ruminação distraída, seu próprio rosto *bulgant*; então um sorrisinho surgia no rosto dela, porque estava maravilhada apenas por ele existir, e por conhecê-la, e ser tão impressionantemente ele mesmo, todo furioso & desdenhoso & meio maluco. Ah, aquele sorriso, aquele que todos os homens querem de suas mulheres, o sorriso de afeição doce & inveja sinistra. E ela o *amava* tanto – tanto que gostaria de guardar sua cabeça em algum lugar secreto para ir lá e olhar para ela todos os dias; ou uma de suas mãos; ou pés... a sua masculinidade dura.

Mas, oh! lá estava Neal virando-se de repente para ela, vendo-a (com reflexão absorta), percebendo que ela o observava *daquele jeito*, & percebendo que ela estava ali, e dando aquele sorriso falso e sedutor dele. Eu, que observava do banco de trás, e Louanne na frente, explodíamos simultaneamente em júbilo. Além do mais, Neal, longe de ser "descoberto", ou perturbado, ou qualquer coisa, simplesmente dava um sorriso forçado como todos os homens sorriem quando sabem que as pessoas estão rindo deles porque eles as amam e as vêem: um sorriso de consistência consciente iluminado por uma mistura de bondosa bufonaria & auto-aceitação sem graça. Isso é, por acaso, um dos poucos gestos humanos sem palavras, uma consciência sem palavras de que se é, afinal de contas, engraçado.

COISAS DO ARIZONA

ARIZONA

Algumas noções: em Wickenburg, em 1947, apesar de ser um dia quente, seco & ensolarado no deserto, vi um homem com sua mulher e filhos em uma carroça pequena arrastando árvores em seu quintal, à sombra de muitas árvores; de repente, era uma espécie de Arizona feliz. Tudo foi confirmado mais tarde quando viajei por Prescott, no desfiladeiro Oak Creek, e fui a Flagstaff, no meio da floresta, onde, nos ares altos da floresta que descortinavam à distância longínquos horizontes desérticos, é possível sentir a alegria peculiar da região dos cânions, região alta, região de florestas: uma espécie de felicidade das montanhas (não é lógico que o modo de cantar tirolês tenha se originado nas montanhas?). Ao cruzar o rio Colorado perto de Indio, você vê um Arizona de desolações... especialmente perto de Salome... um deserto, com um barraco a um quilômetro da estrada a cada 50 quilômetros, mais ou menos, e cidades de entroncamentos – e bem longe as montanhas mexicanas onde o monstro gila cantava para si mesmo; e algarobeiras, buracos de marmota, cactos, montanhas rochosas, planaltos solitários à distância.

Nas montanhas perto de Benson há uma espécie de paraíso ao amanhecer – ares frescos púrpureos; encostas avermelhadas; pastos esmeraldas nos vales; o orvalho; as nuvens douradas se transmutando.

Tucson fica em na região de uma bela algorobeira, plana e com um leito de rio encimados por serras nevadas como a de Catalina. As pessoas são efêmeras, selvagens, ambiciosas, ocupadas, alegres; animação & promessas de muito mais animação no centro; é "californiana".

Fort Lowell Road, seguindo as árvores no leito do rio, é um longo jardim verde na planície de algarobeiras.

EL PASO & TEHATCHAPI, CALIF.

DUAS VISTAS – EL PASO & MOJAVE

Há duas vantagens interessantes no Oeste em que posso pensar, onde você pode ver vales inacreditavelmente vastos – vales tão grandes que abrigam três ou quatro estradas de ferro, e você pode ver fumaça de locomotivas soprando simultaneamente a quilômetros de distância uma da outra.

Há o vale do rio Grande visto do leste de El Paso. Aqui, num crepúsculo avermelhado, dirigimos por uma longa estrada em linha reta sob as árvores (mais uma vez uma estrada num leito de rio). À nossa esquerda, do outro lado do rio, depois de fazendas verdes, estavam as montanhas recortadas do México – uma parede avermelhada, também um muro de mosteiro, atrás do qual o sol parecia estar-se pondo, com tristeza, acompanhado por tristes violões mexicanos que ouvíamos no rádio do carro. Tenho certeza de que não havia melhor maneira para eu ver o México pela primeira vez. E pensar na noite caindo por trás daquelas montanhas – ! No México secreto e ameno, um xale roxo sobre seus vinhedos e cidades de adobe, com as estrelas surgindo tão vermelhas, tão escuras; e talvez aquela lua crescente.

À frente o vale parecia derrubar-nos de um dos níveis mais altos do mundo, lá embaixo nos declives territoriais onde as locomotivas separadas trabalhavam em várias direções... como se o vale fosse o *mundo*.

A mesma coisa pouco antes da cidade de Mojave, na Califórnia, no tipo de vale formado pelo alto platô do Mojave em sua descida para o Oeste, com as serras altas do passo Tehatchapi bem em frente ao norte: mais uma vez uma vista atordoante dos limites do mundo, & as linhas férreas em várias distâncias, como sinais de fumaça indo de uma nação a outra. E *depois* de Tehatchapi?

Uma vista de todo o chão da Califórnia!! (Bakersfield.)

COLORADO

O DIVISOR DE ÁGUAS   maio de 1949

O Divisor de Águas Continental é onde se decidem chuvas e rios... e eu agora habito à sombra desse evento fundamental no mito da noite chuvosa. Westwood, Colorado. Poderia, deveria chamar-se Foothill*, Colorado. É onde moro. Estou aqui observando a ira das nascentes... e o Cordeiro está em meu leito.

E aqui, também, os ares melodiosos e murmúrios rumorosos de tarde de verão – nos campos do Colorado –, amplas excitações vespertinas sobrando das planícies – e para o oeste as severas mas sorridentes montanhas do dia.

Sou Rubens... esta é minha Holanda abaixo dos degraus da igreja. Aqui aprenderei o Dia.

NOVA YORK – NEW JERSEY

NOVA YORK A DENVER; MAIO DE 1949

A viagem em que gastei 90 centavos em comida, para economizar dinheiro em minha busca, em Denver, por uma casa, na qual vivi quando escrevi as palavras na página 70 oposta. Tomei um ônibus até lá. Quando saíamos de Nova York à meia-noite, e eu recordava com ternura o leito de amor de A. de uma hora atrás (garota espanhola), e enquanto contemplava este movimento importante em minha vida que consumiria meus primeiros US$ 1.000 de adiantamento dos editores, mas acomodaria a família de uma vez e para sempre, enquanto rodávamos dentro da noite vermelha, vermelha dos Estados Unidos, rumo a Denver, aquela cidade lar, cantei a seguinte canção:

> *"Been to Butte Montana*
> *Been to Portland Maine*
> *And been in all the rain –*
> *But tell my pretty baby,*
> *I ain't going back to New Orleans;*
> *Tell my pretty baby*
> *I'm going on home to Denver-town"***

---

* Montanha no sopé de outras montanhas. (N. do T.)
** "Estive em Butte, Montana/ Estive em Portland, Maine/ E estive em toda a chuva/ Mas diga à minha bela garota/ Que não vou voltar para New Orleans/ Diga à minha bela garota/ Que vou voltar para Denver." (N. do T.)

Tive visões intensas da pura alegria de viver... que quando viajo freqüentemente acontecem, unidas a uma grande apreciação de seu mistério, & meu assombro pessoal.

Depois da percurso habitual até Pittsburg por estradas desinteressantes do Leste que parecem jardins, nesse caso a auto-estrada pedagiada da Pennsylvania, em um meio-dia quente, saltei para esperar o ônibus para Chicago.. Caminhei pelo centro de Pittsburg para encontrar uma lanchonete barata.

Já estava exausto da viagem noturna.

PENNSYLVANIA – RIO OHIO

Encontrei uma lanchonete e tomei duas xícaras de 5 centavos de café com meus sanduíches. (Permita-me repetir que eu estava praticando um ascetismo necessário para minha alma & meus planos para a família, apesar de Paul, na noite anterior, depois de me dar uma carona até a rodoviária em N.Y., ter gasto quase US$ 5 num cinema e no estacionamento. É possível que eu tenha gasto só 90 centavos nessa viagem a Denver *por causa* disso. Devia ter *previsto* o suficiente naquele momento.

A viagem para Chicago foi mais interessante. Na tarde tranqüila rodamos pelas colinas da Pennsylvania com seus montes de areia e entulho ao lado de minas, e uma ruína industrial lúgubre e geral – apesar de, fora isso, haver muito verde. Weirton, em West Virginia, era uma cidade erguida a partir dessas coisas – uma cidade mineira, assombrada pelas cicatrizes das encostas ao final de toda rua lateral sossegada. A Main Street era uma colméia de atividade comercial na tarde de sexta-feira, a excitação do término de uma semana de trabalho... homens em mangas de camisa, mulheres e crianças.

Mas no momento em que atravessamos o sempre majestoso rio Ohio no outro lado da cidade, e rodamos pela ponte até Steubenville, Ohio, tudo mudou – da aridez de uma região mineira para uma margem cheia de árvores delicadas parecida com a do Wabash, apesar de Steubenville ser uma espécie de cidade industrial.

No fim da tarde rodamos por um Ohio mais montanhoso do que eu conhecera antes, mais para o norte perto de Ashtabula & Cleveland. (O itinerário de Joe Martin.)

Um crepúsculo nas avenidas espaçosas de Columbus.

Depois cruzamos a noite enluarada rumo a Indianápolis, Indiana. Observei os campos ao luar

INDIANA – ST. LOUIS

que no outono, como vira no outono de 1947, são envolvidos em uma mortalha de névoa lunar & assombrados pelas formas desgrenhadas das pilhas das colheitas... milho de Indiana. Mas na noite de maio, Indiana é exatamente como aquilo que você sente quando canta "*Oh the moon is bright tonight along the Wabash*"* – então eu cantei. Mais tarde, conversei com um dos passageiros, um ator jovem chamado Howard Miller, de Muncie, Indiana, que tinha caído na noite há muito tempo sonhando com a Broadway, e estava voltando para casa para trabalhar por um período na mercearia do pai. Ele me lembrou Hal Chase.

Depois de Indianápolis, dormi, apesar da beleza da noite e de sua lua, e acordei quando entrávamos em East St. Louis, Illinois, em torno de 9h da manhã. Eu já conhecia tudo sobre aquela velha cidade selvagem por intermédio de Burroughs... uma cidade à beira-rio, de tijolos vermelhos. Não fiquei chateado por ter dormido; pois eu conhecia previamente a região entre Indianápolis & St. Louis.

Sobre a ponte! – sobre o rio Mississippi! – sob as nuvens ensolaradas da manhã! – no ar fresco de maio! – Entrei em St. Louis. *Cruzei o rio outra vez.*

Fiz a barba no banheiro dos homens da rodoviária, usando a lâmina de outro passageiro – entre todas as coisas, um psiquiatra; então dei uma caminhada até a margem do rio, onde já tinha ido antes, e vadiei em uma esquina, como um verdadeiro Wade Moultrie jovem.

De volta ao ônibus – e cruzando a bela tarde do Missouri com seus odores balsâmicos de trevo, feno recém-cortado, & terra fértil aquecida pelo sol. Paisagens inteiras assim.

TARDE DO MISSOURI

Não poderia haver terra mais fértil que a terra do Missouri. Ainda é perfumada pela presença relativamente recente do rio – com fileiras de plantações. Deve haver mais árvores bonitas no luxuriante Missouri do que em qualquer outro lugar do mundo. E que campos, que madureza; que terras de verão! Não espanta que o povo do Missouri tenha orgulho de sua terra. Não espanta que a "Campanha que falhou" de Mark Twain tenha sido um fracasso tão agradável.** Nesse mundo de campos, colinas e distâncias verdes enevoadas, quase lamentei por estarmos prestes a subir a elevação gradual até as planícies altas, às pradarias do Kansas, & as pastagens naturais de Colorado, para dizer o que direi sobre o Oeste, Missouri, e Illinois com seus rios encantados, Indiana e Ohio, e o estado de Nova York & a Nova Inglaterra, & todo o Sul... representam o Leste doce e ameno deste mundo, diferente do Oeste

---

* "Oh como brilha a lua esta noite às margens do Wabash." (N. do T.)
** "A Private History of a Campaign that Failed" é um conto que Twain escreveu sobre seu breve período como soldado confederado no Missouri em 1861.

árido e selvagem – e fazer uma escolha entre os dois é como rasgar & examinar os alicerces do coração de alguém, onde todas as idéias sobre a vida estão guardadas. Deveria ser a vida doce e amena do idílio?... ou a vida selvagem e sedenta? A vida de horizontes próximos, a vida das árvores doces – ou a vida das planícies amplas e ardentes. O que isso faz com qualquer cidade. Que no fim de sua rua, à noite, enxerga-se tanto os *bosques* da noite – como o *deserto* da noite? Os cidadãos percebem mais isso do que imaginam.

MISSOURI

Em algum lugar do condado de Callaway desci do ônibus e caminhei da parada até o coração daquelas plantações sonolentas adoráveis. Estava quente & seco; havia vacas; sentei-me na grama. Desejei morar no Missouri – especialmente nas tardes.

Tínhamos passado por St. Charles & Warrenton; agora seguíamos para Columbia, e para Boonville cruzando o poderoso *Big Muddy**. É patético que eu me estenda tanto sobre terra & rios... pois Boonville é uma das cidades mais irônicas & de alma feia neste mundo, e eu amo a Deus, não há honra em evitar as questões do homem. Boonville (uma cidade bonita por fora, com árvores velhas, ruas sombreadas, casas antigas) é notável pelo predomínio de anciãos, octogenários que parecem veteranos da Guerra Civil e arrastam-se pelas calçadas. Nada errado na liberdade dos velhos, exceto que há um grande reformatório de rapazes em Boonville – os que conseguem andar, não podem; os que não conseguem, podem.

Dormi um pouco na viagem até Marshall. Chovia. Em algum lugar do caminho apanhamos uma mulher pobre desmazelada com duas crianças. Uma delas sentou-se em meu colo; e não se mexeu um centímetro, ou disse qualquer palavra, e acabou segurando minha mão em um entendimento perfeito de que eu era um bom amigo & colega de viagem parecido com um pai. Nenhum "menino rico" teria se comportado assim, mas na pequena Ozarkie de Missouri, isso é natural. Parte índio.

Em Lexington, sob a chuva cinzenta, o magnífico rio Missouri mostrou-me seu rosto enorme justo quando brilhavam os arco-íris. Uma ilha grande o dividia em dois canais largos e barrentos.

MISSOURI – KANSAS CITY

Este é um grande rio dos rios. Acho que o Mississippi é menos patriarcal. O Missouri é selvagem & belo. Vem de nascentes mais estranhas que o

---

* *Big Muddy*: Literalmente, "o grande lamacento". Apelido do rio Missouri. (N. do E.)

Minnesota – nascentes sem nome em Three Forks (o Gallatin, o Madison, o Jefferson) que não são *nomes* do que existe lá, e nunca vão servir para mim. – Abri a janela para cheirar o *Big Muddy*. Um homem de Kansas City conversou comigo.

Entramos em Independence, ou passamos por fora dela, e não vi sinais do que fora nos dias de [Francis] Parkman, não Truman.*

Entramos em Kansas City. Despachei minha bagagem e caminhei oito quilômetros até os pátios da ferrovia, de onde se via a confluência dos rios Missouri e Kansas, um aeroporto e barragens muito altas contra enchentes. É possível ver o perigo das inundações. O curso do Missouri é perigoso naquela bifurcação.

Subi o morro de volta e passei no caminho pela velha zona portuária de K.C. com armazéns & indústrias frigoríficas; passei por mercados de frutas onde havia velhos muito estranhos sentados com cães velhos muito estranhos – em um crepúsculo longo. Percebi a diferença entre a K.C. antiga e a nova, residencial, no topo da colina – como St. Paul; uma cidade afasta-se de sua nascente original, com todo o esquecimento arrogante de um filho ingrato que cresce gordo & bobo. Mas não posso julgar este século; além disso, amo este século; só que amo o anterior muito mais... ou de uma maneira diferente e pessoalmente interessante.

Subi a Broadway até a West 12th St. Era uma noite de sábado, toda agitada com a excitação aumentada pelo calor. Os bares-restaurantes são lugares maravilhosos.

KANSAS CITY – TOPEKA

NOVA YORK A DENVER, MAIO DE 1949 (CONTINUAÇÃO)

Caminhei pelo centro; entrei em um bar e salão de sinuca barra pesada; tomei uma cerveja no bar & voltei para o ônibus. Fiquei pensando em como fazia calor em Kansas City e ansiava muito, com força e alegria, por subir e sair do fundo do vale do Missouri, até o lugar dos meus sonhos –

No alto do morro da noite do Oeste.

Denver, onde as estrelas são fantásticas...

Cheguei a cantar isso, apesar de ter esquecido das palavras exatas. Inventei essa canção para motociclistas sem destino da noite do meio-oeste. Ele está na quente K.C., quer correr até Tulsa e Fort Worth, ou até Denver, Pueblo, Albuquerque – qualquer lugar, menos aqui, na noite quente do Missouri. Ele

---

* Francis Parkman escreveu sobre o rio Missouri em seu diário de viagem clássico *The California and Oregon Trail*.

quer *subir o morro* – e que morro! – até onde é fresco e claro e estrelado. Às 9h nosso ônibus seguiu nessa direção. Atravessou o rio e correu para Topeka.

Em Topeka, tomei um *milk-shake* de morango maravilhoso em uma rodoviária incrível sábado à noite. Um motociclista jovem e maluco, sem qualquer apresentação, todo arrumado com botas & boné com tachinhas, me disse que tinha acabado de destruir sua motocicleta nova. Estava muito orgulhoso, e com um olhar de louco.

O ônibus correu ao longo do rio Kansas até Manhattan. A pradaria ficava mais desolada – estava escuro lá fora. Deixei minha janela parcialmente aberta; as senhoras atrás de mim reclamaram. Dormi um pouco. Aquele psiquiatra que tinha viajado para St. Louis – por que diabos ele tinha vindo aqui para

A NOITE DA PRADARIA

psicanalisar pessoas tão maravilhosas como aquele garoto da motocicleta? O que é melhor – destruir uma motocicleta sábado à noite, ou ficar em casa lendo Freud? Para que serve a terra – para que serve a noite – para que servem a comida & a força – para que serve o homem? Para a alegria, para a alegria.

Manhattan, por volta de uma da manhã, estava agitada e louca. No fim das ruas era possível ver & principalmente sentir a grande escuridão vasta e impenetrável da pradaria, como não existe em qualquer outro lugar do mundo. Apesar de não poder *ver* a planície, você pode *sentir* tido isso em um infinito negro e plano – que está por toda a volta, e em uma época soprava as artemísias, e ainda sopra. Uma vez vi um filme barato sobre o Kansas com Randolph Scott e Robert Ryan, e apesar de provavelmente ter sido rodado num fundo de quintal na Califórnia, de alguma forma – por algum acidente e por amor de minha parte – parecia exatamente como eu via Manhattan, Kansas, naquela noite... era uma cidade fantasma... nada além de uma parede escura no fim de todas as ruas, e o maior ruído de silêncio em todo o território de capim farfalhando ao vento, e uma sensação leve da poeira soprada em silêncio na escuridão, poeira de centenas de quilômetros de distância. A sensação de que não existem montanhas, nem estradas – só capim, só planície.

Apesar de Manhattan, Kansas, em 1949 não estar mais cercada por tanta natureza e vastidão, ainda se mantinha *fiel* a seu passado – quase mais fiel.

Saindo desse deserto incompreensível da

MANHATTAN, KANSAS

noite surgiram calhambeques envenenados dirigidos por garotos bêbados. Eles entraram roncando na cidade pelo outro lado, surgindo abruptamente das planícies, e de repente ficaram rodando ali onde eu estava, fazendo voltas alucinadas. Acima, o céu estava negro; tão negro quanto as paredes no final das ruas. Eles não deram atenção a isso. Queriam ir para o agitado bar com dança anexo à nossa lanchonete da rodoviária. Eles saíam em pilhas dos carros. Estava começando uma briga nas portas giratórias; as pessoas estavam tomando partido, as garotas olhando das janelas do bar. Outra vez olhei para toda aquela escuridão plana ao redor; nunca estive tão consciente da existência do homem nessa planície escura, nesse poço de noite impenetrável; suas fúrias interiores; suas idas & vindas, despreocupadas, na *planície* de seu covil, sua terra, seu universo enorme, cruel & cego. Também fui tomado, em outro nível, pela grande alegria selvagem que existia ali, *mais além* nas pradarias de K.C. e Topeka; como se isolados e condenados a viver longe da vida das cidades cosmopolitas, ali, no lugar disso, eles assumissem a loucura do coiote nativo. Nunca vi garotos tão malucos... o jeito de dirigir, a vontade de brigar, o jeito de comer e beber. Não se via gente mais velha, só garotos em uma cidade assombrada das pradarias. O cheiro da noite era doce... uma noite de maio na pradaria – o cheiro do rio Kansas, de hambúrgueres, de cigarros... e aquele cheiro de gasolina estranho e assombroso no ar.

A VACA DA NOITE DO KANSAS

Quando estávamos chegando em Manhattan, perto da curva do Grande Rio Azul, nosso motorista atropelou uma vaca na auto-estrada. Tudo mundo fez piada sobre bifes. Foi uma colisão muito séria. Em Manhattan, todos assinamos como testemunhas do fato – um fato que me pareceu triste. Uma vaca velha de cara branca, em seu mundo de escuridão, a pastar em sua existência ruminante pacífica e alegre, tentou cruzar o calçamento quente do homem de um trevo até um trevo mais doce – talvez meditando – e do escuro surge o monstro de olhos brilhantes com uma placa onde se lê "Denver" – e PAM! Vaca morta; guisado de miolos com trevo; sangue na estrada quente, no radiador quente. Chegamos a isso – vindo do momento anterior extremamente doce. Uma vaca na noite, com toda aquela grama doce na pradaria para pastar, tem seus próprios pensamentos nas vastidões lá fora... pensamentos que não estão muito distantes do meu quando seguimos.

Esta é minha elegia à *Vaca da noite do Kansas*

VACA DA NOITE DO KANSAS
Caveira bovina, tão tarde abastecida
Com feixes de pensamentos herbáceos,
E olhos que um momento antes

As planícies escuras alcançaram
E as profundezas etéreas – silenciosa,
Vaca secreta, de rosto branco, fantasmagórico –
Como a freira da noite das pradarias –
Simpatizo com teus ossos
Todos quebrados nesta estrada quente.
    O tolo come os hambúrgueres de sua sina
Mas nada aprende de ti, tão tímida.

A NATUREZA SELVAGEM DO KANSAS

– Finalmente dormi, e enquanto ônibus subia devagar até as planícies altas, sonhei – mas o que foi, quem irá saber ou compreender? Um dia todos teremos morrido, e nada estará resolvido... além dos desamparados andrajos da velhıce *, e mais perto das frias afinidades do túmulo & da história. Acordei – depois de passar por Abilene, Salina, Ogallah enquanto dormia – em Oakley, onde todos tomamos nosso desjejum em uma hospedaria caindo aos pedaços na manhã fria e cinzenta.

Em Cheyenne Wells, na ensolarada manhã de domingo, um cowboy de olhos azuis entrou no ônibus & sorriu para todos enquanto arrastava sua bolsa até o fundo, suas roupas cheirando como as planícies limpas – um cheiro tão sincero & aberto que todos ficaram embaraçados & desviaram os olhos – e eu soube que tínhamos chegado no Oeste verdadeiro. Esse mesmo cowboy me disse onde eu devia ir em Denver para arranjar trabalho no campo.

Tempestades à tarde esconderam parcialmente o muro do Divisor de Águas enquanto desci a East Colfax ao entrar em Denver.

Naquela noite eu finalmente entrei em contato com Brierly e ele piscou seu farol sobre mim na esquina da Colfax & Broadway, nosso ponto de encontro.

Em três dias tinha arranjado a casa perto da Alameda Avenue & estava preparando bifes no quintal & lendo histórias de cowboy à noite na casa sem mobília, FELIZ!

---

* Kerouac iria usar essa imagem na última frase comovente de *On the Road*: "E a estrela do entardecer deve estar morrendo e irradiando sua pálida cintilância sobre a pradaria antes da chegada da noite completa que abençoa a terra, escurece todos os rios, recobre os picos e oculta a última praia e ninguém, ninguém sabe o que vai acontecer a qualquer pessoa, além dos desamparados andrajos da velhice, eu penso em Dean Moriarty, penso até no velho Dean Moriarty, o pai que jamais encontramos; eu penso em Dean Moriarty [(*in On the Road – Pé na estrada*, tradução de Eduardo Bueno.)]

DE DENVER A SAN FRANCISCO, AGOSTO DE 1949
 – Registrada no romance de Sal Paradise *geração beat* (originalmente intitulado *On the Road*, 1951)
 – Os cafetões com o carro no serviço de informação turística, as nuvens-deuses na fronteira de Utah, as velhas cabanas e carroças cobertas de Nevada, Frisco na noite fria reluzente, Neal pelado na porta da casa no número 29 de Russell Russian Hill –

DE SAN FRANCISCO A NOVA YORK, AGOSTO DE 1949
 (Viagem registrada com cuidado & em sua totalidade em *On the Road* de Sal Paradise (1951) – o jazz em Frisco, a viagem no Plymouth caindo aos pedaços, a conversa no banco de trás, Salt Lake City & a atadura do polegar quebrado de Neal, Denver, a noite no parque de diversões, o rancho de Ed Uhl em Sterling, a limusine Cadillac até Chicago, Detroit, o Chrysler até Nova York.)

DE NOVA YORK A DENVER E CIDADE DO MÉXICO: 1950
 (Viagem em *On the Road* de Sal Paradise (1951) – o garoto da penitenciária de Ft. Wayne, Kansas City, vendendo seu terno na Larimer St., chegada de Neal em Denver em um Chevy 36, Frank (Jeffries) "Shephard", Bru, Ed White (Vi, Tim Gray) viagem pelo Novo México & o Texas até San Antone, Laredo; puteiro em Victoria; floresta em Limon; estrada de Sierra Madre; platôs Zumpango, e o vale do México.)

DA CIDADE DO MÉXICO A NOVA YORK: AGOSTO DE 1950
 Ferrocarril de México. Vagão-leito para Laredo, Texas – então ônibus para San Antonio – para Baltimore – para N.Y.
 (com um quilo de maconha tratada preso à cintura por um cachecol) – –

— —

: – CANÇÃO – :

Deixei Nova York
Em quarenta e nove
Para cruzar o país
Sem sequer um cobre.

Foi em Butte Montana
No frio, frio outono

— Encontrei meu pai
em um cassino jogando.

—————

"Pai, pai
Por onde andaste;
Perdido está quem não é amado,
Quando você é tão pequeno."

—————

"Querido filho", falou,
"Não vá se preocupar,
"Pois a pleurisia em breve
Vai me matar."

—————

Seguimos juntos para o Sul
Em um velho trem de carga,
Na noite em que morreu meu pai
Na noite fria, fria.

—————

"Querido filho", falou,
"Não vá se preocupar;
"Deite-me para que
A miséria venha me matar."

—————

Pai, pai
Por onde andaste;
Perdido está quem não é amado,
Quando você é tão pequeno."*

—————

* No original: "I left New York/ Nineteen forty nine/ To go across the country/ Without a dad-blame dime./ – T'was in Butte Montana/ In the cold, cold Fall/ – I found my father/ In a gamblin' hall./ – "Father, father,/ Where have you been;/ Unloved is lost/ When you're so blame small."/ – Dear son," he said,/ "Don't a-worry 'bout me;/ I'm about to die/ Of the pleurisy."/ – We headed South together/ On an old freight train,/ The night my father died/ In the cold, cold rain./ – Dear son," he said,/ "Don't a-worry 'bout me;/ "Lay me down to die/ of the misery."/ Father, father,/ Where have you been;/ Unloved is lost, When you're so blame small. – (N. do T.)

DE NOVA YORK A SAN FRANCISCO; DEZEMBRO DE 1951
Registrado em *VISIONS OF NEAL*
(1952)

Jack Duluoz
(Acordei na Pittsburgh gelada, feijões em Chicago, velho maníaco em Omaha – Nevascas em Nebraska, banco em Big Spring – os campos nevados do velho Wyoming – Nevada, jogadores, neves de Truckee, rodoviária de Sacramento, velho advogado W.C. Fields no nevoeiro cinzento de San Francisco).

— —

DE SAN FRANCISCO À CIDADE DO MÉXICO, ABRIL DE 1952
Na caminhonete Chevrolet 1949 com Neal, Carolyn & crianças, direto para a fronteira em Nogalez, Arizona – então sozinho em um ônibus de segunda classe para Navojoa, Culiacan, Matzatlan & Guadalajara & a Cidade, com Enrique Villanueva como guia & amigo – a melhor viagem. (A história de "Culiacan" tem um papel importante nisso.)
("Viajante solitário")

NOITE LOUCA EM BROWNSVILLE

DE BROWNSVILLE, TEXAS, ATÉ AS MONTANHAS ROCHOSAS – JULHO DE 1952
De carona o tempo inteiro, com uma nota de cinco dólares e uma mochila grande – Sem tempo para parar pois quero estar em casa para o 4 de Julho – saí do ônibus mexicano e caminhei por Matamoros, nas ruas poeirentas, até a fronteira, com os guardas americanos, & entrei em Brownsville – e dali segui para uma estrada secundária onde fui apanhado pelo carrão envenenado de Johnny Bowen, de Brownsville, que quer que eu tome uma cerveja com ele – algumas cervejas num bar de beira de estrada – Agora ele quer que eu beba com ele a noite inteira – quer que eu arrume um emprego em Brownsville – É um garoto solitário maluco – quer que eu vá ver a mulher dele grávida – bebemos e fazemos isso, ela o expulsa (eles estão separados) – quer que eu conheça sua irmã que trabalha em um *drive-in*, ela diz: "Não quero que me digam com quem devo sair" – ele é maluco.
— Ele joga flíper de cima a baixo da estrada, ficamos bêbados, roletamos cruzamentos a 150 por hora, jogamos bilhar com um bando de mexicanos no centro de Brownsville, um dos quais me pede US$ 1 emprestado e eu estou tão bêbado que dou, dos meus 5 –

Ao amanhecer estou duro – dormimos na casa dele, uma cabana do Texas – no dia seguinte estou passando mal & com uma febre de disenteria.

– Bebo refrigerante, ele me devolve meus US$ 5 – caio na estrada & passo mal num banheiro de posto de gasolina – fico um bom tempo sentado, descansando – então vou pedir carona – faltam 5.000 quilômetros – Uma carona imediata para Harlingen, seguindo ao longo da cerca infinita do rancho King, com um velho caipira que, ao ouvir falar das putas mexicanas, acha que seria uma boa idéia levar um caminhão cheio delas para Chicago. – Longa espera no sol quente de Harlingen, bebo coca-colas – Consigo carona para Rosenberg, Texas, com um jovem estudante de medicina mexicano – Então arranjo outra carona para Huston onde um operário de construção bêbado me convida ao seu quarto de motel para tomar um banho e, quando eu saí do banheiro, ele estava pelado, de quatro, implorando que eu o comesse – passei, não fiz aquilo – ele chora – Consigo carona com uma bichinha dono do hotel Dandy Courts, que diz "Pede carona aqui em frente de minha corte (motel), se

TODO AQUELE FEIJÃO-FRADINHO

não conseguir, pode vir & dormir", mas consigo carona num caminhão-tanque dirigido pelo índio Cherokee de fala louca e rítmica mencionado em *Vagabundos iluminados*, até Liberty, Texas, onde chegamos ao amanhecer. Lá eu durmo numa plataforma ferroviária de carga – Carona numa carreta que levava feijão-fradinho em sacas, paramos para ajeitar a carga sob o "encerado", como ele chama aquilo. Passamos por Beaumont e chegamos em Baton Rouge – Uma estrada quente e ensolarada. Chupo o sorvete de um copinho, arranjo uma carona até o Mississippi com um agradável morador do Mississippi. – Muitas caronas curtas pela noite, cidadezinhas, até chegar em Jackson, Missouri. – Um sujeito pega outro caroneiro, um garoto louro estranho e pálido que está voltando de um encontro de renascimento de Billy Graham! – No meio da noite, vejo-me na sonolenta cidade de Newton, Miss., sem possibilidade de carona. Não havia qualquer trânsito. Fiquei sentado no meio-fio naquela noite quente de verão, triste, tentei dormir na minúscula rodoviária, sentado com a cabeça sobre minha bolsa – Pela manhã, um belo desjejum renova minhas forças (Comi com tanto apetite que os turistas ficaram olhando para mim, panquecas & ovos & torradas!) – Bam, uma carona repentina de um senhor elegante, meio *hip*, em um carro novo, que me leva até a Georgia, passando por Montgomery & Tuscaloosa, Alabama, onde ele me paga uma bela refeição de broa de milho sulista com feijão-fradinho etc. (restaurante ótimo em uma estrada sinuosa do interior), e depois seguimos adiante e paramos no trevo da Tobacco Road para tomar uma cerveja entre os estranhos brancos pobres da Georgia, engraçado! – então seguimos para Florence, Carolina do Sul, ao anoitecer, fim da carona, carona longa. De lá faço um interurbano para mamãe & volto a pedir carona, conseguindo a última com o gordo e grande Walter Brown de Baltimore, que ia se arrastando a 50km/h por entre os pântanos da C. do N. e do sul da C. do N. (parando à meia-noite em um restaurante com uma garota de dez anos que tocava "Rocket 69" na vitrola automática), & Montanhas Rochosas ao amanhecer – Faminto! Exausto! Grato! Duro! Desolado! Em casa!

DESCENDO ATÉ A CAROLINA

DE NOVA YORK A SAN JOSE – FEV. DE 1954

Vestindo uma capa de chuva nova castanha & levando a "mochila básica" para a vida de ermitão em Baja Califórnia, mas dentro uma prática mala americana. Caminhei até em casa & o amor de Mamãe na noite fria até Sutphin (calçando luvas de ferroviário, chapéu com protetor de orelhas, duas jaquetas sob o sobretudo, duas camisas) (& dois pares de jeans!) – Trem E para a estação central de Port Authority, & assim começou uma viagem que eu não devia ter feito – Ônibus para Washington às 22h – Sentado relaxado no banco da frente, praticando descanso & meditação, evitando olhar, pensando – o ônibus pega a auto-estrada pedagiada de NJ e segue sem parar até Delaware, passando rapidamente por Howard Johnson – Em H.J. desço e fico parado respirando o ar frio – Em Washington está um pouco mais quente, amanhece, sol, desço do ônibus e corro para a ponte Virgínia, parando, antes, para um desjejum grátis de mingau, torrada & ovos em uma cafeteria – caminho pela ponte & percebo o horror – todos esses detalhes – minha mão dói – milhares de carros rodando enraivecidos em meio a um fedor de gasolina; rostos pálidos não se importam, eu me abandono tristemente em um universo mau e triste – Por que não voltei para casa naquela hora? Teria economizado US$ 250 – Mas foi uma viagem "instrutiva". Nas estradas com Neal & Louanne & Hinkle eu tinha dirigido pela neve, agora estava parado sobre uma grama seca fria, sem conseguir uma carona – Caminho mais. Finalmente, perto do Pentágono, um homem de negócios me dá carona – conversamos sobre a explosão populacional de Washington & Alexandria (quando chego lá percebo que conheço & recordo & posso falar sobre tudo). – Ele me leva até perto de Fredericksburg onde eu faço um lanche rápido numa barraquinha de sorvete & saio fora, usando o dedão consigo uma carona com um caminhoneiro negro ambicioso, casado, inteligente, calado, como Willie Mays – Carona até Richmond, triste, em meio a um cinza frio caminho para esticar as pernas cansadas de andar no caminhão, até um cruzamento, onde um carpinteiro com úlcera me dá carona – Eu o aconselho a descansar & não pensar em coisa alguma – Esse tempo todo estava irradiando paz mental em silêncio para meus benfeitores & agora falo um pouco de sabedoria – Ele fica surpreso e interessado – Fico na ponte do rio James onde compro no banco US$ 60 em cheques de viagem, uma bobagem, achando que vou de carona por todo o caminho até San Jo-say –

Carona com um cara que vende carros usados, o irmão em algum lugar na estrada atrás dele no carro deles – Ele está indo para Sanford, Carolina do N.(!) – Boa

TRISTE ROCKINGHAM

viagem – eu relaxo – Passamos por Petersburg, South Hill, Novlina, Henderson (todos lugares condenados. Passei uma dúzia de vezes em So. Hill, O Espírito Universal em Todos Nós) – por Raleigh, Sanford. Lá tentei conseguir uma boa noite de sono em um hotel perto da estrada de ferro, ao lado dos trilhos costeiros, & consegui – Boa cama, hotel antigo, guarda-freios & condutores jogavam cartas no velho saguão – bebi um pouco do meu *brandy* – Pratiquei *dhyan** ao amanhecer, descansando minha mente de sonhos eróticos com a "namorada judia de Eddie Fisher" – grandes trens cargueiros passavam a noite inteira, BLAM! – Postes com luzes noturnas enevoadas e tristes de Obispo, parecidas com a Carolina, mas outra estrada de ferro mais triste) Cães e galos ao amanhecer...

De manhã, desjejum de salsicha grande & ovos & panquecas; comprei inaladores nasais, pastilhas para tosse, chicletes; estava na estrada (Auto-estrada N.º 1) às 9h, refrescado & pronto para a Califórnia.

Um azar sinistro – a aparência tola dos botões dos ombros de minha capa de chuva & do chapéu com orelheiras, tal qual um assassino excêntrico na estrada. Não arranjei carona. Caminhei 5 quilômetros morro acima, até o campo, com raiva – Finalmente, uma carona à tarde, bem tarde, com o grande Armand, camponês de Oklahoma, até Southern Pines – uma bela tarde dourada e quente com o murmúrio & a fragrância dos pinheiros – Queria ficar ali sentado, por que andar 5.000 quilômetros só para sentar & ser Buda?

Carona rápida até Rockingham com um soldado evasivo – Onde a noite caindo, comprei uma passagem para Los Angeles numa pequena rodoviária da Greyhound, dando para a garota meus preciosos US$ 60 em cheques de viagem. – Enquanto esperava o ônibus, vaguei pelas ruas de sábado à tarde entre fazendeiros & lojas de mantimentos & conversas de calçada – Compro um saco de amendoins, mas o vendedor não me avisou que não eram torrados. Eu os como mesmo assim em um pátio de carros limpa-trilhos, pelas proteínas

---

* Do sâscrito, "contemplação". Tratava-se, provavelmente, de um tipo de meditação. (N. do E.)

– amém, crianças negras – Um amendoim está bichado, descubro quando engulo algo macio salgado & meio podre e triste, sopa & bolachas em um restaurante e cervejaria na Carolina do Norte com piadistas gordos e engraçados – Uma conversa louca na rua com um carregador negro da rodoviária que conta as histórias locais, e irradio paz mental para ele – Ele conta de uma família negra local que tinha acabado de matar todos os seus porcos & defumado todos eles para o ano & o fogo queimou a casa & os porcos & a comida & os móveis, tudo – (na noite anterior) – O sol se põe na cidadezinha triste do interior – O ônibus chega, lotado. Cedo meu lugar para um senhor de idade até Charlotte.

Então à noite até Spartanburg e, ao amanhecer, Atlanta. Vejo os trilhos de trem do Sul –

Depois Birmingham, Alabama, e Bessemer, uma cidade lúgubre e espalhada, com favelas onde viviam os negros & bicicletas na manhã de domingo –

Em Columbus, Mississippi, ao meio-dia, subo a pequena colina até uma rua principal de domingo faulkneriana e como um almoço de sopa Duncan Hines

DOCE FUGITIVO EM JUAREZ

& croquetes gostosos & salada *caesar* & torta de limão invisível e merengue feita em casa que derretia – em meio a aristocratas sulistas de paletó que conversavam sobre caçadas & pescarias.

Durante toda a tarde cruzamos o Mississippi com os morros caindo de repente no delta plano e um passageiro me conta as notícias locais & diz que tem um monte de cobras nos últimos morros do delta – insistiu em sentar-se comigo para falar – Cruzamos as regiões faulknerianas espectrais & ouço seu dialeto – e chegamos a Greenville, Mississippi, no silêncio da noite de domingo finalmente chegamos à cidade natal de Mississippi gene* e dou uma caminhada rápida até o molhe para dar uma olhada e vejo o grande rio silencioso imóvel, em paz & seus velhos barcos de pás, agora transformados em clubes noturnos amarrados à margem – e as fantasmagóricas árvores do Arkansas de Huck Finn do outro lado – cruzando mais uma vez o Mississippi –

Durante a noite fomos até El Dorado, Arkansas, onde de repente olhei para cima & vi as estrelas & senti grande alegria & disse:

Liberte-se doce fugitivo,
Os próprios ossos da morte;
Mas o vazio infinito

---

* Personagem errante de *On the road*. (N do E.)

Da mente pura perfeita
Quem tem quanto?
Tudo, tudo

Dallas ao amanhecer e dou uma volta rápida pelas ruas, depois de me barbear & vestir jeans, e comprar um saco de *donuts* frescos & comê-los com café na rodoviária – O dia inteiro cruzando o Texas no ônibus cheio – parada em Boomtown Odessa onde caminhei & tomei uma sopa numa lanchonete – uma cidade inteira novinha, estendendo-se pela auto-estrada, rica, inútil, solitária na vastidão da planície com suas torres de petróleo enevoadas em horizontes sem fim – Seguimos para El Paso, onde chegamos às 20h. – Ando rápido até o hotel da ferrovia e consigo um quarto abafado interno e sem janelas, mas durmo –

Pela manhã saio para a exploração do dia de El Paso & Juarez – Um céu azul claro, sol quente, pesar de tijolos vermelhos & cercas deste lado do rio Grande – Tomo um desjejum com uma panqueca enorme em um restaurante mexicano-americano – a cidade inteira indígena, caindo aos pedaços, com lojas de roupas de segunda mão com velhos casacos de cowboy com golas de carneiro alinhados – Passo por pátios tristes e empoeirados de ferrovias até a ponte de Juarez & atravesso por 2 centavos – entrando na paz ditosa do vilarejo camponês sob o sol quente do meio-dia – cheiros de *tortilla*, cochilo de crianças & cães, calor, ruazinhas compridas – eu saio

UMA TARDE EM TARAHUMARA

da cidade e vou até a beira do rio e me acocoro no chão e vejo os Estados Unidos do outro lado e deste lado uma mãe índia, ajoelhada no rio, lavando roupa com um adorável bebezinho pendurado às costas enquanto ela estava ali – Pensei, "Se minha mãe fosse simples para lavar sua roupa no rio" – Senti alegria. Mas um garoto ruim bêbado insistiu em conversar comigo, me empurrando tabaco Bull Durham, oferecendo maconha, etc. – Mas consegui que ele falasse comigo no dialeto Tarahumare – Caminhamos – Ele explicou o México – Na verdade, um bom garoto, mas doidão – Encontramos dois *hipsters* em um campo que pareciam gângsteres, o que eles são – às vezes espancam meu índio para pegar seu dinheiro – Eu os evito e eles vão embora, com seus paletós estilosos, por entre os arbustos. No campo, o antigo fazendeiro com seu arado de madeira e sua paz. Do outro lado do rio, nos pátios da Southern Pacific, sopram colunas altas de fumaça rumo oeste para Lordsburg & Yuma – Nunca pensei em continuar a viagem pelo cargueiro da SP – o velho 373! O rápido! – (fica para a próxima)

Dou 99 centavos ao garoto para comprar maconha & ele desaparece, subindo nas dunas onde índios procuram comida com lixo na altura dos joelhos – Famílias constroem novas casas de adobe – Medito ao sol perto do rio, um navio passa e desaparece – calço sapatos e perambulo pelos montes de lixo dos Taharumare de El Paso – faço toda a volta – encontro revistas em quadrinhos mexicanas velhas – passo por índios cagando diante das vistas das mulheres – examino como são feitas as casas de adobe – vejo os produtores de adobe tarahumare misturarem lama e estrume com pás. Depois põem a massa em molduras, alisam, e removem as molduras & deixam os blocos para endurecer ao sol – O índio que me vê diz, sorrindo, "*No sabe?*" – volto para o centro de Juarez, vago por mercados que vendem cactos do deserto e ervas & sementes & raízes misteriosas, uau – gostei das garotas, não consigo parar de olhar para aquelas belezas morenas – Tomo cerveja & ostras cruas num bar legal – Cervejas & escrevo em um bar onde se apresenta um cantor com um violão – Visitei a estação ferroviária & gostei das figuras que circulavam por ali & dos vagões de carga fechados &

SEGUINDO PARA YUMA

grande multidão em fiesta misturando-se pela plataforma da estação sob o sol quente – como doces de coco & sento-me no trilho – sento ao sol ouvindo cantores e violonistas perto da ponte, na calçada, as costas contra a parede – Na próxima vez vou arranjar um chapéu de palha e praticar uma meditação de "*siesta*" nas ruas do doce México – Volto para El Paso para comprar por US$ 2 um casaco do exército com bolsos grandes. Saio para uma caminhada poeirenta & passo por um baile & fico sentado enquanto uma garotinha negra brinca perto de mim – dei a ela jujubas mexicanas – Vou para a rodoviária de El Paso & perambulo por perto sob o quente sol vermelho – descanso os pés no parque – Tomo o ônibus ao pôr-do-sol, rodo através da vermelhidão –

Lordsburg à noite, grande trem cargueiro chegando do Oeste quando fazemos uma parada para descansar – Vou correndo comprar pão & manteiga em uma mercearia chinesa quase fechando e corro de volta para o ônibus e três vagabundos que saltam do trem cargueiro que ia para o leste me pedem esmola, mas não tenho grana – Dizem que vieram da Califórnia – O vagabundo alto e magro diz: "Já passamos por cima daquele morro de San Luis Obispo!" – Bah –

O ônibus roda pela noite, como humildemente pão com manteiga enquanto dois soldados brincam no bando traseiro – Tucson à meia-noite, invisível deserto simpático & quente, mas o centro é reluzente e solitário como Denver – Depois para Yuma, ao amanhecer, onde subo um lance de escadas de madeira da estação e me sento nos bancos do pátio de Yuma e fico observando os cargueiros da SP chegarem do Leste e do Oeste & passo manteiga em meu pão e como estudante que acaba de chegar – em um terreno baldio abaixo vejo moitas de algarobeiro de onde pendem imóveis as vagens amarelas da algaroba, uma das misteriosas iguarias do deserto – (madura em agosto) – O ônibus segue ao amanhecer e entra no vale Imperial, na direção de El Centro, onde os carros ficam estacionados em diagonal na ampla e vazia Main Street – Além de uma faixa verde de agricultura irrigada, o vale Imperial é um deserto – Laranjais, algodão – casas novas – Entramos no deserto de San Diego de rochas, cactos e dunas de areia – Vejo o pequeno agave, com repolho por baixo, e hastes de quase três metros projetando-se para cima, a grande

SÉRIO E MAL-HUMORADO

iguaria do deserto dos índios *cornhusk* – nem sinal deles – nada – um grande deserto vazio para a vida de eremita, cheio de comida & água escondidos (o cactos *kopash* tem água dentro) – Mas triste – Seguimos para San Diego, quente, ensolarada, depois do passo das montanhas do deserto – (Esqueci de mencionar Jacumba, parada entre Yuma e El Centro, portanto na fronteira, pássaros ao amanhecer enevoado & um homem que surgiu caminhando das árvores do México e atravessou a sonolenta rua de fronteira de barracos & árvores & lixo nos quintais) – (Um futuro lugar para mim) –

San Diego é rica, sem graça, cheia de velhos, de tráfego e de cheiro do mar – O ônibus ao subir passa por lindas casas luxuosas à beira-mar de todas as cores do arco-íris sobre o mar azul – nuvens brancas – flores vermelhas – atmosfera doce e seca – muito rica, carros novos, incríveis 80 quilômetros, uma Monte Carlo americana – até LA onde curto a cidade de novo, vou ver a banda de Woody Herman em uma tenda – Desço do ônibus & caminho pela South Main St. carregado com toda minha bagagem e bebo uma cerveja enorme para matar a sede provocada pelo sol quente – Sigo até os trilhos da SP, cantando *"An oldtime non-lovin hard-livin brakeman"*, compro salsichas e vinho em uma loja italiana, vou até os pátios e pergunto sobre o trem rápido. Às cinco da tarde avermelhada todos os funcionários vão para casa, deixando o pátio silencioso – Acendo uma fogueira atrás de um barraco da ferrovia e asso as salsichas e como laranjas & bolinhos, fumo Bull Durham e descanso – o plap-plap do ano-novo chinês perto dali

– Às 7h eu, tolo, chego ao vagão dos condutores do rápido e converso com um guarda-freios dos fundos enquanto o trem é preparado – BRAM! SLAM! O guarda-freios luta para arrumar o cobertor e a luz e acender um fogo de carvão – O condutor é sério e mal-humorado – Não engole meus documentos, me expulsa do vagão – o trem está a caminho de Santa Barbara.

– "Vá embora, você não pode viajar aqui, senão eu chamo a polícia!" – Eu xingo e saio pela porta empenada e passo pela luz (deixo minha mala ali) e o guarda-freios simpático me diz "Tome cuidado" e eu subo a escada na lateral do último vagão fechado de carga e corro sobre as rampas mantendo a lanterna apagada até que o condutor que estava observando parou de pensar que eu era um vagabundo e começou a gritar "Tem um vagão-plataforma

"ELE ME TRANSFORMOU NUM VAGABUNDO"

ali!", porque se a lanterna acendesse eles ficariam confusos – Sou eu! – Tudo resolvido – e quando o trem começa a andar & fazer barulho, corro & pulo & vou até o vagão-plataforma, que leva grandes máquinas presas a (caminhões da SP) e eu entro em baixo & sento & canto "*He done made a bum outa me!*" e pela primeira vez em meses, no vento frio e cortante da noite da costa dourada da Califórnia, abro o vinho & bebo – ruim, forte, ordinário – mas me esquento e canto por todo o caminho –

Esfria com o vento frio constante da noite, por isso me enrolo no meu casaco & me encolho & congelo & canto –

Em Santa Barbara eu já tivera o suficiente, mas vi que nada havia além de pântanos frios e enevoados além dos trilhos, & o mar frio, então espero até que o sujeito sério e mal-humorado deixe seu posto para fazer sua inspeção & volto 12 vagões escondido até o vagão de funcionários vazio, tiro a mala & a levo de volta ao vagão-plataforma, onde tiro um cobertor & me enrosco & bebo vinho – Logo a nova turma de funcionários põe o rápido a caminho de San Luis Obispo.

Chega agora a costa estéril e mais triste e fria depois de Gaviota, subindo por Surf, Tansair, Antonio

– Nem sequer ouso olhar, mas medito sobre o barulho das rodas batendo & medito, tremendo – sob as estrelas – Em San Luis Obispo, viagem sem paradas, desço tonto, chega de vinho. Desço antes que o trem pare, perto de uma casinha à beira de estrada, & caminho até o velho hotel Colonies dos meus tempos de guarda-freios

– Fechado, e eu com sono – então vou até o centro entre palmeiras & casinhas e ando até um hotel & pago US$ 1,50 pelo quarto & sono, rasgando e jogando fora o horário dos trens da SP. "Chega de SP!" Na manhã azul como *donuts* & saio para a estrada para pedir carona – Bah! Vi que o trem cargueiro estava saindo pelo viaduto & eu podia ter subido nele! Mas então consigo uma carona com o sujeito maluco que tinha sido da infantaria em um carro novo, e subimos voando a colina de San Luis Obispo até Santa Margarita, chegando em uma hora ou 40 minutos antes do trem – Então tomo uma sopa na velha e familiar Margarita onde eu fizera minha primeira viagem quando ainda estudava & vi as

A IDADE DOURADA EM UM VAGÃO DE CARGA

bolas de metal dos turmeiros na neblina da manhã. O bar que vende saquinhos de carne-seca & pinhões está fechado, então compro doce & me sento na grama perto do meu antigo barraco pendurado no morro (do qual não tenho mais a chave), sob o sol quente no chão úmido –

Lá vem o trem, porque é um trem que vai para Leste, ele vai parar – vou para o lado da trilha dos engenheiros, bem onde eu tinha sonhado que os vagabundos assassinos me seguiam (!) e entro com calma em um vagão de carga, sem vivalma à vista –

Logo partimos & seguimos até Templeton, Hanery, Paso Robles, Wunpost, e subimos o vale Salinas.

– O grande leito do rio em Wunpost, outro lugar para uma vida de eremita mendicante!

– O sol quente derrama-se pela porta bem aberta, eu cochilo – O trem entra em Templeton, eu desço e deito-me na encosta verde, parado & feliz, contente, ignorando os chamados dos vagabundos dez vagões abaixo – Foi ali que tivemos nosso treinamento, do condutor MacKinnon, & ali que eu falara com alguns vagabundos em meu passado de ferroviário – Outro apito. Volto quando um barulho atravessa o trem de cima abaixo,

– Voamos até Salinas e Watsonville no gozo da tarde quente da Califórnia – e eu acho que "A Morte é a Idade de Guro".

Em um ponto forço-me a vomitar todo aquele doce horrível –

Em Watsonville, a familiar e triste Watsonville, agora a menos de 100 quilômetros de meu objetivo, eu salto, caminho para a extremidade oeste do pátio, sento-me na grama ao lado dos dormentes & espero o próximo trem – Sentindo-me um pouco enjoado

– Medito – um vagabundo que passa me vê & deixa cair um dos seus repolhos grátis – Depois eu o apanho & como um pouco – meu enjôo some!

O sol vermelho é quase líquido nos trilhos – A noite, púrpura, Watsonville além das plantações de alface & meu velho leito do rio Pajaro acende-se triste – Pergunto pelo próximo trem.

– Logo vejo seu número.

– Confirmo, perguntando aos vigias, & embarco em meio à escuridão

– Então, às 8h30 nós

A LUA DE SARIPUTRA

partimos e rodamos direto para Aromas e Chittenden, e de novo passamos pela sonolenta Gillroy, & pela doce Madrone, & Morgan Hill, e a velha Coyote para dentro de San José – a essa hora estou dançando e cantando a plenos pulmões dentro daquele vagão de carga velho e barulhento, feliz, saudável, cheio de repolho cru & coragem – Chego aos pátios de S. J. onde deixo o meu vagão de carga a leste do escritório da ferrovia para que nenhum dos guarda-freios conhecidos me veja – Enquanto espero que a cancela se abra, para andar até o ponto do ônibus para a avenida de Neal, um guarda-freios, ao me ver com a mochila, acha que estou tentando entrar no trem para oLleste, diz: "Entre no trem rápido, ele parte em um minuto para LA!" Legal! – Vou até um posto de gasolina & ligo para Neal – Ele vai me buscar em seu calhambeque que faz nossas vozes cantarolarem & soluçarem como em um sonho – compro cerveja & conversamos a noite inteira. Digo a Carolyn, "Você se dá conta de que é Deus!" Trabalho no estacionamento por algumas semanas, me divertindo, jogando xadrez no barraco com Neal e ficando doidão na velha tarde – Toda noite depois do jantar vou me sentar sob a árvore perto dos trilhos da Western Pacific em um campo, uma grande e envolvente árvore com o poder de iluminar, & medito por uma hora sob as estrelas – às vezes em meio ao cactos sento-me & ouço o ronco dos ratos do campo – A lua de Sariputra brilha sobre mim e a longa noite da vida está quase terminada. – Adoração aos Budas!

26 de julho de 1950
Richmond Hill

——— . ———

CAINDO NA ESTRADA

CAPÍTULO UM: Um homem estranho

Tudo começou quando acordei e uma coisa terrível, certamente a mais assustadoramente bela, estava ACONTECENDO apenas por alguns instantes, mas o suficiente para provocar uma mudança em minha vida que levou a acontecimentos que eu imploro a Deus que me ajude a organizar em minha mente para que possa trazê-los à luz.

Não tinha idéia da hora do dia ou da noite, atrás das persianas fechadas que na primeira vez em que despertei pareciam outra coisa, em um quarto de hotel caindo aos pedaços com um teto descascando, tudo em uma cidade impossível de lembrar, onde uma admiração reverente possuiu-me no espaço de cinco ou seis segundos nos quais eu perdi completamente as menores e mais pesarosas lembranças de quem eu era, e que os Anjos do Sonho Eterno sejam testemunha.

July 26 '1950
Richmond Hill

GONE ON THE ROAD

An Awkward Man

CHAPTER ONE: ~~A Lonely Man~~

~~Here is what happened,~~ it all began, when I came awake and a ~~most~~ terrible, certainly most terribly beautiful thing was ~~happening to me~~ TAKING PLACE, ~~there~~ only for a few moments ~~yet~~, enough to make the change in my life that has led to the events I implore God to help me arrange in my mind so I may bring them to light, BACK ~~see them~~ ~~of all concerned~~

It was I ~~had no idea~~ what time of day or night, behind drawn shades that on first waking seemed like something else, in a rickety old hotel room with a crooked ceiling, all in a city impossible to remember that this spectral awe possessed me in the space of five or six seconds, in which I completely lost every faintest, poorest, most woeful recollection of who I was. ~~So~~ in the moaning void of my hallowed mind the realization came unimpeded like & may Angels of the Eternal Dream & the ~~Blood Hands~~ bear witness.

Então no vazio torturado – de – minha mente vazia, a realização surgiu sem impedimentos como um sonho desapiedado de que eu estava envelhecendo e ia morrer; justo quando, no fim de tarde lá fora, as primeiras folhas voavam com o primeiro vento outonal e em todos os lados as vidraças das janelas desesperançadas chacoalhavam com o novo inverno.

Então, de alguma forma que não lembro, da escuridão de meu travesseiro, vi que os pátios enfumaçados das ferrovias, onde os cargueiros circulavam com estrondos, eu podia ver por uma fenda na persiana, eram – os pátios de Des Moines, Iowa, "claro, naturalmente", e lembrei-me de quem eu era porque me lembrei porque estava ali (que era) para arranjar um emprego em alguns dias, ou, sem dúvida, logo estaria passando fome.

Em um sonho orgulhoso de vida, como a vida após a morte de um anjo que morreu,

Permaneço como em meio a uma revelação, na cama, em um olhar fixo poderoso que ficou, com o tempo, mais pessoal e piedoso e se transformou numa voz reprovadora, mesmo amigável e com o tom lamentoso de um ancestral morto, digo isso porque minha própria voz ancestral ao escurecer.

Estranho na terra, quem é você? Como você cria pensamentos como este em seus dias de vida? A cidade, a cidade – como você podia saber que cidade era, só aquele lugar pobre onde você foi dormir, descansar sua carne alquebrada e anestesiada. Senhor, Senhor, Chicago, N.Y., San Francisco – o que importa? Você está envelhecendo, vai morrer, e fica deitado na cama, na primeira noite de outono, sozinho. Eles vão debulhar o milho antes que a moeda abra seus olhos, e você, sem dúvida, vai morrer. Onde irá? O que fará? E o que está fazendo neste hotel triste perto dos trilhos? Onde está seu pai, sua mãe, sua esposa, seu amigo? Porque você foi feito para gemer nessas profundezas, poços, sob esses tetos descascando, esses andares, escadarias e sacadas, tudo, grandes estantes empoeiradas e um escuro caro & confiante, esses mistérios sua posição tão transitória e toda em meio a eles, só para esquecer seu pai, sua mãe, seu amigo, sua mãe no túmulo abaixo? Abra seu coração a essas dicas de doce luz derramando-se em algum lugar próximo? Parecia a mim haver grande deleite naquele momento.

Não vai ouvir meu apelo? Meu apelo nisso, também: você me amou quando eu era seu, se me odiar agora que estou velho, isso é demais para agüentar. Amei você bastante quando jovem – um jovem bem jovial que eu era – e tinha planos secretos para nosso futuro, sempre pensando, sempre que tomava uma chuveirada fria em Manhattan, uma vez estava numa cabana no Adirondack com você; quando me sequei com uma toalha, foi para correr ao seu encontro no conversível para que fôssemos jantar na hospedaria na montanha. Foi isso o que sonhei para você em nosso futuro. Apesar de agora ser tão absurdo, ainda sonho com isso. Estou enlouquecendo outra vez; estive cheio de razão por anos, desde que seguimos nossos caminhos diferentes neste mapa rangente. Agora, toda a vida tem farpas quando uma vez, como para Tony, foi um bombardeio de graças.

Apesar de isso nascer de um despertar sujo e pérfido nesta casa sombria da eternidade que se inclina sob as nuvens derretidas – sem saber se lá em cima, lá embaixo ou nos fundos do porão – órfão, insignificância dos mistérios – sem saber que olho o observa – qual é seu nome – amor sem amor, sem amigos – sobra de dias torturantes – vá para casa, case-se com seu amor, outro inverno está chegando e vai pegar você.

E envelheci.

Senti meus braços, meu peito, minha barriga, que tinha se transformado em carne flácida e sem músculos parecia que só nos últimos meses e, por nenhuma razão, por eu ter trabalhado & trabalhado. Apreensivo, levantei-me e olhei no espelho para ver o estrago no sujeito desengonçado, lamentando, lamentando ante aquela visão, impressionado com a expressão de sofrimento que vi, muito horrorizado com o olho coberto pelo capuz que me observava.

Caindo na estrada É isso que Neal diz, quando, depois de suas visões de maconha, alguém se inclina sobre o sofá e pergunta como ele está. "Caí na estrada..." A vida é uma viagem na estrada, do útero ao final da noite, esticando a corda prateada até arrebentar em algum lugar do caminho... talvez perto do fim, talvez só no final; talvez no início da jornada.

Onde estamos todos nós? Caímos na estrada... O que há no final? Noite... o que quer que Céline quisesse dizer ao dar esse nome à morte, qualquer que fosse o tipo de morte à qual se referia.

Os pensamentos dos Santos

Este mundo, que nos fez, mas só de forma imperfeita, quer dizer, inapropriados às suas farpas e a quase todos os seus mandamentos inevitáveis, agora acho que não é mais que o lugar de preparação de nossas almas para o outro mundo, onde o êxtase perpétuo finalmente prevalecerá, desencarnado e inteiro na mente imortal, para todos nós. Por isso este mundo para mim está perdendo sua própria importância (o que me importa se o vento faz as folhas farfalharem? (ou se o sol brilha sobre minha carne, ou se pela mesma lei eu não posso fazer amor com uma mulher 24 horas por dia) e, ano após ano, as contribuições que faz à formação do outro mundo, ao construir lentamente um universo em uma série infindável de sonhos, sonhos noturnos, sonhos inconscientes, sonhos do sono nos quais estou mais acordado que nunca e em paisagens completas minha vida é um assombro perpétuo e amor, *êxtase*, em suma, está tomando pelo menos a única importância deixada para mim.

Este mundo é mau. Uma natureza sinistra, que fez Jacó pregar o Senhor em torno de um bando de bodes fedorentos, sucumbiu à arte sinistra, que enterra homens em minas, explode passantes inocentes (na guerra) e afunda almas marinheiras nas perfídias do sal com todo o seu aço inútil.

Meu objetivo é encontrar o bem. Não irei encontrá-lo num mundo como este, para o qual não fui feito acredito que encontrarei o bem no outro mundo.

O Segundo Advento é a morte de cada homem quando ele sai, assombrado, deste mundo, e entra, espantado, no outro e grita em sua carne moribunda, "Então foi para isto que fui feito! Glória a Deus!"

Não tenho nada além de simpatia por todos nós
sem dúvida sinto que tudo está
    chegando a um fim; ouço os
        sinos tocando.

A natureza é só um grande vegetal. Nada acontece nela. Para mim é apenas um deserto, um desperdício de tempo. Não esperarei dentro dele. A grama farfalha, o trigo leva tempo demais para crescer. Não comerei mais trigo. A grama está adaptada a este mundo, não eu. Preciso de êxtase imediatamente. Se não aparecer, prefiro morrer, e entrar em meu próprio mundo que é todo nosso próprio mundo, e lá encontrar imediatamente meu amor. Neste mundo encarar de maneira antipática qualquer coisa que eu esteja prestes a dizer ou fazer. Muito Bem Então, este mundo não é meu e não devo nada a ele. Nunca pedi para ser feito, e para nascer de forma tão inapropriada. Só peço, agora que estou vivo e consciente, pelo êxtase que minha alma exige. Sei onde ele está no outro mundo. Irei para lá quando estiver pronto para mim, e isso será logo.

Ainda assim, a natureza instilou em mim a recusa em morrer, e isso é uma determinação sombria, já que o mundo pesa como um cálculo biliar sobre minha paciência e me faz chorar, e suspirar, e buscar, em vão, pelo êxtase que sei só virá muito mais tarde após muito suor e anseios inúteis.

Não disse que era uma perda de tempo?

Por que você acha que as pessoas sempre suspiram quando estão sentadas ao redor de uma mesa?

Por que Deus foi tão cruel com essas criaturas vivas?

Porque é a única maneira de se prepararem para o êxtase do sonho infinito vindouro.

Nesta obra lidarei com este mundo e sua conexão com o outro mundo como foi revelada em sonhos a Roger Boncoeur, o Santo Andante.

Não tenho medo de rolar no fundo das coisas.
(Como as pessoas podem ficar tão furiosas neste vazio metafísico? – isto é o que é uma *narrativa viva*.)
A música é um sonho.

A carne já não significa nada para mim. O que importa se eu obtiver ou não as escassas satisfações do pênis? O que esse verme viciado, inadequado e imperfeito tem a ver comigo? – Mesmo se incha à visão de uma coxa? Então não? O sol se levanta, o sol se põe – e daí? O mar é dourado; isso me faz dourado? Isso me faz salgado

O que sou *eu*? *Eu* é o que quer pasmar-se sem o cessar natural, em uma eternidade de êxtase.

Regras? Leis? Para mim, *o quê*?

Sou livre para querer o que quero.

Quero enlevos intermináveis. Acredito que isso manifestou-se para mim em sonhos, e na música, e nas páginas de Dostoiévski, nas frases de Shakespeare, na alegria sexual, na bebedeira, e em ficar doidão de bagulho. Por que eu deveria me comprometer com qualquer outra coisa ou com a calma "burguesa" de um quintal de casa, a concessão de Edgar Guest* à incontrolável felicidade?

Com maconha vi a luz. Em minha juventude vi a luz. Em minha infância banhei-me nas insinuações de luz; ansiei com impaciência.

Quero um brilho de luz para queimar em mim para sempre em um amor eterno e querido de todas as coisas. E por que devo fingir querer qualquer outra coisa? Afinal de contas, não sou um repolho, cenoura, uma planta! Um olho chamejante! Uma mente de fogo! Uma vara-de-ouro quebrada! Um homem! Uma mulher! Uma ALMA! Foda-se o resto!, digo, e SIGO EM FRENTE.

Fiquei fascinado por tudo relacionado a essa garota e à vida dela; seu homem, seus pensamentos. Em muito pouco tempo nunca mais os veria outra vez. "Ooi!" gritei em minha mente. As estrelas acima tornaram-se uma manifestação de meu arrebatamento com a descoberta dessas novas pessoas loucas

---

* Edgar Guest (1881-1959), poeta americano popular nascido na Inglaterra. Conhecido por seus poemas simples e alegres, Guest costumava ser chamado de "o poeta do povo".

(Mesmo então eu estava velho, tão velho). Ela me contou tudo sobre si mesma, mas hoje não recordo de nada, é claro, e por que isso seria proveitoso ou benéfico? Mais depois, mais depois.

Basta dizer que, assim que seu garoto acordou, ela o chamou de Roger. Ele veio até nós, olhou assombrado e... aconteceu. O velho com uma barba branca marchou da noite para o círculo de luz.

A primeira vez em que vi Laura foi em um lugar chamado Dilley, Texas, às três horas da manhã na estrada, no verão de 1941, nos meses que antecederam Pearl Harbor. Aquela época de inocência estranha e de estranho sabor romântico quando as vitrolas automáticas tocavam o clarinete melancólico de Artie Shaw noite adentro e os garotos achavam magnífico seguir o apito de um trem até a fonte da rica verdade heróica. Claro que nada assim foi encontrado. Na verdade, como posso esquecer de um pobre amigo meu, um garoto de Dakota, filho de um guarda-freios, cuja ambição era ser um vagabundo de praia na Califórnia; que demorou tanto a fazer isso que acabou convocado pelo exército, foi trabalhar como enfermeiro e acabou na praia em Peleliu – esquadrinhando os cadáveres molhados de água salgada.

FEITO PELO CÉU

É um pecado para meus entes amados que, sendo feito pelo céu, eu não consiga sentar-me com eles neste mundo vegetal no qual eles vêem grandes coisas valiosas; que ter um túmulo em minha mente, e ser um poeta, e um dos muitos emissários enviados do céu para sofrer neste mundo, um espírito, olhando sua forma e a forma das coisas (sem precisar saber "como funciona") antes de receber aquele sonhado posto no céu tão azul quando eu tiver visto tudo e souber das obrigações dos desígnios, devo empenhar minhas pobres habilidades neste crânio arredondado para uma obra maior e não posso desfrutar os benefícios & paz da natureza de alface. Ao lado do que sou naturalmente incapaz de compreender, não tendo nascido do útero da maçã, apenas seu filho. Qual a roda de ferro que voa pelos telhados vegetais das noites das cidades? É o gênio dos inventores hierárquicos da Civilização Ocidental, mais completo & consciente das combinações celestiais vindouras, de onde, como Burrows, origino uma criança idiota por não ser do mundo vegetal, e não um deles, então de onde venho e com que propósito universal?

O mais solitário dos homens, sem bico, garras, sem protesto, assombra-se com essa minha passagem secreta difícil e suave por entre as coisas – se é que se assombra, e talvez não o faça.

Muitos são escolhidos, poucos vieram.

Este mundo, apesar dos meios esfarrapados da civilização, que no Ocidente busca a Utopia, pode, agora, atravessar um portão de ferro, indignação, e entrar numa Utopia terrena que deverá ter coroado o significado de Utopia, que agora é morrer tranqüilamente; ou explodir e partir de uma vez, evitando o problema da morte, até o mundo eterno quando a Roda Celeste começar a formar-se com seus raios e armação. Outros planetas, outros mundos, podem contribuir bem depois de nós, mas no Paraíso não seremos impacientes. A Roda Eterna é alegria infinita. Meu posto pensativo lá em cima...

Olhar em seu coração e trazer de volta meu conhecimento dos anjos da armação, a cabeça do Universo, mas fazer isso sob grande pressão carnal, sem bondade, em minhas mãos enfraquecidas – nascidas como são, claro, pois o céu é o céu – e não desperdiçar meu envio honroso, é minha vida.

Eu realmente quero ficar consciente

Não fico entediado ou deprimido nos momentos que descrevemos com essas palavras, mas perto do ponto da morte por todos os objetivos que valem a pena ser mencionados. Morte... morte... e nada mais. Tenho de ser feliz ou morrer, porque minha posição terrena é inabitável em seu abatimento, e eu traio Deus apesar de mim mesmo, nesse aspecto.

Não preciso ir a museus. Sei tudo o que tem ali...

Índice

(Os números de páginas em itálico se referem a ilustrações.)

Adams, Walter 25, 130, 133, 137
adolescente, O 62, 63, 66, 72, 74, 76, 109, 153
afro-americana 44
Alabama 279, 319, 334, 337
Algiers, Louisiana 280
Algren, Nelson 22
Allen, Steve 22
amizade 32, 108, 202
amor-próprio 67, 149, 182
Amram, David 5, 22, 36
And the Hippos Were Boiled in their Tanks 83
Anderson, Sherwood 58
Anglófilos americanos 158
Ann 117, 278
Ansen, Alan 21
ansiedade de 80
Apocalypse Bop, The 11
Apostolos, George (G.J.) 25
Arizona 20, 97, 180, 295, 319, 321, 333
Arkansas 170, 284, 313, 337
Arnold, Edward 84
Asheville, Carolina do Norte 13
Atop an Underwood 2, 69, 88, 283
Aventuras de Huckleberry Finn 123
Ayer, A. J. 25, 179

Baker, Chet 20
Baker, Jinny 25, 128
Balzac 115, 127, 136, 151, 161, 180, 212, 243, 248, 258, 260, 266
Barnes, Djuna 174, 176
Barrymore, Lionel 92, 180
beat, geração 12, 17, 22, 30, 35, 275, 331
bebendo 71, 120, 121, 124, 134, 172
bebop 16
Beethoven 243, 261
beisebol 11, 31, 87, 88, 99, 103, 106, 110, 165, 298
Benjamin, Herb 26, 176, 179, 182

Bernard, Carol 179
Berri, Corinna de 134
Berry, Chuck 12
Biblioteca Pública de Nova York 19, 27, 35
Bigtimber 295
Billy Budd 257
Birdland 257, 260
Blake, Caroline "Nin" Kerouac 26
Blake, Paul, Jr. 111
Blanchar, Pierre 72
Blue Angel 222
Bogart, Humphrey 20, 86
bop 20, 33, 154, 175, 199, 260, 268, 284, 301
Bop City 250, 260
Boston 32, 35, 136, 252, 270, 271, 304
Bowen, Johnny 333
Bowery 107, 108, 124, 179
Brabham, Ann 182
Brady, "Diamond Jim" 84
Brandel, Marc 170
Brando, Marlon 22
Brandt, Alan 176
Bridger, Jim 11, 86, 280, 292, 301
Brierly, Justin 204, 262
Brooks, John 268
Brown, Walter 335
budismo 11
Burford, Beverly 26, 83, 109, 203
Burford, Bob 83
Burger, Sando 177
Burmeister, Dan 198, 199
Burroughs, Joan Vollmer Adams 26
Burroughs, William S. 10, 26
Butte, Montana 289, 323

Califórnia 18, 28, 29, 47, 55, 59, 111, 112, 118, 119, 122, 123, 139, 143, 158, 170, 225, 251, 275, 281, 283, 286, 287, 288, 304, 307, 313, 322, 328, 335, 336, 339, 341, 343, 350

Cannastra, Bill 26, 29
Capp, Al 176, 193, 198
Carney, Mary 26, 100
Carolina do Norte 12, 13, 25, 26, 41, 51, 53, 69, 70, 87, 111, 116, 121, 155, 203, 277, 278, 319, 337
Carr, Lucien 17, 27, 29, 30, 31, 32, 33, 74, 83, 103
Cass Timberlane 78
Cassady, Carolyn Robinson 283
Cassady, LuAnne 27
Cassady, Neal 11, 17, 18, 26, 27, 29, 30, 32, 74, 105, 115, 116, 135, 189, 275
Cassidy, Maggie 2
catolicismo místico 11
Céline 93, 115, 120, 127, 178, 208, 234, 239, 243, 245, 254, 260, 261, 346
cena de Nova York 302
censura 234
Chagall, Marc 22
Charles 86
Charters, Ann 10, 35
Chase, Hal 26, 27, 33, 55, 79, 81, 86, 88, 97, 114, 181, 192, 194, 203, 325
Chaucer, Geoffrey 18
Chicago 207, 236, 263, 298, 299, 300, 301, 324, 331, 333, 334, 345
Chuva e rios 192, 195, 273, 275, 277
Cidade do México 252, 331, 333
cinema 59, 62, 67, 68, 72, 78, 82, 83, 87, 108, 138, 139, 144, 151, 180, 181, 191, 201, 204, 237, 251, 259, 262, 304, 324
Cleo 262, 263, 266
Colorado 25, 32, 88, 90, 97, 99, 100, 104, 109, 189, 195, 197, 198, 199, 202, 203, 204, 205, 285, 287, 294, 313, 318, 321, 323, 325
Columbia 222, 248, 289
Como gostais (As You Like it) 66
concentração intelectual 178
confiança de 79
Conrad, Joseph 161
consciência 23, 51, 78, 99, 104, 143, 153, 176, 194, 209, 214, 239, 266, 267, 295, 311, 321

Cooper, James Fenimore 137
cowboys 11, 206, 293, 296, 318
Cowley, Malcolm 21
Crabtree, Mary Pippin 107
Crime e castigo 72, 136, 157
Cristianismo 15, 47, 51, 203
críticos 13, 16, 17, 18, 66, 72, 76, 83, 137, 138, 144, 161, 251, 268, 308
Crockett, Davy 18
Cru, Henri 28
culpa 71, 74, 89, 108, 110, 117, 124, 128, 143, 156, 172, 173, 174, 300

Daily News New York 32
Dakota do Norte 17, 20, 280, 297, 298, 299
dançando 176, 342
Danellian, Leon 222
Daniels, Josephus 155
Danilova 222
Dante 232
Darin, Bobby 33
Davis, Miles 260
Daytona Beach 113
decadência 129, 229, 297
Denver 12, 20, 26, 27, 29, 30, 32, 33, 83, 174, 195, 199, 204, 205, 206, 207, 216, 217, 218, 225, 232, 251, 252, 256, 260, 268, 295, 307, 323, 324, 327, 329, 330, 331, 339
Denver University 199, 307
Desolation Angels 21
despertar 91, 92, 101, 308, 317, 346
destino 63, 90, 107, 113, 151, 178, 247, 262, 265, 281, 300, 327
Detroit 32, 120, 130, 179, 205, 207, 261, 301, 331
Dewey, Thomas 29, 169
Diamond Jim 84
Diamond, David 28, 114, 116
Diários de 1949 165, 187, 189
Dickens, Charles 115, 282
Dickinson, Dakota do Norte 298, 299
Dickinson, Emily 160, 245
Dietrich, Marlene 84

dinheiro 43, 47, 54, 59, 62, 70, 86, 99, 103, 106, 108, 110, 111, 112, 114, 117, 132, 133, 138, 149, 161, 170, 175, 193, 197, 203, 218, 251, 252, 264, 267, 270, 278, 279, 282, 319, 323, 338
Divisor de Águas Continental 17, 20, 291, 315, 323
Doctor Sax 21, 23, 165, 169, 173, 176, 189, 219, 225, 236, 313
doença atômica 81, 154, 226
Donne, John 20
Doren, Mark Van 13, 29, 33, 91, 107, 177, 189
dos milharais 129
Dostoiévski 14, 15, 19, 45, 52, 62, 63, 65, 72, 84, 97, 104, 109, 110, 115, 117, 127, 129, 136, 140, 143, 153, 160, 170, 178, 183, 199, 216, 228, 245, 259, 265, 266, 268, 270, 311, 348
Doxey Tavern 83
drogas 26, 30, 32, 226
Duelo ao sol 92
Durante, Jimmy 153
Durgin, Russell 28, 120
Durham Medical Center 111
dúvida de si mesmo 46

Eager, Allen 129
East Village 9
Eau Claire, Wisconsin 313
Eckstine, Billy 157
Edeltrude 175
Edison, Thomas 155
educação de 10
efeito curativo da 104
Einstein 198
El Paso 295, 318, 319, 322, 338, 339
Eliot, T. S. 20, 215, 243, 259
Elwitt, Elliot 241
em *On the Road* 18, 21, 26, 27, 28, 30, 31, 32, 33, 135, 178, 189, 203, 207, 230, 237, 264, 268, 275, 331
em Richmond Hills 17, 189
Energia Atômica 178, 198

ennui 210, 211, 212, 213
Eno, Louis 28, 271
Enright, Ray 84
ensinamentos de 11, 50
epigonismo 154
Epitome of Ancient, Mediaeval, and Modern History 254
espiritualidade 262, 281
eternidade 23, 172, 181, 182, 184, 209, 210, 211, 212, 213, 214, 231, 234, 242, 255, 257, 267, 280, 281, 292, 315, 321, 346, 348
Everitt, Rae 179
existência de 278
Eyre and Spottiswoode 16, 31

fama 22, 80, 108, 132, 149, 216
Farewell Song, Sweet from my Trees 283
felicidade 61, 66, 70, 96, 97, 101, 151, 153, 157, 161, 171, 193, 211, 213, 219, 321, 348
Fenimore Cooper 137
Fields, W. C. 234, 333
Filologias Particulares 189, 195
Fiorini 62
Fischof, Ephraim 226
Fitzgerald, F. Scott 16, 18
Fitzgerald, Jack 28, 32, 68, 71, 107, 183, 195, 206, 242, 261, 268
Fitzgerald, Jeanne 172
Fitzpatrick, Jim 107
Fleming, Victor 180
Floresta das Ardenas 41, 66, 145, 147, 150, 151, 152, 278
Flórida 10, 113
Ford, Henry 155
fotografia 9, 15, 237
Fournier, Mike 28, 78, 176
França 16, 114, 135, 155, 219, 253
Franco, Bea 28
Frank, Robert 22
futebol americano 11, 22, 26, 62, 90, 165, 176, 180, 182, 257, 294

Gabin, Jean 114
Gable, Clark 177, 180

Gaillard, Slim 20, 286
Gambetta, Leon 106
Garroway, Dave 263
Garver, Bill 68
Gaynor, Don 222
Geismar, Maxwell 161
Georgia 279
Gide 162, 245
Gielgud, John 72
Gift of the Magi, The 59
Gillespie, Dizzy 260
Ginsberg, Allen 9, 10, 13, 17, 21, 27, 28, 32, 33, 66, 73, 110, 115, 204, 210, 231, 277, 280, 281, 306, 311, 318
Giroux, Robert 189
Go 174
Goethe 63, 76, 90, 118, 124, 130, 131, 132, 265
Golfo do México 281
Gone On the Road 23
Gordon, Beverly Anne 29, 99
Gould, Joe 108, 175
Grã-Bretanha 15, 16, 31
Grace 179, 262, 269
grandeza de 266
Grasse, Peggy 100
Greenwich Village 12, 14, 15, 30, 33, 107, 171, 174
Grey, Zane 11, 20, 161
Grimaldi, Nicholas 195
Guest, Edgar 348
Gurdjieff, G. I. 312

Hale, Barbara 29, 109, 130, 134
Hamanaka, Conrad 179
Hamlet 234, 235, 236, 237
Hampton, Lionel 250
Hansen, Allen 109
Hansen, Diana 29
Harcourt, Brace 13, 16, 19, 29, 189, 192
Harlem 12, 19, 28, 33, 120, 159
Harrington, Alan 29, 107, 109, 117, 121, 180
Haverty, Joan 29
Heinrich, Tommy 225

Helen 29, 313
Hemingway 21, 136, 265
heróis 11, 18, 180, 217
Herrick, Robert 195
Hill, Bob 269
Hinkle, Al 29, 32, 313, 318
hipster 14, 18, 80, 223, 260, 289, 338
Hipster, Blow Your Top 270
História 10, 17, 18, 19, 20, 21, 34, 44, 48, 51, 53, 59, 62, 68, 71, 74, 79, 84, 85, 86, 87, 92, 98, 105, 115, 117, 122, 130, 135, 140, 143, 144, 150, 154, 155, 159, 162, 167, 169, 170, 174, 175, 176, 180, 182, 189, 202, 208, 223, 231, 237, 239, 240, 241, 242, 243, 247, 257, 258, 261, 263, 267, 270, 280, 284, 289, 296, 302, 304, 313, 316, 318, 330, 333, 337
história do Oeste 316
Hodge, Ed 269
Hoffman, Diana 130
Hollywood 76, 108, 141, 144, 149, 157, 304, 307
Holmes, John Clellon 21, 28, 30, 174
homossexualidade 154
Horace Mann 28, 32, 33, 176
Horace Mann School 10
Hornsby, John 107
Huescher, Harold 107, 159
Hulme, T. E. 243
Humason, Tom 269
humildade 45, 51, 55, 72, 79, 81, 91, 98, 99, 101, 108, 140, 141, 156, 167, 169, 215, 234, 263, 283
Huncke, Herbert 32, 68
Huston, John 86
Huston, Walter 86

I Married a Savage 241
Ian 31
Idaho 279, 288, 291, 292, 295
identidade 149, 158, 200
idiota, O 110, 136, 143
Illinois 98, 170, 325
imortalidade 124, 149
Indiana 301, 324, 325

Indianápolis, Indiana 324
intelectuais 31, 32, 81, 122, 153, 175, 241, 248, 263

Jacobs, Muriel 234
James, Jesse 11, 105
Japão 158
jazz 16, 17, 19, 20, 22, 28, 31, 33, 68, 82, 107, 129, 130, 136, 154, 199, 217, 234, 279, 284, 287, 331
Jeffries, Frank 30
Jesus Cristo 200
Joe Gould's Secret 108
Johnny 200
Johnson, Harriet 171, 179
Jones, Howard Mumford 268
Joyce, James 48, 235, 243
Julie 26

Kafka 141, 198, 267, 281
Kammerer, David 27, 30, 32, 83, 103
Kansas 18, 85, 170, 280, 284, 290, 300, 313, 316, 325, 326, 327, 328, 329, 330, 331, 337
Karenina, Anna 143
Kazan, Elia 68
Kazin, Alfred 30, 109, 170
Kelly, John 222
Kennedy, Jacqueline 22
Kerouac, Gabrielle Levesque 30
Kerouac, Gerard 235
Kerouac, Jack 9, 10, 12, 13, 15, 17, 22, 31, 35, 36, 189
Kerouac, Leo 31, 32, 41, 210
Kesey, Ken 20, 27
King, Nat Cole 176
Kingsblood Royal 83
Kipling, Rudyard 180

Landesman, Jay 241
Lardas, John 11
Lawrence, D. H. 266
Lawrence, Seymour 130, 136
Lenrow, Elbert 31
Letters from Editor to Author 267
Lewis, Sinclair 74, 78, 83, 300

liberdade 11, 18, 23, 33, 45, 58, 97, 105, 158, 280, 326
Life and Millions 68
Lincoln, Abraham 97
Literatura 4, 13, 16, 18, 20, 23, 28, 30, 31, 35, 46, 59, 75, 77, 81, 89, 101, 107, 115, 137, 139, 160, 162, 169, 174, 175, 177, 216, 228, 254, 268
Little, Brown 179, 183
Livornese, Maria 106
Livornese, Tom 31, 44, 90, 130, 173
livro dos sonhos 2
Lockridge, Ross, Jr 121, 212
London, Jack 9, 78
Long Island 107, 140, 189, 205, 305, 306
Look Homeward, Angel 13
Lord, Sterling 36
Los Angeles 17, 307, 336
loucura 13, 52, 55, 59, 60, 64, 67, 73, 78, 79, 81, 96, 102, 103, 110, 115, 118, 128, 129, 144, 150, 155, 254, 257, 329
Louis, Joe 117
Louisiana 12, 17, 170, 280, 283, 294, 313, 314, 315, 316
Lowell Sun 15, 259
Lowell, Massachussetts 10, 14
Lynbrook 44, 70, 135
Lyons, Martin Spencer 157

MacArthur 150, 151
Macauley, Sam 68
MacMillan 109, 130, 132, 135, 142, 144
Mailer, Norman 11, 22, 31
Manhattan 17, 25, 31, 66, 68, 82, 107, 189, 328, 329, 345
Mann, Thomas 18
Maomé 44
Marújo intrépido (*Captain Courageous*) 180
Mary 86
masculinidade 58, 321
Massachusetts 10, 12, 14, 30, 45, 313
McCarthy 18
McDonald, John 31
McGhee, Howard 80
McGraw-Hill 81

355

Melville, Herman 11
Mendocino 112
Meredith, Burgess 222
Merrimack, rio 285, 313
Merton, Thomas 235
Meu reino não é deste mundo 11, 50, 51
México 26, 29, 30, 86, 144, 155, 205, 252, 253, 275, 281, 315, 318, 322, 331, 338, 339, 340
Miles City, Montana 296
Miller, Henry 172
Miller, Howard 325
Millstein, Gilbert 22
Minetta Tavern 174
Minnesota 299, 300, 327
Mississippi 17, 92, 279, 280, 281, 284, 285, 289, 290, 291, 294, 300, 314, 334, 337
Mississippi, rio 17, 92, 279, 280, 281, 284, 289, 314
Missouri 12, 26, 90, 105, 170, 279, 280, 284, 294, 297, 300, 313, 314, 315, 325, 326, 327, 334
Missouri, rio 326, 327
Mitchel, Joseph 108
mitos 10, 17, 133, 181, 183
Moby Dick 50, 235, 242
modernismo 129
Monacchio, Tony 31, 74, 99
Montana 12, 17, 129, 195, 236, 280, 289, 290, 292, 293, 294, 295, 296, 297, 298, 300, 301, 323, 331, 332
moral 45, 50, 52, 83, 102, 156, 160
Morales, Adele 31
moralidade 15, 45, 51, 52, 59, 92, 141, 161, 289
moralidade orgânica 92
Morley, Frank 16, 31, 267
morte 10, 12, 13, 19, 29, 32, 50, 53, 71, 74, 77, 92, 105, 106, 112, 118, 120, 121, 125, 132, 133, 136, 143, 152, 178, 181, 183, 202, 208, 215, 220, 224, 229, 234, 235, 236, 238, 242, 245, 247, 252, 255, 268, 269, 289, 303, 337, 342, 345, 346, 347, 350
morte de 19

mulheres 15, 22, 49, 52, 53, 63, 64, 68, 80, 82, 84, 96, 97, 114, 121, 130, 134, 135, 144, 152, 153, 167, 172, 175, 177, 201, 209, 225, 234, 237, 240, 243, 252, 265, 270, 278, 281, 282, 286, 292, 293, 294, 296, 297, 298, 321, 324, 339
Murel, John 92
Mureray, Wally 199
Muriel 236, 238, 241
Murphy, Connie 31, 106
música 33, 50, 125, 135, 150, 155, 159, 183, 195, 199, 201, 217, 219, 220, 232, 236, 256, 260, 261, 277, 292, 307, 311, 348
Myth of the Rainy Night 219

na UPI 31, 33
naturalismo 208, 210, 230, 248, 289
natureza 44, 58, 60, 97, 98, 104, 123, 141, 142, 151, 154, 161, 170, 182, 192, 198, 224, 230, 234, 241, 245, 255, 266, 299, 308, 319, 328, 330, 347, 349
Neurotica 241
New Hampshire 14, 45, 89, 229, 285, 313
New Orleans 24, 32, 116, 202, 279, 280, 284, 300, 313, 318, 323
New School 30, 31, 32, 169, 175, 180, 189, 224, 234
New York Times 15, 22, 30
New Yorker 15, 32, 36, 108
Newcombe 225
Newsweek 15, 270
Nicosia, Gerald 35, 66
Nightbeat 22
Niles, Bob 181
no Brooklyn 116, 155, 234, 238, 247, 303
nomes de lugares 12
Notas do subterrâneo 139
nova psicologia 125, 226
Nova York 9, 10, 12, 14, 19, 25, 26, 27, 28, 29, 30, 31, 32, 33, 35, 41, 46, 58, 59, 70, 76, 77, 105, 106, 108, 116, 119, 133, 134, 140, 144, 153, 154, 157, 175, 189, 192, 252, 254, 260, 264, 275, 277, 297, 301, 302, 323, 325, 327, 331, 333, 335
Novo México 331
Novo Testamento 15, 46, 203, 229

O vermelho e o negro 62
O'Dea, Jim 31
oceano Atlântico 44
Ohio 12, 284, 301, 324, 325
Olhos Escuros 59, 61, 62, 118
Olhos mortos vêem 210
Olson, Charles 22
On the Road 10, 11, 13, 16, 17, 18, 19, 20, 21, 22, 23, 26, 27, 28, 29, 30, 31, 32, 33, 55, 135, 139, 140, 165, 173, 174, 175, 176, 177, 178, 180, 181, 185, 189, 191, 192, 195, 197, 202, 203, 204, 205, 207, 219, 223, 225, 230, 232, 235, 236, 237, 239, 241, 242, 243, 245, 250, 256, 258, 264, 268, 275, 294, 319, 330, 331
Oregon 12, 85, 287, 288, 289, 291, 295, 301, 304, 313, 319
Orlovsky, Peter 21
Os irmãos Karamazov 14, 45, 50, 66, 76, 129, 136
Overland with Kit Carson 86
Ozone Park, Queens 114

pais 43, 78, 109, 144, 156, 245, 305
Paris 2, 28, 114, 118, 124, 127, 129, 132, 135, 137, 151, 174, 192, 204, 207, 223, 254
Parker, Edie 26, 28, 32, 103
Parkman, Francis 327
Partido Republicano 116
Patis, Jackie 134
Pauline 182, 183
pecado 10, 19, 50, 52, 65, 153, 173, 180, 192, 193, 197, 221, 266, 283, 289, 349
pensamento 6, 9, 11, 23, 44, 45, 46, 49, 50, 52, 58, 59, 60, 61, 64, 66, 75, 79, 80, 81, 82, 93, 102, 103, 113, 115, 121, 122, 123, 124, 135, 139, 140, 141, 149, 150, 154, 181, 193, 212, 219, 234, 236, 242, 248, 249, 253, 255, 258, 263, 264, 277, 284, 286, 289, 297, 300, 308, 310, 317, 329, 345, 346, 348
perdão 23, 142, 143, 176
Perkins, Maxwell 267
Pettiford, Oscar 134
Piazza Tales 127

Picasso 129
Ploetz, Carl 254
pobreza 11, 50, 53, 144, 193, 257
Poe, Edgar Allan 68, 295
Polo, Marco 194
Poore, Charles 15, 267
possuídos, Os 136, 238, 258, 259
Poughkeepsie 172, 195, 252, 262, 263
Primeira idéia, melhor idéia 140
Private History of a Campaign that Failed, A 325
Proust 178, 238, 243, 248
psicanálise 62, 198, 229, 264
psicologia 82, 89, 125, 134, 161, 168, 226, 229, 289
Psicologia, Nova 125, 226
Puccini 261
Purcell, Duncan 32, 175
Putnam, James 135

Quatro de Julho 121
Quincey, Thomas de 20

Raintree County 121, 212
ranchos 100, 294, 295, 296, 304
Raw Rookie Nerves 88
realidade 23, 46, 49, 55, 64, 76, 102, 109, 113, 119, 125, 178, 183, 231, 267, 314, 320
Reich, Wilhelm 89
reichianos 154, 155
revolução sexual 30, 174, 175, 180
Rhoda 32, 277, 278
Richmond Hill 17, 189, 207, 219, 221, 238, 251, 257, 258, 265, 312, 343
Richmond, Califórnia 281
Rimbaud 162, 181, 260
Road Workbook 'Libreta America' 23
Robinson, Jethro 311
Rocky Mount, Carolina do Norte 87
rodeio 200, 201, 202, 302
romances 4, 10, 13, 23, 46, 59, 65, 66, 75, 96, 133, 136, 138, 144, 157, 170, 174, 176, 180, 197, 199, 215, 268, 269
Roosevelt 155

Russel, Bertrand 18
Russell, Vicki 32
Rússia 52, 63, 64, 76, 139, 155, 263, 266
Ruth, Babe 11, 135

Salvas 32
Sampas, Charles 15
Sampas, Sebastian 14, 31, 32, 45
San Antonio 18, 331
San Francisco 18, 111, 118, 122, 127, 158, 174, 180, 266, 275, 277, 281, 282, 283, 287, 331, 333, 345
San Luis Obispo 339, 341
San Remo 33, 174, 236
Sandburg, Carl 263
São Tomás de Aquino 213
Saroyan, William 20
Saturday Review 15
Saucier, Ed 287
Scribner's Magazine 96
Segunda Guerra Mundial 12, 14, 27, 229
Shakespeare, William 66
Shapiro, Meyer 32, 253
Shattuck, Roger 271
Shaw, Artie 116, 267, 349
Shearing, George 20, 134, 250
Simpson, Louis 32, 130
Sloane, Ruth 179, 238
sociedade sem classes 101
sofrimento 50, 52, 53, 122, 192, 198, 200, 206, 289, 346
solidão 11, 23, 51, 52, 59, 81, 86, 100, 101, 103, 109, 114, 117, 123, 129, 157, 160, 168, 214, 245, 282, 285
Some of the Dharma 2, 11
Specimen Days 178
Spengler 266
St. Louis 27, 259, 280, 324, 325, 328
Steinbeck, John 18, 287
Stendhal 62, 67, 82, 99, 238, 243, 269
Sterling, Colorado 32
Stewart, Stephanie 179
Stringham, Ed 32, 109, 114, 117, 179
sucesso 11, 64, 67, 71, 76, 80, 89, 107, 111, 114, 121, 139, 169, 170, 179, 212, 216, 231, 240, 249, 268, 308

sudários 193, 194, 239, 243, 249, 256
suicídio 49, 140, 212, 284
Sunday Mercury 16

Tales, The Canterbury 264
Taleyke, John 177
Tchelitchev 222
Tejeira, Victor 129, 132
televisão 176
Temko, Allan 32
teoria do Orgônio 89
Texas 17, 18, 20, 105, 226, 290, 294, 295, 296, 316, 317, 318, 331, 333, 334, 338, 349
The Enchanted Islands 127
The Lost Weekend 181
The Mysterious Stranger 257, 270
The Oral History of Our Time 108
The Rise of the American Civilization 86
The Rose of the Rainy Night 205
The Sea is My Brother 69
The Spoilers 84
The Spontaneous Poetics of Jack Kerouac 13
The Town and the City 2, 10, 12, 13, 14, 15, 16, 22, 26, 27, 28, 29, 30, 31, 32, 33, 37, 39, 41, 43, 45, 67, 91, 96, 102, 107, 123, 125, 128, 136, 144, 147, 157, 165, 189, 204, 242, 270
The Young Prometheans 31, 32
Theado, Matt 15
Thelma 136
Thoreau 155, 285, 302
Times Square 68, 82, 175, 180, 204, 241, 259, 312
Tolstói, Leon 14
Touche, John La 222
Tracy, Spencer 78, 180
Treviston 269
Trilling, Lionel 58, 109
Tristano, Lennie 68
Tristão e Isolda 118
Tristessa 21
Trollope 78, 215
Truman, Harry 169, 237
Truxell, Ann 182
Tunney, Gene 257

Turner, Lana 78, 116
Twain, Mark 20, 87, 106, 117, 123, 137, 162, 170, 257, 261, 270, 325

Uhl, Ed 32, 331
Ulisses 48, 235, 236, 243
Um feriado de sonhos e temas 103
Uma doce criatura 140
Understanding Jack Kerouac 15
Union Theological Seminary 25, 27
United Press International 27, 74
Unruh, Howard 229

Vaca da noite do Kansas 329
Vagabundos iluminados 18, 223, 334
Vanity of Duluoz 10
verdade 14, 43, 49, 54, 62, 69, 76, 77, 78, 81, 93, 98, 100, 108, 125, 139, 140, 142, 143, 149, 153, 155, 157, 161, 162, 170, 176, 178, 179, 182, 184, 189, 198, 209, 211, 216, 217, 219, 220, 232, 242, 245, 248, 247, 249, 252, 254, 266, 267, 269, 278, 304, 310, 311, 349
Vidal, Gore 33, 222
Viking Press 21, 35
Villanueva, Enrique 333
Virginia 278, 335
Visions of Cody 15, 21, 22, 23, 84, 115, 260

Wagner, Richard 118
Walcott 117
Washington 25, 155, 277, 278, 290, 291, 297, 312, 335
Washington, D.C. 25
Weber, Brom 171
Week on the Concord and Merrimack Rivers, A 285
Weinreich, Regina 13, 35
Weirton 324
Wells, H. G. 8
Westwood, Colorado 195, 197, 323
White, Ed 26, 33, 58, 68, 79, 82, 106, 121, 183, 192, 197, 264, 331
White, Frank 199
White, William Allen 155
Whitman, Walt 12, 30, 106, 133, 178, 180
Wilder, Billy 181
William, Carlos William 12
Williams, Ted 110, 112
Willie 26
Wingate, John 22
Wisconsin 12, 300, 301, 313
Wolf, Don 33, 176
Wolfe, Thomas 13, 16, 20, 54, 72, 124, 133, 134, 137, 155, 161
Wood-Thomas, Alan 33, 182, 183
Wyse, Seymour 16, 33

Yellowstone Red 17, 296
Yokley, Sarah 33, 224
Yorkville 82
You Can't Go Home Again 50, 74
Young, Bob 123

Zorita 241

IMPRESSÃO:

Pallotti
GRÁFICA EDITORA
IMAGEM DE QUALIDADE

Santa Maria - RS - Fone/Fax: (55) 3220.4500
www.pallotti.com.br
com filmes fornecidos